智能运输系统设计与集成

王艳辉 李 曼 赵 帆 许心越 编著

清华大学出版社
北京交通大学出版社
·北京·

内容简介

本书是为了适应将交通运输类学生培养成"宽口径、高素质"专业人才目标而编写的。

本书从智能运输系统概述、系统设计分析方法、系统集成分析方法及智能运输系统设计与集成具体应用4方面介绍了智能运输系统设计与集成的理论基础与应用技巧。在简要介绍智能运输系统体系框架及发展前景的基础上，全面介绍了系统分析、设计及集成的基本概念与内容，详细阐述了面向对象方法和结构化方法，最后围绕城市道路智能运输系统、高速公路智能运输系统、铁路智能运输系统、城市轨道智能运输系统、水运智能运输系统、航空智能运输系统的设计与集成进行了应用介绍。

本书可作为智能运输工程专业的本科生教材，也可作为电子科学与技术、信息与通信工程、计算机科学与技术、软件工程、控制科学与工程等专业的教材，还可作为从事智能运输系统设计与集成理论和应用研究人员的参考书。

本书封面贴有清华大学出版社防伪标签，无标签者不得销售。
版权所有，侵权必究。侵权举报电话：010-62782989　13501256678　13801310933

图书在版编目（CIP）数据

智能运输系统设计与集成 / 王艳辉等编著. —北京：北京交通大学出版社：清华大学出版社，2025.6. — ISBN 978-7-5121-5058-4

Ⅰ. ①智… Ⅱ. ①王… ②李… ③赵… ④许… Ⅲ. ①智能运输系统-系统设计 ②智能运输系统-系统集成技术 Ⅳ. ①F502

中国国家版本馆 CIP 数据核字（2023）第 148132 号

智能运输系统设计与集成
ZHINENG YUNSHU XITONG SHEJI YU JICHENG

责任编辑：谭文芳

出版发行：	清华大学出版社	邮编：	100084	电话：	010-62776969	http://www.tup.com.cn
	北京交通大学出版社	邮编：	100044	电话：	010-51686414	http://www.bjtup.com.cn

印　刷　者：北京虎彩文化传播有限公司
经　　　销：全国新华书店
开　　　本：185 mm×260 mm　　印张：16.5　　字数：422 千字
版 印 次：2025 年 6 月第 1 版　　2025 年 6 月第 1 版第 1 次印刷
定　　　价：56.00 元

本书如有质量问题，请向北京交通大学出版社质监组反映。对您的意见和批评，我们表示欢迎和感谢。
投诉电话：010-51686043，51686008；传真：010-62225406；E-mail：press@bjtu.edu.cn。

前　言

  智能运输系统（intelligent transport system，ITS）是在较完善的相关设施基础上，将先进的信息技术、通信技术、传感技术、控制技术及计算机技术等有效地集成运用于整个交通运输管理体系，从而建立起一种在大范围内全方位发挥作用的实时、准确、高效、综合的运输管理控制系统。智能运输系统设计与集成是一门交叉学科，涉及车辆、交通运输、道路、通信、控制等多学科。其基本理论框架从实践出发，经过抽象、概括、归类得出科学实践的模型，反过来又结合各种技术措施用于指导解决交通运输实际问题。

  智能运输系统是由城市道路、高速公路、铁路、城市轨道、水运和航空多种运输方式组成的一个综合系统。本教材的编写以智能运输系统为应用背景，力求涵盖智能运输系统设计与集成的共性知识并兼顾各种智能运输系统设计与集成的个性知识，总结相应系统设计分析、设计及集成方法，具体从可行性分析、需求分析、概要设计、详细设计、数据库设计、系统集成等方面阐述了智能运输系统开发的过程和方法，并详细介绍了应用于系统分析和设计的面向对象方法和结构化方法，最后通过实例分析来体现智能运输系统设计与集成的流程与方法的有机结合。教材通过理论与实践结合、方法与应用并重的编写思路，较为全面地反映了智能运输系统设计与集成领域的知识体系。

  本教材在编写过程中，参考了大量书籍、期刊和资料，在此谨向这些参考文献的作者致以诚挚的谢意。

  智能运输系统设计与集成是一门前沿性学科，编者首次从理论与实践相结合的角度出发进行编写，教材内容兼有智能运输系统设计与集成理论、方法、技术和应用等内容。因编者学术水平及经验等方面的限制，教材中有不当之处，恳请读者赐教。

编　者

2025 年 5 月

目 录

第1章 智能运输系统概述 ·· 1
 1.1 智能运输系统内涵 ·· 1
  1.1.1 智能运输系统定义 ·· 1
  1.1.2 智能运输系统特性 ·· 2
 1.2 智能运输系统结构 ·· 3
 1.3 智能运输系统发展分析 ··· 5
  1.3.1 智能运输系统发展面临的机遇 ·························· 5
  1.3.2 智能运输系统发展面临的问题 ·························· 6
  1.3.3 智能运输系统发展趋势 ··································· 6
  1.3.4 智能运输系统发展建议 ··································· 8
 复习思考题 ·· 11

第2章 智能运输系统分析方法 ·· 12
 2.1 智能运输系统可行性分析 ··· 12
  2.1.1 可行性分析的目的和步骤 ································ 12
  2.1.2 可行性分析的内容 ··· 13
  2.1.3 可行性分析报告编写方法 ································ 14
 2.2 智能运输系统需求分析 ·· 15
  2.2.1 需求分析的目的和过程 ··································· 15
  2.2.2 需求获取与管理 ·· 17
  2.2.3 需求内容 ··· 19
  2.2.4 需求分析报告编写方法 ··································· 20
  2.2.5 需求规格说明书编写方法 ································ 21
 2.3 智能运输系统分析方法 ·· 23
  2.3.1 面向对象分析方法 ··· 23
  2.3.2 结构化分析方法 ·· 29
 复习思考题 ·· 48

第3章 智能运输系统设计方法 ·· 49
 3.1 智能运输系统运输过程分析 ······································ 49
  3.1.1 智能运输系统组成 ··· 49
  3.1.2 运输过程分析 ··· 50
 3.2 智能运输系统设计 ·· 51
  3.2.1 概要设计 ··· 51
  3.2.2 详细设计 ··· 58

3.3 智能运输系统设计方法 ·· 70
  3.3.1 面向对象设计方法 ·· 70
  3.3.2 面向结构设计方法 ·· 81
复习思考题 ··· 88

第 4 章 智能运输系统集成方法 ··· 89
4.1 智能运输系统集成概述 ·· 89
  4.1.1 智能运输系统集成的定义 ······································ 89
  4.1.2 智能运输系统集成的基本原则 ·································· 89
  4.1.3 智能运输系统集成的内容 ······································ 90
4.2 面向应用的集成分析方法 ·· 91
  4.2.1 基于软件构件的集成方法 ······································ 91
  4.2.2 面向服务的体系架构的集成方法 ································ 92
  4.2.3 智能运输系统集成技术 ·· 95
  4.2.4 平台集成 ·· 107
4.3 面向数据的集成分析方法 ·· 112
  4.3.1 数据集成需要解决的难题 ······································ 113
  4.3.2 数据集成常用的方法 ·· 114
4.4 面向网络的集成分析方法 ·· 116
  4.4.1 智能运输系统网络系统集成 ···································· 116
  4.4.2 网络集成实施步骤 ·· 119
  4.4.3 网络集成技术 ·· 119
4.5 系统安全保障机制 ·· 120
  4.5.1 物理安全 ·· 120
  4.5.2 运行安全 ·· 121
  4.5.3 数据安全 ·· 123
复习思考题 ··· 124

第 5 章 城市道路智能运输系统设计与集成 ····································· 125
5.1 面向安全的城市道路智能运输系统 ·· 125
  5.1.1 TOCC 总体架构 ·· 126
  5.1.2 TOCC 建设内容 ·· 127
5.2 面向服务的城市道路智能运输系统 ·· 129
  5.2.1 交通信息服务系统 ·· 129
  5.2.2 "交管 12123" App 服务系统 ·································· 134
  5.2.3 路径导航系统 ·· 137
  5.2.4 停车诱导系统 ·· 140
  5.2.5 智能物流运输系统 ·· 144
5.3 面向运营的城市道路智能运输系统 ·· 145
  5.3.1 智能公交系统 ·· 145
  5.3.2 出租车智能管理与调度系统 ···································· 148

	5.3.3	城市道路货运运营管理系统	150
5.4		面向维护的城市道路智能运输系统	153
	5.4.1	城市道路路面养护系统	153
	5.4.2	城市道路设施管理系统	155
复习思考题			157

第6章 高速公路智能运输系统设计与集成 ... 158

6.1		面向安全的高速公路智能运输系统	159
	6.1.1	高速公路交通监控系统	159
	6.1.2	高速公路交通安全智能管控系统	160
6.2		面向服务的高速公路智能运输系统	162
	6.2.1	高速公路服务区智能管理系统	162
	6.2.2	高速公路电子收费系统	164
6.3		面向运营的高速公路智能运输系统	170
	6.3.1	"两客一危"动态监测和智能预警管理系统	170
	6.3.2	"绿色通道"稽查与管理系统	172
6.4		面向维护的高速公路智能运输系统	173
	6.4.1	高速公路路政管理系统	173
	6.4.2	高速公路智能养护管理系统	176
复习思考题			178

第7章 铁路智能运输系统设计与集成 ... 179

7.1		面向安全的铁路智能运输系统	179
	7.1.1	行车安全综合监控管理信息系统	179
	7.1.2	铁路列车调度指挥系统	181
	7.1.3	智能化紧急救援与行车安全系统	184
7.2		面向服务的铁路智能运输系统	185
	7.2.1	铁路互联网售票系统	185
	7.2.2	铁路 12306 App 系统	187
7.3		面向运营的铁路智能运输系统	188
	7.3.1	铁路运输管理信息系统	188
	7.3.2	铁路行包营运管理信息系统	190
7.4		面向维护的铁路智能运输系统	191
	7.4.1	铁路车号自动识别系统	191
	7.4.2	铁路智能办公管理信息系统	192
复习思考题			193

第8章 城市轨道智能运输系统设计与集成 ... 194

8.1		面向安全的城市轨道智能运输系统	195
	8.1.1	城市轨道交通线网指挥中心系统	195
	8.1.2	城市轨道交通应急管理信息系统	197
8.2		面向服务的城市轨道智能运输系统	198

8.3　面向运营的城市轨道智能运输系统························203
　　　　8.3.1　城市轨道交通线路控制中心系统·····················203
　　　　8.3.2　城市轨道交通列车自动控制系统·····················204
　　8.4　面向维护的城市轨道智能运输系统························206
　　　　8.4.1　城市轨道交通车站设备监控系统·····················206
　　　　8.4.2　城市轨道交通防灾报警监控系统·····················208
　　复习思考题··208

第9章　水运智能运输系统设计与集成·············209
　　9.1　面向安全的水运智能运输系统·····························210
　　　　9.1.1　海事综合监管指挥系统································210
　　　　9.1.2　电子巡航系统···214
　　9.2　面向服务的水运智能运输系统·····························217
　　　　9.2.1　船舶交通管理系统··217
　　　　9.2.2　水路交通出行信息服务系统····························219
　　9.3　面向运营的水运智能运输系统·····························223
　　　　9.3.1　船舶自动识别系统··223
　　　　9.3.2　综合船桥系统···225
　　9.4　面向维护的水运智能运输系统·····························228
　　　　9.4.1　船舶机务管理系统··228
　　　　9.4.2　航道维护管理系统··230
　　复习思考题··235

第10章　航空智能运输系统设计与集成···········236
　　10.1　面向安全的航空智能运输系统···························236
　　　　10.1.1　机场生产运营指挥调度系统··························236
　　　　10.1.2　飞行紧急救援系统······································238
　　10.2　面向服务的航空智能运输系统···························241
　　　　10.2.1　民航机场信息系统······································241
　　　　10.2.2　航空物流系统··242
　　10.3　面向运营的航空智能运输系统···························244
　　10.4　面向维护的航空智能运输系统···························247
　　　　10.4.1　航空预警灾害系统······································247
　　　　10.4.2　空中交通管理设备运行综合管理系统··············249
　　复习思考题··251

参考文献···252

第 1 章 智能运输系统概述

1.1 智能运输系统内涵

1.1.1 智能运输系统定义

智能运输系统（ITS）作为新型交通运输系统越来越为世人所瞩目。从智能运输系统发展历史来看，起步于20世纪六七十年代的交通管理计算机化就是智能运输系统的萌芽。随着社会的发展与技术的进步，交通运输管理和交通运输工程逐步发展成智能运输系统。但是智能运输系统与原来意义上的交通运输管理和交通运输工程有着本质的区别，智能运输系统更强调的是管理的系统性、信息的交互性及服务的广泛性，其核心技术是电子技术、信息技术、人工智能、计算机与通信技术、交通工程和系统工程等。

要理解智能运输系统，先要理解智能。智能是主体认识、辨析、判断处理、适应、改变、选择环境等各类行为的能力。工程中的很多系统或产品因具有某种智能而被称为人工智能系统。人工智能系统就是用传感器、CPU和执行机构来分别模拟人的五官、大脑和四肢。智能运输系统广义上说也是一种人工智能系统，它是用交通类的传感器、带有交通知识的"大脑"和能执行交通功能的执行机构模拟人的五官、大脑和四肢，来达到交通智能化的目的。以智能红绿灯为例来看人的智能、人工智能和智能红绿灯之间的对应关系，如图1-1所示。

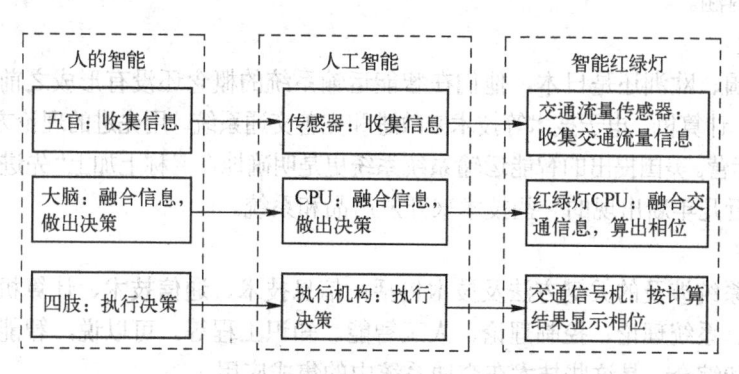

图 1-1　人的智能、人工智能和智能红绿灯的对应关系

关于智能运输系统的准确定义，不同国家和机构有不同的理解，目前还没有统一。

① 美国智能交通协会（ITS America）：智能运输系统是通过采用一些新技术，包括信息处理技术、通信技术、控制技术和电子技术等，与综合运输系统有效结合，进而实现人和货物更安全、更高效位移的系统。

② 欧洲道路交通通信技术实用化协作组织（European Road Transport Telematics Implementation Coordination Organization，ERTICO）：智能交通系统或信息技术在运输上的应用能够减少城市道路和城际间干道的交通拥挤、增加运输安全性，给旅行者提供信息并改善可达性、舒适性，提高货运效率，促进经济增长和提供新的服务。

③ 日本的路车交通智能协会（Vehicle Roadand Traffic Intelligent Society，VERTIS，现改名为日本智能交通协会 ITS Japan）：智能运输系统是运用先进的信息、通信和控制等技术，即运用"信息化"和"智能化"手段解决道路交通中的事故、堵塞、环境破坏等各种问题的系统，是人与道路及环境之间接收和发送信息的系统。通过实现交通的最优化，达到消除事故及堵塞现象、节约能源、保护环境的目的。

不论从何种角度出发，上述观点有一点是共同的：智能运输系统是运用各种高新技术，特别是电子信息与通信技术来提高交通效率、增加交通安全性和改善环境的系统。因此，智能运输系统是在较完善的交通基础设施之上，将先进的信息技术、通信技术、计算机技术、电子技术、传感器技术及系统集成技术等有效地综合运用于整个交通运输管理体系，从而建立起来的一种大范围、全方位发挥作用的实时、准确、高效的综合运输管理系统。

1.1.2 智能运输系统特性

交通运输系统的基本要素是人、车、路和环境。人本身是智能的，但人在感知和执行方面存在缺陷。例如，在光线不好的情况下视距不够；在疲劳和分神时的反应能力不够等。如果能增强人在这些方面的能力，同时使车、路和环境也都智能化，那么交通系统的所有要素都是智能的了。智能运输系统与传统概念的交通系统之间的差别在于其能够增强人的感知能力、决策能力和执行能力。

智能运输系统的内涵是逐步扩大的，这里可以从智能运输系统的一些特点和属性探讨智能运输系统的内涵。

1. 先进性

无论是美国、欧洲还是日本，他们在智能运输系统的概念还没有形成之前，就在寻求用诸如远程通信、计算机、电子技术等技术来改进和完善交通系统，用先进的理论方法来改善交通系统的管理和运营。美国提出的智能运输系统系统更是明确地在名称上加上"先进的（advanced）"的定语，即用近几年新出现的一些技术来开发产品和系统。

2. 综合性

智能运输系统涉及的关键方法及技术包括：信息技术、通信技术、计算机技术、电子技术、交通工程、系统理论、控制理论、人工智能、知识工程等。可以说，智能运输系统是这些技术的交叉和综合，是这些技术在交通系统中的集成应用。

3. 信息化

人们通过各种手段来获取交通系统的状态信息，为交通系统的用户和管理者提供及时有用的信息，只有拥有了信息，才能实现智能化。而且，当交通信息化水平达到一定的程度，就会改变交通出行行为、交通管理方式等，进而引起传统交通理论的改变。因此，信息化是智能运输系统的基础。

4. 智能化

智能这个词的使用越来越广泛,研究智能的人越来越多,智能技术的应用也越来越多。智能机器人、智能仪器仪表、智能楼宇等名词频繁出现。产品的智能化给众多传统技术带来了生机和活力,其中也包括智能运输系统。智能运输系统与传统的交通相比,在构建网络化的交通状态感知体系基础上,其智能化方面有突出的特点,通过大量的数据采集、算法及技术的支持,能够满足传统交通中大量的信息智能化处理需求,在大大提高工作效率的同时,能够保证交通安全,提升交通感知智能化水平,提高交通信息资源的综合利用水平。

综上所述,智能运输系统的实质就是利用高新技术对传统的交通运输系统进行改造,从而形成一种信息化、智能化、社会化的新型交通运输管理系统。它能够加强载运工具、载体和用户之间的联系,使交通基础设施发挥出最大的效能,提高服务质量,提高交通运输系统运行的有序性和可控性,极大地提高交通运输效率、保障交通安全、改善环境质量和提升能源利用率。

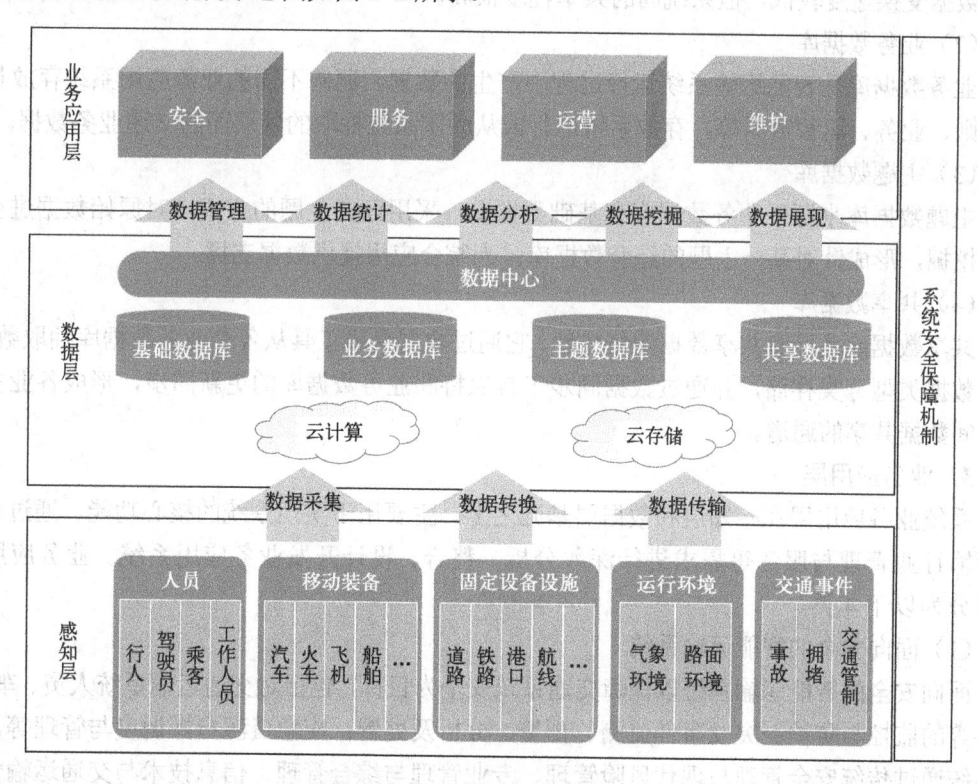

1.2 智能运输系统结构

智能运输系统结构示意图如图 1-2 所示。

图 1-2 智能运输系统结构示意图

1. 感知层

感知层是构建智能运输系统全景交通信息环境的基础,通过综合应用多类感知设备与感知技术，获取人员（行人、驾驶员、乘客等）、移动装备（汽车、火车、飞机、船舶等）、固定设备设施（道路、铁路、港口、航线等）、运行环境（气象环境、路面环境等）、交通事件（事故、拥堵、交通管制等）等交通要素的基础数据、身份信息和运行状态等，实现对交通要素的全面感知。

2. 数据层

通过对交通运输信息资源进行科学的分类组织，数据层采用统一的建设规范和数据交换标准，确保信息资源在采集、处理、传输及分析、管理和共享的整个流程中在各系统间顺利地交换，以实现交通管理和决策支持的目标。数据层为各类应用系统的应用开发提供了数据支撑，数据质量直接关系到为其用户所提供的服务质量。

智能运输系统数据层通过应用云计算、云存储等技术，集约使用服务器、存储等各类信息化基础设施，进行基础数据库、业务数据库、主体数据库、共享数据库及数据仓库的构建，从而为应用系统提供数据支撑。

（1）基础数据库

基础数据库是共享程度最高的数据，主要包括相关对象和环境的基本信息，如元数据、编码数据、地理空间数据和运输基础数据等，它为行业管理和信息服务提供基础数据支撑。该类数据变换速度较低，但系统间的共享程度很高。

（2）业务数据库

业务数据库是智能运输系统运行过程中产生的数据，面向不同的业务应用系统存放相关的规则、业务、运营数据等，存放系统运行或从外围系统抽取的各层面的交通业务数据。

（3）主题数据库

主题数据库来源于业务数据库和基础数据库，采用面向主题的方式，对原始数据进行分析与挖掘，形成针对某一主题的综合数据库，为综合应用提供数据支撑。

（4）共享数据库

共享数据库是所有共享数据的集成地。它通过数据集成工具从各个业务数据库抽取数据，根据数据类型分类存储，并通过数据同步工具保持和业务数据库的更新同步，形成各业务系统之间数据共享的通道。

3. 业务应用层

系统业务应用层在感知层和数据层基础之上，主要用于实现系统的核心功能。通过对交通运输行业管理与服务等需求进行深入分析，整合、设计开发业务应用系统。业务应用系统可分为以下4类。

（1）面向安全的智能运输系统

面向安全的智能运输系统以保障交通系统安全为目标，包括对交通运输系统人员、车辆、设备等的监控与防护；突发事件监测、预警、分析及处置；应急资源指挥调度与管理等。该类系统通过传统安全管理与现代风险管理、专业管理与综合管理、信息技术与交通运输安全的有机结合，实现各个环节精细化、科学化和智能化的安全管控，实现安全信息的资源共享、安全风险的超前防范、运输生产过程的动态管控和突发事件的高效，全面提升交通运输安全保障能力。

(2) 面向服务的智能运输系统

面向服务的智能运输系统主要是以乘客出行、货物运输需求为核心，在智能诊断和科学决策的基础上，建立新型服务模式，并依托各类智能终端，形成以人为本、创新灵活的智能运输服务系统，主要包括票务服务、安检服务、客服服务、信息服务及相关便民增值服务等，为乘客出行、货物运输提供精准化、智能化、个性化的全过程服务，从而达到方便货物运输和乘客出行、改善乘车环境、提高乘车感受的目的。

(3) 面向运营的智能运输系统

面向运营的智能运输系统是指在实时精准感知人、车、设备设施、环境状态的基础上，围绕交通管控、调度指挥、车辆运行、设备控制等环节，进行自主学习、智能研判和决策优化，实现多场景、全方位交通诱导和协同管控，网络化、集中化的调度指挥，设备自主化运行和智能化控制，以保障交通运输系统的高效运营。

(4) 面向维护的智能运输系统

面向维护的智能运输系统主要基于故障预测与健康管理（prognostic and health management, PHM）、预测性维修、全寿命周期修理决策优化等技术，实现交通运输设备设施的自感知、自诊断、自决策，精准、精细地掌握状态劣化机理和演变规律，优化养修策略和资产管理，打造状态监测、故障诊断、风险预警、维修评价和资产管理的闭环链条，保持全寿命周期内交通运输系统的高稳定性、高可靠性，并降低运维成本。

1.3 智能运输系统发展分析

1.3.1 智能运输系统发展面临的机遇

国民经济和社会发展、交通运输行业转型提升及信息技术的发展都为智能运输系统提供了极好的发展机遇。

1. 可持续发展的交通运输战略

可持续发展是当今世界的热点问题，而交通运输系统作为社会经济系统的一个子系统，既是自然资源的主要消耗者，又对社会经济发展和自然环境有着巨大影响，因此交通运输的发展对人类可持续发展起着至关重要的影响。而智能运输系统可提高运输效率、减少交通事故、降低能源消耗、减少污染物排放量，其作为交通运输发展的主流，必将成为交通运输系统可持续发展的核心和关键。

2. "知识经济"是保持我国经济持续、高速、健康、稳定发展的基础

我国政府为推动经济体制和经济增长方式的两个根本改变，将科教兴国和可持续发展确定为我国的两个基本战略。"知识经济"体现了科学技术是第一生产力的实质内涵。经济增长方式由粗放型向集约型转变关键靠科学技术的进步。智能运输系统在交通运输领域的开发应用，将有助于实现单一依赖基础设施扩张的粗放型交通增长向依靠高新技术进步、以提高效率为核心的集约型交通发展的转变。同时，交通效率的提高和交通安全的改善在一定程度上也将有利于实现对交通资源的充分利用和交通环境的改善。

3. 国家将交通基础设施建设列为新的经济增长点

根据国民经济发展规划，国家将建设与发展的重点放在解决人民居住和出行条件改善上，并将建筑业和交通运输业作为国民经济发展的支柱产业，将交通基础设施建设列为新的经济增长点，国家高速公路主干线、快速铁路、港口、航空港及城市道路、轨道交通、公共交通将得到重点建设和发展。在这些交通设施规划建设的同时，新型城镇化、区域协调发展、一带一路等都对交通运输提出了具体明确的要求，以智能运输系统支撑交通运输转型和服务提升，成为当前智能运输系统发展面临的重大需求，因此智能运输系统在中国将走出一条新的发展道路。

4. 新一代信息技术的发展

近年来，云计算、物联网、移动互联、大数据等技术和应用方兴未艾，工业4.0、新硬件时代再次掀起新的发展浪潮。新一代信息技术的发展，推动了智能运输系统在数据采集、存储、数据分析及信息服务等综合应用方面全面升级创新，为智能运输系统发展带来了历史机遇。

1.3.2 智能运输系统发展面临的问题

我国自20世纪末开始推动智能运输系统的建设发展，目前已取得了显著的成效。但随着技术进步和需求的变化，在交通基础设施和总量规模提升的同时，智能运输系统存在的问题也是非常现实和明显的。

① 基础设施建设发展迅速，但运营管理、安全和服务水平亟待提升。综合运输效率低，条块分割，社会物流成本高居不下；城市交通运输系统供需失衡，道路交通拥堵严重，许多城市拥堵进入常态化；交通安全问题突出，交通能耗与污染严重。

② 交通信息化建设形成的信息资源共享利用严重不足。交通数据分散在不同部门，缺乏开放互通，条块化分割、碎片化现象严重；交通信息系统建设顶层设计不统一，缺乏统一的标准，导致信息资源孤岛化；交通信息资源的市场化滞后，缺乏有效的市场化推进机制，产业链、价值链未形成；交通基础数据不完整，环境、车内信息、车辆工况、排放等感知手段不足而导致数据缺乏。

③ 智能化管理系统发展迅速，但智能化服务系统滞后。各个行业都建设了与管理、运营相关的智能化系统，投入资金规模巨大。但是，面向公众服务的智能化系统建设相对滞后，综合运输协同服务、交通信息一体化服务等还没有实现。

1.3.3 智能运输系统发展趋势

在当前形势下，我国智能交通系统的发展趋势有以下几方面值得关注。

1. 建立全社会统筹推进的发展格局是重要的机制保障

智能运输系统是由人、车、路、环境四要素组成的自组织复杂巨系统。当前，我国智能交通领域的应用效果更多是在特定场景、单一领域、某一区域取得的局部效果，智能交通的整体效果和全局效应尚未明显发挥，其根源在于全社会统筹推进的智能交通发展格局尚未形成，政府和社会间、政府和行业间、各部门间、各地间统筹协同推进得不够。因此，迫切需要在各方准确定位的基础上，形成适合智能交通全局效应充分释放的大格局，政府重在统筹协调、营造发展环境，学研重在科技创新、提供技术支撑，企业重在产业发展、提供优质服务，同时应充分发挥行业协会在推动行业规范发展方面的重要作用。

2. 完善综合交通运行精准感知体系是长期的基础工作

智能交通发挥作用的基础是要对交通运行动态具备相应的获取能力。客观来说，虽然通过多年的持续努力，我国在交通运行动态获取能力方面有了长足的进步，但距离全面精准感知交通四要素的要求还存在较大的差距，这也是制约智能运输系统应用发展的基础性和关键性问题。要解决这一问题，需要强化三方面工作：一要勇于承认和客观认识这一问题；二要准确把握，借"新基建"的大好时机，将其作为相当长时期内我国智能运输系统发展的基础性任务；三要合理确定战略战术，建立基于全社会交通资源统筹利用机制的综合交通运行感知体系构建新思路，攻克关键技术问题。

首先，应全面考虑各级各地政府部门、交通运营企业、互联网企业、社会公众等各相关方，以实现统筹协调各方利益、实现数据共享共用、支撑扩展各自应用的目标，在各相关方准确定位、共建共享、享受应用服务与贡献信息资源的一致性原则指导下，建立政府信息资源开放机制，社会信息资源的统筹应用机制、运营企业利益机制、保护个人隐私的个体数据应用机制；其次，应重点攻克基于全社会资源统筹应用的综合交通运行全面动态感知体系构建技术，全面涵盖交通参与者、货物、运载工具、交通设施、环境等交通要素，统筹利用各政府部门、行业企业、电信服务商和互联网企业的资源，建立完善综合交通运行精准感知体系，实现综合交通运行的全面动态感知；最后，大力推进从运行状态宏观监测向个体出行链精准感知的方向发展，重点攻克个体出行链动态感知技术，精准掌握各种交通方式出行对交通时空资源的占用情况。

3. 以智能车路推动可持续绿色交通是永恒的发展主题

通过绿色交通实现交通的可持续发展是永恒的主题，智能运输系统应为绿色交通发展提供有力的支撑。面向绿色交通，智能运输系统的创新发展方向主要包括：积极推进智慧公路建设，提升公路运行管理和服务水平；大力发展车联网，提高车辆运行效率；重视智能汽车和无人驾驶的发展，积极推进无人驾驶测试工作和实际应用；积极采用混合动力汽车、节能环保型营运车辆替代燃料车及无轨电车等；积极研究电气化道路设施建设，实现电动汽车的可持续供电，避免供电设施的二次污染；构建绿色"慢行交通"系统，增加公共交通和非机动化出行的吸引力；构建绿色交通技术体系，促进客货运输市场的电子化、网络化，提高运输效率，降低能源消耗，实现技术性节能减排。

4. 统筹利用全社会资源打造"交通大脑"是核心发展方向

持续深入开展交通大数据的分析应用，真正打造"交通大脑"，是智能运输系统的核心发展方向和根本目标。"交通大脑"不是用来炒作的概念和实现特定经济利益的手段，而是新时代交通人和城市管理者治理交通的创新思维和核心目标。从当前发展来看，"交通大脑"绝不是待价而沽的商品，而需要统筹全社会资源在扎扎实实做好常态监测分析工作的基础上，攻克"大脑想什么、怎么想"的关键技术问题，通过持续努力逐步来打造。统筹社会各界的力量联手打造"交通大脑"将是未来的持续发展目标，为交通综合治理提供持续有效的支撑。

5. 打造全出行链一体化出行优质服务是关键成功标志

正如当年车辆信息通信系统（vehicle information and communication system，VICS）成为日本智能交通成功应用的标志，近几年出行即服务（mobility as a service，MaaS）系统的建立，以高德、百度等为代表的动态导航服务提升了我国出行群体的出行体验，为出行者日常出行提供了常态化、规模化的应用服务，是智能运输系统发展成功的关键标志。未来应在出行导航服务的基础上，进一步加强政府统筹引导，创新推动交通运营企业和互联网企业联手打造多方式、门到门、全出行链的一体化出行信息服务。积极推进政府主导的公益性、普遍性、基础性服务与社会互联网企业主导的个性化增值服务互为支撑、协同发展的良好局面的形成，攻克面向全出行链的全路网一体化综合出行信息服务的关键和难点技术问题，全面提升综合交通出行信息服务水平，推动智能运输系统产业的发展。

6. 努力营造协同创新的生态圈产业链是持续发展动力

我国智能运输系统产业化发展距离该领域的发展空间和社会各界期望，仍存在较大的距离。智能运输系统的发展需要加强信息技术、人工智能技术，以及汽车、物流等产业的跨界融合和协同创新，尤其以下两个方面的工作要予以重视。

一是大数据背景下的交通产业生态圈融合。大数据驱动智能交通行业与汽车制造行业、车载装备行业、信息服务行业、互联网行业、运输管理行业、地图导航行业等跨界融合、系统创新。

二是智能运输系统产业和智能化汽车产业的协同发展。跨界融合、协同创新是智能运输系统创新发展的关键。随着新技术的发展和应用，以智能运输系统为舞台，通过为出行者提供更加精细、准确、完善和智能的服务，加速交通产业生态圈的跨界融合，推动汽车制造业、汽车服务业、交通运用服务、互联网、信息服务等行业的融合发展。

1.3.4 智能运输系统发展建议

1. 全面推进智能运输新基建的应用部署

近年来，以5G、人工智能、自动驾驶等新技术为核心的新型基础设施建设如火如荼，美国以公路智能运维和车联网技术部署为契机推进基础设施智能化升级改造，日本以高速公路和重要交通枢纽节点为载体推进新型基础设施更新升级，欧洲推动跨国统一的核心网络信息化通道基础设施建设，世界各国紧锣密鼓布局新型基础设施发展。

2020年3月，中共中央政治局常务委员会召开会议提出加快新型基础设施建设进度，我国新基建发展进入快车道。当前应大力推进基于科技端的智能交通基础设施部署，通过建设智慧道路、智慧高速和智慧枢纽等"硬"的新基建（设施数字化）及城市"交通大脑"、智慧停车云平台、MaaS服务平台等"软"的新基建（数字设施化），拉动新一轮经济的高质量发展，如图1-3所示。

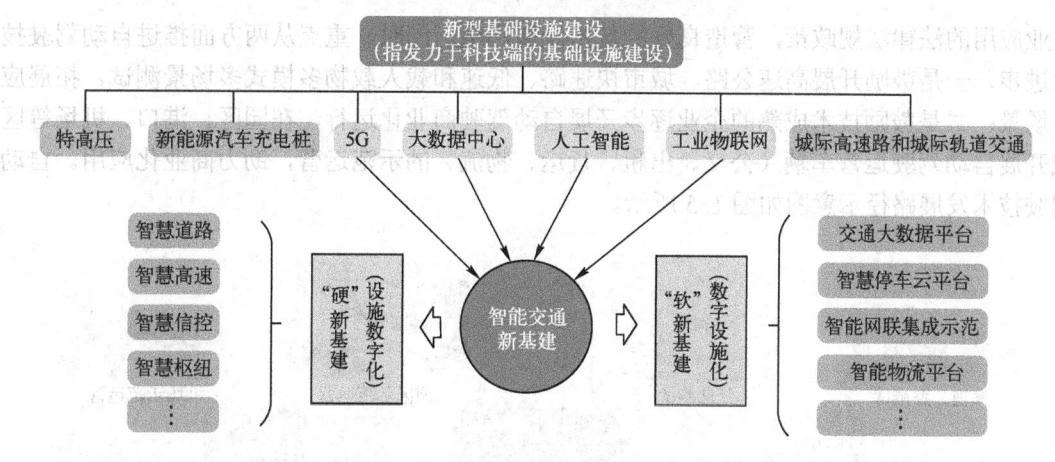

图 1-3　智能交通新型基础设施内涵体系

2. 提升基于大数据的交通治理能力

我国区域发展不平衡、城市规模差异化、交通治理场景多样化，数据驱动的交通治理应以国家发展规划为依据，以问题需求为导向，各城市因地制宜地开展交通治理范式研究。

国家层面，应重视交通大数据的共享开放和集成应用，构建面向不同数据类型、不同对象、不同权限的交通数据分级开放共享机制，推动铁路、航空等大交通与地铁、公交等城市交通的数据连通。区域/城市层面，经济发达的城市群和都市圈协同构建区域级交通大数据中心，不同城市应具体结合城市规模、治理场景、经济财力等因素差异化选择分布式、集中式等城市交通大数据平台建设模式，推动基于数据赋能的运行监测、公交运营、设施管养、运输管理等核心业务。交通大数据开放共享与赋能应用示意图如图 1-4 所示。

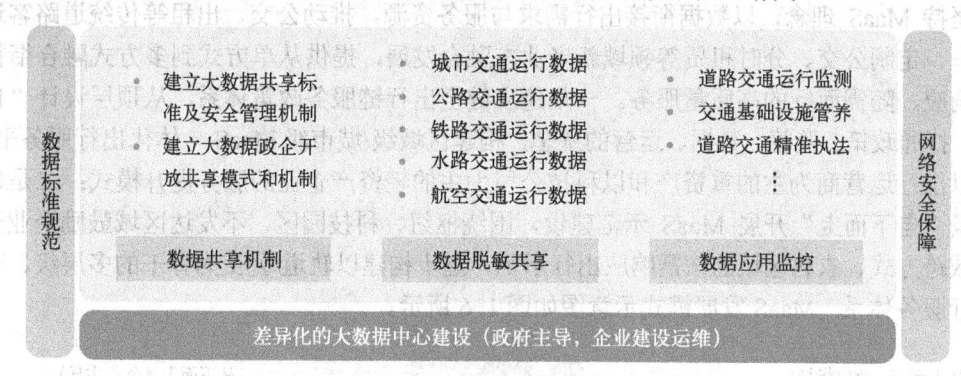

图 1-4　交通大数据开放共享与赋能应用示意图

3. 加速自动驾驶和智能网联的示范应用

当前自动驾驶和车路协同技术成为世界各国角逐的焦点。美国率先将自动化作为国家发展战略，从政府监管到市场主导转变，着重推动单车智能技术的研发应用，从封闭测试到开放测试再到多模式多场景运营示范。同时，美国交通部曾选择纽约州、佛罗里达州和怀俄明州的复杂区域试点车路协同技术应用，推进整个车联网产业发展。

2020 年 2 月，国家发改委等 11 部委联合发布《智能汽车创新发展战略》，提出我国未来智能汽车的重点任务。我国应结合基本国情，进一步修订完善制约自动驾驶技术测试、验证、商业应用的法律法规政策，营造良好的技术发展环境。同时，重点从两方面推进自动驾驶技术进步，一是鼓励开展高速公路、城市快速路、低速和载人载物多模式多场景测试，拓展应用场景；二是鼓励技术成熟的企业逐步开展自动驾驶商业化运行，在园区、港口、机场等区域开展自动驾驶运营车辆（公交、出租、货运、物流）的示范运营，助力商业化应用。自动驾驶技术发展路径示意图如图1-5所示。

图1-5 自动驾驶技术发展路径示意图

4. 打造包容友好的出行即服务出行服务体系

我国正步入高品质出行即服务（MaaS）的体验经济时代，应坚持以人为本的理念为全体出行者（包括残疾出行者、农村地区出行者、低收入出行者等）提供安全、可靠、便捷的全出行链服务，打造体验经济时代新老业态融合发展的服务2.0模式。

坚持 MaaS 理念，以数据衔接出行需求与服务资源，推动公交、出租等传统道路客运与网约车、定制公交、分时租赁等领域新老业态融合发展，提供从单方式到多方式融合衔接的按需响应、随需而行的高质量服务。一是建立健全出行链服务政策体系，从顶层设计"自上而下"打通政策、监管、数据、运营的壁垒，构建区域级/城市级 MaaS 一体化出行服务平台，建立以出行运营商为主的重资产和以科技公司为主的轻资产企业的服务提升模式；二是以典型场景"自下而上"开展 MaaS 示范建设，围绕枢纽、科技园区、不发达区域鼓励企业开展跨区域跨方式、农村区域的按需响应出行示范，逐步构建以轨道/公交为骨干的多层级、一体化出行服务体系。MaaS 发展模式示意图如图1-6所示。

图1-6 MaaS 发展模式示意图

5. 培育开放聚合的智能运输系统发展生态圈

我国应进一步完善智能运输系统发展协调机制，转变以政府为主导的智能运输系统建设模式，加强政府、产业、科研机构、高校、企业多方合作，打造开放聚合的智能运输系统生态圈。政府通过法律法规支持、政策鼓励和机制体制协调指导市场良性发展，市场以创新性应用为原则，推动智慧地铁、智慧公交、智慧枢纽、智慧口岸等新业态模式发展。同时，完善智能运输系统宣传应用渠道，强化与利益相关者的沟通交流，使智能运输系统为民服务、深入人心。智能运输系统产业生态圈示意图如图1-7所示。

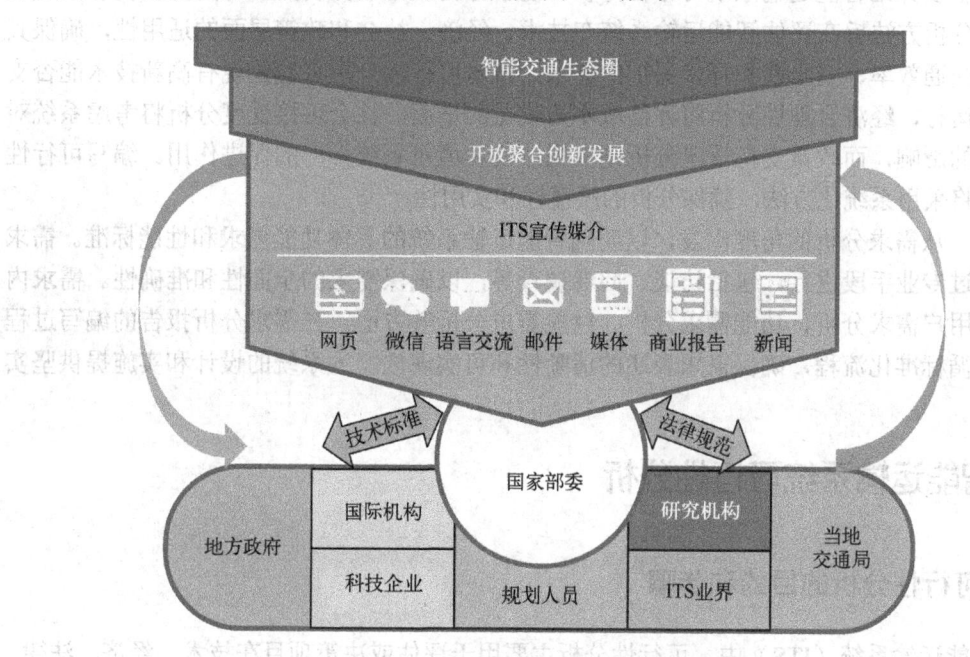

图1-7 智能运输系统产业生态圈示意图

复习思考题

1. 什么是智能运输系统？智能运输系统的特点是什么？
2. 简述智能运输系统的构成。
3. 结合实际案例，试论述智能运输系统的优势与发展趋势。

第 2 章　智能运输系统分析方法

本章主要介绍智能运输系统可行性分析、需求分析及系统分析方法等几方面内容。智能运输系统分析方法旨在评估智能运输系统在技术、经济、社会和政策层面的适用性，确保其能够满足交通效率、安全性和环境保护的需求。技术可行性分析将检验现有高新技术能否支撑系统的运行，经济合理性分析将评估成本与收益的平衡，社会可接受度分析将考虑系统对公众生活的影响，而政策支持情况分析则审视法规环境对系统推广的促进作用。编写可行性报告时，将采用系统化方法，确保分析的严谨性和实用性。

此外，从需求分析的角度出发，以明确智能运输系统的具体功能要求和性能标准。需求获取将通过专业手段进行，包括访谈、问卷调查等，以确保需求的全面性和准确性。需求内容将涵盖用户需求分析、功能需求分析、性能需求分析等方面。在需求分析报告的编写过程中，将遵循标准化流程，确保需求表述的清晰性和可实现性，为系统的设计和实施提供坚实的基础。

2.1　智能运输系统可行性分析

2.1.1　可行性分析的目的和步骤

在智能运输系统（ITS）中，可行性分析主要用于评估或决策项目在技术、经济、法律、操作和环境等多个方面的可行性。它涉及多个分析步骤，以确保项目或决策能够在实际操作中实现，并达到预期的目标和效果。

1. 可行性分析的目的

可行性分析的目的主要包括以下几个方面。

① 确定可行性：评估智能运输系统是否能够实现开发目标，以及是否能够达到预期效果。

② 识别潜在风险：通过分析系统开发可能面临的风险，为风险管理和控制策略的制定提供依据。

③ 优化开发方案：通过可行性分析，可以发现方案的不足之处，从而进行优化，提高系统开发的成功率。

④ 为投资决策提供依据：为系统开发投资者和决策者提供是否继续投资和推进的科学依据。

⑤ 确保资源有效利用：评估系统开发所需的资源是否可以得到有效利用，避免资源浪费。

2. 典型步骤

智能运输系统的可行性分析是一个复杂而关键的过程，其典型步骤如下。

（1）明确系统的目标

可行性分析人员要访问相关人员，阅读分析可以掌握的材料，确认用户需要解决的实质问题，进而明确系统的目标及为了达到这些目标系统所需的各种资源。

（2）分析研究现有内容

分析人员需要提炼、分析和审查收集到的数据，确保所有相关者都理解需求的含义，并找出其中的错误、遗漏或不足。从系统的数据流和数据结构出发，逐步细化系统功能，找出系统各元素之间的联系、接口特性和设计上的限制。分析这些元素是否满足功能要求，剔除不合理的部分，增加需要的部分，形成系统的解决方案，并给出详细逻辑模型。

（3）获得可行方案

根据系统的逻辑模型提出实现此模型的不同设计方案。在设计方案的过程中要从技术、经济等角度考虑各方案的可行性，然后从多个方案中选择出最合适的方案。

（4）撰写可行性分析报告

可行性分析的最后一步就是撰写可行性分析报告。此报告包括系统概述、可行性分析过程和结论等内容。

可行性研究的结论一般有以下 3 种。

① 可以按计划进行系统开发。

② 需要解决某些存在的问题如资金短缺、设备陈旧和人员短缺等，或者需要对现有的解决方案进行一些调整或改善后才能进行系统开发。

③ 待开发的系统不具有可行性，需要停止开发。

上述步骤只是一个经过长期实践总结出来的框架，在实际的使用过程中，应根据项目的性质、特点及开发团队对业务领域的熟悉程度而进行相应的调整。

2.1.2 可行性分析的内容

可行性分析的内容通常包括以下几个方面。

1. 技术可行性

智能运输系统依赖于先进的信息技术、通信技术和传感器技术。技术可行性分析需评估现有技术是否能够支持智能运输系统的功能需求，如实时数据传输、车辆自动识别、交通信号控制等，并确认技术方案的可实现性和可靠性。

① 技术需求评估：分析智能运输系统所需的核心技术，如车联网技术、自动驾驶技术、大数据分析技术等。评估这些技术是否成熟，是否能够满足系统设计的要求。

② 技术实现评估：评估现有技术是否能够支持智能运输系统的功能和性能需求，如实时数据传输效率、车辆自动识别准确率、交通信号控制准确性等。评估技术的对系统功能和性能的可实现性程度。

③ 技术更新预测：预测技术发展趋势，评估新技术的出现是否会影响现有技术方案的可行性。

2. 经济可行性

经济可行性分析需考虑智能运输系统开发的总投资成本、运营维护费用及预期的经济效益，如降低人力成本、提高交通效率、减少拥堵带来的成本节约，以及可能的商业模式和投资回报周期。

① 投资成本分析：评估智能运输系统的总投资成本，包括设备购置、系统开发、基础设

施建设等费用。

② 运营维护费用分析：评估系统的日常运营和维护成本，包括人力成本、能源消耗、设备维护等。

③ 经济效益分析：评估智能运输系统实施后带来的经济效益，如提高交通效率、减少拥堵带来的成本节约等。

④ 投资回报周期分析：评估投资智能运输系统的预期回报周期，判断投资是否合理。

3. 市场可行性

市场可行性分析要研究智能运输系统在目标市场的需求情况，包括潜在用户数量、竞争对手状况、市场需求趋势等。这有助于判断智能运输系统解决方案是否具有足够的市场潜力和竞争优势。

① 社会影响评估：评估智能运输系统对社会的影响，如是否提高交通安全、改善市民出行体验、促进社会公平等。

② 社会接受度评估：评估智能运输系统在社会各阶层中的接受程度，包括公众、政府、企业等。

③ 法律法规遵守评估：评估智能运输系统是否符合相关法律法规要求，如交通法规、数据保护法等。

4. 环境可行性

环境可行性分析评估智能运输系统对环境的潜在影响。

① 环境影响评估：评估智能运输系统对环境的影响，如减少交通拥堵和排放、提高能源效率等。

② 可持续性评估：评估智能运输系统是否符合可持续发展和环境保护的要求。

③ 环境影响缓解措施：评估并制定相应的环境影响缓解措施，如节能减排措施等。

5. 法律可行性

法律可行性分析涉及审查智能运输系统开发是否符合交通法规、数据保护法、知识产权法等，确保项目在法律框架内运作，避免未来的法律风险和诉讼。

6. 操作可行性

操作可行性分析关注智能运输系统的实施细节，如组织结构、人员配置、操作流程等，确保系统在实际运行中能够高效、稳定地工作，并满足用户需求。

通过对这些方面的综合评估，可行性分析可以帮助决策者确定系统开发是否值得投资和实施，或者是否需要调整相应的范围或条件以满足可行性要求。

2.1.3 可行性分析报告编写方法

智能运输系统的可行性分析报告为系统开发的决策和实施提供了科学依据，该报告的撰写旨在为用户及系统开发团队提供相应的决策，并识别和应对潜在风险。

可行性分析报告一般包含以下内容。

（1）系统概述

对开发系统的背景、目标、范围和预期成果进行描述，明确智能运输系统的核心功能和预期效益。

(2) 可行性分析

① 技术可行性：对智能运输系统的技术可行性进行深入分析，包括现有技术的评估，技术方案的可靠性、成熟度和可维护性分析，以及目标系统的体系结构、综合要求及实现条件。这项分析确保项目所采用的技术能够支持智能运输系统的功能需求，如实时数据传输、车辆自动识别、交通信号控制等，并确认技术方案的可实现性和可靠性。

② 经济可行性：详细估算智能运输系统项目的总成本，包括建设成本、运营成本和维护成本，并分析项目的经济效益，如节约成本、增加收入等。经济可行性分析帮助评估项目的投资回报率和财务稳定性，确保项目在经济上是可行的。

③ 市场可行性：研究目标市场的规模、增长潜力和竞争状况，评估市场需求与智能运输系统提供的服务之间的匹配度。市场可行性分析有助于判断项目是否具有足够的市场潜力和竞争优势，从而确保项目的商业可行性。

④ 法律可行性：检查智能运输系统项目是否符合相关的法律法规，如交通法规、数据保护法等，并评估可能的法律风险和合规成本。法律可行性分析确保项目在法律框架内运作，避免未来的法律风险和诉讼。

⑤ 操作可行性：评估智能运输系统项目在操作层面的可行性，包括组织结构、人员配置、操作流程等，确保系统在实际运行中能够高效、稳定地工作，并满足用户需求。

⑥ 环境可行性：评估智能运输系统项目对环境的影响，包括空气、水质、生态等，并确定项目是否符合可持续发展和环境保护的要求。环境可行性分析有助于确保项目在环境保护方面达到预期的目标。

(3) 风险评估

识别智能运输系统项目可能面临的风险，如技术风险、市场风险、操作风险等，并评估这些风险的可能性和影响，同时提出应对措施建议。风险评估有助于项目团队制定风险缓解策略，降低项目实施过程中的风险。

(4) 结论和建议

对智能运输系统项目的可行性进行总体评估，提出项目推进的建议和下一步行动计划。结论和建议部分为项目决策者提供科学依据，帮助决策者做出明智的决策，并确保项目能够在实际操作中成功实施。

通过可行性分析报告，用户和系统开发人员可以全面了解智能运输系统的可行性，为系统设计与开发提供坚实的基础。

2.2 智能运输系统需求分析

2.2.1 需求分析的目的和过程

在智能运输系统开发过程中，需求分析主要采用现场调研、讨论或其他工作方式，对用户工作生产存在的实际问题进行深入剖析，形成用于解决实际问题的系统数据要求、功能要求和业务流程要求等在内的系统开发所需条件及可行性分析体系，即对目标系统可实现的数据、功能等提出完整、准确、清晰、具体的要求，并进一步采用评审方法，对需求分析的合理性、准确性进行评审，是为系统的概要设计和详细设计提供指导性的文件。

1. 需求分析的目的

在智能运输系统中，进行需求分析主要有以下目的。

① 明确项目目标：通过需求分析，可以明确智能运输系统开发的具体目标，例如提高交通流量、减少事故率或降低污染排放。

② 识别利益相关者需求：需求分析有助于识别和了解智能运输系统开发利益相关者的需求和期望，包括交通管理部门、驾驶员、行人、物流公司等。

③ 定义系统功能：通过需求分析，可以详细定义智能运输系统的功能需求，例如实时交通信息服务、智能导航系统或自动车辆控制系统。

④ 降低项目风险：通过需求分析，可以提前识别和解决潜在的需求问题，从而降低智能运输系统开发过程中的风险。

⑤ 为项目决策提供支持：需求分析为智能运输系统开发决策提供科学依据，帮助决策者做出明智的决策。

⑥ 提高用户满意度：通过满足利益相关者的需求，需求分析有助于提高用户的满意度，推动智能运输系统开发的顺利进行。

需求分析的任务如图 2-1 所示。

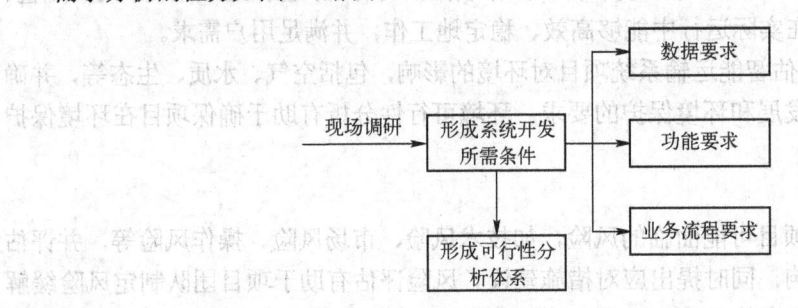

图 2-1 需求分析的任务

2. 需求分析的过程

需求分析的过程如图 2-2 所示。

图 2-2 需求分析的过程

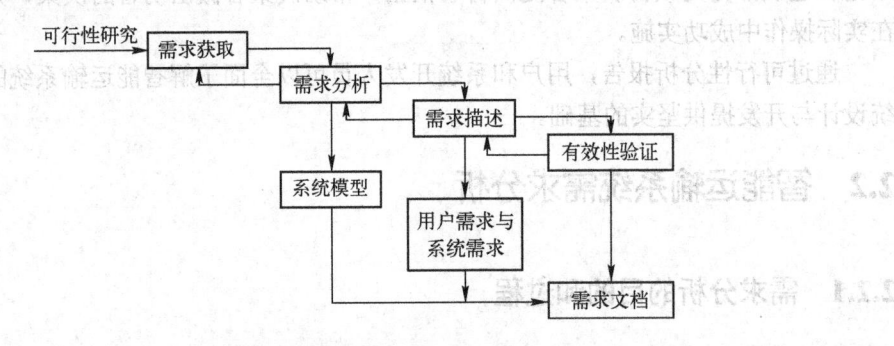

需求分析大致可以划分为以下 4 个过程。

（1）需求获取

系统分析人员应该研究计划阶段产生的可行性分析报告和智能运输系统开发实施计划，主要从系统的角度分析，确定目标系统的体系结构和综合要求，即系统的需求，并提出实现这些需求的条件及需求应达到的标准，也就是解决将要开发的系统做什么及做到什么程度等问题。

（2）需求分析

需求分析包括提炼、分析和审查已收集的需求，以确保所有的风险承担者都明白它们的含义，并找出其中的错误、遗漏或不足的地方。在传统的系统开发过程中，分析员可以从系统的数据流和数据结构出发，逐步细化所有的系统功能，找出系统各元素之间的联系、接口特性和设计上的限制，分析它们是否满足功能要求。依据功能需求、性能需求和运行环境需求等，剔除不合理的部分，增加需要的部分，最终形成系统性的解决方案，给出目标系统的详细逻辑模型。需求分析工作应迭代进行，直到分析员与用户双方都能够明确制定该系统的规格说明为止。

（3）需求规格说明

通常把描述需求的文档称为需求规格说明，其中分析模型是需求规格说明中的一部分。分析员应以调查分析及分析模型为基础，逐步形成规格说明书。同时为了确切表达用户对系统的输入输出要求，需要制定数据要求说明书并编写初步的用户手册，着重反映被开发系统的用户界面和用户使用的具体要求。此外，根据在需求分析阶段对系统的进一步分析，从目标系统的精细模型出发，可以更准确地估计所开发系统的成本与进度，从而修改、完善并确定系统开发实施计划。

（4）需求评审

需求分析完成后，应该对功能的正确性、完整性和清晰性及其他需求给予评价。为确保需求定义的质量，评审应指定专人负责，并严格按规程进行。评审结束后应由评审负责人签署评审意见。通常评审意见中包括一些修改意见，分析人员需按照这些修改意见对系统进行修改，待修改完成后还要进行再评审，直至通过。

2.2.2 需求获取与管理

1. 需求获取方法

需求获取是智能运输系统需求分析的起点，它涉及与用户进行合作，以明确项目的需求和期望。根据信息来源的不同，主要有以下几种需求获取方法。

（1）资料查阅法

资料查阅法可以较为直接地获取信息，根据目标系统的特点，有选择地搜集相关资料，如企业组织架构、业务流程、信息化建设及运用、业务信息等。将搜集到的资料进行整理、分析和提炼，最终得到用户的需求。这种需求获取的方法通常给系统分析员提供了有效而珍贵的信息来源。

（2）现场调研

面谈是所有需求获取的基础，是最可行的方法。通过与用户交流，可以深入了解用户需求、期望和存在问题。面谈还有助于建立信任关系，促进沟通。面谈通常分为提纲化面谈和自主化面谈。前者要求提前列好面谈计划提纲，集中讨论一组事先计划好的问题；而后者要讨论的主题只有一个粗略的想法，在面谈过程中需要集思广益，临场发挥，形成一个比较满意的结果。但在实践中常常采用中间的方法，即适当地计划好面谈，不必过于详细，允许有一定的灵活性。

实地观察法是通过感官，在实际场景中有目的、有计划地进行考察。采用实地观察法，首先需要制订观察计划，明确目的和任务，确定观察时间和观察地点。其次，进入观察领域，对调查对象的具体业务进行观察，参观调研对象的工作流程，并采用合理的方法对观察结果进行记录，最后根据观察收集到的信息，进行整理和分析，得到用户的需求分析。

头脑风暴法是自主化面谈最常用的一种方法，是指一组人在可以"自由发言"的环境下进行某个方面的自由思考，目的是产生新的想法，这种方法在相对短而紧张的会谈中是最有效的。参加会谈的人员很关键，通常由一定合适的专业背景和充足专业知识的人员组成，包括用户、系统设计开发人员和相关的管理人员，一个小组最好控制在 7 人左右。围绕系统的需求，每个人都可以自由发言，不存在对与错的关系，最后由现场调研讨论组织者进行总结、分析、提炼，形成相应的需求分析。

（3）问卷调查表

问卷调查表是一种以书面形式来获取需求的方法。在获得用户同意或支持后，通过向调查者发出简明扼要的问卷表，让调查对象根据实际业务填写问卷表格，从而获得相关的材料和信息。之后调研人员根据收集到的问卷结果进行整理和分析，凝练出用户的需求。

2. 需求管理方法

在智能运输系统中，系统的需求会随着需求的发展和人们认识程度的提高发生不同程度的变更，所有有关需求变更的工作在需求分析阶段都属于需求管理的范围。

（1）需求变更管理

在智能运输系统中，需求变更管理是至关重要的，因为技术的快速发展和项目的动态性可能导致需求频繁变更。需求变更管理过程分为以下三个阶段。

① 变更描述。变更描述阶段开始于一个被识别的需求问题或是一份明确的变更提议。在这个阶段，要对问题或变更提议进行分析以检查它的有效性，进而产生一个更明确的需求变更提议。

② 变更分析。在变更分析阶段对被提议的变更产生的影响进行评估。变更成本的计算不仅要估计对需求文档的修改，在适当的时候还要估计系统设计和实现的成本。一旦分析完成，就有了对此变更是否执行的决策意见。

③ 变更实现。当变更分析阶段得到了肯定的结论后，要执行变更、实现变更时，需求文档及系统设计和实现都要做修改。这时有一个易出现的错误：在需求变更时，总是先对系统做变更，然后再修改需求文档，这不可避免地导致需求描述与系统实现不同。

（2）需求文档版本管理

在智能运输系统中，需求文档的版本管理对于保持项目信息的准确性和最新性至关重要。需求文档版本控制必须保证以下几点。

① 统一确定需求文档的每一个版本，保证每个成员都能得到当前的需求版本。

② 清楚地将变更内容写成文档，并及时通知项目开发所涉及的人员。

③ 为尽量减少困惑、冲突、误传，应只允许指定的人来更新需求文档。

简单地说，需求文档的版本控制可以保证得到的是最新的需求文档版本和记录需求的历史版本。版本控制最简单的方法是每一个公布的需求文档的版本应该包括一个修正版本的历史情况，即已做变更的内容、变更日期、变更人的姓名及变更的原因，并根据标准约定来标记需求规格说明的每一次修改。

(3) 需求跟踪管理

在智能运输系统中，需求跟踪管理确保了从用户需求到最终产品交付的每个阶段的连贯性和一致性。需求跟踪分为正向跟踪与逆向跟踪。正向跟踪以用户需求为切入点，检查用户需求说明书中的每个需求是否都能在后续工作产品中找到对应点。逆向跟踪检查设计文档、代码、测试用例等工作产品是否都能在需求规格说明中找到出处。

实现需求跟踪的一种通用方法是采用需求跟踪矩阵，其前提条件是标识需求链中各个过程的元素，通过标识的符号就可以使用数据库进行管理，需求的变化能够立刻体现在整条需求链的变化上。需求跟踪矩阵保存了需求与后续开发过程输出的对应关系，因而使用需求跟踪矩阵很容易发现需求与后续工作产品之间的不一致，有助于开发人员及时纠正偏差。

(4) 需求状态管理

需求状态是需求的一项重要属性，在智能运输系统的整个生命周期中，跟踪需求的状态是至关重要的。状态是一种事物或实体在某一个时间或某一阶段的情况的反映。需求状态是指某时间点需求的一种情况反映。建立需求状态是为了表示需求的各种不同情况。用户的需求可分为以下 4 种情况：

① 用户明确且清楚地提出的需求；
② 用户知道需要做些什么，但却不能确定的需求；
③ 需求可以由用户提出，但需求的业务不明确，还需要等待外部信息；
④ 用户本身说不清楚的需求。

随着系统开发的进展，需求的状态可能会发生变化，例如由于新信息的出现而需要重新评估或确认的需求。有效的需求状态管理有助于系统开发团队保持对需求进展的清晰理解和控制。

总之，在智能运输系统的开发中，需求变更管理、需求文档版本管理、需求跟踪管理和需求状态管理都是确保系统开发成功的关键要素。这些管理实践有助于确保需求的准确性和一致性，促进系统开发团队与利益相关者之间的沟通，并确保最终系统能够满足用户的期望和系统开发的目标。

2.2.3 需求内容

需求分析不但能确保系统能够满足用户的实际需求，还关乎系统的功能完整性、性能效率和用户体验。通过对智能运输系统的需求进行全面而深入的分析，可以为系统的成功部署和运营奠定坚实的基础。以下是智能运输系统需求分析的主要内容有以下几方面。

(1) 用户需求分析

识别和详细描述使用智能运输系统的不同用户群体，如驾驶员、行人、交通管理人员等的需求。分析他们的操作习惯、信息需求、安全要求及对交通服务的期望。

① 驾驶员需求：驾驶员需要实时交通信息以优化路线选择，例如，通过车载导航系统获取实时交通流量和事故信息。

② 行人需求：行人可能需要通过移动应用获得步行导航和交通信息，例如，在繁忙的城市中找到最近的公共交通站点。

(2) 功能需求分析

列举智能运输系统需要提供的核心功能，如实时交通信息发布、车辆导航、交通信号控制、事故预警等，并对每个功能的具体操作流程和技术规范进行详细描述。例如，通过交通监控摄像头实时更新交通状况。

(3) 性能需求分析

确定智能运输系统应达到的性能标准，包括数据处理的响应时间、系统的可靠性、信息传输的速度和准确性、系统的承载能力等。例如，事故预警系统需要在几秒钟内检测到事故并通知相关用户。

(4) 接口需求分析

明确智能运输系统需要与哪些外部系统或设备进行交互，如车辆通信系统、交通监控摄像头、移动应用等，并定义相应的接口规范和数据交换格式。例如，通过车联网技术实现车辆与交通信号控制系统的实时通信。

(5) 安全性需求分析

分析智能运输系统在保护用户隐私、数据安全、系统防攻击等方面的需求，制定相应的安全策略和措施。例如，通过加密技术确保用户隐私不被泄露。

(6) 法律与合规性需求分析

确保智能运输系统符合国家和地区的交通法规、数据保护法等法律法规，分析系统需要满足的具体合规性要求。例如，通过交通信号控制系统确保交通规则得到执行。

(7) 环境适应性需求分析

考虑智能运输系统在不同环境条件下的适应性，如不同的气候、地理条件和交通密度，确保系统在各种环境下都能稳定运行。例如，在雨雪天气中调整交通信号控制策略以提高安全性。

(8) 可维护性和可扩展性需求分析

分析智能运输系统的维护需求，如故障诊断、系统升级等，以及未来可能的功能扩展和技术升级的需求。例如，通过在线更新功能快速修复软件漏洞和增加新功能。

(9) 经济性需求分析

评估智能运输系统的成本效益，包括建设成本、运营成本、维护成本及预期的经济效益，确保系统在经济上是可行的。例如，通过减少交通拥堵和事故来节省社会成本。

(10) 用户体验需求分析

研究用户在使用智能运输系统时的交互体验，包括界面设计、操作便捷性、信息易理解性等方面，以提高用户满意度和系统的接受度。例如，通过简洁的导航菜单和清晰的图标来简化操作。

通过这些需求分析，可以确保智能运输系统设计满足用户的实际需求，实现系统功能，达到预期的性能标准，并在经济、法律、安全等方面保持可行性。

2.2.4 需求分析报告编写方法

需求分析报告是智能运输系统开发过程中的核心文档，在需求收集和分析阶段完成后编写。该报告的撰写旨在保证系统设计与开发人员对用户需求有清晰和一致的理解，同时，通过识别潜在的问题和风险，为系统开发风险管理提供依据，促进用户及开发团队之间的沟通与协作，确保各方对需求有共同的理解，提供科学的决策依据，确保项目按照既定目标进行。

需求分析报告一般包含以下内容。

（1）概述

介绍智能运输系统开发的背景和目的，解释为什么需要进行智能运输系统开发。例如，随着城市化进程的加快，交通拥堵、交通事故、环境污染等问题日益严重，为了提高交通效率、减少交通事故、降低污染排放等，有必要开发智能运输系统。

（2）需求内容

① 需求目标：明确智能运输系统的目标和预期效果，例如提高道路使用效率、提升交通安全性、减少交通拥堵等。这些目标需要通过智能运输系统来实现，例如通过实时交通信息发布、智能导航、交通信号控制等功能，提高道路使用效率，减少交通事故，降低交通拥堵。

② 需求范围：定义智能运输系统的范围和边界，确定系统应包含的功能和模块。例如，实时交通信息发布、智能导航、交通信号控制等。这些功能和模块需要根据项目的实际需求来确定，以确保系统能够满足用户的需求。

③ 功能需求：详细描述智能运输系统需要实现的功能，包括用户界面、数据处理、业务逻辑等。例如，实时交通信息查询、智能导航路线规划、交通信号灯控制等。这些功能需要根据用户的需求来设计，以确保系统能够提供有效的服务。

④ 非功能需求：描述智能运输系统的性能、可靠性、安全性等方面的需求，例如，系统需具备快速响应交通事件的能力、支持高并发用户访问、保证数据传输的安全性等。这些需求需要根据项目的实际需求来设计，以确保系统能够提供有效的服务。

⑤ 用户需求：收集用户的需求和期望，包括用户的基本信息、使用场景、特殊需求等。例如，驾驶员需要实时获取交通信息、行人需要安全导航等。这些需求需要根据用户的实际需求来设计，以确保系统能够提供有效的服务。

（3）系统界面

描述智能运输系统的用户界面设计，包括界面布局、图形元素、操作流程等。例如，简洁明了的导航界面、易于操作的用户交互等。这些设计需要根据用户的需求来设计，以确保系统能够提供有效的服务。

（4）限制和假设

说明智能运输系统开发过程中的限制条件和假设，例如时间、资源、技术可行性等。例如，系统开发需在一定时间内完成、开发资源有限、技术方案需要满足现有技术条件等。这些限制条件和假设需要根据项目的实际需求来设计，以确保系统能够提供有效的服务。

智能运输系统的需求分析报告为项目提供一个全面的评估框架，帮助利益相关者做出明智的决策，确保系统能够在实际操作中成功实施。

2.2.5 需求规格说明书编写方法

需求规格说明书（requirements specification document，RSD）是系统开发过程中的一份重要文档，在需求分析报告完成后编写。这个阶段包括对需求进行详细描述和规范，以确保它们能够被正确地实现。它详细记录了用户对系统的需求，为后续的设计、开发和测试提供了依据。撰写需求规格说明书的目的是确保项目团队对用户需求有清晰和一致的理解，并为系统设计团队提供详细的需求规格，指导系统的设计和开发。需求规格说明书还包括对系统界面、数据描述、运行需求等方面的详细说明，以确保系统能够满足用户的需求。

一份需求规格说明书应包含以下内容。

(1) 引言

首先介绍智能运输系统的背景和目的，解释进行智能运输系统开发的目的、编写本需求规格说明书的目的以及本说明书所预期的读者，即详细记录用户对智能运输系统的需求，为后续的设计、开发和测试提供依据。此外，需明确待开发系统的名称，项目的任务提出者、项目负责人、系统分析员、系统设计员，以及与本项目开展工作直接有关的人员和用户，并写明本说明书中出现的专业术语解释及参考资料。

(2) 系统概述

可使用顶层数据流图或用例图说明系统目标，定义系统边界，描述系统业务规则，列出进行本系统支持的运行环境，开发工作的假定和约束，如软件平台限制、硬件设备限制、开发规范或标准的限制、经费限制、开发期限等。

(3) 功能需求

详细描述智能运输系统需要实现的功能，包括用户界面设计、数据处理和业务逻辑等。例如，实时交通信息查询、智能导航路线规划、交通信号灯控制等。这些功能需要根据用户的需求来设计，以确保系统能够提供有效的服务。

(4) 性能需求

包括数据精确度、时间特性、适应性等。描述智能运输系统的性能需求，如对输入、输出数据精度的要求；操作响应时间、更新处理时间、数据转化与传输时间、运行时间等特性；当操作方式、运行环境与其他软件的接口及开发计划等发生变化时，应具有的适应能力。

(5) 数据描述

描述智能运输系统的数据结构，包括静态数据模型、动态数据处理等。例如，车辆信息、道路信息、用户信息等。这些数据需要根据项目的实际需求来设计，以确保系统能够提供有效的服务。此外，还应包括数据库介绍、数据词典及数据采集相关内容，如提供输入数据的机构、设备和人员；数据输入及生成的手段、介质和设备。

(6) 运行需求

描述智能运输系统的运行需求，包括用户界面和交互、硬件和软件接口、通信和故障处理等。例如，系统需要支持高并发用户访问、保证数据传输的安全性等。这些需求需要根据项目的实际需求来设计，以确保系统能够提供有效的服务。

(7) 其他需求

描述智能运输系统的其他需求，包括可使用性、安全性、可维护性、可移植性等。这些需求需要根据项目的实际需求来设计，以确保系统能够提供有效的服务。

(8) 附录

在需求规格说明书的附录部分，提供额外的支持材料，如数据词典和术语表、数据采集和处理流程图等。这些材料有助于更好地理解需求规格说明书的内容。

需求分析报告与需求规格说明书的区别见表2-1。

表 2-1 需求分析报告与需求规格说明书的区别

	面向对象	生成阶段	内容侧重点
需求分析报告	业务人员、用户	需求分析报告一般生成在先，需求分析报告往往作为需求规格说明书的参考	系统要解决的业务逻辑、要实现的功能描述，往往更加宏观
需求规格说明书	设计、开发人员		产品的约束、输入、输出、工具与技术、处理过程定义，往往更加具体

2.3 智能运输系统分析方法

2.3.1 面向对象分析方法

1. 基本概念

在面向对象方法中，对象和传递消息分别是表现事物及事物间相互联系的概念，类和继承是适应人们一般思维方式的描述范式，方法是允许作用于该类对象上的各种操作。这种对象、类、消息和方法的程序设计范式的基本点在于对象的封装性和继承性。通过封装能将对象的定义和对象的实现分开，通过继承能体现类与类之间的关系及由此带来的动态绑定和实体的多态性，从而构成了面向对象的各种特征。

（1）对象

面向对象方法就是以对象为中心、以对象为出发点的方法。面向对象方法在智能运输系统中的应用，使得系统的构建更加符合现实世界的复杂性，同时提高了系统的灵活性和可维护性。在智能运输系统中，对象的概念可以从多个角度来理解。例如，在 12306 系统中，用户输入的出发地和目的地可以被视为一个对象，它具有属性（如车站名称、车次、座位类型）和服务（如提供购票选项、行程规划）。这些属性和服务被封装在一起，形成了一个统一的实体，在进行用户界面设计时，可以通过对象的概念，将用户输入的出发地和目的地与购票服务封装在一起，给用户提供一个直观的购票和行程规划界面。

面向对象方法在智能运输系统中的应用，使得系统的设计更加模块化，每个对象都具有明确的边界和意义，同时，对象之间的交互也变得更加自然和灵活，使得系统能够更好地模拟现实世界的复杂性。

对象自然而又灵活地模拟现实世界，这使我们能更准确地描述世界。数据和操作不再是分离的，而是封装于统一体中。这样，对象就具有较强的独立性和自治性，不仅符合客观事物的本质，而且在软件设计中有很好的模块整体独立性，为软件重用奠定了坚实的基础。

（2）类

类是一组具有相同属性和相同操作的对象的集合。类也称为对象类，是对象的抽象，它给出了属于该类的全部的抽象定义，包括类的属性、操作和其他性质。一个具体的对象只是类的一个实例。在面向对象方法中，类可以定义为由数据结构及相关操作所形成的集合，或所有相似对象的状态变量和行为构成的模板。类是对一组对象的抽象、归纳与概括，更确切地说，类是对一组具有相同数据和相同操作成员的对象的定义或说明，而每个对象都是某个类的一个具体事例，如图 2-3 所示。

车次	G55次列车
车次编号：字符串 始发站：字符串 终点站：字符串 出发时间：字符串 到达时间：字符串 ……	车次编号：G55次 始发站：北京西站 终点站：西安北站 出发时间：09:55 到达时间：14:05 ……
（a）类	（b）实例对象

图 2-3　类与实例对象

在 12306 系统中，对象可以代表用户、火车票、车次、座位等实体，而消息传递则反映了这些实体之间的交互。类和继承则用于抽象和扩展这些实体，例如，一个车次类可以继承自一个更通用的列车运行实体类，从而共享列车运行的属性和行为。

类在 12306 系统中可以定义一组具有相似属性和行为的对象，如所有用户账户的抽象类，或者所有火车票的类。这种抽象和归纳有助于提高系统的模块化和可维护性，同时也便于未来的扩展和升级。

通过面向对象的设计，智能运输系统能够更好地模拟现实世界中的交通场景，实现对各种交通实体的精确控制和高效管理，从而提高整个交通网络的运行效率和安全性。

在智能运输系统中，面向对象方法的应用体现在对交通网络中的各种实体进行抽象和建模。类定义了具有相同属性和服务的一组对象的集合，它为属于该类的全部对象提供了统一的抽象描述，包括对所有属性和操作的声明。在面向对象的系统分析和设计中，并不需要逐个对对象进行说明，而是着重描述代表一批对象共性的类。

（3）消息

消息是指对象之间在交互中所传送的通信信息。对象通过对外提供服务在系统中发挥作用，当需要请求对象执行某种服务时，就需要向该对象发送消息。同时对象之间的相互服务也是通过消息来连接实现的。消息是为了实现某一功能而要求某个对象执行其中某个功能操作的规格说明。在智能运输系统中，消息是实现系统间通信和交互的重要机制。这些消息可以用于车辆之间的通信、交通控制系统的指令传递，或者乘客与服务系统的交互。例如在 12306 系统中，当一位用户需要查询特定车次的车票信息时，系统会向车票查询服务发送一条消息，请求相关车票信息。车票查询服务收到消息后，会根据当前的列车运行状态和票务规则，向用户发送一条包含车次、座位类型和票价等信息的响应消息。

此外，在智能导航系统中，乘客可以通过手机应用程序向导航服务发送消息，请求路线规划服务。导航服务接收到消息后，会根据乘客的起点和终点，计算出最佳路线，并通过消息将路线信息发送给乘客。乘客收到消息后，可以根据路线信息进行导航。

消息的内容一般包括提供服务的对象标识、服务标识、输入信息和响应信息。要求服务的消息具有特定的格式和输入参数，这种规定也称为消息协议。对象接收消息，根据消息及消息参数调用自己的服务，处理并予以响应，从而实现系统功能。消息是对象之间相互作用和相互协作的一种机制，更通俗地讲，面向对象程序设计中，"消息"只不过是现实世界中的"请求""命令"等日常生活用语的同义词。在智能运输系统中，消息协议规定了消息的格式和输入参数，确保了系统间通信的标准化和有效性。

(4) 继承

继承是对象和类之间的一种相关关系,指对象继承它所在类的结构、操作和约束,也指一个类继承另外一个类的结构、操作和约束。继承体现了一种共享机制。在智能运输系统中,继承可以用来创建交通控制策略的类层次结构,例如,一个基本的交通灯类可以被继承来创建具有特定控制逻辑的子类。继承具有传递性,子类不仅可以继承父类的特性,还可以继承父类的父类特性。

如图 2-4 所示,一个类继承另一个类,其关系如父子,因此也把继承者称为子类,被继承者称为父类。继承具有传递性。如果一个类 A 有子类 B,而子类 B 又有其子类 C,那么子类 C 能够继承类 A 的属性和操作。因此,一个类的对象除了具有该类的全部特性外,还具有该类上层的全部父类的一切特性。

在图 2-5 的例子中,设定 12306 系统中设定有一个基础的用户类,为父类,包含了所有用户的基本信息和方法,比如姓名、身份证号、联系方式等;在这个基础上,可以创建一个更具体的子类,如乘客,这个类继承了用户的所有属性和方法,同时添加了与购票相关的特定功能或数据。继承部分 C 意味着:乘客继承了其作为用户时的一切特征,例如名字、身份证号码和联系方式;附加部分 D 则是说,乘客仍具有一些额外的特点,例如是否具有经常旅行的属性,以及能订火车票,这些是乘客类独有的,用户类并不具备。

继承可以使得子类具有父类的各种属性和方法,而不需要再次编写相同的代码。在令子类继承父类的同时,可以重新定义某些属性,并重写某些方法,即覆盖父类的原有属性和方法,使其获得与父类不同的功能。另外,为子类追加新的属性和方法也是常见的做法。继承一个单一的父类叫单继承,如果有两个及两个以上的父类则是多继承,如图 2-5 所示。例如,在 12306 系统中,一个特定类型的火车票子类,如"学生票",可以重写父类"火车票"的折扣计算方法,以适应学生票的折扣规则。单继承指的是子类只继承一个父类,而多继承则允许子类继承多个父类,从而获得更多的属性和方法。例如,一个"学生卧铺票"子类可以同时继承"学生票"和"卧铺票"的属性和方法,以结合两种票务类型的特性。

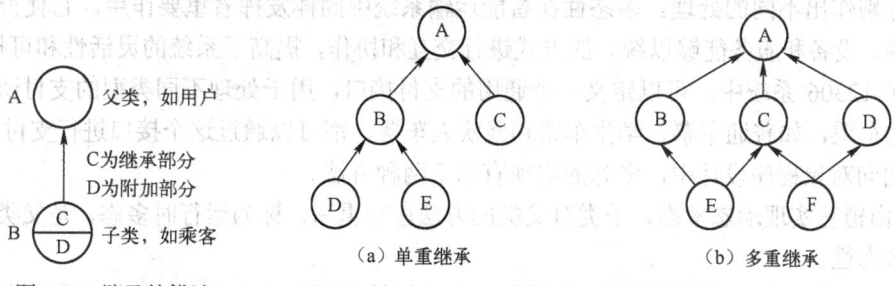

图 2-4 继承的描述

图 2-5 继承的类型

在智能运输系统中,继承机制具有能清晰体现相似类间的层次结构关系;能降低代码和数据的重复冗余度,大大增强程序的重用性;能通过增强一致性来减少模块间的接口和界面,大大增强程序的易维护性等特点。如果没有继承概念的支持,则面向对象程序设计中所有的类就像一盘各自为政、彼此独立的散沙,每次软件开发都要从一无所有开始。

(5) 封装

封装是面向对象方法的一个重要原则,也是软件模块化思想的体现。封装实现了信息隐藏，保证了软件部件具有较好的模块性，可以说封装是所有主流信息系统方法学的共同特征，对提高软件清晰度和可维护性及软件的分工有重要的意义。在智能运输系统中，封装确保了交通实体模块的内部状态和行为被封装在一起，外部只能通过模块的接口来访问和操作这些实体。可以从以下两个方面理解封装的含义。

① 当设计一个程序的总体结构时，程序的每个成分应该封装或隐藏为一个独立的模块，定义每个模块时应主要考虑其实现的功能，而尽可能少地显露其内部处理逻辑。例如，12306系统中的用户界面模块负责与用户进行交互，包括展示车票信息、处理用户输入等。而后台服务模块则负责处理票务逻辑，如票务查询、预订处理、支付验证等。这种封装确保了每个模块只关注其特定的功能，而不会过多地暴露其内部处理细节。

② 封装表现在对象概念上。对象是一个很好的封装体，它把数据和服务封装于一个内在的整体。对象向外提供某种界面（接口），可能包括一组数据（属性）和一组操作（服务）功能，而把内部的实现细节（如函数体）隐藏起来。外部需要该对象时，只需要了解它的界面就可以，即只能通过特定方式能使用对象的属性或对象。这样既提供了服务，又保护自己不轻易受外界的影响。例如，"车票"对象封装了车票的所有相关信息，包括车次、座位类型、票价等属性，以及预订、取消等操作方法。这些信息和服务被封装在一个内在的整体中，外部只能通过对象的接口来访问和操作这些实体。用户在购买车票时，只需要了解"车票"对象的接口，即其属性（如票价、座位类型）和操作（如预订、取消），而不需要了解内部实现细节。

通过这样的封装，12306系统实现了信息隐藏和模块化，提高了软件的清晰度、可维护性和分工效率。每个模块和对象都有明确的职责和边界，这有助于系统的扩展和维护，同时保护了内部逻辑不受外界干扰。

(6) 多态性

多态性又叫多形性，是指相同的操作（函数或过程）可作用于多种类型对象并获得不同的结果。在面向对象的方法中，多态性是指在父类中定义的属性和操作被其子类继承后，可以具有不同的数据类型或表现出不同的行为。可给不同类型的对象发送相同的消息，而不同的对象分别作出不同的处理。多态性在智能运输系统中同样发挥着重要作用。它使得不同类型的车辆、设备和服务能够以统一的方式进行交互和协作，提高了系统的灵活性和可扩展性。例如，在12306系统中，可以定义一个通用的支付接口，用于处理不同类型的支付请求。不同类型的车票，如普通车票、学生车票和残疾人车票，都可以通过这个接口进行支付处理。

在面向对象程序设计中，多态的实现有以下两种方法。

① 由覆盖实现动态多态，子类对父类的方法进行重写，称为运行时多态，是父类和多个子类的多态性。

② 由重载实现的静态多态。子类继承父类的属性或操作的名称，而根据子类对象的特性修改属性的数据类型或操作的内容，这称为重载。重载是实现多态性的方法之一。利用重载技术在一个类中定义多个名称相同、参数类型不同的方法，称为编译时多态，是一个类中多态性的表现。

多态性是一种依赖于抽象的设计，需要建立在继承机制之上。它有两个显著的优点，首先，当给不同子类型的对象发送相同的消息时，消息的发送者可以不用关心具体的对象类型，而由对象自身做出不同的响应处理；其次，需要扩充一种新类型时，只需要从父类中再派生出一个子类，覆盖父类的某些服务，而不需要改动其他外部程序。

通过对面向对象方法核心要素——对象、类、继承、封装、消息传递及多态性的系统化剖析可见，该方法通过对现实世界实体的模型抽象、层次化关系建构以及模块化交互设计，构建了系统化的问题分析与系统建模框架，最终凝聚为以下面向对象方法的核心原则与特征体系。

① 一切事物都是对象。
② 任何系统都是由对象构成的，系统本身也是一个对象。
③ 系统的发展和进化过程都是由系统的内部对象和外部对象之间（也包括内部对象与内部对象之间）的相互作用完成的。

面向对象方法的主要特征如下。

① 客观世界是由各种对象组成的。任何事物都是对象，复杂的对象可以由比较单一的对象以某种方式组合起来。因此面向对象的软件系统是由对象组成的，软件中的任何元素都是对象，复杂的对象由比较简单的对象组合而成。

② 把所有的对象都划分为各种类，每个类都定义了一组数据和一组方法。数据用于表示对象的静态属性，描述对象的状态信息。方法是对象所能执行的操作，也就是类中所能提供的服务。

③ 按照子类（也称为派生类）和父类（也称为基类）的关系，把若干个类组成一个层次结构的系统。在这种类层次结构中，通常下层的派生类具有和上层的基类相同的特性（包括数据和方法），这一特性称为继承。

④ 对象与对象之间只能通过传递消息进行通信。

2. 面向对象分析方法

1）面向对象分析概述

在智能运输系统中，面向对象分析（object-oriented analysis，OOA）是从确定需求或业务的角度，在系统的开发过程中进行系统业务调查之后，按照面向对象的思想来分析问题。分析的过程是提取系统需求的过程，主要包括理解、表达和验证。面向对象分析主要由对象模型、动态模型和功能模型组成，其关键是识别出问题领域内的对象，并分析它们之间的关系，最终建立起问题简洁、精确和可理解的正确模型。在面向对象观点建立起的模型中，对象模型是最基本、最重要、最核心的模型。面向对象分析模型是独立于具体实现的，即不考虑与系统具体实现相关的因素，它的主要任务是决定"做什么"，至于"怎么做"则是面向对象设计的任务了。

面向对象分析与结构化分析有较大的区别，面向对象分析强调在系统调查资料的基础上，针对面向对象方法所需要的素材进行归类分析和整理，而不是对管理业务现状和方法的分析。面向对象分析不仅仅是对智能运输系统业务现状和方法的分析，而是更加注重于对智能运输系统需求和业务逻辑的深入理解，以便于后续的面向对象设计阶段能够更有效地进行。

2）面向对象分析模型

在智能运输系统中，面向对象分析模型由 5 个层次，即主题层、类与对象层、结构层、属性层和服务层 5 个活动组成，即标识对象类、标识结构、定义主题、定义属性和定义服务组成，用于系统地理解和表达需求，如图 2-6 所示。

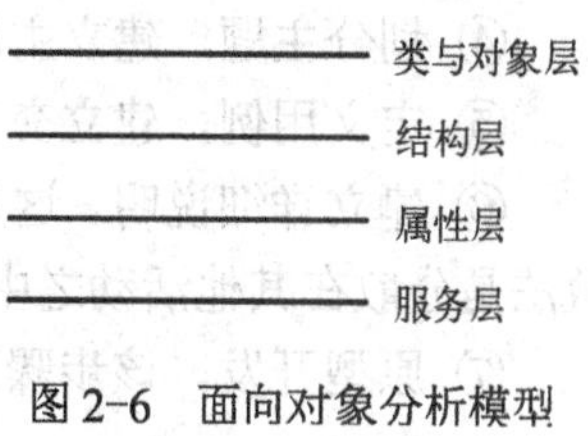

图 2-6　面向对象分析模型

这 5 个层次逐层显示出面向对象模型的更多细节。面向对象分析方法中定义了两种对象类之间的结构，一种称为分类结构，另一种称为组装结构。分类结构就是所谓的一般与特殊的关系，组装结构则反映了对象之间的整体与部分的关系。面向对象分析在定义属性的同时，要识别实例连接，实例连接是一个实例与另一个实例的映射关系。在定义服务的同时要识别消息连接。当一个对象需要向另一个对象发送消息时，它们之间就存在消息连接。

在概念上可以认为面向对象分析大体上按照下列顺序进行：寻找类和对象、识别结构、识别主题、定义属性、建立动态模型、建立功能模型、定义服务。但是分析不可能严格地按照预定顺序进行，大型、复杂系统的模型需要反复构造多遍才能建成。通常，先构造出模型的子集，然后再逐渐扩充，直到完全充分地理解了整个问题才能最终把模型建立起来。对于大型和复杂的智能运输系统，分析可能需要多次迭代，逐步完善模型。通常，先构造出模型的子集，然后逐渐扩展，直到对整个系统有了全面的理解。

3）面向对象分析过程

面向对象分析流程图如图 2-7 所示。

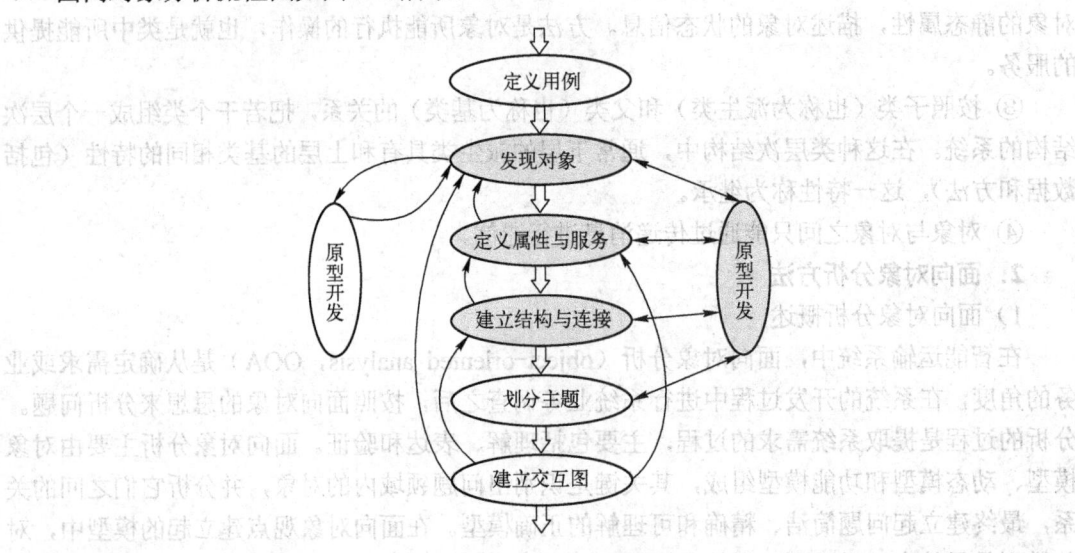

图 2-7 面向对象分析流程图

① 发现对象，定义类。这里所说的对象是对数据及其处理方式的抽象，它反映了系统保存和处理现实世界中某些事物信息的能力。类是多个对象的共同属性和方法集合的描述，它包括如何在一个类中建立一个新对象的描述。

② 识别对象的内部特征。包括定义属性和服务，其中，属性就是数据元素，可用来描述对象或分类结构的实例，可在图中给出，并在对象的存储中指定。

③ 识别对象的外部关系。建立一般/特殊结构、整体/部分结构、实例连接和消息连接。

④ 划分主题，建立主题图。

⑤ 定义用例，建立交互图。包括发现活动者、定义用例和建立交互图。

⑥ 建立详细说明。这是对模型的详细定义与解释，可以作为一个独立的活动，更自然的做法是分散在其他活动之中。

⑦ 原型开发。该步骤可在面向对象分析过程中反复进行。

以上活动①~⑦及它们的子活动没有特定的次序要求，并且可以交互进行，分析员可以按照自己的工作习惯决定采用什么次序及如何交替。不强调活动的顺序，允许各种交替进行，这是面向对象分析方法在过程上的特点。例如，在发现了一些对象之后就可以开始定义它们的属性与服务，此时若认识到某些结构则可以及时建立这些结构。在建立结构时得到某种启发，联想到其他对象，又可及时地转到发现对象的活动。

2.3.2 结构化分析方法

结构化方法产生于20世纪70年代中期。"结构化"一词出自程序设计，即我们熟知的结构化程序设计。结构化方法由结构化程序语言的广泛应用催生，以满足基于功能的软件开发，可支持整个软件生命周期，包括：结构化分析（structured analysis，SA）、结构化设计（structured design，SD）与结构化程序设计（structured programming，SP）。

在智能运输系统中，结构化分析方法主要利用数据流模拟数据处理过程，是确保软件系统满足实际需求的关键步骤。这一过程涉及明确定义软件系统所需的功能要素，并采用数据流模型等技术来建模。数据流模型能够逐层描述软件系统内部的数据加工细节，从而有效获取系统中的功能要素。结构化分析方法是一种面向功能或面向数据流的需求分析方法，其基本思想是抽象和自顶向下逐层分解。分解和抽象是人们控制问题复杂性的两种基本手段。"分解"是指通过将一个系统分解成若干个子系统，从而将问题不断分解为较小的问题，直到每个最底层的问题都足够简单为止。"抽象"是指在每个抽象层次上忽略问题的内部复杂性，只关注整个问题与外界的联系，把握问题的本质后再逐步细化。

以12306系统为例，结构化分析的任务可能包括确定系统需要哪些功能要素，如车票预订、支付处理、退票服务等。通过数据流模型，可以清晰地展示这些功能要素之间的数据流动和加工过程，例如，车票预订数据如何流向支付处理模块，再由支付处理模块决定如何处理支付信息。

智能运输系统的结构化分析的主要步骤如下：

① 分析当前的情况，设计数据流图（data flow diagram，DFD）以反映当前的物理模型；

② 根据物理模型的数据流图分析得到等价的逻辑模型的数据流图；

③ 根据逻辑模型的数据流图进行逻辑系统的设计，生成数据字典和基元描述；

④ 建立人机接口以便于人机交互，并确定目标物理系统的数据流图；

⑤ 对设计的各种方案进行分析，得到各种方案成本和风险等级；

⑥ 根据各种方案的成本和风险等级择优选择一种方案；

⑦ 根据选择的方案建立完整的需求规约。

通过这些步骤，帮助智能运输系统开发者更好地理解和设计系统的数据流和功能，从而为系统的开发和实施提供清晰的指导。

在智能运输系统中，结构化需求分析过程实际上是一个结构化建模过程。结构化需求分析模型如图3-53所示，其核心是数据字典，围绕着数据字典有3个层次的子模型，即数据模型、功能模型和行为模型。三个子模型有着密切的联系，其建立不具有严格的时序性，而是在图2-8中，数据流图（DFD）描述了数据流在智能运输系统中流动的过程，指明了对数据流进行变换的功能，是用于功能建模的基础，对应加工规格说明。实体关系（entity relationship，ER）图描述了数据对象及对象间的关系，用于数据建模。状态迁移图（state transition diagram，STD）描述了智能运输系统对外部事件的响应方式，表示了系统的各种行为模式（称为状态），以及在状态间进行变迁的方式，用于行为建模，对应控制规格说明。

1. 数据字典

在智能运输系统中，数据流图描述了系统的"分解"，即描述了系统由哪几部分组成，各部分之间有什么联系、系统数据流向和加工等情况，但是并没有说明系统中各

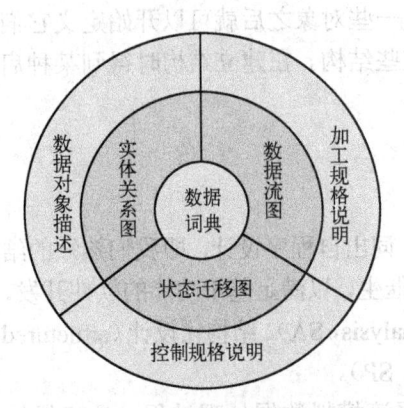

图2-8 结构化需求分析模型

个成分是什么含义，或者说各个成分的具体含义仍然不清楚或不明确，而只有当数据流图中所出现的每一个成分有明确的定义之后，才能完整、准确地描述一个系统。因此，还需要用其他的工具对数据流图进行补充说明。数据字典（data dictionary，DD）就是这样的工具之一，它是在系统数据流图的基础上，进一步定义和描述所有数据元素、数据存储、处理过程和外部实体的详细逻辑内容和特征的工具。数据流图与数据字典等工具相互配合，就可以从图形和文字两个方面对系统的逻辑模型进行完整的描述。

数据字典的任务是对数据流图中出现的所有被命名的图形元素作为一个条目加以定义，使得每个图形元素的名称都有一个确切的解释。因此，建立数据字典的工作量很大，相当烦琐，但这是一项必不可少的工作。数据字典在智能运输系统开发中具有十分重要的意义，不仅在系统分析阶段要使用它，在系统的整个研制过程及系统运行中都要使用它提供帮助。

1）数据字典的描述符号

数据字典的描述符号见表2-2。

表2-2 数据字典的描述符号

符 号	含 义	解 释
=	被定义为	x=…表示x由…组成
+	与	x=a+b 表示x由a和b组成
[…, …]	或	x=[a, b]表示x由a或b组成
[…|…]	或	x=[a|b]表示x由a或b组成
{…}	重复	x={a}表示x由0个或多个a组成
m{…}n	重复	x=3{a}8 表示x中至少出现3次a，至多出现8次a
(…)	可选	x=(a)表示a可在x中出现，也可不出现
"…"	基本数据元素	x="a"表示x为取值为a的数据元素
..	连结符	x=1..9 表示x可取1到9之中的任一值
…	注释符	表示在两个*之间的内容为词条的注释

2）数据字典的构成

数据字典主要由数据元素词条、数据流词条、数据文件词条、加工词条、外部实体词条五项内容组成。不同类型的条目有不同的属性需要描述，现分别说明如下。

（1）数据元素词条

数据元素又称数据项，是数据的最小单位，也就是不可再分的数据单位。数据元素词条需描述的属性见表2-3。

表2-3　数据元素词条需描述的属性

属　　性	解　　释
数据元素名称	唯一标识数据元素的名称或编号
简要描述	简要描述该数据元素的作用，以及位于哪一个数据结构内
类型	数字、字符等类型
长度	该数据类型规定的取值范围，例如，姓名的长度为60个字符
取值范围	该姓名的取值范围必须大于2个字符且小于60个字符
备注	

（2）数据流词条

数据流由一个或一组固定的数据元素组成。数据流词条需描述的属性见表2-4。

表2-4　数据流词条需描述的属性

属　　性	解　　释
数据流名称	唯一标识数据流的名称
简要描述	简要介绍该数据流的作用，即它产生的原因和结果
数据流来源	来源于何处
数据流去向	流向何处
数据流组成	描述该数据流的内部数据元素的组成
备注	需要的情况下描述数据流量和流通量等信息

（3）数据文件词条

数据文件词条中只描述数据的逻辑存储结构，而不涉及它的物理组织。对于数据文件，其定义包括定义文件的组成数据项和文件的组织方式两项内容，其中文件组成数据元素的定义方式和数据流的定义方式相同。数据文件词条需描述的属性见表2-5。

表2-5　数据文件词条需描述的属性

属　　性	解　　释
数据文件名称	唯一标识数据文件的名称
简要描述	简要描述该数据文件存放的是什么数据
输入数据	写入该数据文件的数据内容或数据结构
输出数据	从该数据文件读出的数据内容或数据结构
数据文件组成	描述该数据文件的数据结构组成
存储方式	数据文件的操作方式及关键字
备注	

(4) 加工词条

加工词条的定义仅对数据流图中底层的处理逻辑加以说明。数据字典中只需列出基本加工处理的定义即可,因为任何一个加工处理最后总能分解成一些基本加工处理,只要有了基本加工处理的定义,就可以理解其他加工处理。加工词条需描述的属性见表2-6。

表2-6 加工词条需描述的属性

属　性	解　释
加工名称	唯一标识加工的名称
简要描述	描述加工逻辑和规则及功能简述
加工编号	反映该加工的层次
输入数据流	描述进入该加工的一个或多个数据流
输出数据流	描述流出该加工的一个或多个数据流
加工逻辑	简述该加工的逻辑或规则(参见 2.3.2 节加工逻辑说明)
备注	

(5) 外部实体词条

外部实体是信息系统数据的来源和去向。外部实体词条需描述的属性见表2-7。

表2-7 外部实体词条需描述的属性

属　性	解　释
外部实体名称	唯一标识外部实体的名称
简要描述	指明该实体的性质及与系统之间的关系
有关数据流	指明该外部实体与系统之间交互的数据流有哪些
备注	

3) 数字字典的作用

数据字典实际上是"关于数据流图的字典",数据流图和数据字典共同构成系统的逻辑模型,没有数据字典数据流图就不严格,没有数据流图数据字典也难以发挥作用。数据流图只有加上数据字典的补充描述,才能充分完备地表达系统的需求,因此在整个系统开发过程及系统运行后的维护阶段,数据字典是必不可少的工具。数据字典是所有人员工作的依据和统一的标准。它可以确保数据在系统中的完整性和一致性。具体来讲,数据字典有以下作用。

(1) 按各种要求列表

可以根据数据字典,把所有数据元素、数据流、数据存储、处理逻辑、外部实体,按一定的顺序全部列出,保证系统设计时不会遗漏。

如果系统分析员要对某个数据存储的结构进行深入分析,了解有关的细节,了解数据结构的组成乃至每个数据元素的属性,数据字典也可提供相应的内容。

(2) 相互参照,便于系统修改

根据初步的数据流图,建立相应的数据字典。在系统分析过程中,常会发现原来的数据流图及各种数据定义中有错误或遗漏,需要修改或补充。有了数据字典,这种修改就变得容易多了。

(3) 由描述内容检索名称

在一个稍微复杂的系统中，系统分析员可能没有把握断定某个数据项在数据字典中是否已经定义，或者记不清楚其确切名字时，可以由内容查找其名称，就像根据书的内容查询图书的名字。

(4) 一致性检验和完整性检验

根据各类条目的规定格式，可以发现以下一些问题：
① 是否存在没有指明来源或去向的数据流；
② 是否存在没有指明数据存储或所属数据流的数据元素；
③ 处理逻辑与输入的数据元素是否匹配；
④ 是否存在没有输入或输出的数据存储。

2．结构化分析建模工具

1) 数据流图

数据流图是模型的核心，是关于数据的信息集合，是一种图形化建模工具，它描述输入数据流到输出数据流的变换（加工）过程，用于系统的功能建模。在数据流图中没有任何具体的物理部件，它只是描绘数据在软件中流动和被处理的逻辑过程，是智能运输系统逻辑功能的图形表示。

数据流图具有抽象性和概括性的特点。抽象性是指它完全舍去了具体的物质，只保留了数据的流动、加工、处理和存储过程；概括性是指它可以把信息中各种不同业务处理过程联系起来，形成一个整体。

(1) 数据流图的基本元素

数据流图主要包含 4 个基本元素，其基本元素及其符号见表 2-8 所示。

表 2-8　数据流图基本元素及其符号

基本元素符号	意　义
□ 或 ▱	源或宿（外部实体）
○ 或 □	加工（处理）
═ 或 ▭	文件（数据存储）
→	数据流

除了上述 4 种基本符号外，数据流图中还包含几种附加符号，用于描述一个加工的多个数据流之间的关系，如图 2-9 所示。它包括以下 3 个附加符号。

① 星号（*）：表示数据流之间存在"与"关系，所有输入数据流同时存在时，才能进行加工处理，或加工处理的结果是同时产生所有输出数据流。例如，在 12306 系统中，当用户进行支付时，需要同时验证支付信息和用户身份信息。只有当这两条数据流同时存在且验证通过时，系统才能完成支付处理。

② 加号（+）：表示数据流之间存在"或"关系，至少存在一个输入数据流时才能进行加工处理，或加工处理的结果是至少产生一个输出数据流。例如，在 12306 系统中，用户可以选择多种支付方式进行车票支付，如支付宝、微信支付等。只要存在至少一种支付方式的数据流，系统就可以进行支付处理。

③ 异或（⊕）：表示数据流之间存在"异或"（互斥）关系，必须存在且仅存在一个输入

数据流时才能进行加工处理，或加工处理的结果是产生且仅产生一个输出数据流。例如，在12306系统中，当用户需要进行退票操作时，系统会要求用户选择是否同时进行改签。用户只能选择其中之一进行操作，不能同时进行。这意味着系统会检查是否只有退票或改签的数据流存在，以确保操作的正确性。

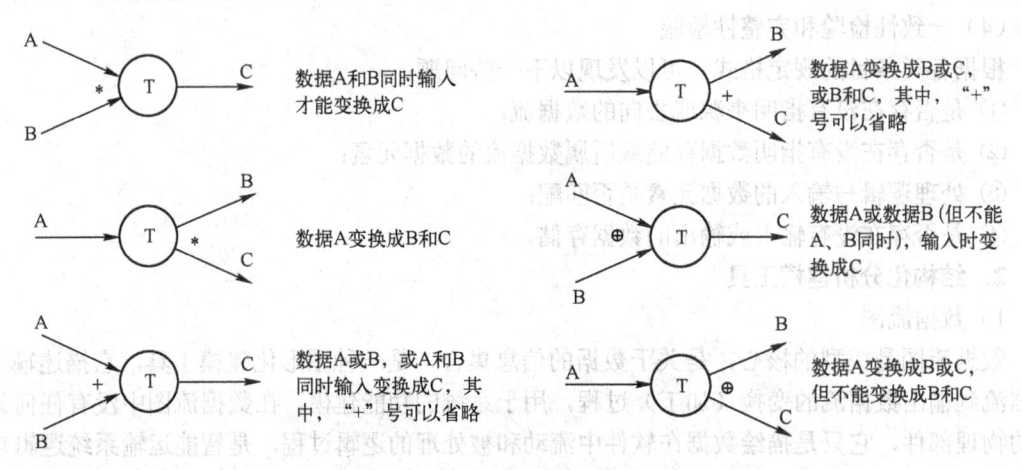

图2-9 多个数据流之间的关系示意图

（2）源或宿（外部实体）

源或宿（source or sink），即外部实体，是指系统以外与系统有联系的人或事物，也可以是另外一个信息系统。它表示系统输入数据的来源和输出数据的去向，用实体名字来表示。

在数据流图中，为了避免线条的交叉，同一个外部实体可在一张数据流程图上出现多次。而且源或宿用相同的图形符号表示，当数据流从该符号流出时表示是源，当数据流流向该符号时表示是宿，当二者皆有时表示既是源又是宿。

例如，在12306系统中，"用户"作为源，"12306系统"作为宿，用户作为系统的输入数据的来源，通过访问12306网站或App来发起购票请求。而12306系统作为输出数据的去向，将处理后的信息（如支付结果、车票信息等）反馈给用户。而在用户购票过程中可能需要多次与12306系统交互，每次交互都可能涉及不同的数据流。在这个过程中，用户既是输入数据的来源（源），也是输出数据的去向（宿），因为用户在购票过程中既发起请求（源），也接收反馈（宿）。

（3）加工（处理）

加工（process），即处理，用于描述输入数据流到输出数据流的变换，是对数据的逻辑处理。

加工是一个广义的概念，它可以表示一个复杂的数值计算、逻辑运算、文字处理、作图、数据检索、分类统计等操作。对加工而言，它可能产生新数据，也可能不产生新数据。通常，每个加工用一个定义明确的名字标识，至少有一个输入数据流和一个输出流，可以有多个输入数据流和多个输出数据流。

例如，在支付处理过程中，用户在完成车票预订并选择支付方式后，系统需要对支付信息进行逻辑处理。这个过程涉及多个数据流，包括用户提供的支付信息（输入数据流）和支付结果（输出数据流）。其中，输入数据流可以包括用户选择的支付方式（如支付宝、微信支付等）、支付金额、支付账号信息等，输出数据流可以包括支付结果（成功或失败）、支付凭证等。

图 2-10 为一个加工数据流的示意图。

（4）文件（数据存储）

文件（file），即数据存储，使用文档、数据库等保存某些数据结果供以后使用，表示数据的静态形式。一般地，当文件被用于数据流中某些加工之间的界面接口时，需要画出。

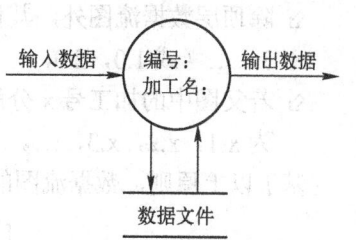

图 2-10 加工数据流的示意图

在数据流图中，每个文件用一个定义明确的名字标识，由加工进行读写，指向文件的箭头表示对数据存储的改写或存储等；离开文件的箭头，表示从数据存储中读取数据。

（5）数据流

数据流（data flow），即数据的动态形式，由一组固定成分的数据组成，代表数据的流动方向。数据流包括输入数据和输出数据，输入数据可能是由用户输入的一系列数据，也可能是网络连接传输的信息报，或者是从磁盘提取的数据文件等；输出数据是经过加工（处理）后的数据。

数据流必须与一个加工（处理）相连接，以表示数据处理在接收或发送数据的过程中给数据带来的变换，可以通过数据流将某个加工连接到其他的加工，或连接到数据存储或数据接口。

（6）数据流图层次结构

为了表达数据处理过程中较为复杂的数据加工情况，用一个数据流图是不够的，需要采用层次结构的数据流图，即根据自顶向下逐层分解的思想将数据流图画成层次结构。以分层的数据流图反映这种结构关系，能清楚地表达和容易理解整个系统。

根据层级，数据流图分为顶层数据流图、中层数据流图和底层数据流图，其中任何一层数据流图的上层图为父图，下一层图则称为子图。

① 顶层数据流图只用一个加工表示整个系统，输出数据流和输入数据流为系统的输入数据和输出数据，表明系统的范围及与外部环境的数据交换关系，如图 2-11 所示。顶层图中的加工经分解后的图称为 0 层图（只有 1 张）。

图 2-11 顶层数据流图示意图

② 中层数据流图是对父层数据流图中某个加工进行细化，而它的某个加工也可以再次细化，形成子图。中间层次的数量一般视系统的复杂程度而定。

③ 底层数据流图是指处于最底层的图，其所有的加工不再分解成新的子图。

在分层的数据流图中，为了区分不同的加工和不同的子数据流图，应该对各层级的图和加工进行编号。原则如下：

- 顶层图只有系统的加工，该加工不必编号。
- 除顶层数据流图外，其他数据流图从 0 开始编号，0 层图中的加工编号分别为 1，2，3，…（或 1.0，2.0，…）。
- 若父图中的加工号 x 分解成某一子图，则该子图号记为"图 x"，图中的加工编号分别为 x.1，x.2，x.3，…。

基于以上原则，数据流图的分层示意图如图 2-12 所示。

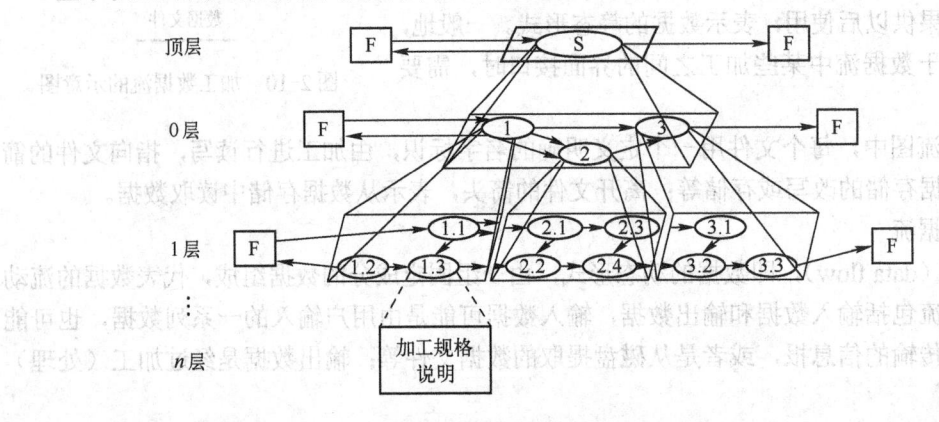

图 2-12 数据流图的分层示意图

（7）数据流图的绘制

① 绘制数据流图的规则。从数据流图的四个基本要素出发，数据流图绘制主要包括以下规则。

- 对于源点/宿点：数据不能直接从源点移动到宿点，必须由加工移动数据，否则该数据流不在数据流图上出现；源点/宿点的标签是名词短语。
- 对于加工：不存在只有输出的加工处理，如果只有输出，那它必定是一个源点；不存在只有输入的加工处理，如果只有输入，那它必定是一个宿点；加工处理的标签是动词短语。
- 对于文件（数据存储）：数据不能从一个文件直接移到另一个文件，数据必须由加工移动；数据不能直接从外部源点移动到文件；数据不能直接从文件移动到外部宿点；文件标签是名词短语。
- 对于数据流：一个数据流在符号之间的流动是单向的。若是双向移动，则应用两个单独的箭头表示；数据流中分叉意味着完全相同的数据从一个共同的位置转向两个或多个不同的加工、文件或外部实体；数据流不能直接回到它离开的同一个加工，必须至少有一个加工操作该数据流，产生另外的数据流和最初的数据流返回给开始的加工；到达文件的数据流意味着更新（增、删、改），离开文件的数据流意味着检索或使用；数据流的标签是名词短语，在同一箭头上的所有流作为一个包一起移动时，可以在一个箭头上出现多个数据流名词短语。

② 绘制分层数据流图的步骤。绘制分层数据流图的基本步骤概括来说，就是自外向内，自顶向下，逐层细化，完善求精。具体步骤如下。

第 1 步：确定系统的输入输出，绘制顶层数据流图。

首先找到所开发系统的源点和宿点，确定整个系统的输出数据流和输入数据流，把系统作为一个加工环节，画出顶层数据流图。

第 2 步：由外向内画系统内部，绘制 0 层数据流图。

确定系统的主要功能，按此将整个系统分解成几个加工环节；确定每个加工的输入和输出数据流及相关数据存储，根据其数据关系，将外部实体、各加工环节及数据存储环节用数据流连接起来；为各数据流、加工环节和数据存储环节命名、编号，形成系统 0 层数据流图。

第 3 步：自顶向下，逐层分解，对上层图中全部或部分加工环节进行分解并绘制数据流图。

将需要分解的上一层图的加工环节分解成具有明确逻辑功能的数个加工环节，按第 2 步中的做法，对上层需分解的加工环节画出分解后的数据流图。一般情况下，下层一张数据流图对应其上层数据流图中的一个加工环节，在上层数据流图的加工环节分解成下层加工环节数量少时，下层一张数据流图亦可对应于上层图中一个以上的加工环节。

重复第 3 步，直至每个尚未分解的加工都足够简单，即不必再分解。

以 12306 系统的数据流图绘制为例，第 1 步：确定系统的输入输出，绘制顶层数据流图。确定源点为用户通过 12306 网站或 App 发起的购票请求；宿点为 12306 系统生成的电子客票；输入数据流为用户的请求信息，包括出发站、到达站、日期、车次等；输出数据流为生成的电子客票、支付信息、订单状态等。

第 2 步：由外向内画系统内部，绘制 0 层数据流图。确定主要功能为用户登录、查询车次、选择座位、提交订单、支付车票等；加工环节包括用户登录处理、车次查询处理、座位选择处理、订单处理、支付处理等；数据存储包括用户信息存储、车次信息存储、订单信息存储等；数据流为用户请求信息流向各加工环节，加工结果流向数据存储或输出。

第 3 步：自顶向下，逐层分解，对上层图中全部或部分加工环节进行分解并绘制数据流图。将订单处理分解为订单创建、订单确认、订单支付等子环节，之后对每个子环节进行数据流图绘制，确保每个环节都有明确的输入和输出数据流。

重复第 3 步，直至每个尚未分解的加工都足够简单。如订单支付可以进一步分解为选择支付方式、验证支付信息、调用支付接口等。最后对每个分解后的子环节进行数据流图绘制。

（8）数据流图的审查

数据流程图是系统分析阶段最主要的表达工具之一，其正确与否直接关系到整个系统开发质量的好坏。因此，保证数据流程图的正确性十分必要。

通常从以下几方面来检查数据流图是否存在错误或不合理的部分。

① 分层数据流图的一致性。

父图与子图平衡。任何一张子图边界上的输入/输出数据流必须与其父图中对应的加工的输入/输出数据流保持一致。子图可以包括比父图更详细、更复杂的数据流、数据存储和外部实体，但在父图中出现的数据流、数据存储和外部实体必须在子图中全部体现。

例如，在用户登录和支付过程中，输入数据流和输出数据流必须保持一致。用户登录后，系统需要验证用户的身份信息，这涉及输入数据流（用户名、密码）和输出数据流（登录成功/失败）。如果在支付过程中，系统需要从用户信息中提取支付信息，那么这个输入数据流和输出数据流也需要保持一致。

如图 2-13 所示，父图中加工 2 的输入数据流有 M 和 N，输出数据流是 T，而子图边界上的输入数据流是 N，输出数据流是 S 和 T，所以父图和子图不平衡。

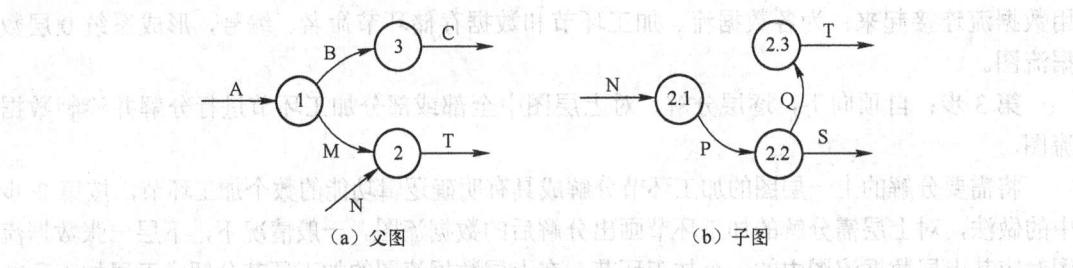

图 2-13　父图与子图不平衡实例

如图 2-14 所示，父图中加工 2 的输入数据流为 d、e，输出数据流为 a、b、c，子图边界上的输入数据流为 d、e，输出数据流为 a、b1、b2、c，若数据流 b1 和 b2 数据项全体正好等于数据流 b，那么父图和子图仍是平衡的。

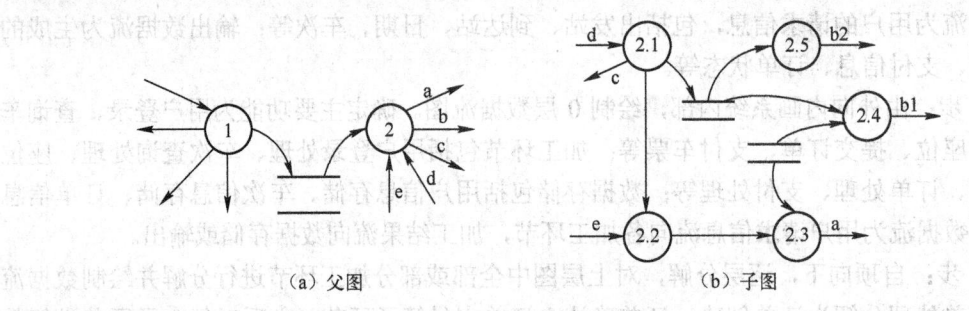

图 2-14　父图和子图平衡实例

- 数据守恒。任何一个加工至少有一个输入数据流和一个输出数据流。输入数据流与输出数据流必须相互匹配，以保持数据守恒，即一个加工所有输出数据流中的数据，必须能从该加工的输入数据流中直接获得，或者能通过该加工的处理而产生。如果是某个处理过程产生输出数据，但是没有输入数据，则肯定是某些数据流被遗漏了。反之，如果某个处理过程不产生任何输出数据，那么可以认为这个处理过程是没有任何意义的。还有一种情况是，某些输入数据在处理过程中并没有被使用到，这不一定是错误，但也要追溯这种情况的原因，探讨其是否可以简化。例如，在用户提交订单后，系统需要验证订单信息，这涉及输入数据流（订单信息）和输出数据流（订单验证结果）。系统需要确保订单验证结果能够从订单信息中直接获得，或者通过系统的处理产生。

- 局部文件。随着数据流图的分解，在下层数据流图中可能出现父图中没有的文件，需要考虑分层数据流中一个文件应画在哪些数据流图中，而不该画在哪些数据流图中。例如，订单信息、用户信息等都需要存储在文件中。在数据流图中，需要确保文件的读写数据流都被正确地表示。例如，订单信息在订单创建后需要被存储，这涉及写文件的操作；而在用户查询订单时，需要从文件中读取订单信息，这涉及读文件的操作。

任何一个文件都应同时包含读和写该文件的数据流，除非该文件是当前系统与另一个系统所共享（应在需求说明中指明）；若一个文件在一层数据流图中作为若干个加工之间的交界面（一个写另一个读）时该文件应画出；若一个文件在一层数据流图中仅与一个加工进行读写操作，并且在该数据流图的父图中未出现过该文件，则该文件是相应加工的内部文件，在当前数据流图中不应画出；一个文件一旦在某张数据流图中画出，那么在它的子孙图中应根据父图与子图平衡的原则画出该文件，在子孙图中，这个文件可能只有读或写文件中的一种数据流。

⌁ 一个加工的输出数据流不能与该加工的输入数据流同名。同一个加工的输出数据流和输入数据流即使组成成分相同，仍应对它们取不同的名字，以表示它们是不同数据流，但允许一个加工有两个相同的数据流分别流向两个不同的加工。

② 分层数据流图的完整性。

每个加工至少有一个输入数据流和一个输出数据流；在整套分层数据流中，每个文件应至少有一个加工读该文件，有另一个加工写该文件；分层数据流图中的每个数据流和文件都必须命名（除了流入或流出文件的数据流），并保持与数据字典的一致；分层数据流图中的每个基本加工（即不再分解子图的加工）都应有一个加工规约。

例如，在用户提交订单后，系统需要验证订单信息，这涉及输入数据流（订单信息）和输出数据流（订单验证结果）。每个文件至少有一个加工读该文件，有另一个加工写该文件。例如，订单信息在订单创建后需要被存储，这涉及写文件的操作；而在用户查询订单时，需要从文件中读取订单信息，这涉及读文件的操作。

③ 其他需要注意的问题。

⌁ 每个数据流、加工、文件、源和宿都应被适应地命名，名字应符合被命名对象的实际含义；名字应反映整个对象（如数据流、加工），而不是仅反映它的某一部分；避免使用空洞的、含义不清的名字，如数据、信息、处理、统计等；如果发现某个数据流或加工难以命名时，往往是数据流图分解不当的征兆，此时应考虑重新分解。

⌁ 画数据流而不是画控制流，通过判断这条线上是否有数据流过，从而判断是数据流还是控制流。

⌁ 避免一个加工有过多的数据流，当一个加工存在许多数据流时往往意味着分解不合理，需要考虑重新分解。

⌁ 分解尽可能均匀，对于分解不均匀的情况应重新分解。理想目标是任何两个加工的分解层数之差不超过 1。

⌁ 先考虑稳定状态下的各种问题，暂时不考虑系统如何启动、如何结束、出错处理及性能等细节问题。

⌁ 随时准备重画。对于一个复杂的软件系统，往往要经过反复多次的重画和修改才能构造出完整、合理、满足用户需求的分层数据流图。分析阶段遗漏下来的一个错误，到开发后期要花费几百倍代价来纠正这个错误。

例如，在用户提交订单后，系统需要验证订单信息，这涉及输入数据流（订单信息）和输出数据流（订单验证结果）。如果一个加工存在许多数据流，可能需要重新分解。例如，在用户提交订单后，系统需要验证订单信息，这涉及输入数据流（订单信息）和输出数据流（订单验证结果）。如果发现某个数据流或加工难以命名时，往往是数据流图分解不当的征兆，此时应考虑重新分解。

2）实体-关系图

实体-关系（E-R）图是用来建立数据模型的图形化工具。数据模型是按照用户的观点对数据建立的模型，它描绘了从用户角度看到的数据，反映了用户的现实环境，而且与系统中的实现方法无关。数据模型中包含3种相互关联的信息，即数据对象（实体）、数据对象的属性及数据对象彼此间相互连接的关系。下面对它们的含义分别进行说明。

(1) 数据对象

数据对象是对软件必须理解复合信息的抽象。所谓复合信息，是指具有一系列不同性质或属性的事物。可以用一组属性来定义的实体都可以被认为是数据对象，仅有单个值的事物（如票价、座位号等）不是数据对象。

数据对象可以是一个外部实体、事物、行为、事件、角色、单位、地点、结构等。例如，乘客和列车可以被认为是数据对象，因为乘客和列车都可以用一组属性来定义，再如列车可以用车次、始发站、终点站等来描述。

数据对象只封装数据，没有引用数据对象的操作。这里所说的数据对象与面向对象方法中所描述的对象、类有着显著的区别。

(2) 属性

属性定义了数据对象的性质，一个数据对象可由若干个属性来刻画。属性不能脱离数据对象，属性是相对数据对象而言的。它具有3种不同的特性：为数据对象实例命名，描述该实例及引用另一个实例。

因此，必须把一个或多个属性定义为"标识符"，也就是说，当人们希望找到数据对象的一个实例时，用标识符属性作为"关键字"（通常简称"键"）。应该根据对所要解决的问题和对问题语境的理解来确定特定数据对象的属性，选取一组本质的属性，排除与问题无关的非本质的属性。例如，乘客的属性有身份证号码、姓名、性别、联系方式、购票历史、常旅客等级等，对于设计一个 12306 系统来说，我们所关心的是与乘车相关的属性，应排除与乘车无关的属性。

在一个系统中，数据对象的描述应包括数据对象及它所具有的本质属性，可以用一个数据表来表示。例如，在 12306 系统中，乘客数据表可以包括以下字段：

乘客 ID（主键）：唯一标识乘客的 ID。

姓名：乘客的姓名。

身份证号码：乘客的身份证号码。

联系方式：乘客的联系方式。

购票历史：乘客的购票记录。

常旅客等级：乘客的常旅客等级。

(3) 关系

数据对象彼此之间是有关联的，也称为关系。例如，数据对象"乘客"和"车票"的连接关系是"预订",数据对象"用户"和"订单"的连接关系是"创建",等等。关系的形态包括以下 3 种类型。

① 一对一联系(1∶1)。对于两个数据对象 A 和 B,若 A 中的每一个值在 B 中至多有一个实体值与之对应,反之亦然,则称数据对象 A 和 B 具有一对一联系。例如,一张火车票只对应一个乘客的座位信息,而一个乘客的座位信息只对应一张特定的火车票。这种联系确保了每张火车票都有唯一对应的乘客信息,每个乘客的信息也只对应一张特定的火车票。

② 一对多联系(1∶N)。对于两个数据对象 A 和 B,若 A 中的每一个值在 B 中有多个实体值与之对应,反之 B 中每一个实体值在 A 中至多有一个实体值与之对应,则称数据对象 A 和 B 具有一对多的联系。例如,一个订单可以包含多张车票,但是每张车票只能属于一个订单。这种联系确保了每个订单可以包含多个车票,但每张车票的信息只属于一个特定的订单。

③ 多对多联系($M∶N$)。对于两个数据对象 A 和 B,若 A 中每一个实体值在 B 中有多个实体值与之对应,反之亦然,则称数据对象 A 与数据对象 B 具有多对多联系。例如,乘客与座位之间的关系。一个乘客可以预订多张车票,而每张车票可以由多个乘客预订。这种联系确保了每个乘客可以预订多张车票,而每张车票也可以被多个乘客预订。

关系也可能有属性。例如,乘客预订某张车票所支付的金额,既不是乘客的属性也不是车票的属性,而且由于金额既依赖于某名特定的乘客又依赖于某张特定的车票,所以它是乘客与车票之间的联系"预订"的属性。

联系也可能有属性,例如,乘客预订某张车票所支付的金额既不是乘客的属性,也不是车票的属性。由于金额既依赖于某名特定的乘客,又依赖于某张特定的车票,所以它是乘客与车票之间的联系"预订"的属性。

由上述可知,实体-联系(E-R)图中包含数据对象、属性和关系 3 种基本成分。在 E-R 绘制时,通常用矩形框代表数据对象,用椭圆形或圆角矩形表示数据对象(或关系)的属性,用连接相关数据对象的菱形框表示关系,用直线把数据对象(关系)与其属性连接起来,如图 2-15 所示,就是一个简化的 12306 系统购票 E-R 图。

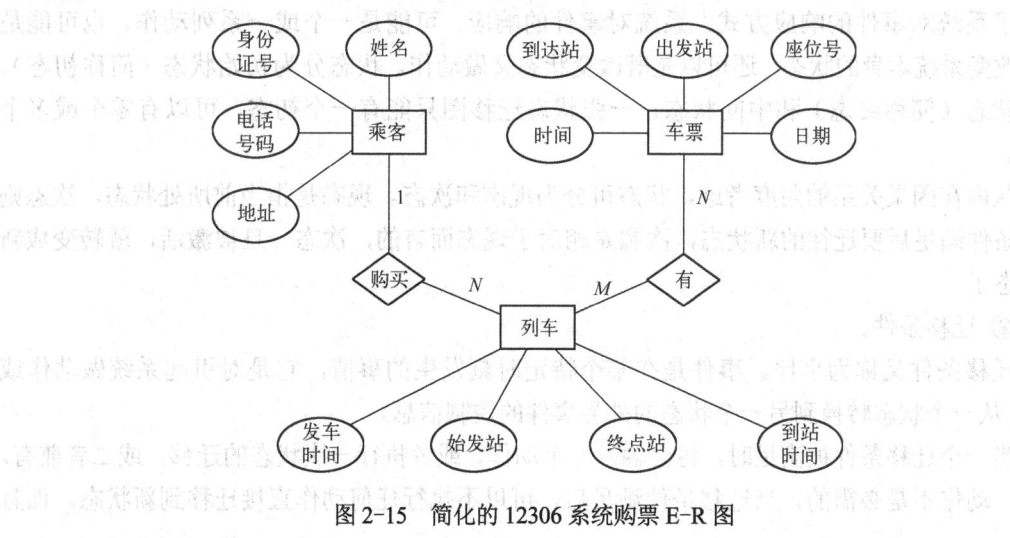

图 2-15 简化的 12306 系统购票 E-R 图

3）状态迁移图

系统行为是系统功能的外部表现，行为建模用于说明系统的外部表现，如系统与环境的交互、系统对外部事件的响应等。在传统的数据流模型中，控制和事件流没有被表示出来。在实时系统的分析和设计中，行为建模显得尤其重要。事实上大多数商业系统是数据驱动的，所以非常适合用数据流模型。相反，一些实时控制系统，如安全监控系统、生产线自动控制系统等，涉及与环境的交互，涉及与时间有关的控制，很少有数据输入，而主要是事件驱动，因此，行为模型是最有效的系统行为描述方式。当然，也有同时存在数据驱动和事件驱动两类模型的系统。

例如，对于 12306 系统来说，它是一个典型的商业系统，其核心功能是基于数据驱动的，例如，查询车次、预订车票、支付车票等。这些功能主要通过用户界面与用户进行交互，并通过数据流模型来描述数据的流动和处理过程。然而，12306 系统也包含一些实时控制和事件驱动的特性。例如，在用户提交订单后，系统需要立即响应，进行订单处理和支付验证。这些实时控制和事件驱动的行为，可以通过行为模型来描述，例如，订单提交事件触发订单处理流程，支付验证事件触发支付接口调用等。

因此，12306 系统是一个同时存在数据驱动和事件驱动两类模型的系统。数据流模型用于描述系统的核心功能，而行为模型则用于描述系统的实时控制和事件驱动特性。通过这两种模型的结合，12306 系统能够有效地实现其功能，并为用户提供良好的用户体验。

行为模型常用状态迁移图来描述，它又称为状态机模型。状态迁移图通过描述系统的状态及引起系统状态转换的事件来表示系统的行为。此外，状态迁移图还指出作为特定事件的结果系统将执行哪些动作（如处理数据）。

(1) 状态迁移图要素

状态迁移图要素主要包括状态和迁移条件。

① 状态。

状态是任何可以被观察到的系统行为模式，一个状态代表系统的一种行为模式。状态规定了系统对事件的响应方式。系统对事件的响应，可能是一个或一系列动作，也可能是仅仅改变系统本身的状态，还可以是既改变状态又做动作。状态分为初始状态（简称初态）、最终状态（简称终态）和中间状态，一张状态迁移图只能有一个初态，可以有零个或多个终态。

从内在因果关系的角度考虑，状态可分为现态和次态。现态是指当前所处状态，次态则是指条件满足后要迁往的新状态，次态是相对于现态而言的，次态一旦被激活，就转变成新的现态了。

② 迁移条件。

迁移条件又称为事件。事件是在某个特定时刻发生的事情，它是对引起系统做动作或（和）从一个状态转换到另一个状态的外界事件的控制信息。

当一个迁移条件被满足时，将会触发一个动作，或者执行一次状态的迁移，或二者兼有。其中，动作不是必需的，当迁移条件满足后，可以不执行任何动作直接迁移到新状态，而且动作执行完毕后，可以迁移到新的状态，也可以仍旧保持原状态。

(2) 状态迁移图符号表达

状态迁移图主要包括以下几种符号。

① 起点和终点：起点是实心圆，终点是同心圆，内圆为实心如图 2-16 所示。

② 状态框：用方框表示状态，包括所谓的"现态"和"次态"。

③ 迁移条件及迁移箭头：用箭头表示状态迁移的方向，并在该箭头上标注触发条件。如果在箭头上未标明时间，则表示在源状态的内部活动执行完之后自动触发转换。

④ 节点圆圈：当多个箭头指向一个状态时，可以用节点符号（空心小圆圈）连接汇总。

⑤ 动作框：用椭圆框表示。

⑥ 附加条件判断框：用六角菱形框表示。

图 2-16　起点/终点符号表示

状态迁移图可以用来描述单程生命周期，也可以用来表示循环运行过程。图 2-17 为一个描述单程生命周期的状态迁移示意图。图 2-18 为一个循环运行过程的状态迁移示意图，循环运行过程一般不考虑起点与终点。

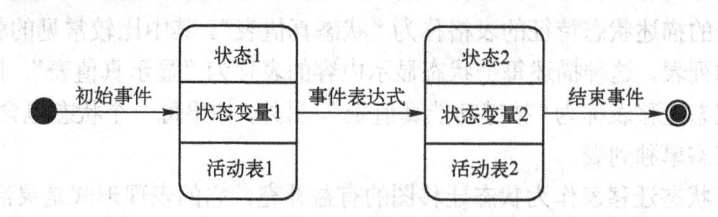

图 2-17　单程生命周期的状态迁移示意图

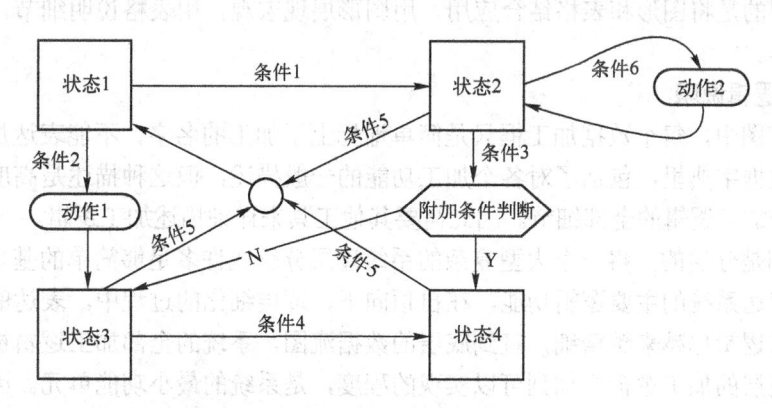

图 2-18　循环运行过程的状态迁移示意图

(3) 状态迁移表

除了状态迁移图，还可以用表格的形式来表示状态之间的关系，这种表一般称为状态迁移表。

图 2-18 的状态迁移表见表 2-9。

表 2-9 状态迁移表

状态（现态）	状态描述	条件		动作	状态（次态）
状态 1	略	条件 1		—	状态 2
		条件 2		动作 1	状态 3
状态 2	略	条件 3	附加条件满足	—	状态 4
			附加条件不满足	—	状态 3
		条件 5		—	状态 1
		条件 6		动作 2	—
状态 3	略	条件 4		—	状态 4
		条件 5		—	状态 1
状态 4	略	条件 5		—	状态 1

采用表格方式来描述状态迁移图，优点是可容纳更多的文字信息。不但可以在状态迁移表中描述状态的迁移关系，还可以把每个状态的特征描述也包含在内。

如果表格内容较多，过于臃肿不利于阅读，也可以将状态迁移表进行拆分。经过拆分后的表格根据其具体内容，表格名称也有所变化。比如，可以把状态特征和迁移关系分开列表，被单独拆分出来的描述状态特征的表格称为"状态真值表"。其中比较常见的就是把每个状态的显示内容单独列表，这种描述每个状态显示内容的表称为"显示真值表"。同样，把单独表述基于按键的状态迁移表称为"按键功能真值表"。另外，如果每一个状态包含的信息量过多，也可以把每个状态单独列表。

由此可见，状态迁移表作为状态迁移图的有益补充，它的表现形式是灵活的。

状态迁移表优点是信息涵盖面大，缺点是视觉上不够直观，因此它并不能取代状态迁移图。比较理想的是将图形和表格结合应用，用图形展现宏观，用表格说明细节，二者互为参照，相得益彰。

3．加工逻辑说明

在数据流图中，每个数据加工框只是简单地标上了加工的名字，不能表达加工逻辑的全部内容。在数据字典里，包括了对各个加工功能的一般描述，但这种描述是高度概括的，不可能描述各个加工逻辑的全部细节。因此需要其他工具来详细描述加工逻辑。

数据流图是分层的，将一个大型复杂的系统逐层分解成许多足够简单的基本处理，顶层的数据流图表达系统的主要逻辑功能，在自顶向下、逐层细化的过程中，表达的功能也越来越具体，加工逻辑也越来越精细，直到底层的数据流图，系统的全部加工逻辑被详细地表达出来。系统底层的加工逻辑详细到可以实现的程度，是系统的最小功能单元。因此，被称为基本处理。如果对所有基本处理的逻辑功能都描述清楚了，再自底向上进行综合，整个系统的所有逻辑功能也就清楚了。

加工逻辑指的是业务人员处理业务的算法和逻辑关系，也即用户要求这个加工"做什么"。加工逻辑的分析就是对数据流分析的补充，也是系统处理模块的设计依据。每个加工必然有加工的原始数据和输出数据，以及加工的逻辑关系和算法。用文字表达多元的逻辑关系，不仅十分受限，而且不够直观，采用结构化描述方法可以清晰地表达条件、决策规则和应采用行动之间的逻辑关系，容易为管理人员和系统分析人员所接受。加工逻辑的描述方法主要包括程序设计语言、判定表和判定树。

1) 程序设计语言

程序设计语言 (program design language, PDL), 是一种用于交互 (交流) 的人造语言。它是在自然语言基础上加了一些限制而得到的语言, 使用有限的词汇和有限的语句来描述加工逻辑。结构化语言的词汇由英语命令动词、数据词典中定义的名字、有限的自定义词和逻辑关系词 (IF_THEN_ELSE、WHILE_DO、REPEAT_UNTIL 和 CASE_OF) 等组成。

结构化语言通常分为外层和最内层两大层, 其中外层可以有很多层, 相互嵌套。外层语法比较具体, 最内层语法则比较灵活。外层语法用来描述控制结构, 通常采用人们已熟知的集中标准结构, 如顺序、选择和循环。这些控制结构将加工中的各个操作连接起来, 使用由IF、THEN、ELSE 等词组成的规范化语言。最内层语法只有简单陈述句一种, 它能明确地表达"做什么"。

总体来说, 结构化语言只允许使用三种基本结构控制, 数据加工逻辑的操作运用自然语言短语来表示。这三种基本控制结构包括简单陈述句、判定结构和循环结构。

(1) 简单陈述句

简单陈述句指出要做什么事情, 包括一个动词和一个宾语。动词要指出要执行的功能, 宾语表示动作的对象。描述加工中决策方案的部分通常采用简单陈述句, 使用简单称述句, 应注意以下几点:

① 力求精练, 不应太长, 避免使用复合语句;
② 必须易读、易理解、无二义;
③ 动词要能明确表达要执行的动作, 不用"做""处理"这类空洞的动词, 意义相同的动词, 只确定使用其中之一;
④ 不使用形容词、副词等修饰语;
⑤ 名词都是数据字典中定义过的词或自定义的词;
⑥ 可以用一些常用的运算法和关系符等。

(2) 判定结构

判定结构采用的是计算机语言的类似结构:

    IF<条件>
    THEN 决策1
    ELSE<非条件>/OTHERWISE<非条件>
    DO 决策2

IF 和 ELSE 对应的是同一条件的是与非, 因此一个结构只能对一种条件进行判断。当要描述多个条件的加工逻辑时, 就要通过嵌套结构实现, 而且要求各个结构的引导词要配对出现。

(3) 循环结构

循环结构也采用了计算机语言的类似结构, 并有两种描述方式:

    WHILE<条件>
    DO 决策

或

    REPEATE 决策

UNTIL<条件>

其中，WHILE…DO 型结构满足条件才进入循环，执行决策动作这一"循环体"；而 REPEAT…UNTIL 型结构是先进入循环，执行一次后再判断条件是否满足，若满足条件，则退出循环。

2）判定表

判定表是一种表格状的判定工具，它适用于描述包含多个条件且每种条件下取值也比较多的加工逻辑。判定表可以在条件复杂的情况下，很直观地表达出具体条件、决策规则与应该采取的行动之间的逻辑关系。

条件说明	条件组合
动作说明	动作组合

图 2-19 判定表的组成

判定表由四个部分组成，如图 2-19 所示。左上方是条件说明，列出了所有可能的条件，每行写一个条件对象；左下方是动作说明，列出了所有可能采取的动作，每行写一个动作；右上方是条件组合，是针对各种条件给出的多种条件取值的组合，每一列表示了一个可能的条件组合；右下方是动作组合，指出了在各种条件取值的组合情况下所采取的动作。

判定表的绘制较为复杂，原因在于条件值的组合状态较多，要考虑周全。要获得最终的判定表，通常需要绘制三张表。首先要定义条件的取值及含义，然后按照所有组合状态绘制出初始判定表，最后将相关列合并称为最终的判定表。在合并时，按照操作选择用同一决策方案的不同条件进行判断，首先要找到条件组合的共同点，再分析不同条件值的组合是否被相关列遍历了，如果已经遍历，则将相关列合并，否则不合并。

由此，可以归纳出合并的原则：取采取相同动作的 N 列，如果有某个条件在此 N 列中的取值正好是该条件取值的全部情况，而其他条件在此 N 列的取值都相同，那么这 N 列可以合并，说明该条件的取值与所采取的动作无关。

运用判定表来描述决策逻辑，通常包括以下 6 个步骤：

① 分析、确定决策逻辑涉及的条件，列在判定表左上方；
② 分析、确定每个条件的取值情况；
③ 列出条件的所有组合情况，标在判定表右上方；
④ 分析、确定决策逻辑涉及的动作，列在判定表的左下方；
⑤ 决定各种条件组合下所采取的行动，画在判定表的右下方；
⑥ 应用合并规则，简化判定表。

用判定表来表达一个复杂的问题，其优越之处在于不会遗漏某种可能的情况。判定表能够把在什么条件下、系统应该采取什么动作，表达得十分清楚、准确和一目了然。这是用语言难以准确、清晰地表达的。判定表的另一个优越之处在于这些条件的地位是平等的，不用考虑条件的先后顺序。因此，判定表只适合描述条件，描述循环比较困难。

3）判定树

判定树是判定表的变种，它本质上与判定表是相同的，只是表示形式不同。判定树一般是自上而下生成的，每个决策或事件都可能引起两个或多个事件，导致不同的结果。判定树从根到叶子结点有一条路径，这条路径就是一条"规则"。在使用判定树进行描述时，应该从问题的文字描述中分清哪些是判定条件，哪些是判定的决策，根据描述材料中的连接词找出判定条件的从属关系、并列关系和选择关系，根据它们构造判定树。

判定树主要由三部分组成：定义要判定的问题，就是判定结点；以条件为例，从判定结点连接形成的分支结构就是方案分支，它往往根据条件值来决定分支的数量；在最后一个条件列后加入的就是判定结果，不同方案分支通过不同的路径得出判定结果，从而形成树形分叉图。判定树的表示形式如图 2-20 所示。

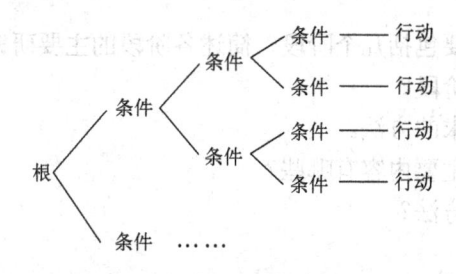

图 2-20　判定树的表示形式

用判定树描述加工逻辑的优点如下：
↳ 可以生成容易理解的规则；
↳ 计算量相对来说不是很大；
↳ 可以处理连续和分类条件；
↳ 判定树可以清晰地显示哪些条件比较重要。

用判定树描述加工逻辑的缺点如下：
↳ 比较难预测连续值的条件；
↳ 对有时间顺序的条件，需要很多预处理的工作；
↳ 当类别太多时，错误可能就会增加得比较快；
↳ 一般算法分类的时候，只是根据一个条件来分类。

4）加工逻辑描述方法的选择

在描述一个基本加工逻辑时，结构化语言、判定表和判定树通常被交叉使用，互相补充。这三种描述方式各有优缺点，哪一种方法是最好的方法，这取决于一系列的因素。三种加工逻辑描述方法的比较见表 2-10。

表 2-10　三种加工逻辑描述方法的比较

因　素	结构化语言	判　定　树	判　定　表
直观性	一般	优	一般
用户检查	不便	方便	不便
可修改性	良	一般	差
逻辑检查	良	一般	优
机器可读性	优	差	优
机器可编程	一般	差	优

这三种方法的适用范围如下：

① 如果在一个加工逻辑中，同时存在顺序、判断和循环时，比较适合使用结构化语言；

② 判定表适合于组合条件较多的复杂判断，但数目庞大时使用也不方便；
③ 判定树适用于不太复杂的判定情况，有时可将判定表转换为判定树，便于用户检查。

复习思考题

1. 系统设计与集成主要包括几个阶段？简述各阶段的主要研究内容。
2. 需求分析包括几个阶段？
3. 简述常见的获取需求的方法。
4. 需求规格说明书的主要内容有哪些？
5. 需求管理的内容和方法？

第3章　智能运输系统设计方法

在智能运输系统的设计过程中，通过深度剖析智能运输系统运输过程合理地选择设计方法至关重要。不同设计方法具有其特定的优势和适用场景，对于智能运输系统的设计而言，面向对象方法和面向结构方法是两种常见的选择。

面向对象方法强调将系统分解为具有属性和行为的对象，通过对象之间的交互来实现系统的功能。这种方法有助于更好地理解系统的业务逻辑和数据结构，从而实现系统的灵活性和可维护性。面向结构方法则侧重于系统的整体架构和组件之间的关系，通过模块化和层次化的设计来实现系统的稳定性和可扩展性。

本章将分别介绍面向对象方法和面向结构方法在智能运输系统设计中的应用，并详细阐述两种方法在智能运输系统设计中的优势和局限性，通过对比和分析可选择最适合智能运输系统设计的方法，从而提高系统的质量和效率。同时，也可以结合两种方法的优势，实现更优化的系统设计。

面向对象方法和面向结构方法都是智能运输系统设计中不可或缺的工具，掌握这两种方法将有助于我们更好地应对设计过程中的挑战，实现智能运输系统的成功开发和部署。

3.1　智能运输系统运输过程分析

智能运输系统的构建依托于一系列高科技手段和精密设备，这些组件相互协作，共同构成了一个高效、动态的交通管理体系。通过这些组件的协同工作，智能运输系统得以实现对交通流量的优化、安全的保障和环境的保护。下面将对智能运输系统的组成及运输过程进行详细介绍。

3.1.1　智能运输系统组成

1. 感知与监测系统

感知与监测系统是智能运输系统的感官，负责收集实时交通信息，为交通管理提供数据支持。这一系统包括多种传感器和监测设备，如地磁传感器、摄像头、雷达、浮动车等，它们共同确保交通信息的全面性和准确性，以实现对交通状况的实时监控和预测。例如，在12306系统中，这一功能体现在对列车运行状态的实时监控上。通过安装在列车上的传感器和摄像头，12306系统能够实时监测列车的位置、速度和车厢状况，确保列车安全准时地行驶在轨道上。

2. 通信系统

通信系统是智能运输系统的神经，负责信息的传输和共享。它包括无线通信网络和有线通信网络，确保数据在系统各部分之间的高速、稳定传输。例如，在12306系统中，通信系统确保了列车与控制中心之间的信息实时传递。12306系统利用专用通信网络，实现了列车运行数据的实时上传和调度指令的即时下达，保证了铁路运输的高效运转。

3. 数据处理与分析系统

数据处理与分析系统是智能运输系统的大脑，负责处理和解读收集到的数据，生成有价值的交通信息。这一系统包括数据处理中心和先进的分析软件，它们通过复杂的数据处理和分析算法，确保交通数据的深度挖掘和有效利用。例如，12306系统中的数据处理与分析中心，通过对海量购票数据的分析，能够预测旅客出行需求，合理调整列车班次和座位分配，提高了铁路运输的服务质量和效率。

4. 交通控制与指挥系统

交通控制与指挥系统是智能运输系统的执行者，负责根据数据分析结果实施交通管理措施。该系统包括交通信号控制系统和调度指挥中心，它们通过自动化的控制手段来优化交通流，提高道路通行能力。例如，在12306系统中，这一功能体现在对列车运行的实时调度上。12306系统的调度系统能够根据实时数据和天气状况，自动调整列车运行计划，确保旅客的出行安全和服务体验。

3.1.2 运输过程分析

在运输前阶段，智能运输系统通过需求预测、资源配置和路线规划，为铁路运输活动做好准备。例如，12306系统利用大数据分析技术，对旅客购票数据进行深入分析，预测出行需求，并根据预测结果合理调配列车座位资源。此外，12306系统还通过优化算法规划列车的最佳运行路线，确保旅客能够快速、便捷地到达目的地。

在运输过程中，智能运输系统通过实时监控、交通管理和应急响应，确保铁路运输过程的安全和高效。例如，12306系统实时监控列车的运行状态，包括位置、速度和车厢状况等，确保列车安全准时地行驶在轨道上。此外，12306系统还能根据实时数据和天气状况，调整列车运行计划，提高铁路运输的效率。

在运输后阶段，智能运输系统通过数据分析，评估运输效果，为后续的铁路运输活动提供优化建议。例如，12306系统在列车到达目的地后，会收集和分析列车运行数据，评估列车服务的准时性和旅客满意度。这些分析结果用于优化未来的列车调度策略，提高铁路运输的整体运营效率和服务水平。

随着智能运输系统的不断发展，其应用范围逐渐从客运领域拓展到货运领域，特别是在智慧物流方面发挥着重要作用。智慧物流作为物流行业的一种新型模式，通过运用物联网、大数据、人工智能等技术，实现了物流运输的智能化管理和优化。铁路运输系统与智慧物流的结合，为满足旅客和货物的运输需求提供了更高效、更优质的解决方案。

以阿里云的"城市大脑"为例，智能运输系统在智慧物流中的应用体现在对城市交通的全面感知和智能调控上。城市大脑通过集成各类交通数据，实现了对城市交通状况的实时监控和预测，为物流配送提供了最优路线规划和时间安排，显著提升了物流配送的效率和准确性。此外，城市大脑还能够根据交通流量动态调整信号灯，减少交通拥堵，为物流车辆提供了更加顺畅的运输环境。

通过将智能运输系统应用于铁路客运和智慧物流两个领域，不仅提高了铁路运输的综合效率和服务质量，还促进了交通运输行业的智能化发展，为旅客和货物的运输创造了更大的价值。未来，随着技术的不断进步，智能运输系统将在更多领域发挥关键作用，推动整个交通运输行业的创新与变革。

3.2 智能运输系统设计

智能运输系统的设计分类主要分为两个阶段,即概要设计和详细设计。

在概要设计阶段,基于需求分析的指引,设计师需综合考虑智能运输系统的全面技术要素,包括交通基础设施、信息技术、通信技术、计算机技术、电子技术、传感器技术以及系统集成技术。本阶段将对系统的基础性定义、关键术语、标准规范等进行详细解释,并围绕系统的功能、逻辑、物理和技术架构体系,以及接口关系、模块划分进行深入分析与设计。目标是确保设计能够支撑实时、准确、高效的交通运输管理,进而形成一份全面的设计报告,为后续的详细设计提供总体框架和依据。

在系统详细设计阶段,基于需求分析和概要设计的成果,设计师将深入实现智能运输系统的各项技术细节,包括感知监测、通信传输、协同管控等。本阶段采用专业的设计分析方法,对系统开发所需的模块实现方法、数据关系、数据结构、功能实现算法以及系统级的数据流与业务流进行精细分析。同时,确保智慧出行、智慧物流、交通运行等管理与服务标准得到有效贯彻。最终形成代码编写标准设计、用户界面设计、算法实现设计、数据库结构设计、测试设计等一系列体系化文件,为系统开发提供专业的指导性文件。

智能运输系统的概要设计和详细设计是系统开发过程中相辅相成的两个阶段。概要设计为详细设计提供了基础和框架,确定了系统的结构和模块划分。详细设计则是概要设计的具体实现,对概要设计进行延伸和细化。

二者的区别在于,概要设计关注系统的整体结构和功能模块之间的关系,而详细设计更关注系统的具体实现细节和技术实现方案。概要设计在较高层次上抽象描述系统,而详细设计包含更具体的实现细节,如算法、数据结构等。通过这两个阶段的紧密配合,智能运输系统能够实现高效、安全、便捷的交通运输管理,提升整个交通网络的运行效率。

3.2.1 概要设计

智能运输系统的概要设计介于需求分析和详细设计之间,主要关注于系统的整体架构和关键组件的设计。这一阶段的目的是将需求分析阶段识别的需求转换为一个可执行的系统架构和关键组件的初步设计,确保设计既满足需求又具有可行性。

在进行智能运输系统的概要设计时,设计师需要遵循以下原则。

① 模块化设计:系统应被划分为多个模块,每个模块负责实现特定的功能。模块之间通过明确定义的接口进行通信,共同实现系统的整体功能。模块化设计有助于提升系统的可维护性和可扩展性,这对智能运输系统这样复杂且不断发展的系统尤为重要。

② 高内聚低耦合:设计中应确保模块内部的组件之间高度相关,同时尽量减少模块间的依赖关系。这种设计方法有助于降低系统间的相互依赖,提高系统的独立性和组件的可重用性,从而在智能运输系统的不同部分之间实现更好的协同工作。

③ 设计简洁:保持设计的简洁性,避免不必要的复杂性。简洁的设计有助于提高系统的可读性和可维护性,减少开发和长期维护的成本,这对智能运输系统这样的长期运行系统来说至关重要。

概要设计主要包括以下关键内容。

1. 架构体系设计

系统架构设计主要关注系统的层次结构和主要组件之间的关系,从技术、功能、逻辑和物理架构几个层面进行设计。这些内容构成了概要设计中系统架构设计部分的主要内容，为系统的详细设计和实现提供了基础和方向。

1）技术层面

关键在于选择合适的技术栈和平台，以确保系统的开发和运行效率。这包括选取支持实时数据处理的数据库系统，以及能够实现车联网通信的协议和技术。具体而言，需确定系统所使用的编程语言、框架、工具和数据库，同时定义系统的技术规范，涵盖性能、安全、可扩展性和可维护性等方面的要求，确保系统架构能够满足智能运输系统对实时数据处理和车联网通信的特殊需求。

2）功能层面

在智能运输系统中，系统架构设计需要对业务需求进行深入分析，以确定系统的主要功能模块和功能点。这包括区分不同的业务领域，如交通管理、车辆监控、乘客信息服务等，并在每个领域中进一步细分功能特性，如数据计算、用户交互、中间流程等。业务架构的划分首先区分于领域，将不同领域的系统功能分开，每个大的领域下又会有一些子域。领域划分之后，根据功能特性进行划分，例如着重于数据计算、用户交互、中间流程等，需要区分业务面向的对象。定义各个业务模块之间的关系和交互方式，描述各个功能模块之间的依赖关系和调用关系。这样，可以确保系统架构设计能够满足智能运输系统的业务需求，并提高系统的可扩展性和可维护性。

3）逻辑层面

在智能运输系统中，设计系统的逻辑架构是至关重要的，它涉及数据流程、业务流程等关键方面。系统流程图和系统结构图是绘制逻辑架构模型的两种主要方式。以常见的购票系统 12306 为例，该系统的流程图如图 3-1 所示，详细描述了 12306 系统中各子系统、相关文件和数据之间的关系，记录了整个系统的体系结构。它展示了数据如何在系统中流动，以及各个子系统如何相互作用。

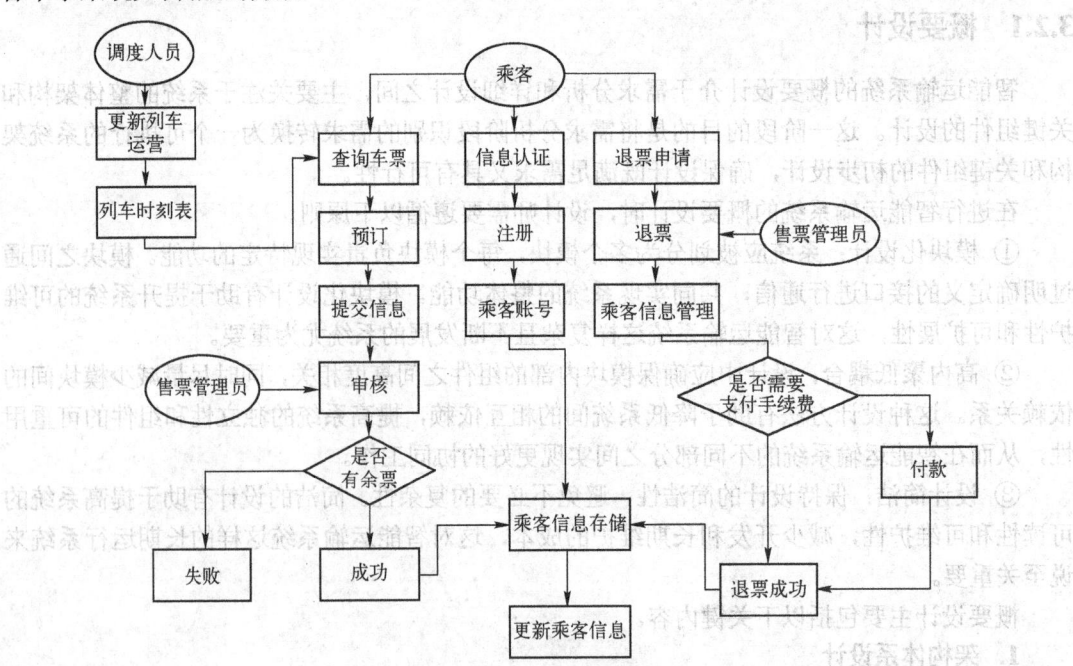

图 3-1　12306 系统流程图

第 3 章 智能运输系统设计方法　　53

　　系统结构图，也称为层次图，以层次方式描述了系统从顶层到最底层的功能分解，展示了系统组件之间的层级关系和依赖性，12306 的系统结构图如图 3-2 所示。通过这种方式，可以确保智能运输系统的逻辑架构设计既合理又高效，为系统的实际运行提供坚实的技术支持。

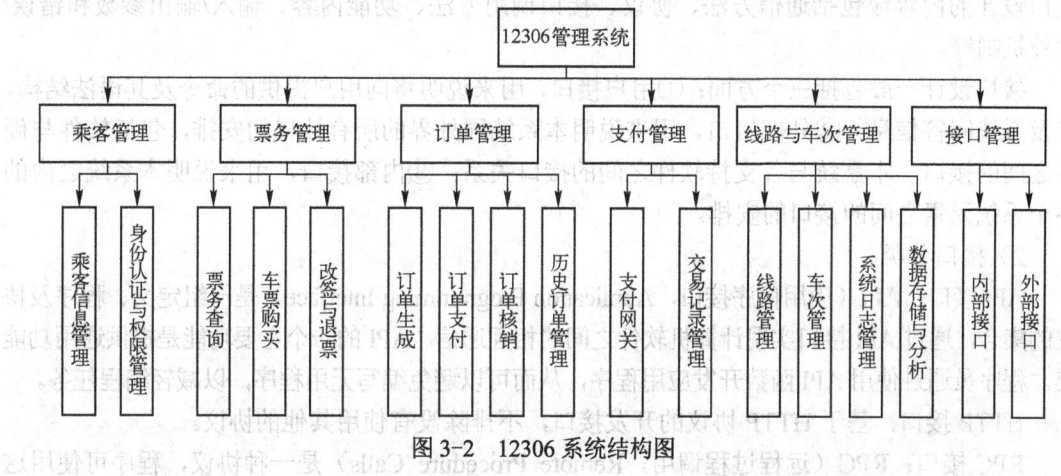

图 3-2　12306 系统结构图

4）物理架构层面

　　规划系统的物理部署方式，包括服务器配置、网络拓扑等。确定系统的部署环境，例如云端部署、本地部署等。在智能运输系统中，物理架构的设计要能够支持广泛的地理分布和大量的移动设备连接，同时保证数据传输的及时性和可靠性，12306 系统的物理架构模型如图 3-3 所示。

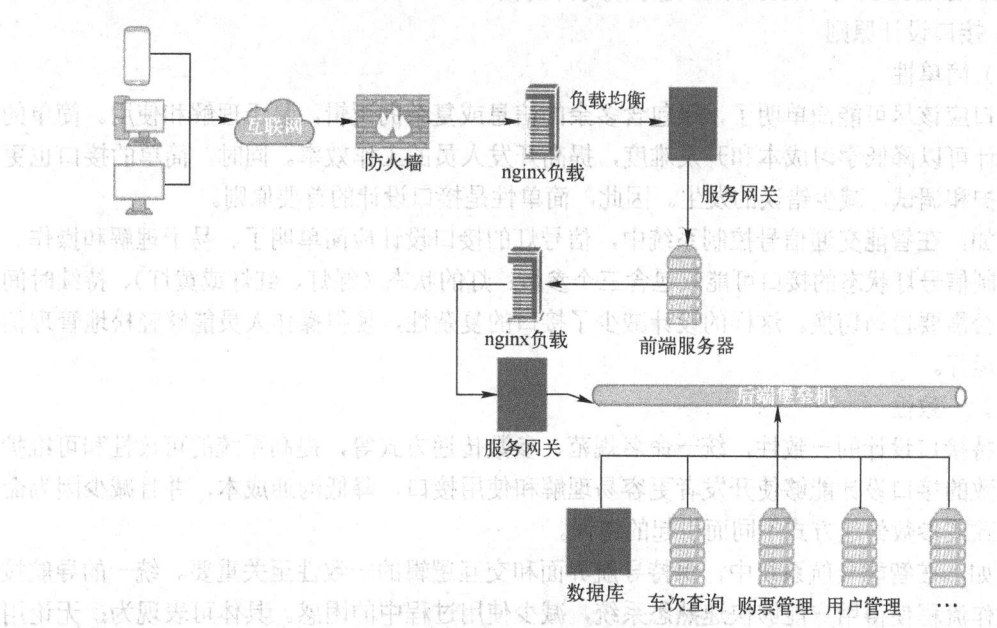

图 3-3　12306 系统物理架构模型

2．接口关系设计

1）接口设计概述

　　在智能运输系统的设计中，接口设计是确保系统内部和外部组件之间有效通信的关键，对系统的整体可靠性、扩展性和灵活性起着至关重要的作用。接口设计需要考虑到接口的清晰性、一致性、易用性以及扩展性等方面，以确保系统能够实现预期的功能需求并满足用户的期望。接口设计的种类及规范很多，所以设计的方法也有很大的差异。但是总体来说，接口设计的内容应包括通信方法、协议、接口调用方法、功能内容、输入/输出参数和错误/例外机制等。

接口设计一般包括三个方面：①用户接口，用来说明将向用户提供的命令及其语法结构，以及系统回答信息；②外部接口，用来说明本系统同外界的所有接口的安排，包括软件与硬件之间的接口、本系统与各支持软件之间的接口关系；③内部接口，用来说明本系统之内的各个系统元素之间的接口的安排。

2）接口分类

API 接口：API（应用程序接口，Application Programming Interface）是一组定义、程序及协议的集合，通过 API 接口实现计算机软件之间的相互通信。API 的一个主要功能是提供通用功能集。程序员通过使用 API 函数开发应用程序，从而可以避免编写无用程序，以减轻编程任务。

HTTP 接口：基于 HTTP 协议的开发接口，不排除没有使用其他的协议。

RPC 接口：RPC（远程过程调用，Remote Procedure Calls）是一种协议，程序可使用这种协议向网络中的另一台计算机上的程序请求服务。RPC 是一项广泛用于支持分布式应用程序的技术。

RMI 接口：RMI（远程方法调用，Remote Method Invocation）是针对 Java 语言的，RMI 允许使用 Java 编写分布式对象。

Webservice 接口：Webservice 是系统对外的接口。

3）接口设计原则

（1）简单性

接口应该尽可能简单明了，不包含多余的信息或复杂的逻辑，易于理解和使用。简单的接口设计可以降低学习成本和开发难度，提高开发人员的工作效率。同时，简单的接口也更易于维护和调试，减少错误的发生。因此，简单性是接口设计的首要原则。

例如，在智能交通信号控制系统中，信号灯的接口设计应简单明了、易于理解和操作。一个控制信号灯状态的接口可能只包含三个参数：灯的状态（绿灯、红灯或黄灯）、持续时间以及是否需要自动切换。这样的设计减少了接口的复杂性，使得操作人员能够轻松地管理信号灯的运行。

（2）一致性

保持接口设计的一致性，统一命名规范、参数传递方式等，提高系统的可读性和可维护性。一致的接口设计能够使开发者更容易理解和使用接口，降低沟通成本，并且减少因为命名不一致或参数传递方式不同而引起的错误。

例如，在智能导航系统中，保持导航界面和交互逻辑的一致性至关重要。统一的导航按钮和操作流程使得用户能够快速熟悉系统，减少使用过程中的困惑。具体可表现为：无论用户选择哪种交通工具，导航界面上的"开始导航"按钮都位于相同的位置，参数传递方式也保持一致。

（3）明确性

接口的功能和用法应该清晰明了，避免歧义和误解，减少错误的发生。明确的接口设计可以帮助开发人员快速理解接口的意图和功能，并正确地使用接口。同时，在接口文档中提供详细的说明和示例，可以进一步增强接口的明确性。

例如，在智能乘客信息系统中，确保接口的功能和用法清晰明了。例如，一个查询航班信息的接口应该明确地告诉用户需要提供哪些信息，如出发城市、到达城市、日期等，并提供清晰的反馈信息，如航班号、出发时间和到达时间。

（4）可扩展性

考虑到未来的需求变化和新功能的增加，确保所设计的接口可以方便地进行扩展和修改。可扩展的接口设计应该具备良好的抽象性和灵活性，能够容纳新的功能需求，并且不会对现有功能产生过多的影响。通过合理的接口设计，可以降低系统的耦合度，提高系统的可维护性和可扩展性。

例如，在智能运输管理系统中，设计接口时应考虑到未来需求的变化。一个监控车辆状态的接口可以设计为可扩展的，能够支持新类型的车辆（如自动驾驶汽车）的监控需求，而无需对现有系统进行大规模的修改。

4）接口设计步骤

接口设计的编写方法可以遵循以下步骤：

① 确定需求：了解系统的功能和目标，明确接口的使用场景和目的。与用户进行沟通，确保对需求有清晰的理解。

② 划定接口范围：确定需要设计的接口范围和功能。划定接口的输入和输出，以及可能的异常情况和错误处理方式。

③ 定义接口规范：明确接口的命名规范、数据格式、方法和函数的参数、返回值等。使用清晰的语义和一致的命名约定，提高接口的可读性和可理解性。

④ 设计接口交互：确定组件之间的交互方式，包括同步还是异步通信、消息传递还是远程调用等。考虑性能、安全性和可靠性等方面的因素。

⑤ 文档化接口：编写详细的接口文档，包括接口的描述、使用示例和注意事项等。文档应该清晰明了，便于开发人员理解和使用。

5）接口设计内容

① 接口定义：明确接口的名称、目的、输入和输出等基本属性。

② 方法和函数的签名：定义方法和函数的名称、参数和返回值的类型。

③ 数据结构和格式：确定数据的结构、格式和编码方式，确保数据在不同组件之间的兼容性。

④ 异常处理：定义接口可能出现的异常情况和错误码，以及相应的处理方式。

⑤ 接口版本控制：考虑到系统的演进和升级，设计接口的版本控制策略，以确保向后兼容性和平滑过渡。

⑥ 安全性和权限控制：考虑系统的安全需求，设计接口的权限控制和身份验证机制，以保护系统免受恶意访问和攻击。

3. 模块划分设计

模块划分是指在系统设计过程中，对系统开发按照一定的准则进行模块的划分，从而达到高质量管理系统开发流程、保证系统的稳定性以及可维护性的目的。根据模块来进行系统开发，可提高系统的开发进度，明确系统的需求，保证系统的稳定性。

通过对系统进行模块划分，可以起到以下作用：
① 使程序实现的逻辑更加清晰，可读性强。
② 使多人合作开发的分工更加明确，容易控制。
③ 抽象出可公用的模块，可维护性强，以避免同一处修改在多个地方出现。
④ 系统运行时可以更方便地选择不同的流程。
⑤ 可基于模块化设计的遗留系统，更方便地组装开发新的相似系统，甚至一个全新的系统。

1) 模块设计原则

(1) 模块独立性

模块独立性是指不同模块相互之间的联系尽可能少，减少公共的变量和数据结构。每个模块尽可能在逻辑上独立，功能上完整单一，数据上与其他模块无太多的耦合。

模块独立性保证了每个模块实现功能的单一性，接口的统一性，可以将模块之间的耦合度充分降低。在进行模块划分的时候，如果各个模块之间的联系过多，模块独立性差，容易引起系统结构混乱，层次划分不清晰。导致有的需求和多个模块均有关联，严重影响系统设计。

实现模块独立性可以使模块功能完整独立，简化数据接口，易于程序实现和系统维护，有利于限制错误范围，并提高软件开发速度，同时使软件质量得到提高。

(2) 遵照框架结构

在系统设计的过程中，往往需要对系统的结构层次进行分析，从中抽取出系统的设计框架，通过框架来指导整个系统设计的流程。而一个良好的系统框架也是决定整个系统的稳定性、封闭性、可维护性的重要条件之一。

因此，在进行模块划分的过程中，要充分遵照当前系统的框架结构。模块的划分要和系统的结构层次相结合，根据系统的层次对各个模块进行层次划分。如果系统的模块划分和框架结构相违背的话，会导致数据混乱、接口复杂、模块耦合性过高等问题。

(3) 精简功能与设计

在进行模块划分时，有时不能清晰地把握每个模块的具体内容，往往会从需求归类或者数据统一的角度上对模块进行设计。如果只是单纯地从这几个方面来进行模块设计，而不做其他考虑的话，会导致出现某一个模块虽然数据接口统一，但是内部实现的功能非常多，单一模块的规模过大，包含的内容过多的情况。

此时，由于一个模块包含的内容过多，会导致程序实现难度增加，数据处理流程变得复杂，程序维护性降低，出错范围不易确定等情况的出现。同时，由于模块实现的功能丰富，也会导致接口变得繁多，那么与其他模块之间的独立性就得不到保证，且包含太多内容的模块也会给人以混乱的感觉，严重影响对程序的理解。在设计模块的时候，需要遵循每个模块功能单一、接口简单、结构精简的原则。对每个模块的设计确保该模块的规模不要太大，接口尽量单一简化。如此，虽然可能会导致模块的数量较多，但是能够确保模块的独立性，且不会影响系统整体的框架结构。

2) 模块划分方法

(1) 自顶向下分析

自顶向下分析是一种自顶向下的设计方法，它从整体的需求出发，逐步细化到模块的设计。自顶向下分析方法适用于需求比较明确的项目，能够提前规划整体架构，但在实际编码过程中可能需要不断调整和优化。

具体步骤如下。

① 确定整体需求：明确整个系统的功能和需求，将其抽象为一个整体。

② 划分顶层模块：将整体需求划分为几个顶层模块，每个模块负责实现一个明确的功能。

③ 细化模块：对每个顶层模块进行细化，将其拆分为更小的子模块，直到每个模块的功能明确可行。

④ 定义模块接口：确定每个模块之间的接口，包括输入、输出和调用关系。

⑤ 编写模块代码：根据模块的功能和接口定义，编写相应的模块代码。

（2）自底向上设计

自底向上设计是从底层模块开始设计，逐步组合成一个完整的系统。该方法适用于需求比较模糊或者功能复杂的项目，能够逐步构建系统，但可能会导致整体架构的缺失。

具体步骤如下。

① 设计底层模块：设计底层的基础模块，实现一些基本功能。

② 组合模块：将底层模块组合起来，形成更高层次的模块，逐步实现更复杂的功能。

③ 测试和优化：在每个阶段进行测试和优化，确保每个模块的功能正确可靠。

④ 完善系统功能：通过组合和扩展模块，逐步完善系统的功能和性能。

（3）功能模块划分

功能模块划分是根据系统的功能来进行模块划分的方法，适用于功能较为明确的系统，可以将不同功能点独立开发和测试，便于团队协作。

具体步骤如下。

① 识别功能点：识别系统中的各个功能点，将其抽象为独立的模块。

② 划分功能模块：根据功能点的相似性和关联性，将功能点划分为几个功能模块。

③ 定义模块接口：确定每个模块之间的接口，包括输入、输出和调用关系。

④ 实现功能模块：根据模块的功能和接口定义，编写相应的模块代码。

（4）数据模块划分

数据模块划分是根据系统的数据流动和处理来进行模块划分的方法，适用于数据处理较为复杂的系统，可以将数据流的处理逻辑封装到独立的模块中，提高代码的可维护性和可复用性。

具体步骤如下。

① 识别数据流：识别系统中的各个数据流，包括输入数据和输出数据。

② 划分数据模块：根据数据流的相似性和关联性，将数据流划分为几个数据模块。

③ 定义模块接口：确定每个模块之间的接口，包括输入、输出和调用关系。

④ 实现数据模块：根据模块的功能和接口定义，编写相应的模块代码。

（5）控制模块划分

控制模块划分是根据系统的控制流程来进行模块划分的方法，适用于控制流程较为复杂的系统，可以将控制逻辑封装到独立的模块中，提高代码的可读性和可维护性。

具体步骤如下。

① 识别控制流程：识别系统中的各个控制流程，包括条件判断和循环控制。

② 划分控制模块：根据控制流程的相似性和关联性，将控制流程划分为几个控制模块。
③ 定义模块接口：确定每个模块之间的接口，包括输入、输出和调用关系。
④ 实现控制模块：根据模块的功能和接口定义，编写相应的模块代码。

各模块划分方法的对比见表 3-1。

表 3-1 各模块划分方法对比

模块划分方法	优 点	缺 点
自顶向下分析	- 可以提前规划整体架构 - 适用于需求明确的项目	- 可能需要不断调整和优化 - 对整体架构的要求较高
自底向上设计	- 可以逐步构建系统 - 适用于需求模糊或功能复杂的项目	- 可能导致整体架构的缺失 - 需要进行多次测试和优化
功能模块划分	- 可以独立开发和测试不同功能点 - 便于团队协作	- 需要对功能点进行准确划分 - 模块之间的接口设计较为关键
数据模块划分	- 可以封装数据流的处理逻辑 - 提高代码的可维护性和可复用性	- 需要对数据流进行准确划分 - 模块之间的接口设计较为关键
控制模块划分	- 可以封装控制流程的逻辑 - 提高代码的可读性和可维护性	- 需要对控制流程进行准确划分 - 模块之间的接口设计较为关键

3.2.2 详细设计

详细设计是智能运输系统设计过程中的关键阶段。通过详细设计，可以确保后续编码工作的顺利进行，并最终实现高质量、可维护的系统产品。

详细设计主要包括以下关键内容。

1. 代码编写标准设计

代码编写标准设计是指在系统开发过程中，为了确保代码的质量、可读性和可维护性，制定的一系列规范和实践标准。这些标准通常包括命名规则、代码结构、注释要求、编程范式和工具使用等方面。代码编写标准设计的目标是提高开发效率，降低维护成本，并确保团队成员之间的协作顺畅。通过遵循这些标准，可以确保智能运输系统的代码质量，使其易于理解和维护，从而为系统的长期稳定运行打下坚实的基础。

（1）命名规则

命名规则是代码编写标准设计的基础，它要求变量、函数、类和模块的命名应具有描述性，能够清晰地表达其作用。命名应遵循一致的命名风格，如驼峰命名法（CamelCase）、下划线分隔法（snake_case）等。避免使用缩写和模糊的命名，除非是行业内的通用术语。一致的命名规则有助于提高代码的可读性和可维护性，使其他开发者能够快速理解代码的功能和用途。

例如，在智能导航系统中，路径规划算法中的函数和变量应采用具有描述性的命名，如 calculate Route 和 curren Location。这样可以提高代码的可读性和可维护性，使其他开发者能够快速理解代码的功能和用途。

（2）代码结构

代码结构是指代码的组织方式和布局。良好的代码结构可以提高代码的可读性和可维护性。代码应具有良好的组织结构，如模块化、分层和组件化。使用适当的空白和缩进，使代码易于阅读和理解。避免过长的函数和类，应该将复杂的逻辑分解为更小的、可管理的部分。模块化可以帮助开发者更好地重用和管理代码，降低耦合度，提高系统的灵活性。

例如，在智能交通信号控制系统中，代码应具有良好的组织结构，如模块化、分层和组件化。其中，可以将信号灯控制逻辑、交通流量监测和交通规则处理等功能封装在独立的模块中，有助于降低耦合度，提高系统的灵活性。

（3）注释

注释是代码中的重要组成部分，它用于解释复杂的逻辑或不明显的实现过程。代码中应包含必要的注释，以帮助其他开发者理解代码的意图和目的。通常，在每个模块开始处可进行概括性注解，如模块的功能、主要算法、接口特点、关键数据、变更记载等；在模块内部则可按程序段进行功能性注解，如该程序段的功能特点、算法特点等。注释应与代码的变更同步更新，避免过度注释。代码应该尽可能自解释，注释主要用于补充说明。良好的注释习惯可以减少误解和沟通成本，提高团队的开发效率。

例如，在智能乘客信息系统中，每个模块开始处可进行概括性注解，如模块的功能、主要算法、接口特点等；在模块内部则可按程序段进行功能性注解，如该程序段的功能特点、算法特点等。注释应与代码的变更同步更新，避免过度注释。

（4）编程范式

编程范式是指编程的基本风格和思维方式，如面向对象编程（OOP）、函数式编程（FP）等。根据项目需求和团队习惯选择合适的编程范式，可以提高代码的可读性和可维护性。要遵循所选范式的最佳实践，例如面向对象编程（OOP）通过封装数据与行为、继承复用代码、多态统一接口，以对象交互为核心构建系统（如车辆调度模型）；函数式编程（FP）通过不可变数据、纯函数、高阶函数组合，以数据流转换为核心解决问题（如实时交通计算）。编程范式有助于规范代码的结构和组织方式，提高代码的可重用性和可扩展性。

例如，在智能运输管理系统中，根据项目需求和团队习惯选择合适的编程范式，如面向对象编程或函数式编程。在车辆调度系统中，可以使用面向对象编程的封装、继承和多态特性来设计车辆、司机和调度任务等类，以提高代码的可读性和可维护性。

（5）错误处理

错误处理是指代码中处理异常和错误情况的能力。代码应具备良好的错误处理机制，能够很好地处理异常和错误情况。使用 try-catch 语句来捕获和处理异常，而不是让程序崩溃。合理的错误处理可以提供更好的用户体验，避免系统的崩溃和数据的丢失。

例如，在智能导航系统中，代码应具备良好的错误处理机制，能够很好地处理异常和错误情况。当导航系统遇到信号弱或地图数据更新等问题时，应捕获异常并进行适当的处理，避免程序崩溃。

（6）工具和自动化

在代码编写过程中，使用合适的工具和自动化可以提高开发效率和代码质量。使用代码编辑器的插件、静态代码分析工具和自动化测试框架来辅助代码质量的管理。实施持续集成和持续部署流程，确保代码的集成和部署是自动化且可靠的。工具和自动化可以减少重复性工作，提高开发效率和代码的一致性。

在智能运输系统中，使用合适的工具和自动化可以提高开发效率和代码质量。例如，使用静态代码分析工具来检查代码质量，使用自动化测试框架来验证功能和性能。

（7）文档

文档是代码的重要组成部分，它用于解释代码的功能、使用方式和架构设计。为代码编写清晰的文档，包括 API 文档和使用说明。文档应易于理解，包含示例代码和说明。良好的文档可以提高代码的可维护性和可重用性，减少误解和沟通成本。

在智能运输系统中，为代码编写清晰的文档，包括 **API** 文档和使用说明。例如，在车辆调度系统中，文档应包含调度任务、车辆和司机等类的详细说明，以及如何使用这些类进行调度操作的示例代码。

2. 用户界面设计

用户界面（user interface，UI）也称人机界面，是人机交互、操作逻辑和界面表现的整体设计。用户界面设计是为用户提供良好的使用体验和交互方式的过程。

一个良好的用户界面设计可以使用户更加轻松、高效地使用产品或服务，从而提升用户的满意度和忠诚度。用户界面应具有以下优点：

① 比较容易学习和使用。

② 用户可利用多屏幕（窗口）与系统进行交互。由一个任务转换到另一个任务时，前面任务生成的信息仍然可以看见。

③ 可以实现快速、全屏的交互，能很快地在屏幕上的任何地方显示。

④ 用户可以利用多窗口与系统进行交互。

⑤ 可以快速、全屏地交互。

通过这些优点，用户界面设计能够提供更加直观、高效的界面表现，使智能运输系统更加易于使用，从而提升用户体验。

1) 用户界面设计原则

在设计用户界面时需要考虑用户的能力。人类具有的短期记忆及体力有限，尤其当需要处理大量信息时，很容易出错。用户界面设计的主要设计原则如下。

（1）可逆性原则

用户可逆性原则是指在界面设计时要让用户主动地适应界面。允许动作可逆性，便于用户进行探索。在界面中应该使用用户熟悉的术语，系统操纵的对象应该与用户的环境直接相关。

（2）一致性原则

一致性原则是指系统的命令和菜单应该有相同的格式，参数应该以相同的方式传递给所有的命令。一致的界面可以加快用户的学习速度，使用户在一个命令或应用中所学到的知识可以在整个系统中使用。

（3）应用程序与用户界面分离的原则

将用户界面的功能，包括界面的布局、显示、用户操作等专门由用户管理系统完成，应用程序不管理交互功能，也不和界面编码混杂在一起，应用程序设计者主要进行应用程序的开发，界面设计者主要进行界面的设计。

（4）意外最小化原则

当系统不按预期运行时，用户会不满意，这时意外最小化原则就非常重要。意外最小化原则的含义是：用户在使用一个系统时，对系统的工作模式已有了设想。如果一个上下文中的某个操作引起某种变化，那么就有理由相信在不同的上下文中相同的操作引起的变化具有相似的结果。如果发生了完全不同的结果，用户会很困惑。因此界面设计必须确保类似的操作有类似的效果。

（5）系统提供反馈原则

反馈是指从系统输出的信息作为系统的输入。反馈信息以多种形式出现，在交互中广泛应用。如果没有反馈，用户就无法知道操作是否为系统所接受、是否正确、操作效果如何等。反馈分为三级：词法级、语法级和语义级。敲打键盘后，屏幕上将显示相应字符，用户移动鼠标定位器，光标在屏幕上移动时为词法级反馈。如果用户输入一个命令或参数，当语法有错，则响铃，为语法级反馈。语义级反馈是最有用的反馈信息，它可以告诉用户请求取得操作已被处理并将结果显示出来。

（6）可恢复性原则

可恢复性原则的作用是当用户在使用系统时一旦出错，可以在较短时间内得以恢复。界面设计能够最大限度地减少这些错误，但是错误不可能完全消除。用户界面应该便于用户恢复到出错之前的状态，常用以下两种恢复方式：

① 对破坏性操作的确认。如果用户指定的操作有潜在的破坏性，那么在信息被破坏之前，界面应该提问用户是否确实想这样做，这样可使用户对该操作进一步确认。

② 设置撤销功能。撤销命令可以使系统恢复到操作执行前的状态。由于用户并不总能马上意识到自己已经犯了错误，多级撤销命令就很有用。

（7）使用快捷方式

当使用频度增加时，用户希望能够减少输入的复杂度，使用快捷键可以提高输入速度。

（8）快的系统响应和低的系统成本

当较多的设备与软件系统相连接时，将增大开销，用户界面应在此情况下有较快的响应速度和较小的系统开销。

（9）应用图形

图形具有直观、形象和信息量大的特点，因此，使用图形来表示程序、实体和操作可以使用户的操作及其响应直接和逼真。

（10）合理使用空间与颜色

合理使用空间、保持界面简洁。合理利用颜色显示效果来实现内容与形式的统一。

2）用户交互方式

用户界面必须把用户交互和信息表达整合起来。即能够通过用户界面使来自用户的信息传递给计算机系统，以及来自计算机系统的信息呈现给用户。用户交互方式包括以下几种基本类型。

（1）问答式对话

问答式是最简单的交互方式，它是由系统启动对话，系统使用了自然语言指导性提问，提示用户进行回答，用户的回答一般通过键盘输入字符串做出。

（2）直接操纵

用户在屏幕上直接与对象进行交互。例如，用户要删除一个文件，就把它拖到回收站中。

（3）菜单选择

用户从一列可选的命令（一个菜单）中选择出一个命令。通常情况是另一个屏幕对象同时被选中，命令作用于这个对象。用这种方法删除一个文件时，用户先选定这个文件，然后选定删除命令。菜单的组织类型有多种：单一菜单、线状序列菜单、树形结构菜单、循环网络和非循环网络菜单等，其中树形结构菜单是最常用的菜单结构。

（4）数据输入

用户通过填写表格的空白栏来实现数据输入是最常用的方法。有些空白栏可能有相关菜单、表格上可能有操作按钮，在按下时，就会开启其他的操作。用基于表格的界面删除文件是一种人工操作，先要填入文件名，然后按删除按钮。

(5) 命令语言

用户把特定的指令和相关参数发送出去，指示系统该做什么。如果删除一个文件，用户发出删除指令将文件名作为参数。最常用的命令语言界面的例子就是计算机操作系统命令，命令语言的特点是快速、精明、简洁和高效。

(6) 自然语言

使用自然语言与计算机交互最为方便、最易理解。但是，由于计算机还不能理解复杂的、不完整的、多义性语句等，所以，其应用有一定的局限性。例如，用户用自然语言发出指令。如果要删除一个文件，用户要输入"删除名为 XXX 的文件"。

(7) 查询语言

信息查询语言是用户和数据库交互的媒介，查询语言只需提供做什么操作，不必描述如何做的过程。查询语言界面的设计应注意到：易理解和易使用、灵活的查询结构、语句简洁、语义的设计前后一致和能提供查询帮助等。

3) 用户界面帮助系统

帮助系统是用户界面设计中的重要问题，主要包括以下几方面：系统产生消息来响应用户动作；在线帮助系统；随系统一起提供的文档。

在设计错误信息或帮助文本时，应该考虑下述所列的各种因素：上下文、经验、技能水平、风格、文化等。

(1) 错误消息

用户对一个软件系统的第一印象可能来自系统的错误消息。没有经验的用户开始工作时，犯了一个初始错误，必须马上读懂产生的反馈错误消息。

(2) 帮助系统的设计

如果用户不能读懂错误信息，可以求助帮助系统以获取更多的信息。不同的系统设置和信息结构将提供不同类型的帮助。帮助系统应该提供给用户多个入口，使得用户可以从信息层次结构的顶端进入帮助系统并浏览信息，也可以进入帮助系统以获取某个错误信息的解释，还可以解释特定的应用命令。

所有帮助系统都有复杂的网络结构，从其中的每一个帮助信息界面都可以访问其他的信息界面。网络的结构通常是分层的，同时又是交叉连接的，一般的信息位于层次结构的顶端，详细信息位于底部。

(3) 用户文档

用户文档不是用户界面设计的组成部分，系统手册提供的信息应比在线帮助更详细，而且设计的系统手册应该便于各种类型的系统最终用户的使用。为满足不同类型的用户及其不同专业知识水平的需要，至少应该有 5 种文档与软件系统一并提交给用户。

① 功能描述文档。功能描述文档简要描述系统的功能。用户通过介绍性手册应能够理解这个文档，并判断出该系统是不是所需要的。

② 安装文档。安装文档提供系统安装的详细信息，描述所提供的系统是在哪个磁盘上，这些磁盘上有哪些文件及系统所需的最小硬件配置。文档中还应该有安装说明，以及有关设置与配置相应文件方面的信息。

③ 介绍性手册。介绍性手册非正式地介绍系统，说明它的正确使用方法，包括如何启动系统，以及最终用户如何使用通用的系统功能。可以使用例子加以说明。还应该包括一些信息，说明如何从错误中恢复，并重新开始有用的工作。

④ 参考手册。参考手册描述系统功能及其用法，提供错误信息的列表及可能的出错原因，并说明如何从发现的错误中恢复。

⑤ 管理员手册。管理员手册提供给某些类型系统的手册。该手册应该描述系统交互时产生的信息及对这些信息的反应。如果涉及系统硬件，手册还要说明如何确认和修理与硬件相关的问题，如何连接新的外设等。

4) 界面设计

常见的用户界面设计内容有三种，分别为：数据输入界面设计、数据显示界面设计和控制界面设计。

(1) 数据输入界面设计

数据输入界面是系统重要的组成部分，方便而有效地输入数据是衡量数据输入界面优劣的重要标志。

① 数据输入规则。数据输入界面目标是简化用户的工作，并且尽可能减少出错率。为了达到此目标，在界面设计时有如下要求。

  ↪ 尽可能减少用户记忆负担，并使界面具有预见性和一致性。
  ↪ 防止用户输入数据出错，尽可能增加数据自动输入。例如，对于共同的输入内容可设置默认值，使用代码等。
  ↪ 数据输入屏幕应与输入格式匹配，数据内容可根据使用频率、重要性等进行组织。

② 输入表单设计。数据表单是对于较复杂数据录入时使用广泛的一种对话类型。数据表单的特点是布局用户清楚，全部信息都可以在屏幕上显示，操作简便、具有联机的数据检验和修改功能。数据表单设计的规则如下。

  ↪ 数据验证：检查所有必需的项目是否都已填满、数据输入是否正确与合理。
  ↪ 屏幕设计：指屏幕结构、信息组织显示等。

③ 报信。报信是指为用户提供出错类型、输入顺序和修改错误。

④ 数据输入对话控制。数据输入对话控制是为了防止数据输入错误发生，并且一旦出错，能为用户提供简单有效的改错方法。

(2) 数据显示界面设计

数据显示界面包括屏幕查询、图形显示和文件浏览等内容。

① 数据显示。进行数据显示界面设计需要了解数据显示的要求，确定应该显示的数据、屏幕上显示多少信息问题。在选择显示内容时应当考虑如下几方面：

  ↪ 仅显示必要的数据；
  ↪ 同时使用的数据应该显示在一起；
  ↪ 显示出的数据应与用户执行的任务有关；
  ↪ 每一屏幕的数据不应超过屏幕面积的 30%。

② 字符数据显示。字符数据显示主要是指屏幕布置和数据安排格式，被显示的内容可以是正文、表格和目录及它们的组合。

③ 图形显示。图形是从数据集合中概括出的特性，由于其直观，对分析、识别和处理更

有效，因此应该合理地选择图形和布局设计。常用的图形如下。
  ⇨ 二维图形，如直方图、饼图、折线图、散布图等。
  ⇨ 三维图形，如三维直方图、三维饼图、三维立体图等。
（3）控制界面设计
控制界面设计的作用让用户能够主动地控制计算机软件系统的工作，使用户能够很容易地访问计算机的各种设备。常用方式主要有如下几种：
① 用控制对话选择操作命令；
② 用菜单界面进行控制；
③ 用功能键定义操作命令；
④ 用图标表示对象或命令。
5）界面设计步骤
（1）用户研究
用户研究是 UI 设计的起点，它帮助设计师理解目标用户群体的需求、习惯和痛点，通常通过用户访谈、问卷调查、竞品分析和用户画像来完成。用户访谈是一对一的交谈，可以深入了解用户的个人经验和感受。问卷调查可以收集大量用户的意见和偏好。竞品分析帮助设计师了解市场上现有的产品，分析其优势和不足。用户画像则是创建代表目标用户群体的虚构人物，包括他们的背景、目标和行为特征。这些信息为设计师提供了宝贵的洞察，帮助他们创建满足用户需求的设计。
（2）需求分析
需求分析是明确系统必须完成的任务和操作的过程，包括功能需求（即系统应该具备哪些功能）和用户需求（即用户希望从系统中得到什么）。此外，性能需求也是重要的考虑因素，它涉及系统应达到的性能标准，如响应时间、处理速度等。需求分析帮助设计师理解系统的目的和用户的需求，从而创建出能够满足这些需求的设计。
（3）原型设计
原型设计是将用户需求和功能需求转化为可视化的界面布局和结构的过程，通常从线框图开始，使用简单的几何图形表示界面的布局和结构，不涉及具体的视觉设计。然后，根据线框图，设计师进一步制作可交互的界面原型，可以是静态的也可以是动态的。这些原型帮助设计师和用户更好地理解设计的外观和感觉。同时，需要制定设计规范，包括颜色、字体、间距等，确保设计的一致性和吸引力。
（4）用户测试
用户测试是验证设计是否满足用户需求的关键步骤。通过让用户执行特定任务，观察他们使用界面的过程，设计师可以发现设计中的问题并进行改进。此外，A/B 测试也是一种常用的方法，通过比较两个或多个设计版本，看哪个更受用户欢迎。同时，通过问卷、访谈等方式收集用户对原型的反馈，帮助设计师了解用户的喜好和痛点，可以进一步优化设计。
（5）界面实现
界面实现是将设计转化为实际的用户界面的过程。这通常涉及到切图，将设计图分割成多个部分，供前端开发使用。其次，前端开发人员使用 HTML、CSS 和 JavaScript 等技术开发界面，实现设计效果和交互功能。同时，后端集成也是必要的，将前端界面与后端逻辑结合起来，确保数据的正确处理和存储。界面实现是设计过程中至关重要的一步，可以将设计师的创意转化为用户可以实际使用的界面。

(6) 迭代优化

迭代优化是根据用户反馈和数据分析结果不断改进界面的过程。通过收集用户使用界面的数据，设计师可以分析用户行为和偏好，从而发现问题并进行修复。同时，根据用户需求，设计师可以增加新的功能或改进现有功能，以满足用户不断变化的需求。此外，随着市场趋势和技术的发展，设计师也需要更新界面的视觉设计，保持其现代性和吸引力。迭代优化是设计过程中的持续工作，确保设计能够不断适应新的环境和用户需求。

3. 算法实现设计

算法实现设计是指将算法转换为具体编程语言代码的过程。算法是解决问题的一系列清晰指令，而算法实现则是将这些指令转化为具体编程语言的过程。良好的算法实现设计可以确保代码的效率、可读性和可维护性。这个过程不仅要求开发者具备扎实的编程技能，还需要对算法本身有深入的理解。

通常，算法实现设计的主要步骤如下。

(1) 需求分析

理解算法需要解决的问题，包括输入数据的格式、输出结果的要求，以及算法的性能指标（如时间复杂度和空间复杂度）。需求分析是算法实现设计的第一步，它要求开发者对问题有深入的理解，明确算法的目标和限制。例如，对于排序问题，需要确定是升序排序还是降序排序，数据规模的大小，以及是否允许使用额外的空间。

(2) 算法选择

根据需求分析的结果，选择最适合的算法。这要求开发者根据问题的性质和要求选择合适的算法，需要开发者对不同的算法有一定的了解，包括它们的时间复杂度和空间复杂度。在某些情况下，可能需要权衡不同的因素，如速度、内存使用和可扩展性。例如，对于排序问题，可以选择快速排序、归并排序或堆排序等算法，根据数据规模和性能要求做出选择。

(3) 数据结构设计

根据算法的需求选择合适的数据结构来存储和处理数据，数据结构的选择会直接影响算法的效率和代码的复杂性。常见的数据结构包括数组、链表、栈、队列、树、图、哈希表等。例如，对于图的问题，可以使用邻接矩阵或邻接表来表示图，不同的表示方法会影响算法的实现和性能。

(4) 伪代码编写

在编写实际代码之前，可以先写伪代码，即用简单易懂的语言描述算法的实现步骤。伪代码是一种简化的、类似于自然语言的语言，用于描述算法的逻辑，而不涉及具体的编程语言细节。编写伪代码有助于梳理思路和结构，为编码实现打下基础。

(5) 编码实现

将伪代码转换为具体的编程语言代码，如 Python、Java、C++等。在这个过程中，需要遵循编程语言的语法规则和编程最佳实践，如使用合适的命名规范、合理的代码结构、必要的注释等。良好的编码实践可以提高代码的可读性和可维护性，使其他开发者能够快速理解和使用代码。

(6) 测试

通过编写测试用例来验证算法实现的正确性。调试过程中可能会发现代码中的错误或性能瓶颈，需要及时修复和优化。测试用例应覆盖不同的输入和边界情况，以确保算法在各种情况下都能按预期工作。

（7）性能分析

对算法实现进行性能分析，确保其在合理的时间范围内完成。这可能涉及使用性能分析工具来识别并优化代码中的瓶颈。性能分析可以帮助开发者了解算法的效率，发现尽可能的优化空间。

（8）代码优化

根据性能分析的结果，对代码进行优化。优化可能包括算法改进、数据结构优化、减少不必要的计算、使用更高效的语言特性等。代码优化旨在提高算法的执行速度和资源利用率，同时保持代码的清晰和简洁。

（9）文档编写

为算法实现编写文档，包括算法描述、输入输出说明、使用示例和代码注释，说明代码的功能、使用方法和依赖关系。良好的文档可以提高代码的可读性和可维护性，减少误解和沟通成本。文档应易于理解，包含示例代码和说明，为其他开发者提供指导。

（10）代码审查

进行代码审查，让其他开发者或团队成员检查代码的质量、效率和可读性。代码审查可以帮助发现潜在的问题，并促进知识共享。通过代码审查，可以确保代码符合编程规范和最佳实践，提高代码的整体质量。

（11）版本控制

使用版本控制系统来管理代码的变更历史，以便于跟踪进度、协作开发和回滚错误变更。版本控制有助于团队协作和代码的管理，确保代码的稳定性和可维护性。版本控制系统如 Git 可以记录代码的每一次变更，方便开发者查看历史记录和进行版本回退。

（12）持续改进

根据用户反馈、性能数据和新的需求，不断改进算法实现。这可能涉及算法的调整、代码的重构或新功能的添加。持续改进是一个迭代的过程，确保算法实现始终满足用户需求和性能要求。通过持续改进，可以不断提升算法的效率和效果，适应不断变化的环境和需求。

4．数据库结构设计

在智能运输系统中，数据库是长期存储和管理数据的中心，它通过严密的数据组织结构确保数据得到有效的管理和应用。作为软件系统的后台数据环境，数据库为系统运行提供关键的数据支撑。智能运输系统中的数据库可以采用层次型、网状型或关系型等多种结构，每种结构都优化了数据的存储、检索和更新效率，以满足系统对大量实时交通数据和复杂信息处理的需求。

数据库设计过程包括 6 个阶段，分别是系统需求分析、概念结构设计、逻辑结构设计、物理结构设计、数据库实施、数据库运行与维护。

1）系统需求分析

系统需求分析阶段的任务是对现实世界需要处理的对象进行详细的调查，通过对原系统的了解，收集支持新系统的基础数据并对其进行处理，在此基础上确定新系统的功能。具体包括调查分析用户活动、收集分析所需要的数据、确定系统边界信息需求和处理需求、安全性和完整性需求，并编写系统分析报告。

2）概念结构设计

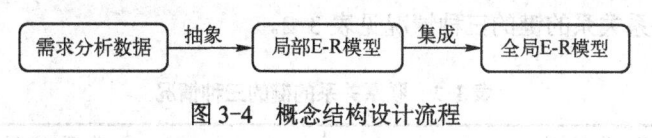

概念结构设计的方法包括自顶向下、自底向上、逐步扩张和混合策略，其流程如图 3-4 所示。

图 3-4 概念结构设计流程

（1）数据抽象与局部 E-R 模型设计

① 建立实体关系图。

② 数据抽象。在多层数据流图中选择一个适当层次作为设计实体关系图的出发点，确定每个具体应用包含哪些实体，实体包含哪些属性，实体之间的联系。划分实体和属性的方法即将一组具有某些共同特征和行为的对象抽象为一个实体；将对象类型的组成成分抽象为属性。

③ 局部实体关系模型设计。局部实体关系模型设计需遵循三条原则，即属性必须是不可分的数据项；属性不能与其他实体具有联系，联系只能发生在实体之间；为简化实体关系图，凡是能作为属性对待的，尽量作为属性。

（2）全局实体关系模型设计

集成各局部实体关系模型，消除各局部实体关系图之间的冲突，形成初步的实体关系图。进一步消除初步实体关系图中不必要的冗余，从而形成全局模型。其中视图集成的方法有两种：

① 多元集成法，即一次性将多个局部实体关系图合并成为一个全局实体关系图。

② 二元集成法，即首先集成两个重要的局部实体关系图，然后用累加的方法逐步将一个新的实体关系图进行集成。

3）逻辑结构设计

逻辑结构设计是将概念模型转换为特定数据库管理系统（database management system，DBMS）所支持的数据模型，并对其进行优化的过程。逻辑结构设计流程如图 3-5 所示。

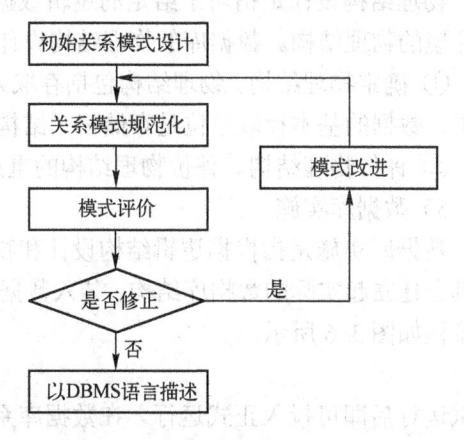

图 3-5 逻辑结构设计流程

（1）初始关系模式设计

初始关系模式设计结果是一组关系模式的集合，即将实体关系图中的实体、属性和联系转换为关系模式，在转换中应遵循以下原则。

① 一个实体转换为一个关系模式，实体的属性就是关系的属性，实体的键就是关系的键。

② 一个联系转换为一个关系模式，与该联系相连的各实体的键及联系的属性均转换为对应关系的属性。联系关系的键的三种情况见表 3-2。

表 3-2　联系关系的键的三种情况

联系类型	关系的键
1∶1	每个实体的键都是关系的候选键
1∶n	n 端实体的键是关系的键
n∶m	各实体键的组合是关系的键

③ 多元联系。当出现特殊多元联系情况时，在转换为关系模式时，与该多元联系相连的各实体主键及联系本身的属性均转换为关系的属性，转换后所得到的关系的主键为各实体键的组合。

(2) 关系模式规范化

应用范式理论对初始关系模式进行优化，包括：

① 确定范式级别；

② 考察关系模式的函数依赖关系，确定范式等级；

③ 实施规范化处理，利用规范化方法和理论将关系模式规范化。

(3) 模式改进

① 合并，将用于关联查询的具有相同主键的各表合并可提高查询效率。

② 分解，在进行分解时，需要注意保持无损连接和函数依赖。具体分解类型有水平分解，即将关系的元组分为若干子集，提高查询效率。垂直分解，即把关系中经常一起使用的属性分解出来，形成一个子关系，提高执行效率。

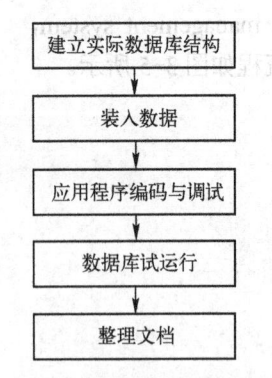

4) 物理结构设计

物理结构设计是指对于给定的逻辑数据模型，选取一个最适合应用环境的物理结构。数据库的物理结构设计可分为以下两步。

① 确定物理结构。物理结构包括存取方法和存储结构。在物理结构中，数据的基本存取单位是存储记录结构的设计。

② 评价物理结构。评价物理结构的重点是时间和空间效率。

5) 数据库实施

数据库实施是指根据逻辑结构设计和物理结构设计的结果，在计算机上建立起实际的数据库结构、装入数据、进行测试和试运行过程，其流程如图 3-6 所示。

图 3-6　数据库实施流程

6) 数据库运行与维护

数据库应用系统经过试运行后即可投入正式运行。在数据库系统运行过程中必须不断地对其进行评价、调整与修改。数据库运行与维护阶段的主要任务包括以下三项内容。

① 维护数据库的安全性与完整性。

② 监测并改善数据库性能。

③ 重新组织和构造数据库。

5. 测试设计

智能运输系统的高可靠性是指系统在遇到故障时，能够尽量不受到影响，或者把影响降到最低，并能够迅速地自动修正某些故障而恢复正常运行。由此可以看出，系统的高可靠性是在系统的分析、设计、编码和实施的过程中，通过测试过程而实现。测试必须按照一定的方法、步骤和措施实施，以达到提高系统可靠性的目的。

1）设计测试计划的目的

设计测试计划是一项重要的工作，主要目的如下。

（1）指导测试

在智能导航系统中，测试计划可以帮助团队预先识别潜在的风险，如导航算法在复杂路况下的准确性。通过提前制定测试计划，团队可以准备好相应的测试用例和资源，从而避免测试过程中的延误。

测试计划中包含的风险评估可以帮助团队制定应对策略，如增加测试用例或在特定条件下进行额外测试，以提高系统的可靠性。

（2）促进彼此沟通

在智能交通管理系统中，测试计划可以明确测试的重点和方向，如信号灯控制系统的响应时间和故障处理。这有助于测试人员达成共识，确保测试的一致性和有效性。

通过测试计划，不同团队成员可以清楚地了解测试目标和进度，促进跨部门沟通和协作，确保测试活动的顺利进行。

（3）协助质量管理

在智能运输管理系统中，测试计划可以系统化地规划和管理测试活动，如功能测试、性能测试和安全测试。这有助于提高测试的效率和质量，确保系统满足既定的质量标准。测试计划还可以帮助团队跟踪测试结果，及时发现和解决问题，从而提高软件的可靠性和稳定性。

2）测试方案的制定

（1）测试方案设计的步骤

① 模型化被测系统并分析其功能；

② 根据外部观察设计测试用例；

③ 根据代码分析、用猜测和启发式的方式研究添加测试用例；

④ 给出每一个测试用例的预期结果，或者选择一种方法评估测试用例是否通过测试。

测试设计方案完成后，就可将这些测试用例应用到被测系统。在系统测试中，可以通过使用测试工具等来实现测试，也可编写用于特定应用的测试驱动，并且将测试代码添加到应用系统中加以实现。一个典型的测试工具在测试时将启动被测软件，设置其环境，进入预测状态，然后应用测试用例进行测试，最后评估输出结果和状态。

（2）执行测试方案的步骤

① 建立一个被测系统，最低限度地在操作上可以检验各部分之间接口的测试用例集。

② 执行测试用例集，评价每一个测试结果是否通过。

③ 使用一个覆盖工具，运行测试用例集来评价所报告的覆盖。

④ 如果需要的话，进一步开发附加的测试用例，检测未被覆盖的代码。

⑤ 如果满足覆盖目标并且所有测试都已通过，则可以停止测试。

其中的一些步骤并不都是必要的，不过必须能够运行至少一个测试用例集并评价其结果。覆盖是用一个给定的测试用例集运行被测系统，获得测试策略所要求的百分比。测试设计与执行最好能与应用的分析、设计及代码的编写并行进行。

（3）测试设计的类型

测试设计的类型可以分为基于功能的、基于实现的、基于混合的和基于故障的测试设计4种类型。

① 基于功能的测试设计。根据一个单元、子系统或系统指定的或预期的功能来设计测试，它与黑盒测试设计相同。

② 基于实现的测试设计。根据对源代码的分析来开发测试用例，它与白盒测试设计相同。

③ 混合的测试设计。将基于功能的和基于实现的测试设计结合在一起，称为混合的测试设计，又称为灰盒测试。

④ 基于故障的测试设计。有目的地在代码中设置故障，以便查看这些故障是否可以被测试系统所发现。此方法须根据系统的功能和特性、经费和时间等因素，选择不同的测试方案，进而选择不同的测试类型。

3.3 智能运输系统设计方法

3.3.1 面向对象设计方法

在面向对象方法中，对象和传递消息分别是表现事物及事物间相互联系的概念，类和继承是适应人们一般思维方式的描述范式，方法是允许作用于该类对象上的各种操作。这种对象、类、消息和方法的程序设计范式的基本点在于对象的封装性和继承性。通过封装能将对象的定义和对象的实现分开，通过继承能体现类与类之间的关系及由此带来的动态绑定和实体的多态性，从而构成了面向对象的各种特征。

1. 面向对象设计概述

1）面向对象设计基本概念

在智能运输系统中，分析是提取和整理用户需求并建立问题域精确模型的过程。设计则是把分析阶段得到的需求转变成符合成本和质量要求的、抽象的系统实现方案的过程。分析处理以问题为中心，旨在理解智能运输系统的需求和业务逻辑，为后续的设计阶段提供坚实的基础。设计则是面向计算机实现的开发活动。许多分析结果可以直接映射成设计结果，而在设计的过程中往往会加深和补充对系统需求的理解，从而进一步完善分析结果，分析和设计是一个多次反复迭代的过程。在智能运输系统的开发过程中，分析结果可以部分映射成设计结果，而在设计阶段，开发人员可能会对系统需求有更深入的理解，从而进一步完善分析结果。

从面向对象分析到面向对象设计（object-oriented design，OOD）是一个逐渐扩充模型的过程，或者说面向对象设计就是用面向对象观点建立求解域模型的过程。面向对象设计有以下特点。

☆ 在面向对象分析的基础上，继续运用面向对象的方法进行系统设计，一般不依赖于结构化分析的结果。
- 与面向对象分析采用一致的概念与原则,分别解决软件生命周期分析阶段和设计上的问题,并有不同的目标和策略。
- 较全面地体现了面向对象方法的概念与原则,如类、对象、属性、操作、封装、继承、消息和关联等。
- 大多数方法是独立于编程语言的,即通过面向对象的分析与设计所建立的系统模型由不同的编程语言实现。

2）面向对象设计模型

面向对象分析是在面向对象方法的基础上进行的,它以面型对象分析模型作为输入,根据实现的要求对面向对象分析模型做必要的修改与调整,或补充某些细节,从而构成面向对象设计模型的主要部件——问题域部件。人机交互部件、任务管理部件和数据管理部件是相对独立的,隔离了具体实现条件对问题域部分产生影响的外围组成部件。人机交互部分包括有效的人机交互所必需的实际显示和输入。面向对象分析的结果放在问题域部分,在该部分中需要管理面向对象分析的某些类、对象、结构、属性和方法的组合与分解。任务管理部分包括任务定义、通信与协调,也包括硬件分配、外部系统及装置协议。数据库管理部分包括对永久性数据的访问和管理,它分离数据管理机构所关心的事项（文件、关系型数据库和面向对象数据库等）。

面向对象设计的模型由 5 层组成,在设计期间主要扩充 4 个组成部分,分别为问题域部件（problem domain component,PPC）、人机交互部件（human interaction component,HIC）、任务管理部件（task management component,TMC）和数据管理部件（data management component,DMC）。面向对象模型框架如图 3-7 所示。

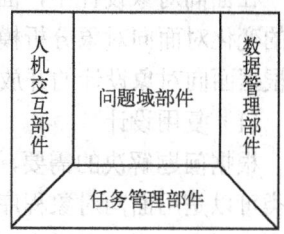

图 3-7 面向对象模型框架

3）面向对象设计原则

（1）单一职责原则

本原则"高内聚性原则"的引申,但是通过将"职责"极具创意地定义为"变化的原因",使得本原则极具操作性。同时,本原则还揭示了内聚性和耦合性,基本途径就是提高内聚性;如果一个类承担的职责过多,那么这些职责就会相互依赖,一个职责的变化可能会影响另一个职责的履行。其实,面向对象设计的实质就是合理地进行类的职责分配。

（2）开放封闭原则

本原则紧紧围绕变化展开,变化来临时,如果不必改动软件的源代码就能扩充它的行为,那么这个软件实体设计就是满足开放封闭原则的。如果预测到某种变化,或者某种变化发生了,应当创建抽象类来隔离以后发生的同类变化。在 Java 中,这种抽象是指抽象基类或接口;在 C++中,这种抽象是指抽象基类或纯抽象基类。当然,没有对所有情况都贴切的模型,必须对软件实体应该面对的变化做出选择。

（3）Liskov 替换原则

本原则和开放封闭原则关系密切,正是子类型的可替换性,才使得使用基类型模块无须修改就可扩充。Liskov 替换原则从基于契约的设计演化而来,契约通过为每个方法声明"先验条件"和"后验条件";定义子类时,必须遵守这些"先验条件"和"后验条件"。当前基于契约的设计发展势头正劲，对实现"软件工厂"的"组装生产"梦想是一个有力的支持。

(4) 依赖倒置原则

本原则是软件设计的正本清源之道。因为人解决问题的思考过程是先抽象后具体，从笼统到细节，所以先生产出的势必是抽象程度比较高的实体，而后才是更加细节化的实体。于是，"细节依赖于抽象"就意味着后来的依赖于先前的，这是自然而然的重用之道。而且，抽象的实体代表着笼而统之的认识，人们总是比较容易正确认识它们，而且本身也是不易变的，依赖于它们是安全的。依赖倒置原则适应了人类认识过程的规律，是面向对象设计的标志所在。

(5) 接口隔离原则

本原则是单一职责原则用于接口设计的自然结果。一个接口应该保证，实现该接口的实例对象可以只呈现为单一的角色；这样，当某个客户程序的要求发生变化，而迫使接口发生改变时，影响到其他客户程序的可能性小。

2. 面向对象设计过程

在面向对象设计阶段继续利用面向对象分析阶段的 5 个层次：主题、类与对象层、结构层、属性层和服务层。面向对象的设计过程就是完成面向对象设计系统模型中的四个部件的设计，即问题域部件、人机交互部件、任务管理部件和数据管理部件的设计。具体过程如下。

1) 问题域设计

在面向对象设计中，面向对象分析的结果恰好符合面向对象设计的问题域部件。根据需求的变化对面向对象分析模型中的主题、类与对象、结构、属性和服务进行组合和分解，并且根据面向对象设计的开放封闭原则可增加必要的类、属性和关系。

(1) 复用设计

根据问题解决的需要，把从类库或其他来源得到的既存类增加到问题解决方案中去。既存类可以是用面向对象程序语言编写出来的可用程序，也可以是用其他语言编写出来的可用程序。要求标明既存类中不需要的属性和操作，把无用的部分维持到最小限度。并且增加从既存类到应用类之间的泛化-特化关系，进一步把应用中因继承既存类而成为多余的属性和操作标出。还要修改应用类的结构和连接，必要时把它们变成可复用的既存类。

(2) 关联问题域相关的类

在设计时，从类库中引进根类，作为包容类，把所有与问题域有关的类关联到一起，建立类的层次。把同一问题域的一些类集合起来，存于类库中。

(3) 建立类间的协议

加入一般化类以建立类间的协议。有时，某此特殊类要求一组类似的服务。在这种情况下，应加入一般化的类，定义为所有这此特殊类共用的一组服务名，这些服务都是虚函数，在特殊类中定义其实现过程。

(4) 调整继承支持级别

在面向对象分析阶段建立的对象模型中可能包括多继承关系，但实现时使用的程序设计语言可能只有单继承，甚至没有继承机制，这样就需对分析的结果进行修改。通过对把特殊类的对象看作一般类对象所扮演的角色，通过实例连接把多继承的层次结构转换为单继承的层次结构，把多继承的层次结构平铺，成为单继承的层次结构等。

(5) 改进性能

提高执行效率和速度是系统设计的主要指标之一。有时，必须改变问题域的结构以提高效率。如果类之间经常需要传送大量消息，可合并相关的类以减少消息传递引起的速度损失。增加某些属性到原来的类中，或增加低层的类，以保存暂时结果，避免每次都要重复计算造成速度损失。

（6）加入较低层的构件

在进行面向对象分析时，分析员往往专注于较高层的类和对象，避免考虑太多低层的实现细节。但在进行面向对象设计时，设计师在找出高层的类和对象时，必须考虑到底需要用到哪些较低层的类和对象。

2）人机交互设计

在面向对象分析阶段给出所需的属性和操作，在设计阶段根据需求把交互的细节加入到用户界面的设计中，包括有效的人机交互所需要的实际显示和输入。人机交互部件的设计决策影响到人的感情和精神感受，其设计策略包括用户分类、描述人及其任务的脚本、设计命令层、设计详细的交互、继续做原型设计人机交互部件类和根据图形用户界面进行设计。

（1）用户分类

进行用户分类的目的是明确使用对象，针对不同的使用对象设计不同的用户界面以满足不同用户的需求。例如，在 12306 系统中，可以按用户角色分类可分为普通乘客、常旅客、工作人员；按使用目的分类可分为购票者、退票者、改签者；按用户权限分类可分为普通用户、管理员、客服人员。

（2）描述人及其任务脚本

对用户分类中定义的每一类人，描述其身份、目的、特征、关键的成功因素、熟练程度和任务剧本。

（3）设计命令层

设计命令层需研究现行人机交互活动的内容和准则，建立一个初始的命令层并逐步进行细化。需考虑排列命令层次，按照用户工作步骤排列，并逐步分解以找到整体-部分模式以便在命令层中对操作进行分块。

（4）设计详细的交互

用户界面设计的原则一般包括一致性、操作步骤少和不要"哑播放"。当用户等待系统完成一个活动时，需给出一些反馈消息，以说明工作正在进行及进行的程度。在操作出现错误时，要恢复原来的状态。提供联机帮助信息，并使其具有趣味性，在外观和感受上，尽量采用图形界面，具有一定的吸引力。

（5）继续做原型

人机交互部件设计的基本工作是做人机交互原型，应遵循使用户可以花最少的时间便可掌握界面的使用方法的原则，做几个候选的原型供用户进行试用，直至达到满意。

（6）设计人机交互部件类

设计人机交互部件类，需从组织窗口和部件的人机交互设计开始，将窗口作为基本类、部件作为属性或部分类。其中特殊窗口作为特殊类。每个类包括窗口的菜单条、下拉菜单、弹出菜单的定义及用来创造菜单、加亮选择等所需服务的定义。

（7）根据图形用户界面进行设计

将图形用户界面分为字型、坐标系统和事件。其中，字型是字号、字体、样式和颜色的组合；坐标系统包括原点、显示分辨率和显示维数等要素；事件是图形用户界面的核心，其操作将对事件作为响应，这些事件可以来自人或者其他操作，其工作方式有直接方式和排队方式。其中，直接方式是指每个窗口中的项目有自己的事件处理程序，一旦事件发生，系统会自动执行相应的事件处理程序。排队方式是指当事件发生时，系统把它排到队列中，每个事件可用一些子程序信息来激发，应用可利用的"下一事件"来得到一个事件并执行它所需要的一切活动。

3) 任务管理设计

在面向对象设计中，任务是指系统为了达到某一设定目标而进行的一连串的数据服务，若干任务的并发执行叫作多任务。任务能简化并发行为的设计和编码，任务管理部件的设计就是针对任务项，对一连串的数据服务进行定义和封装，对于多任务则要确定任务协调部分，以达到系统在运行中对各项任务进行的合理组织与管理。任务管理部件的设计策略包括识别事件驱动任务，当某个事件发生时，任务被此事件触发醒来做相应处理，然后又回到睡眠状态；识别时钟驱动任务，按特定的时间间隔去触发任务进行处理；识别优先任务和关键任务；识别协调者，进而封装任务之间的协作；对每个任务进行审查，使任务数尽可能少；对每个任务进行定义，包括任务名、驱动方式、触发该任务的事件、时间间隔及如何通信等。任务管理部件设计步骤如下。

① 建立 OOA/OOD 工作表格。对类和对象进行细化，建立 OOA/OOD 工作表格，主要包括系统可选定的对象的条目及对该对象在面向对象设计中的位置的注解等。

② 审查 OOA/OOD 工作表格。对 OOA/OOD 工作表格进行审查，寻找可能被封装在任务管理部件中的与特定平台有关的部分及任务协调部分、通信的从属关系、消息和线程序列等。

③ 构建新的类。TMC 设计的首要任务就是构建一些新的类，其主要目的是处理并发执行、中断、调度和特定平台有关的一些问题。

4) 数据管理设计

数据管理部分提供了在数据库管理系统中存储和检索对象的基本结构，包括对永久性数据的访问和管理，分离了数据管理机构所关心的事项，包括文件、关系型数据库管理系统或面向对象数据库管理系统等。

（1）数据管理方法

数据管理方法主要分为文件管理、关系数据库管理和面向对象数据库管理 3 种。

文件管理主要提供基本的文件处理能力。

关系数据库管理建立在关系理论的基础上，使用若干表格来管理数据，使用特定操作对表格进行剪切、粘贴等。根据规范化的要求可对表格及其各栏重新组织，减少数据冗余，修改一致性数据不致出错。

面向对象数据库管理以两种方法实现，一是扩充的关系数据库管理系统，二是扩充的面向对象程序设计语言。其中，扩充的关系数据库管理系统主要扩充了抽象数据类型和继承性及一般用途的操作来创建和操纵类与对象；扩充的面向对象程序设计语言在其中嵌入了在数据库中长期管理存储对象的语法和功能，以达到统一管理程序中的数据结构和存储的数据结构，为用户提供一个统一视图的目的。

（2）数据管理部件设计

数据管理部件设计包括数据存放设计和相应操作设计。

数据存放设计包括文件存放方式、关系数据库存放方式和面向对象数据库存放方式的设计。

相应操作设计指为每个需要存储的对象及其类增加用于存储管理的属性和操作，在类及对象的定义中加以描述，每个需要存储的对象将知道如何存储自己。

3. 面向对象设计工具——UML

目前，统一建模语言（unified modeling language，UML）作为一种定义良好、易于表达、功能强大且普遍适用的建模语言，已经融入了软件工程领域的新思想、新方法和新技术。UML模型图主要由：事务、关系和图构成。其中，事务是UML中重要的组成部分，是具有代表性的成分的抽象；关系把事务紧密联系在一起；图是事务和关系的可视化表示。

1）事务

UML定义了4种核心类型的事务，作为构建模型的基本面向对象元素，涵盖静态结构、动态行为、组织分组及语义解释四大范畴，共同构成系统建模的基础架构。这些事务既是现实世界概念或物理实体的抽象映射，也是模型中静态或动态关系的可视化载体。其中，结构事务作为UML模型的静态构建单元，用于描述系统的概念性实体或物理元素，包含7种基本元素：类是具有相同属性、方法和语义的对象集合，通过矩形框可视化，封装数据与操作，是面向对象建模的核心单元（见图3-8）；接口定义类或组件对外提供的服务契约，以圆形表示，仅声明操作而不涉及实现细节，支持不同实现类的统一对接（见图3-9）。

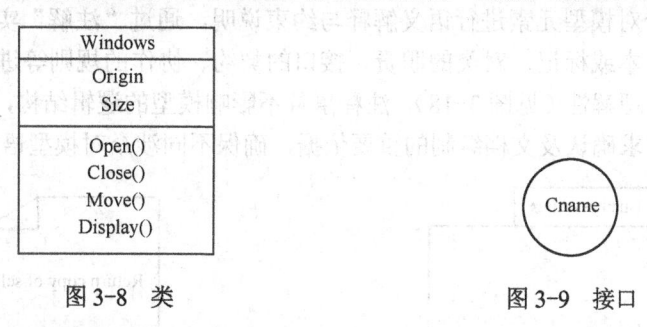

图 3-8　类　　　　　　　　　　图 3-9　接口

协作描述元素间的协同行为，以虚线椭圆表示，体现系统模式（见图 3-10）；用例捕获系统与参与者的交互场景，以实线椭圆表示，用于需求建模（见图 3-11）。

图 3-10　协作　　　　　　　　　图 3-11　用例

活动类支持并发行为，以粗边框矩形表示，其对象可拥有独立进程（见图 3-12）；组件是物理可替换的模块，实现特定接口集合，以带标签矩形表示（见图3-13）；节点代表运行时物理资源，以立方体表示，用于部署模型的物理架构（见图3-14）。

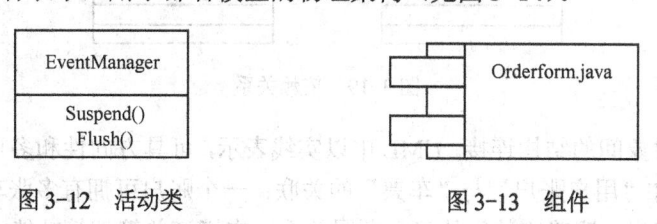

图 3-12　活动类　　　　　　　　图 3-13　组件

行为事务是 UML 模型的动态核心，描述跨越时间与空间的交互过程，包含两大元素。交互定义对象间为达成特定目标的消息交换序列，通过带箭头直线表示消息流向，整合消息、动作次序及对象连接，清晰展现协作逻辑（见图 3-15）；状态机则刻画事务在生命周期内的状态转换，由状态、事件、转移和动作构成，用于建模对象或交互的动态行为，揭示事件驱动的状态演化规律（见图 3-16）。

图 3-14 节点　　　图 3-15 消息　　　图 3-16 状态

分组事务作为模型的组织机制，通过"包"对元素进行层次化分组，以文件夹图标表示（见图 3-17）。包可容纳结构事务（如类、组件）、行为事务（如交互、状态机）甚至其他包，实现模型的模块化分解，便于大型系统的架构管理。与运行时存在的组件不同，包是纯粹的概念性分组，仅存在于开发阶段，帮助设计者聚焦特定范围的模型元素，提升建模效率与可维护性。

注释事务用于对模型元素进行语义解释与约束说明，通过"注解"实现。注解以折角矩形表示，可附加文本或标记，对类的职责、接口的契约、协作的规则等进行补充说明，增强模型的可读性与可理解性（见图 3-18）。注释事务不影响模型的逻辑结构，但其提供的解释信息是团队沟通、需求确认及文档编制的重要依据，确保不同涉众对模型语义的一致理解。

图 3-17 包　　　图 3-18 注释

2）关系

UML 定义的 4 种核心关系是模型元素语义关联的基础，包括依赖、关联、泛化与实现关系：依赖关系是事务间的语义影响关系，独立事务变化会改变依赖事务的含义，UML 中以带箭头虚线表示（见图 3-19）。如 12306 系统中"车票预订"依赖"用户登录"——未登录时因缺乏身份验证无法执行预订，体现功能逻辑的前提约束。

图 3-19 依赖关系

关联关系是对象间的结构连接，UML 中以实线表示，可具方向性和多重性（如"1 对多"）（见图 3-20）。例如"用户账户"与"车票"的关联：一个账户可拥有多张车票（1 对多），每张车票归属唯一账户，明确实体间的静态所属关系，支撑订单管理等功能。

第 3 章 智能运输系统设计方法

图 3-20 关联关系

泛化关系即继承机制，描述"一般-特殊"层次，子类继承父类属性并扩展特化行为，UML 中以带空心箭头实线表示（指向父类）（见图 3-21）。如"火车"作为父类，"动车"作为子类继承"车次"等通用属性，新增"时速"等专属特性，构建可复用的类层次体系。

图 3-21 泛化关系

实现关系是类元间的契约绑定，类严格实现接口声明的操作，UML 中以带空心箭头虚线表示（指向接口）（见图 3-22）。如"支付宝支付类"实现"支付接口"的"扣款"等操作，分离接口定义与具体实现，支持系统按统一契约扩展不同支付方式。

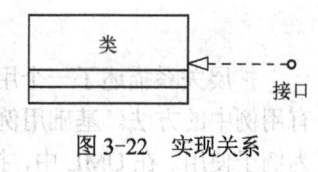

图 3-22 实现关系

3）图

UML 包含 9 种核心图，覆盖系统需求分析、静态结构、动态行为及物理部署等建模维度，具体如下。

① 用例图（Use Case Diagram）

用例图是描述系统功能的动态视图，通过参与者、用例及其关系建模需求。其中，参与者是系统外部的一个实体，它以某种方式参与用例的执行过程。参与者通过向系统输入或请求系统输入某些事件来触发系统的执行。参与者由参与用例时所担当的角色表示，角色是与系统有交互作用的实体（人或其他系统等），它在执行用例时与系统之间有信息的交流。以 12306 系统为例，参与者可以指代"用户"，其表示方式如图 3-23 所示。

用例是外部可见的系统功能单元，这些功能由系统单元所提供的，并通过一系列系统单元与一个或者多个参与者之间交换的信息所表达。用例的作用是在不揭示系统内部构造的前提下定义连贯的行为。在模型中，每个用例都必须有一个唯一的名字以区别于其他用例，而且每个用例的执行都独立于其他用例。在 12306 系统中，用例可以表示为"预定车票""查询订单"等，其表示方式如图 3-24 所示。

图 3-23 参与者　　　　　　图 3-24 用例

同时，用例之间存在一定的关系。除了与其参与者发生关联外，用例还可以具有系统中的多个关系,这些关系包括关联关系、包含关系、扩展关系和泛化关系。用例建模步骤包括:确定参与者、提取用例、定义关系,是需求可视化与跨角色沟通的核心工具。在 UML 中,关联关系使用箭头来表示。

关联关系描述了参与者与用例之间的关系,表示了参与者与用例之间的通信。以 12306 系统为例,具体示例如图 3-25 所示。

包含关系描述了一个用例可以简单地包含其他用例具有的行为,并把它所包含的用例行为作为自身行为的一部分。在 UML 中,包含关系表示为虚线箭头加<<include>>字样,箭头指向被包含的用例,具体示例如图 3-26 所示。

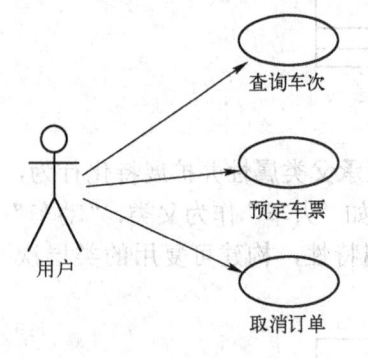

图 3-25 关联关系示例图

图 3-26 包含关系示例图

扩展关系描述了一个用例可以被定义为基础用例的增量扩展,它是把新的行为插入到已有用例中的方法。基础用例的扩展增加了原有的语义,此时是基础用例而不是扩展用例被作为例子使用。在 UML 中,扩展关系表示为虚线箭头加<<extend>>字样,箭头指向被扩展的用例(基础用例),具体示例如图 3-27 所示。

图 3-27 扩展关系示例图

泛化关系表示一个用例可以被特别列举为一个或多个子用例,当父用例能被使用时,任何子用例也可以被使用。在 UML 中,用例泛化关系用一个三角箭头从子用例指向父用例,具体示例如图 3-28 所示。

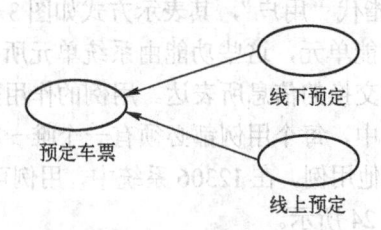

图 3-28 泛化关系示例图

② 类图(Class Diagram)

类图是面向对象系统的静态结构图,描述类、接口及其关系。面向对象的中心任务就是要找到系统中的对象或类。类是对一组具有相同属性、操作、关系和语义的对象的描述,它定义了一组有着状态和行为的对象。其中,属性和关联用来描述状态。属性通常用没有身份的数据值表示,如数字和字符串。关联则用有身份的对象之间的关系表示。行为由操作来描述,方法是操作的实现。

第 3 章 智能运输系统设计方法

类的名称是每个类中所必有的构成元素，用于与其他类的区别，如图 3-29 所示。类的名称应该来自系统的问题域，它以一个字符串表示，可分为简单名和路径名。简单名是不包含冒号的字符串，而路径名则是以类所在的包的名称作为前缀的类名。

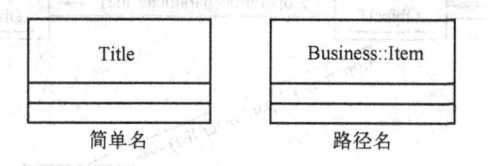

图 3-29　类的名称

类封装属性和操作，通过名称、属性列表、操作列表可视化。类间关系包括关联关系；依赖关系；泛化关系和实现关系。在面向对象分析阶段，主要用概念类来分析类，概念类分为边界类、实体类和控制类三种类型。

③ 对象图（Object Diagram）

对象图是类图的实例化视图，展示特定时刻对象的状态（属性值）及对象间关系，用于验证类图设计的正确性，图形符号与类图一致，但标注对象实例名。具体示例如图 3-30 所示。

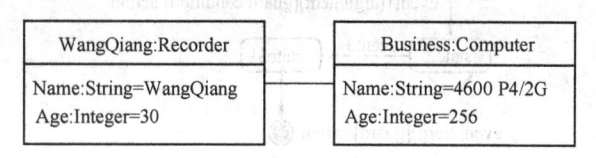

图 3-30　对象图示例图

④ 顺序图（Sequence Diagram）

顺序图是动态交互图，通过二维坐标轴展示对象间消息传递的时间顺序。核心元素包括对象生命线、消息、激活，具体示例如图 3-31 所示。

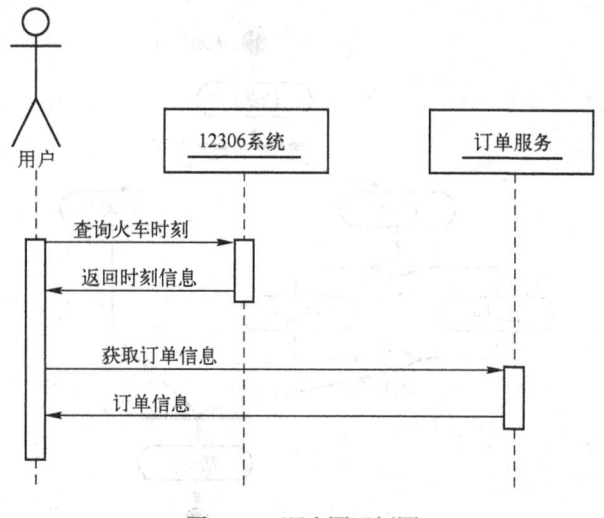

图 3-31　顺序图示例图

⑤ 协作图（Collaboration Diagram）

协作图与顺序图同属交互图，侧重对象间的结构连接，通过编号消息表示交互顺序，适合展现复杂协作中的对象组织关系,但时间顺序表达不如顺序图直观。具体示例如图 3-32 所示。

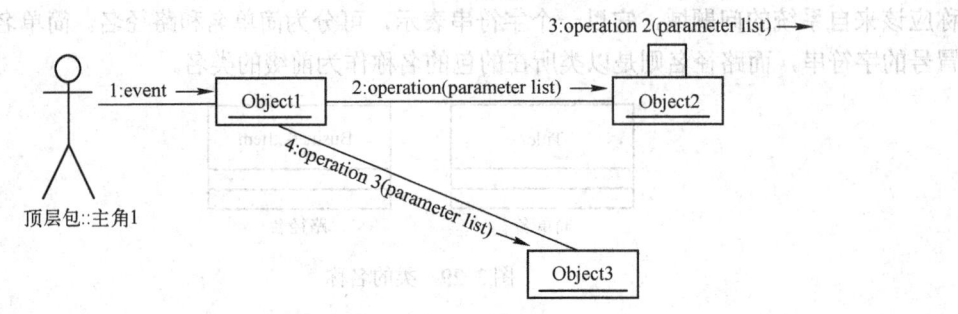

图 3-32 协作图示例图

⑥ 状态图(State Diagram)

状态图描述单个对象的状态变迁,由初始状态、中间状态、最终状态及触发状态转换的事件组成。状态可嵌套,用于建模对象生命周期的动态行为。具体示例如图 3-33 所示。

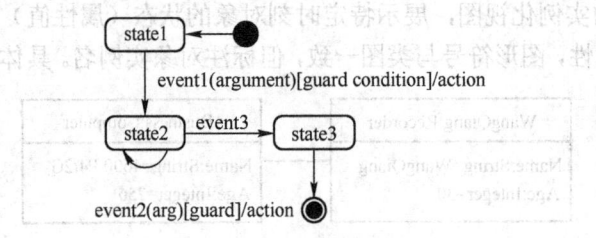

图 3-33 状态图示例图

⑦ 活动图(Activity Diagram)

活动图是状态图的变体,聚焦流程建模,通过动作状态、活动状态、分支与合并、分叉与汇合描述业务流程或算法逻辑。引入"泳道"划分责任区,"对象流"表示动作与对象的依赖。典型的活动图如图 3-34 所示。

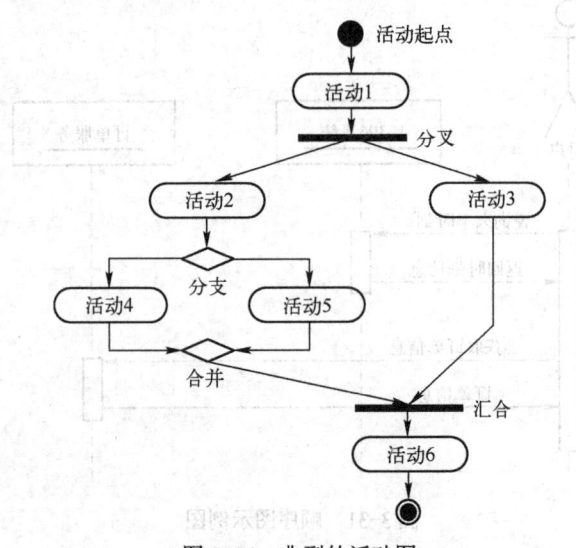

图 3-34 典型的活动图

⑧ 构件图(Component Diagram)

构件图描述系统物理架构,将软件单元抽象为构件,通过接口定义对外提供的服务,构件间依赖关系表示对接口的调用,用于可视化系统模块化设计与依赖影响。

⑨ 部署图(Deployment Diagram)

部署图建模系统运行时的物理部署,定义节点及节点间的连接,标注构件在节点上的部署位置,帮助开发团队规划系统硬件架构与分布式部署方案。部署图示例图如图 3-35 所示。

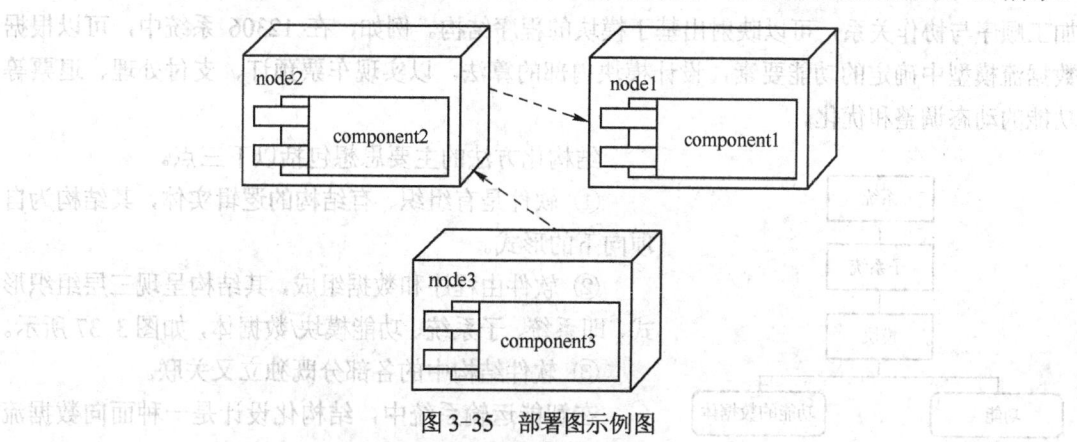

图 3-35 部署图示例图

基于以上 9 种图的 UML 建模过程如图 3-36 所示。

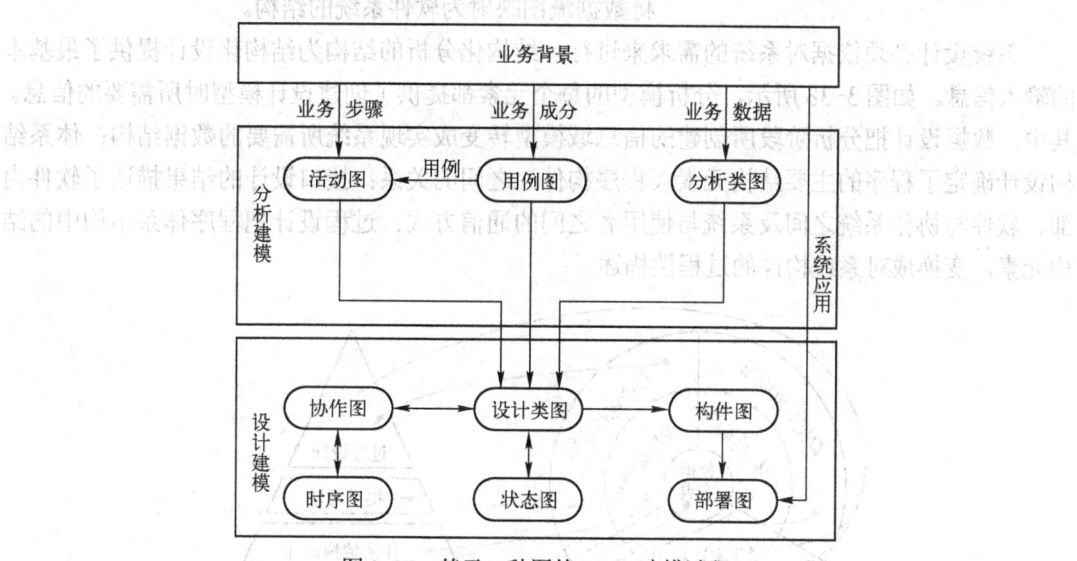

图 3-36 基于 9 种图的 UML 建模过程

3.3.2 面向结构设计方法

在智能运输系统中,结构化方法是一种面向数据流的传统软件开发方法,以数据流为中心构建软件的分析模型和设计模型。它采用系统科学的思想方法,从层次的角度自顶向下地分析和设计系统,即抽象与分解。系统可用高级的抽象概念来理解和构造,这些高级的抽象概念又可用较低级的抽象概念来理解和构造,如此进行下去,直到最低层次的模块可以表示成某种程序设计语言的语句为止。

1. 结构化设计概述

结构化设计是基于分析获取的功能元素，定义功能化的程序模块，并设计相应的程序算法。例如，在 12306 系统支付处理模块的设计中，可以根据数据流模型中确定的功能要素，设计模块内部的算法，以实现支付流程的自动化处理。

此外，从数据流图中获取的功能元素还可以映射为程序模块，根据各功能元素对数据的加工顺序与协作关系，可以映射出基于模块的程序结构。例如，在 12306 系统中，可以根据数据流模型中确定的功能要素，设计模块内部的算法，以实现车票预订、支付处理、退票等功能的动态调整和优化。

结构化方法的主要思想包括以下三点。

① 软件是有组织、有结构的逻辑实体，其结构为自顶向下的形式。

② 软件由程序和数据组成，其结构呈现三层组织形式，即系统、子系统、功能模块/数据体，如图 3-37 所示。

③ 软件结构中的各部分既独立又关联。

在智能运输系统中，结构化设计是一种面向数据流的设计方法，其主要任务就是在结构化分析的基础上，将数据流图映射为软件系统的结构。

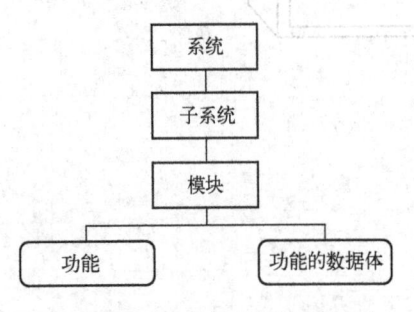

图 3-37 结构化软件系统结构图

系统设计必须依据对系统的需求来进行，结构化分析的结构为结构化设计提供了最基本的输入信息。如图 3-38 所示，分析模型的每个元素都提供了创建设计模型时所需要的信息。其中，数据设计把分析阶段所创建的信息域模型转变成实现系统所需要的数据结构；体系结构设计确定了程序的主要结构元素（程序构件）之间的关系；接口设计的结果描述了软件内部、软件与协作系统之间及系统与使用者之间的通信方式；过程设计把程序体系结构中的结构元素，变换成对系统构件的过程性描述。

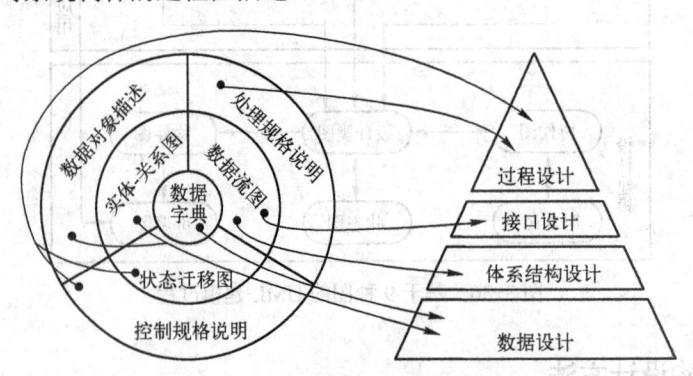

图 3-38 分析模型向设计模型的转换

在智能运输系统中，结构化设计方法的基本思想是系统模块化，即把一个系统自上而下逐步分解为若干个彼此独立而又有一定联系的组成部分，这些组成部分称为模块。任何一个系统都可以按功能逐步由上而下、由抽象到具体、逐层分解为一个多层次的、具有相对独立功能的模块所组成的结构化系统。在这一基本思想的指导下，设计人员以智能运输系统的逻辑模型为基础，并借助于一套标准的设计准则和图标等工具，逐层地将系统分解成多个大小适合、功能单一、具有一定独立性的模块，把一个复杂的系统转换成易于实现、易于维护的模块化结构系统。

结构化设计方法是基于模块化、自顶向下细化、结构化程序设计等程序设计技术基础发展起来的。该方法实施的步骤如下：

① 研究、分析和审查数据流图；
② 根据数据流图确定问题类型是变换型还是事务型；
③ 由数据流图推导出智能运输系统的初始结构图；
④ 利用一些启发式原则来改进系统的初始结构图，对模块结构进行优化，直到得到符合要求的结构图为止。

2．结构化设计方法

结构化设计采用结构图描述系统的模块结构及模块间的联系。结构化设计是将结构化分析得到的数据流图映射成结构图的过程，数据流图分为变换型数据流图和事务型数据流图，对应的映射分别称为变换分析和事务分析。

1）结构图

结构图是一种能很好地适应结构化程序自顶向下逐级控制的图形建模语言，可描述一个系统由哪些模块组成，以及模块之间的调用关系。结构图由数据流图转换而来，但与数据流图有着本质的差别：数据流图着眼于数据流，反映系统的逻辑功能，即系统能够"做什么"；结构图着眼于控制层次，反映系统的物理模型，即怎样逐步实现系统的总功能。

结构图的主要成分有模块、调用、数据和控制信息。

（1）模块

在结构图中，模块用矩形方框表示，矩形方框中要写有模块的名称，模块的名称应能恰好地反映这个模块的功能。结构图中有4种类型的模块：传入模块、传出模块、变换模块和控制模块，如图3-39所示。

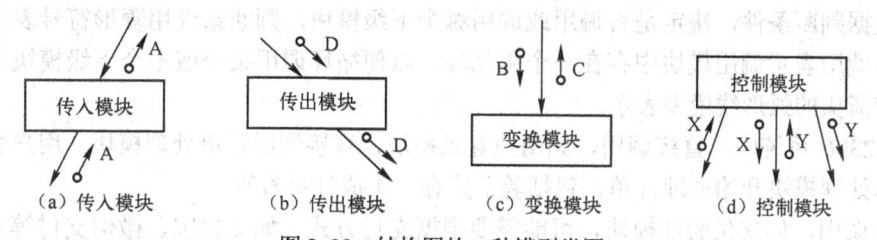

图3-39 结构图的4种模型类图

传入模块从下属模块取得数据，进行某些处理，再将结果传给上级模块，它传送的数据流称为逻辑输入数据流；传出模块从上级模块获得数据，进行某些处理，再将结果传给下属模块，它传送的数据流称为逻辑输出数据流；变换模块也叫作加工模块，它从上级模块获得数据，进行特定的处理，将其转换为其他形式，再传回上级模块，它所加工的数据流叫作变换数据流；控制模块又叫作协调模块，它是对所有下属模块进行协调和管理的模块，应在数据图较高层出现。

在12306系统中，传入模块，如用户登录模块（user login module），负责接收用户的登录信息（如用户名和密码），并进行验证。这个模块从用户那里接收输入，进行处理，然后将结果（登录成功/失败的结果）传递给上级模块。

传出模块，如订单处理模块（order processing module），负责接收订单信息，并处理订单（如验证库存、生成订单号等）。这个模块从上级模块（如用户登录模块）接收数据，进行处理，然后将结果（订单处理结果）传递给下属模块。

变换模块，如支付验证模块（payment verification module），负责接收支付信息，验证支付，并更新订单状态。这个模块从上级模块接收数据，进行特定的处理（如验证支付信息），并将其转换为其他形式（如更新订单状态），然后将结果传递回上级模块。

控制模块，如系统管理模块（system management module），负责协调和管理整个系统的运行，包括处理异常情况、监控系统性能等。这个模块对所有下属模块进行协调和管理，确保系统的稳定运行。

（2）调用

调用是结构图中模块间的联系方式，它将系统中所有模块结构化地、有序地组织在一起。模块间的调用关系用单向箭头表示，箭头从调用模块指向被调用模块。调用只能是上一级模块调用下一级模块，不允许下一级模块调用上一级模块，通常也不允许越级或同级模块间的调用。所以，为了方便，也可用直线替代箭头，表示位于上方的模块调用位于下方的模块。

模块间的调用分为直接调用、选择调用（判断调用）和循环调用三种，如图 3-40 所示。

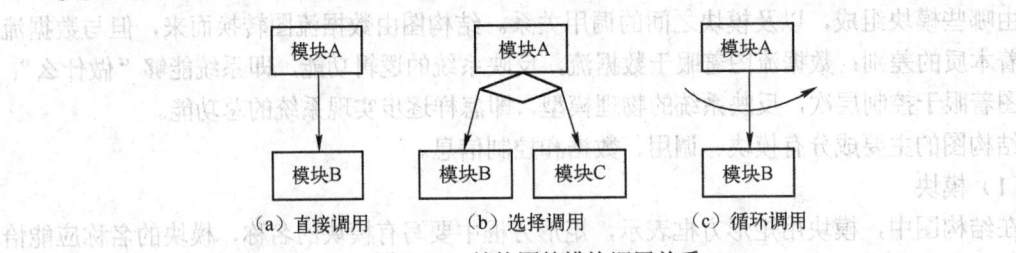

图 3-40 结构图的模块调用关系

一个模块可以直接调用一个下层模块，也可以直接调用多个下层模块。模块间的选择调用表示根据判断条件，决定是否调用或调用哪个下级模块，判断条件用菱形符号表示。模块间的循环调用表示调用模块中存在一个主循环，以便循环调用某个或多个下级模块，循环调用可用带箭头的弧形线段来表示。

在 12306 系统中，直接调用，如用户登录模块，直接调用订单处理模块。用户登录成功后，订单处理模块开始处理订单，包括验证库存、生成订单号等。

选择调用，如支付验证模块，可能需要根据支付方式（如支付宝、微信支付等）选择调用相应的支付接口模块。

循环调用，如订单处理模块，可能包含一个主循环，循环调用支付验证模块以处理多个支付请求。当用户提交多个支付请求时，订单处理模块会循环调用支付验证模块，直到所有支付请求都得到处理。

（3）数据

调用箭头线旁边带空心圆圈的小箭头线，表示从一个模块传送给另一个模块的数据。如图 3-41 所示，A 将数据 x 和 y 传递给 B，调用结束时，B 将数据 z 返回给 A。

（4）控制信息

调用箭头线旁边带黑色实心圆的小箭头，表示从一个模块传递给另一个模块的控制信息。如图 3-42 所示，A 将数据 x 和控制信息 p 传递给 B，调用结束时，B 将数据 y 返回给 A。

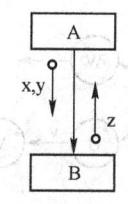

图 3-41 结构图数据流示意图 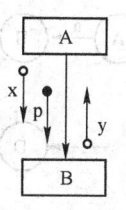　　图 3-42 结构图控制流示意图

2) 变换分析

变换分析的任务是将变换型的数据流图映射成初始的结构图。

(1) 变换型系统结构图

信息首先沿着输入通路进入系统,并将其转换为内部表示,然后通过变换中心(加工)的处理,再沿着输出转换为外部形式离开系统,具有这种特性的加工流就是变换流。如图 3-43 所示的是一个典型的变换流,经过变换 B 的数据流一部分先经过变换 C 到达变换 E,然后另一部分经过变换 D 到达 E,即 C 和 D 是顺序结构。

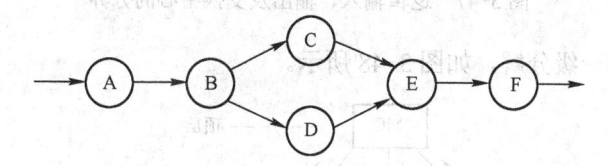

图 3-43 典型的变换流

变换型数据处理的工作过程大致分为三步,即取得数据、变换数据和给出数据,如图 3-44 所示。这三步反映了变换型数据流的基本思想。其中,变换数据是数据处理过程的核心,取得数据是为它做准备,给出数据则是对变换后的数据进行后处理工作。

图 3-44 变换型数据流图

变换型系统结构图对应于取得数据、变换数据、给出数据。变换型系统结构图由输入、中心变换和输出三部分组成。由图 3-44 中变换型数据流图映射得到的变换型系统结构图,如图 3-45 所示。

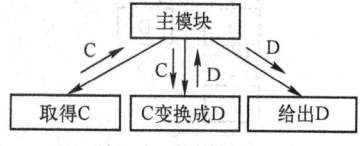

(2) 变换分析步骤

变换分析主要包括以下 4 步。

① 从物理输入、输出及变换中心进行由顶向下的分解得出各个分支的所有组成模块;

图 3-45 变换型系统结构图

② 在数据流图上区分系统的逻辑输入、逻辑输出和变换中心;

③ 进行一级分解,设计系统模块结构的顶层和第一层;

④ 进行二级分解,设计中、下层模块。

下面以图 3-46 所示的变换型数据流图为例来说明变换分析的步骤。

第一步,在数据流图上标出逻辑输入、逻辑输出和变换中心的分界,如图 3-47 所示。

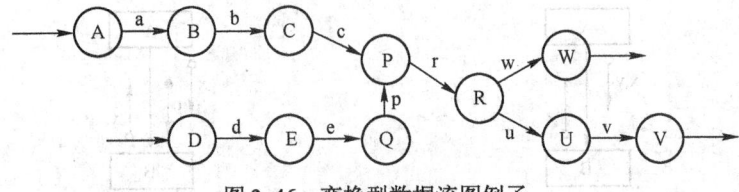

图 3-46 变换型数据流图例子

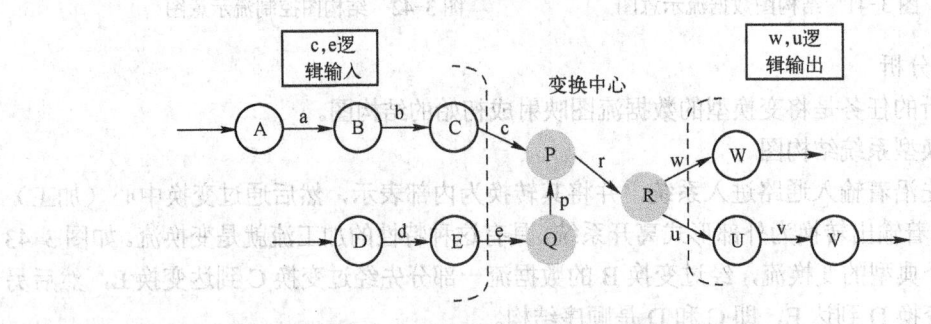

图 3-47 逻辑输入、输出及变换中心的分界

第二步，完成第一级分解，如图 3-48 所示。

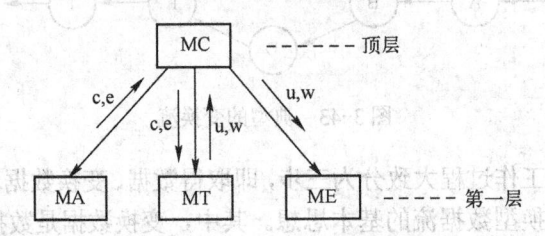

图 3-48 第一级分解后的系统结构图

第三步，完成第二级分解，如图 3-49 所示。

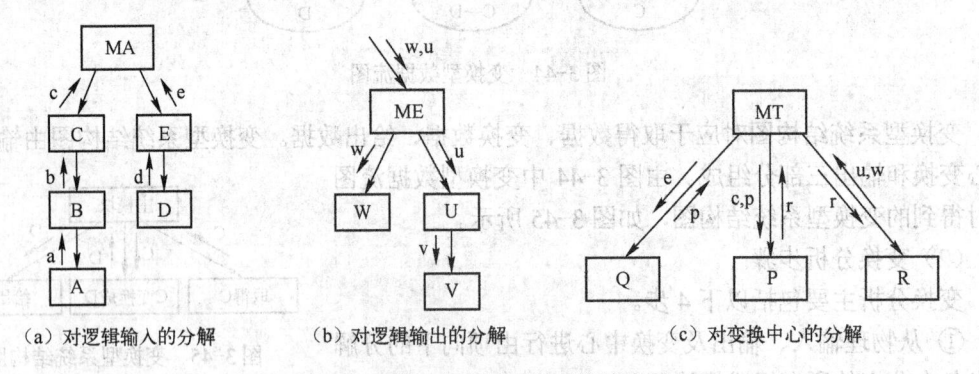

（a）对逻辑输入的分解　（b）对逻辑输出的分解　（c）对变换中心的分解

图 3-49 第二级分解后的系统结构图

第四步，获得完整的初始系统结构图，如图 3-50 所示。

3) 事务分析

事务分析的任务是将事务型的数据流图映射成初始的结构图。

(1) 事务型系统结构图

信息首先沿着输入通路进入系统，事务中心根据输入信息的类型在若干个动作序列（活动流）中选择一个执行，这种信息流称为事务流。图 3-51 表示的是一个典型的事务流，经过事务中心 T 的数据流根据选择经过变换 A、B、C 中的某一个执行可见，它是一个选择结构。

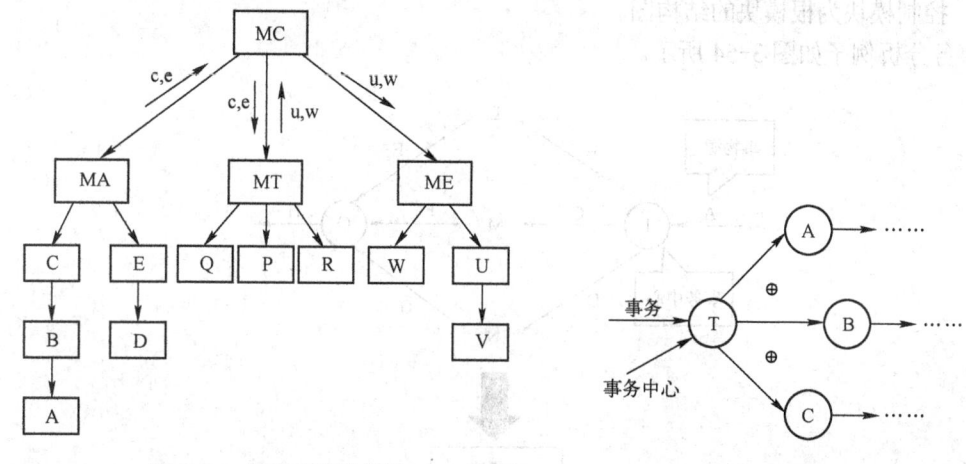

图 3-50　初始系统结构图

图 3-51　典型的事务流

在事务型系统结构图中，事务中心模块按所接受的事务的类型，选择某一个事务处理模块执行。各个事务处理模块是并列的，依赖于一定的选择条件，分别完成不同的事务处理工作。每个事务处理模块可能要调用若干个操作模块，而操作模块又可能调用若干个细节模块。由于不同的事务处理模块可能有共同的操作，所以某些事务处理模块可能共享一些操作模块。同样，不同的操作模块可以有相同的细节，所以某些操作模块又可以共享一些细节模块。

图 3-52 表示的是一个典型的事务型数据流图，其映射得到的变换型系统结构图如图 3-53 所示。

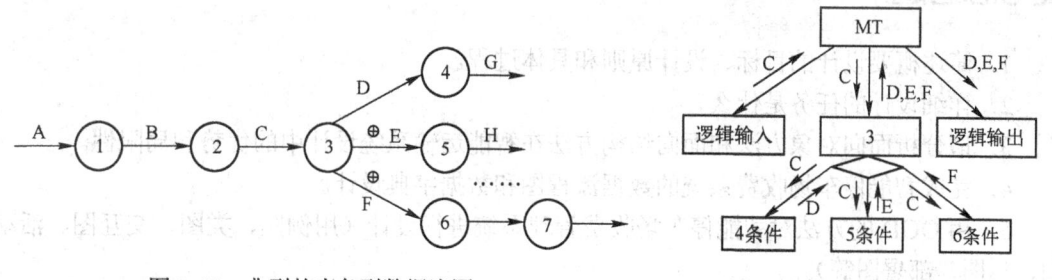

图 3-52　典型的事务型数据流图

图 3-53　变换型系统结构图

（2）事务分析步骤

事务分析主要包括以下 4 步。

① 识别事务源。

② 确定事务中心：事务中心位于数条动作路径的起点，动作路径呈辐射状从该点流出。

③ 将数据流图映射成事务型的结构图。

④ 分解每条动作路径所对应的结构图。

● 接收模块的分解：从事务中心开始，沿着输入路径向外移动，把输入路径上的每个加工映射成结构图中受接收模块控制的一个低层模块。

- 动作路径控制模块的分解：首先确定每条动作路径的流类型（变换流或事务流），然后，运用变换分析或事务分析将每条动作路径映射成与其流特性相对应的以动作路径控制模块为根模块的结构图。

事务分析例子如图 3-54 所示。

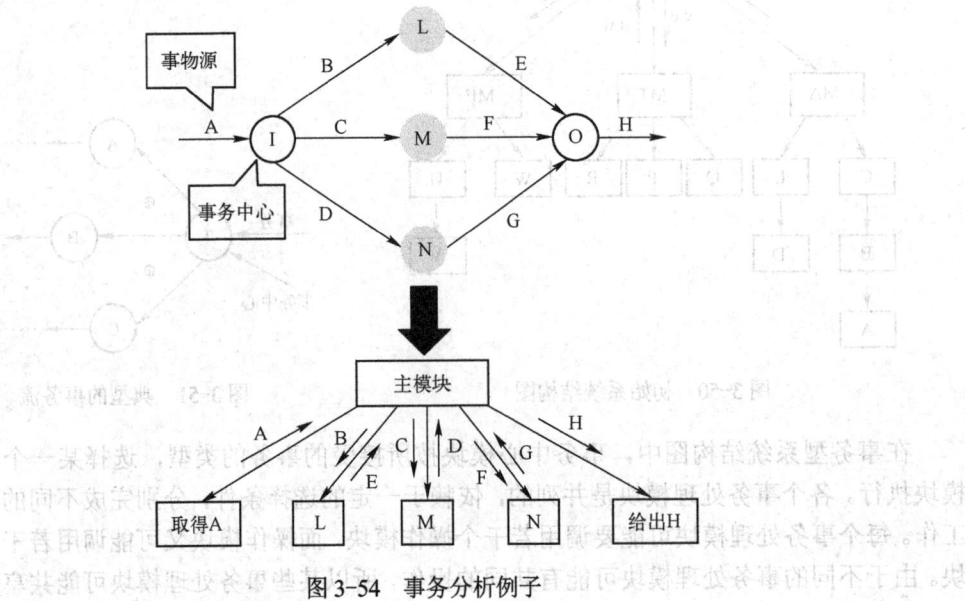

图 3-54　事务分析例子

一个大型的系统通常是变换型结构和事务型结构的混合结构。所以，通常利用以变换分析为主，事务分析为辅的方式进行系统结构设计。

复习思考题

1. 简述概要设计的目标、设计原则和具体过程。
2. 详细设计的任务是什么？
3. 请分析面向对象方法和面向结构方法在智能运输系统设计中的优势和局限性。
4. 完成智能停车场收费系统的数据流程图和数据字典设计。
5. 用 OOD 的方法对智能停车场收费管理系统进行设计（用例图、类图、交互图、活动图、包图、部署图等）。
6. 请思考面向对象方法和面向结构方法在智能运输系统设计中的实际应用中，可能遇到的困难和挑战，并探讨解决这些问题的方法。

第4章 智能运输系统集成方法

4.1 智能运输系统集成概述

4.1.1 智能运输系统集成的定义

所谓智能运输系统集成（intelligent transportation systems integration，ITSI），就是在系统工程科学方法的指导下，根据用户需求，通过采用功能集成、网络集成、软件界面集成等多种集成技术，将各个独立的智能运输子系统连接成为一个完整、可靠、经济和有效的整体，实现系统之间的互连和互操作，使其能彼此协调工作，达到整体性能最优和资源充分共享。

系统集成主要包括设备系统集成和应用系统集成。其中，设备系统集成是指以搭建智能交通管理支持平台为目的，利用综合布线技术、安全防范技术、通信技术、互联网技术等进行设备系统集成设计、安装调试、界面定制开发和应用支持。例如，将交通信号控制系统、车辆检测系统、视频监控系统等集成到一个统一的硬件平台上，实现实时数据的采集和传输。应用系统集成又称为行业信息化解决方案集成，是从系统的高度为用户需求提供应用的系统模式，并实现该系统模式的具体解决方案和运作方案。例如，将公共交通管理系统、电子收费系统、交通信息发布系统和紧急事件响应系统集成到一个综合的交通管理平台上，以提高交通管理的效率和服务水平。

4.1.2 智能运输系统集成的基本原则

智能运输系统集成的基本原则主要包括实用性和经济性原则、先进性和成熟性原则、安全性和可靠性原则、开放性和可扩展性原则、标准性原则。

（1）实用性和经济性原则

智能运输系统集成应充分利用现有系统的硬件、软件和数据资源，实现资源的规范化利用。在确保系统性能的前提下，尽量减少硬件投资，通过软件的优化和升级来延长现有硬件的使用寿命，提升整体经济效益。

（2）先进性和成熟性原则

智能运输系统的硬件及软件在数年内不应落后，选用成熟的技术和符合标准化的设备，确保设备的兼容性。

（3）安全性和可靠性原则

智能运输系统必须防止非法用户的越权使用，确保交通管理和控制系统的安全性，并在规定条件和时间内稳定运行，确保智能运输系统在各种复杂环境下的可靠性，如在恶劣天气条件下仍能准确采集和传输交通数据。

(4)开放性和可扩展性原则

系统软件开发时选择具有良好的互联性、互通性及互操作性的设备和软件产品,应注意与其他产品的配合,保持一致性。特别是数据库的选择,应能够与异种数据库无缝连接。集成后的系统应便于今后需求增加而进行扩展。

(5)标准性原则

遵循国家和行业标准,采用科学和规范化的指导和制约,使得开发集成工作规范化、系统化和工程化,提高系统集成的质量。

4.1.3 智能运输系统集成的内容

智能运输系统集成体系框架由管理体系、应用集成、数据集成、网络集成和安全平台五个部分组成,旨在将各类交通系统、数据和网络资源有机结合,实现统一、高效、可靠的交通信息系统。智能运输系统集成的体系框架如图4-1所示。

管理体系	应用集成	安全平台
	数据集成	
	网络集成	

图4-1 智能运输系统集成的体系框架

(1)应用集成

应用集成就是建立一个统一的综合应用,将截然不同的、基于各种不同平台、用不同方案建立的应用软件和系统有机地集成到一个无缝的、并列的、易于访问的单一系统中,实现业务高效处理和信息共享。应用集成由数据库、业务逻辑及用户界面三个层次组成。这对于智能运输系统而言,意味着将交通管理系统、公共交通系统、道路监控系统和实时交通信息系统等集成到一个统一的平台上,以提供更为高效的交通管理和服务。目前被产业界公认的、解决应用集成的最佳方式是面向服务的体系结构(service-oriented architecture,SOA)。

(2)数据集成

数据集成是把不同来源、格式、特点性质的数据通过应用间的数据交换在逻辑上或物理上有机地集中,从而为交通系统提供全面的数据共享。在企业数据集成领域,已经有了很多成熟的框架可以利用。目前通常采用联邦式、基于中间件模型和数据仓库等方法来构造集成的系统,这些技术在不同的着重点和应用上解决数据共享和为企业提供决策支持,对来自不同传感器、监控设备、交通管理系统和用户设备的数据进行整合,从而达到消除信息孤岛、实现共享信息的目的。

(3)网络集成

网络集成是指在网络工程中根据应用的需要,运用系统集成方法,将硬件设备、软件设备、网络基础设施、网络设备、网络系统软件、网络基础服务系统、应用软件等组织成为一体,使之成为能组建一个完整、可靠、经济、安全、高效的计算机网络系统的全过程。在智能运输系统中,网络集成包括交通信号控制网络、通信网络、监控网络和数据传输网络的集成,以确保各个交通子系统之间的无缝衔接和高效通信。

（4）安全平台

系统集成中的安全平台是指在系统集成过程中，通过设计和实施一套综合性安全措施和技术解决方案，以确保系统的整体安全性、稳定性和可靠性。该平台旨在保护智能运输系统的交通数据、系统硬件、网络和应用免受未经授权的访问、数据泄露、恶意攻击等安全威胁。安全平台主要包括物理安全、运行安全和数据安全三个组成部分。

4.2 面向应用的集成分析方法

4.2.1 基于软件构件的集成方法

智能运输系统集成可采用基于软件构件的集成方法，这种方法通过将不同功能的软件按照统一的标准接口预制成构件，存放到构件库里，需要时以"搭积木"的方式来组装应用系统，从而实现系统的集成。这种方法旨在通过将多个独立开发的软件组件或模块整合到一个完整的系统中来实现系统开发，进而提高系统的可靠性、可维护性和可扩展性，并降低开发成本和风险。

一般认为，构件是指具有一定功能，具备语义完整、语法正确、有可复用价值等特点，可明确辨识的软件单位。在软件体系结构中，一个构件可以小到只有一个过程，也可以大到包含一个应用程序。它可以包含函数、例程、对象、二进制对象、类库、数据包等。

如果把软件系统看作构件的集合，那么从构件的外部形态来看，构成一个系统的构件可分为以下5类。

① 独立而成熟的构件。独立而成熟的构件得到了实际环境的多次检验，该类构件隐藏了所有接口，用户只需用规定好的命令使用即可。例如数据库管理系统和交通信号控制软件等。

② 有限制的构件。有限制的构件提供了接口，指出了使用的条件和前提，这种构件在装配时会产生资源冲突、覆盖等影响，在使用时需要加以测试。例如，各种面向对象程序设计语言中的基础类库、交通数据的分析模块。

③ 适应性构件。适应性构件对构件进行了包装或使用了接口技术，对不兼容性、资源冲突等进行了处理，可以直接使用，这种构件可以不加修改地使用在各种环境中。例如，Active控件可以用于在不同的浏览器中显示实时交通监控视频，兼容性接口可以确保不同交通系统之间的数据交换顺畅。

④ 装配的构件。装配的构件在安装前已经装配在操作系统、数据库管理系统或信息系统不同层次上，使用胶水代码（blue code）就可以进行连接使用。胶水代码是指连接或集成不同组件、模块或系统的代码片段或逻辑。在智能运输系统中，交通管理系统软件可以通过胶水代码与交通数据采集系统和信号控制系统进行集成，形成一个综合的交通管理平台。目前一些软件商提供的大多数软件产品都属于这一类。

⑤ 可修改的构件。可修改的构件可以进行版本替换，如果对原构件修改错误、增加新功能，可以利用重新"包装"或写接口来实现构件的替换。这种构件在应用系统开发中使用得比较多。

基于软件构件的方法主要有三点优势。

① 可复用性强。构件是标准的可复用模块，将现有应用系统改造为构件，可增强其复用性，有助于充分利用已有资源，降低开发难度，节约经费。

② 开发效率高。构件开发可以多人、多部门并行进行，其测试与调试既可以分开进行，也可以同时进行，大大提高了效率。

③ 具有动态集成能力。构件是按照标准规范封装的功能单元，通过构件组装，能按需求定制不同级别、不同类型的系统功能，实现柔性部署要求。

虽然基于软件构件的方法有其自身优势，但也存在三点不足之处。

① 缺乏统一标准支持。由于没有统一标准规范，大大限制了平台无关性，降低了构件的通用性以及可移植性。

② 互操作性较差。两个采用不同技术体制的系统必须创建一个翻译层才可以进行信息交换，这导致基于软件构件的集成大多是紧耦合模式，不利于业务流程调整和重组。

③ 体系结构的可扩展性较差。由于基于软件构件集成的系统自适应性、通用性比较差，应用的每次更新都必须完成众多复杂接口的升级，需要大量的后期工作。

4.2.2　面向服务的体系架构的集成方法

面向服务的体系架构（SOA），是一种组件模型。它将应用程序的不同功能单元（称为服务），通过中立标准定义的接口和契约联系起来，从而使得构建在系统中的服务可以使用统一、标准的方式进行通信，实现系统集成。将 SOA 方法引入智能运输系统，可以显著提升系统的集成能力、灵活性和整体效率。

1. SOA 的基本概念

SOA 的概念是由 Gartner 公司给出的，SOA 定义为"客户-服务器的软件设计方法，一项应用由软件服务和软件服务使用者组成"。SOA 与大多数通用的客户-服务器模型的不同之处在于，它着重强调软件组件的松散耦合，并使用独立的标准接口。其核心是：

① SOA 是一种软件架构思想，它并不是一个新概念。SOA 架构的实质是将系统模型与系统现实分离，将其作为创建任务的应用程序和过程"指导原则"。

② SOA 是一种业务驱动的 IT 架构方式，支持对业务进行整合，使其成为一种互相联系、可复用的业务任务或者服务。

③ SOA 不仅仅是一个组件模型，而且还是一个业务开发框架，它能够将不同类别、不同平台的服务结合在一起，动态地、实时地更新和维护一个跨区域的多功能应用实体。

④ SOA 并不是一种变革，而是一种进化。因为它是构建在许多一直在使用的技术之上，它将应用程序的不同功能单元（服务）通过服务间定义良好的接口和契约联系起来。接口采用中立的方式定义，独立于具体实现服务的硬件平台、操作系统和编程语言，使得构建在这样的系统中的服务可以使用统一和标准的方式进行通信。

这种具有中立的接口定义的特征称为服务之间的松耦合。松耦合系统的好处是：SOA 的灵活性，能够及时地对企业业务和信息的变化做出快速的反应。当每个服务的内部结构和实现逐渐地发生改变时，SOA 能够继续存在。而紧耦合意味着应用程序的不同组件之间的接口与其功能是紧密相连的，因而当需要对部分或整个应用程序进行某种形式的更改时，它就显得非常脆弱。

2. SOA 的架构

服务是整个 SOA 实现的核心。SOA 架构的基本元素是服务，SOA 指定一组实体（服务提供者、服务消费者、服务注册表、服务条款、服务代理和服务契约），这些实体详细说明了如何提供和消费服务。遵循 SOA 观点的系统必须有服务，这些服务是可互操作的、独立的、模块化的、位置明确的、松耦合的，并且可以通过网络来查找其地址。

SOA 为企业提供的威力和灵活性是强大的。如果一个城市将它的交通基础设施抽象出来，并以粗粒度的服务方式表示它的功能，那么服务的消费者就能够以独立于底层实现的方式访问。而且，当服务可用并且活动时，如果服务消费者能够发现和绑定到服务，那么隐藏于这些服务之后的交通基础设施就能够为调用者提供额外的灵活性。SOA 的协作遵循"查询、绑定和调用"范例，其中服务请求者执行动态服务定位，方法是查询服务注册中心来查找与其标准匹配的服务。如果服务存在，注册中心就给请求者提供接口协议和服务的端点地址。

① 服务提供者（或简称服务）。在智能运输系统中，服务提供者通常指各种交通服务，如交通信号控制、实时交通监控、车流预测等。这些服务一般有定义良好的接口（对内的和对外的），并且接口的定义是平台和语言中立的，接口的描述信息被发布到目录服务（或称为服务注册表）中，这样就可以被动态发现和调用。

② 服务消费者（或称为服务请求者）。服务消费者可能是不同的应用和系统，如导航系统、交通管理中心、紧急响应系统等。在需要某项服务的时候，先查询服务目录，得到相关服务的描述信息，然后动态地绑定到相关服务，这样就可以一种对服务消费者透明的方式调用服务。

③ 目录服务。它是连接服务提供者和服务消费者的桥梁。服务提供者可以向它注册服务，服务消费者可以通过它查询服务描述信息。在目录中注册的服务可以按某种准则分类，方便服务消费者查询。服务提供者和服务消费者通过发送消息通信，这种消息不是指令性的，没有携带任何底层通信协议的语义，而仅仅是对服务接口契约的描述。

3. SOA 的优点

SOA 以其高度的抽象性和灵活性，无论是从软件开发技术角度还是对资源的整合角度，都有着诸多的优势。

（1）从技术开发角度

SOA 提供了一个更加灵活的企业开发架构模式，使得软件企业无论是开发方法、实现技术还是开发的效率都得到了革命性的变革。具体来讲，SOA 从技术上有如下一些优点：

① 屏蔽了业务逻辑组件的复杂性。通过服务提供者和服务使用者的松散耦合关系，屏蔽了系统内部复杂的业务逻辑。对于智能运输系统的表示层而言，只能看到服务接口，而无需关心接口内部的具体实现细节。

② 跨平台和复用性。通过标准接口，不同服务之间可以自由地引用，实现了真正意义上的远程、跨平台和跨语言服务架构。

③ 易维护和良好的伸缩性。依靠服务设计、开发和部署所采用的架构模型实现了伸缩性。服务提供者可以独立调整服务以满足新的需求，服务使用者可以通过组合变化的服务来实现新的需求。随着交通流量的变化，新的数据分析服务可以被添加或替换，而不影响现有系统的运行。

④ 开发角色更加明确。服务架构要求应用程序分层，明确开发角色，提高开发效率。交

通服务组件开发人员专注于实现具体服务。而应用开发人员则根据平台开发用户界面，从而实现高效的协同开发。

⑤ 支持更多的客户端类型。通过精确定义的服务接口和对 XML、Web 服务标准的支持，可以支持多种客户端类型。智能运输系统可以支持各种设备访问，如 PDA、手机、车载设备等，提供实时交通信息和服务。

（2）从资源的整合角度

SOA 可以基于现有的系统投资来发展，而不需要完全重新创建系统。如果组织将开发力量集中在创建服务、利用现有的技术、结合基于组件的方法来开发软件上，将获得以下几方面好处。

① 利用现有资源。SOA 可以基于现有系统投资进行发展，而不需要完全重建系统。现有的交通管理系统可以通过 SOA 进行集成和封装，形成新的服务，如利用现有的交通摄像头数据进行实时监控和分析。

② 商品化基础架构。SOA 使基础架构的开发和部署更加一致，现有组件、新开发组件和购买组件可以合并在一个定义良好的框架内。交通系统的不同组件（如监控系统、信号控制系统等）可以在一个统一的框架内进行管理和部署，提高系统的整体效率。

③ 更快的产品上市速度和较低的成本。SOA 通过对现有服务和组件的创新型复用，缩短了设计、开发、测试和部署产品的时间，降低了成本。新的交通服务可以快速集成和部署，利用现有的基础设施和数据资源，从而加快产品的上线速度，减少开发成本。

4. 适于 SOA 的建模方法

（1）MDA

MDA（model-driven architecture，模型驱动的体系结构）由曾经提出 CORBA（common object request broker architecture，公用对象请求代理体系结构）规范的对象管理组织（object management group，OMG）提出。MDA 的核心思想就是架构师应该从被构建系统的一个正规模型开始，这个模型可以用 UML 表示。MDA 首先给出一个与平台无关的模型来表示系统的功能需求和用例，根据系统搭建的平台，架构设计师可以由这个平台无关的模型得到平台相关的模型。这些平台相关模型足够详细，以至于可以用来直接生成需要的代码。

MDA 的核心思想在于系统的设计是完全明确的，构建系统时很少会出现偏差。这样的模型可以直接生成代码，然而当前还存在一些缺陷。首先，它假定在设计模型以前，业务需求是可以明确指定的，这在典型的动态业务环境中是不可能的。其次，MDA 没有提供循环反馈。如果开发者需要修改当前模型，目前没有办法保持模型是最新的。随着 MDA 的成熟，这些问题将会被解决，但是当前对于架构师来说，重要的是理解并考虑到 MDA 的限制。

（2）敏捷方法

SOA 的第二个基础是 AM（agile method，敏捷方法）。这种方法中最著名的是 XP（extreme programming，极限编程）。敏捷方法为在需求不明确或需求总在变动的环境中构建软件系统提供了一个灵活的迭代式开发过程。像 XP 这样的敏捷方法提供了在需求未知或者多变的环境中创建软件系统的过程。XP 要求在开发团队中有一个用户代表，他帮助书写测试来指导开发人员的日常工作。开发团队中所有成员都参与到设计之中，设计要尽量小，并且非形式化。敏捷方法的目标是构建用户刚好需要的功能，避免在正式模型中为一些不切实际的功能做多余的工作。敏捷方法的核心作用在于它的敏捷性，即应付需求变化的能力。敏捷方法的目标是仅仅创建用户想要的,而不是在一些形式化模型上耗费工作量。敏捷方法是其规模上的限制,例如 XP 在一个小团队和中型项目中效果不错,但是当项目规模增大时,如果没有一个一致的、清晰的计划,项目成员很难把握项目中的方方面面。

(3) SOA 的五视图法

Kruchten(RUP 的开发负责人)将通盘考虑 IT 系统的方面提取出来,在应用到 SOA 时称为五视图法(five-view approach)。4 个方框表示对一个架构的不同审视方法,分别代表不同的涉众。第 5 个视图 Use-Case 视图涵盖了其他视图,在架构中扮演的是一个特殊的角色。部署视图将软件映射到底层平台和相关硬件上,是系统部署人员对架构的视图。实现视图描述了软件代码的组织,是从开发人员角度出发的视图。业务是用户的功能需求。在 SOA 中,面向服务的架构必须能够以 Use-Case 视图中的用例将用户连接到服务,将服务连接到底层。为了表示面向对象的架构是如何工作在这些视图之上,将它们置于 SOA 元模型的上下文之中。SOA 中的两个领域存在重叠:由业务模型和服务模型表示的业务领域和由服务模型及平台相关模型表示的技术领域(两个领域共享服务模型)。业务用户通过逻辑视图和过程视图处理粗粒度的业务服务,根据变化的业务需求,按照需要将它们安排在过程之中。技术专家的工作是创建并维护服务和底层技术之间的抽象层。表示这些服务的中间模型起到的是轴心的作用,业务以它为中心进行。Kruchten 根据这些不同的角度提出了架构 4+1 视图模型,把它引用到 SOA,如图 4-2 所示。

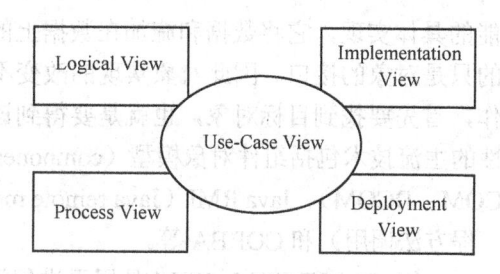

图 4-2 4+1 视图模型

4.2.3 智能运输系统集成技术

智能运输系统集成旨在将基于不同平台、采用不同方案建立的应用软件和系统有机地集成到一个无缝、并列、易于访问的单一系统中,使其犹如一个整体进行业务处理和信息共享。这种机制不仅提升了系统的整体效率,还增强了信息共享和协同工作的能力。智能运输系统集成的主要目的是实现应用的互联,确保不同系统和应用能够协同工作,提高综合性的交通管理和服务。具体来说,智能运输系统集成包括应用软件集成技术、SOA 集成开发、软硬件集成及跨操作系统集成。其中应用软件集成技术主要包括分布式对象、消息中间件、Web Service 技术等应用软件集成技术。在智能运输系统中,通过 SOA 可以将交通监控、信号控制、车辆调度等不同服务模块集成在一起,实现统一的交通管理和决策支持。随着各类硬件外设和嵌入式设备的加入,智能运输系统的信息处理能力和安全性得以极大增强。开发中需要包含大量的软硬件集成内容,例如传感器数据采集系统、车载设备、交通信号控制器等集成。目前主流操作系统包括 Windows 系列、Linux/UNIX 等,它们的安全性能、应用范围和应用领域有着较大的差异性。在国内，Windows 系列广泛应用于服务器和客户机，但 Linux/UNIX 操作系统却占据着大量的服务器市场，也在逐步扩展到终端桌面。此外，允许不同部门、不同层次的管理员或者普通用户使用不同的操作系统，可有效降低整个网络系统的安全风险，系统集成有必要跨越主流操作系统平台，以增强其生命力。

1. 应用软件集成技术

（1）分布式对象技术

分布式对象技术要解决的主要问题是位于分布式环境中的对象之间的调用问题。分布式对象技术的主要思想是在分布式系统中引入一种分布的、可互操作的对象机制，并且把分布于网络上可用的所有资源看作公共可存取的对象集合，使得不同的对象可以集合在一起。此外，一个对象客户能够通过定义在分布对象模型上的接口来访问分布系统的可用对象，如图 4-3 所示。

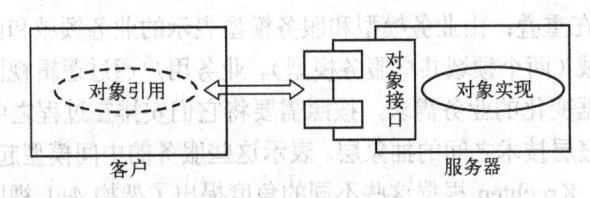

图 4-3 分布式对象模型

对象实现是指对象功能的具体实现，它将数据和施加在数据上的操作捆绑在一起，封装在对象中，客户所能看到的只是对象的接口。因此对象实现的改变不会对客户程序产生任何影响。客户调用对象的操作，首先要找到目标对象，也就是要得到该对象的句柄。目前分布式对象技术领域最具代表性的主流技术包括组件对象模型（component object model，COM）/分布式 COM（distributed COM，DCOM）、Java RMI（Java remote method invocation，Java 远程方法调用）和 CORBA 等。

① COM/DCOM。COM 是用于进程间通信及当作组件式软件开发的平台。COM 通过接口对外提供所有的功能，每一个 COM 组件都实现一定的接口，至少实现 IUnknown 接口，该接口是由 COM 定义的最重要的接口，是所有 COM 对象必须实现的一个接口，如图 4-4 所示。

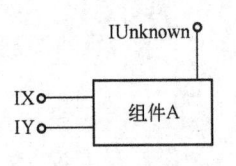

图 4-4 COM 组件接口

接口定义了一组成员函数，这组成员函数是组件对象暴露出来的所有信息，客户程序利用这些函数获得组件对象的服务。客户程序用一个指向接口数据接口的指针来调用接口成员函数，如图 4-5 所示。

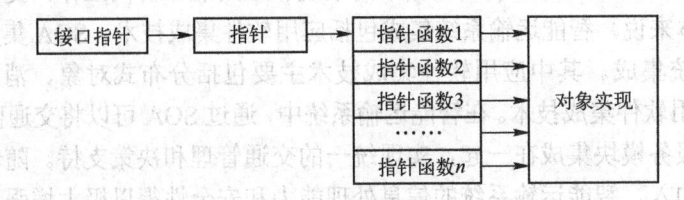

图 4-5 COM 接口

接口指针实际上又指向另一个指针，这个指针指向一组函数组成的接口函数表，接口函数表中每一项为 4 个字节长的函数指针，每个函数指针与对象的具体实现连接起来。对于一个接口来说，它的虚函数表是确定的，因此接口的成员函数的个数是不变的，而且成员函数的先后顺序也是不变的。对于单个的成员函数而言，参数和返回值也是确定的，所有的这些信息都必须在二进制一级确定，不管用什么语言，只要能支持这样的内存结构就可以定义接口。

DCOM 扩展了 COM 技术，使其能够支持在局域网、广域网甚至 Internet 上不同计算机的对象之间的通信。使用 DCOM，应用程序就可以在位置上达到分布式，从而满足各类应用的需求。

在操作系统中，各个进程之间是相互屏蔽的。当一个客户进程需要和另一个进程中的组件通信时，它不能直接调用该进程，而需要遵循操作系统对进程间通信所做的规定。COM 使得这种通信能够以一种完全透明的方式进行。截取从客户进程来的调用并将其传送给另一进程的组件，图 4-6 表明了 COM/DCOM 运行库是怎样提供客户进程和组件之间的联系的。

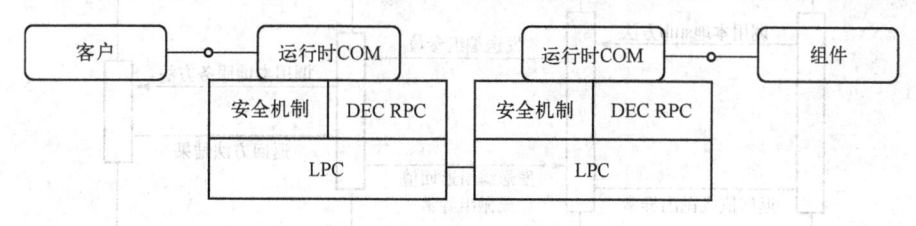

图 4-6　不同进程中的 COM 组件

② Java RMI。这是 Java 的远程过程调用 RPC 机制，支持 Java 的分布式对象之间的方法调用。它提供了一种透明技术，使得远程方法的调用在经过最初的初始化过程后就和调用本地的方法完全一样。RMI 旨在为 Java 应用之间的通信提供一个简单的机制。

一个正常工作的 RMI 系统主要由远程服务的接口定义、远程服务接口的具体实现、stub 和 skeleton 文件、运行远程服务的服务器、RMI 名字服务（允许客户端去发现这个远程服务）、类文件的提供者（HTTP 或者 FTP 服务器）和需要这个远程服务的客户端程序组成，如图 4-7 所示。

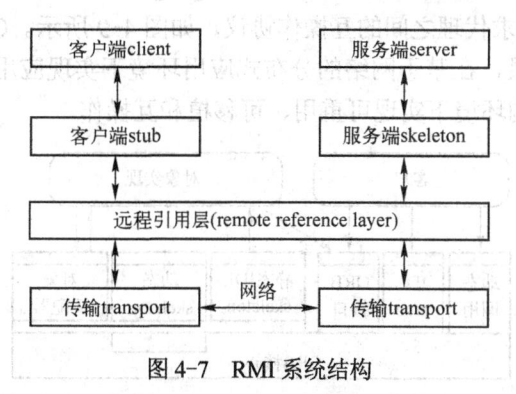

图 4-7　RMI 系统结构

RMI 系统结构按层次分可分为代理层（stub/skeleton layer）、远程引用层（remote reference layer）和传输层（transport layer），每一层的边界由确定的接口和协议加以定义，每一层都独立存在，层与层之间松耦合，可以在不影响其他层的情况下用可选的实现替代。

代理层包括客户端 stub 和服务器 skeleton，它隐藏了远程引用层和传输层的技术细节，提供了 Java 应用程序调用远程对象方法的透明接口，这一层是应用层 RMI 系统与其他部分之间的接口。

远程引用层处理较低层次的传输接口，也负责执行具体的远程引用协议。

传输层负责连接设置、连接管理及对位于传输在空间上的远程调用目标的跟踪和调度。

RMI 为服务器和客户机进行通信和信息传递提供了一种机制。在与远程对象的通信过程中，RMI 使用标准机 stub。远程对象的 stub 担当远程对象的客户端本地代表或代理人角色。调用程序将调用本地 stub 方法，而本地 stub 将负责执行对远程对象的方法调用。在 RMI 中，远程对象的 stub 与该远程对象所实现的远程接口集相同。RMI 调用 stub 方法的执行过程如图 4-8 所示。

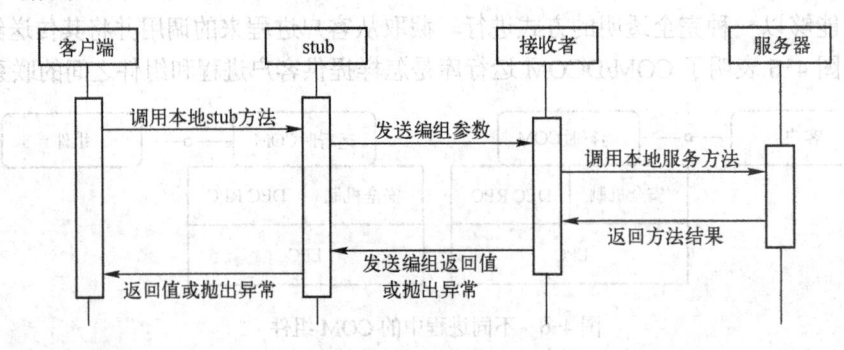

图 4-8　RMI 调用过程

③ CORBA。这是由对象管理组织（OMG）提出的组件模型的体系结构和组件接口标准，是为解决分布式处理环境中硬件和软件系统的互连而提出的一种解决方案。CORBA 可以成为通信中间件，它可以看成把应用程序和通信核心细节分离的软件，支持异构分布式应用程序间的互操作性及独立于平台和编程语言对象的重用。

CORBA 的核心思想是采用标准的接口定义语言将软件接口与软件实现部分相分离，其主要分为三部分：接口定义语言（interface definition language，IDL）、对象请求代理（object request broker，ORB）与对象请求代理之间的互操作协议，如图 4-9 所示。CORBA 规范充分利用了业界软件技术发展的成果，在基于网络的分布式应用环境下实现应用软件的集成，使得面向对象的软件在分布、异构环境下实现可重用、可移植和互操作。

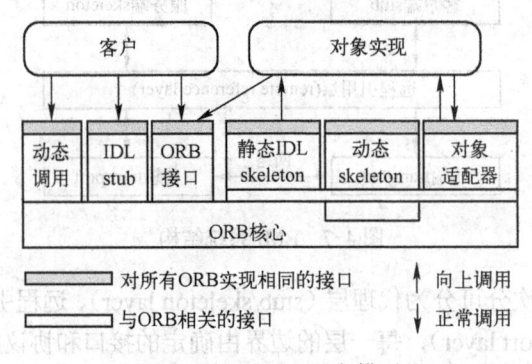

图 4-9　CORBA 对象模型

第4章 智能运输系统集成方法

IDL 语言是一种中性语言，使用 IDL 可以根据 IDL 接口中的信息来决定如何发出请求和接收响应，使得客户对象完全独立于具体对象实现所在的位置、使用的编程语言及其他跟对象接口无关方面的 CORBA 交互基本过程。CORBA 通过对象系统为客户提供服务，对象间的交互通过 ORB 传递。对于一个交互来说有客户方和服务方之分，在 CORBA 中称为客户和对象实现。客户通过构造一个请求来要求得到服务，与此请求相关的信息包括操作、目标对象、零或多个参数及请求上下文。对象实现使用接口来描述对它执行的操作。ORB 将请求交付给目标对象并返回响应给发出请求的客户。

(2) 消息中间件技术

消息中间件（message oriented middleware，MOM）是利用可靠高效的消息传送机制帮助分布式应用进行数据交流的系统软件。它基于消息队列的存储、转发机制和特有的异步传输机制，能够基于消息传输和异步事务处理实现应用整合与数据交换。

消息中间件包含以下特征。

① 可靠高效的通信：支持可靠传输方式，确保"一次并且只有一次"的递送。消息分为两种类型，非永久性消息和永久性消息。

② 数据传送和转换设施：核心是一个独立的消息传递协议层，实现真正的网络通信。有专门的消息格式库定义控制消息和应用消息的格式。对于单个消息，可以根据消息的源、目的地、类型等定义多个处理步骤，包括消息的格式转换、记录日志和定时传送等。

③ 强大的事务处理能力：可以跟踪事务，通过把事务存储到硬盘上实现网络故障时消息和系统状态的恢复。

④ 不断完善的安全机制：保证消息的机密性、完整性，发送方和接收方的身份鉴别及操作不可抵赖性。利用非对称密钥、对称密钥、数字签名等措施，可以帮助消息中间件保障消息传输、存储和访问的安全。

消息中间件支持三种通信模式，适应不同业务需求，如表 4-1 所示。

表 4-1 消息中间件支持的三种通信模式

模 式	特 点	适用场景
点对点（P2P）	一对一通信，消息直达接收方队列。需维持逻辑链路，适合强一致性交互。	实时指令下发（如车辆调度指令）
发布/订阅	一对多广播，通过消息代理动态路由。松耦合，支持匿名通信与异步处理。	交通事件广播（如事故预警）
消息队列	无连接模式，消息暂存队列后异步处理。容忍接收方离线，支持流量削峰。	高并发日志采集（如传感器数据）

其中，点对点模式和发布/订阅模式如图 4-10 所示，消息队列模式如图 4-11 所示。

(a) 点对点模式   (b) 发布/订阅模式

图 4-10 点对点模式和发布/订阅模式

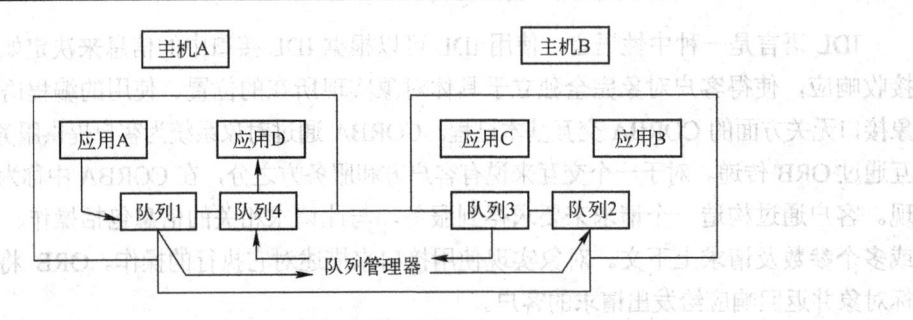

图 4-11 消息队列模式

在智能运输系统中，消息中间件的应用逻辑显著提升了系统灵活性与容错性。例如，车载终端通过异步通信将 GPS 数据写入本地队列，缓解网络波动对云端平台的冲击；新增子系统（如无人机配送模块）仅需订阅相关主题即可接入，无需重构核心架构。技术选型时，高可靠性场景（如实时调度）可选用支持事务日志的 RabbitMQ，高吞吐需求（如海量传感器数据）则适配分布式设计的 Apache Kafka，而物联网设备轻量化场景可优先采用低功耗的 MQTT 协议（如 EMQX）。通过合理选择通信模式与中间件工具，智能运输系统可实现高效、弹性、安全的跨组件协作。

（3）Web Service 技术

Web Service 是用来支持网络间不同机器互动操作的软件系统。一个完整的 Web Service 包括三种逻辑组件，分别为服务提供者、Web Service 注册中心和服务请求者。其中，服务提供者提供服务并进行注册以使服务可以使用；Web Service 注册中心起中介作用，充当服务提供者和服务请求者之间的媒介；服务请求者可以在应用程序中通过向服务代理请求服务。Web Service 体系结构如图 4-12 所示。

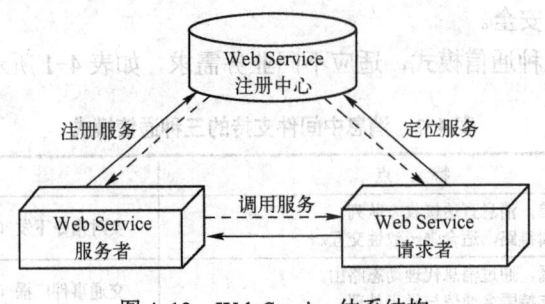

图 4-12 Web Service 体系结构

从外部使用者的角度而言，Web Service 是一种部署在 Web 上的对象/组件，具备以下特征。

① 完好的封装性。Web Service 既然是一种部署在 Web 上的对象，自然具备对象的良好封装性，对于使用者而言，它能且仅能看到该对象提供的功能列表。

② 松耦合。这一特征源于对象/组件技术，当一个 Web Service 实现发生变更的时候，只要其调用界面不变，Web Service 所实现的任何变更对调用者来说都是透明的。

③ 使用协约的规范性。作为 Web Service，对象界面所提供的功能应当使用标准的描述语言来描述（如 WSDL）。由标准描述语言描述的服务界面应当是能够被发现的，因此这一描述文档需要被存储在私有的或者公共的注册库中。使用标准描述语言描述的使用协约将不仅仅是服务界面，还将被延伸到 Web Service 的聚合、跨 Web Service 的事务、工作流等，而这

些又需要服务质量（quality of service，QoS）的保障。由于安全机制对于松耦合的对象环境非常重要，因此需要对诸如授权认证、数据完整性、消息源认证及事务的不可否认性等运用规范的方法来描述、传输和交换。在所有层次的处理都应当是可管理的，因此需要对管理协约运用同样的机制。

④ 使用标准协议规范。作为 Web Service，其所有公共的协约完全需要使用开放的标准协议进行描述、传输和交换。

⑤ 高度可集成能力。由于 Web Service 采取简单的、易理解的标准 Web 协议作为组件界面描述和协同描述规范，完全屏蔽了不同软件平台的差异，无论是 CORBA、DCOM 还是 EJB 都可以通过这一种标准 Web 协议进行互操作，实现在当前环境下最高的可集成性。

Web Service 主要是由 SOAP、HTTP 及 WSDL 组成，其中 SOAP 是 Web Service 的主体，其通过 HTTP 等应用层协议进行通信，自身使用 XML 文件程序的函数方法和参数信息，从而完成不同主机的异构系统间的计算服务处理。Web Service 的核心技术主要有 XML/XML Schema、SOAP、WSDL、UDDI 和 HTTP。其中，XML/XSD 主要用于描述数据结构及类型；SOAP 主要用于描述信息传输协议；WSDL 主要用于描述内容；UDDI 主要用于描述、发现与集成 Web Service。

WSDL 用以描述服务端口访问方式和使用协议的细节，辅助生成服务器和客户端代码及配置信息，其通常被分为两种类型：服务接口和服务实现，如图 4-13 所示。在 Web Service 中，WSDL 负责描述 SOAP 消息的一个集合及这些消息如何相互交换，其不仅描述一个 Web Service 的内容，也描述了其调用规范，这使得可以对 Web Service 进行检索。

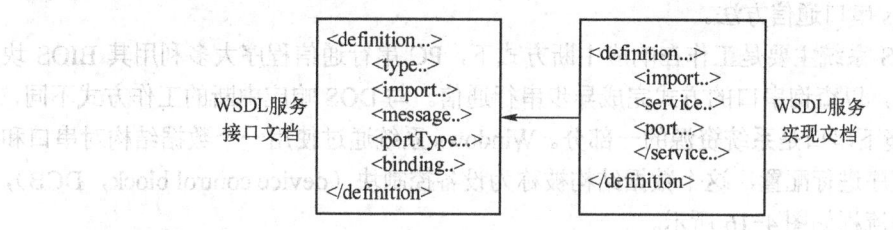

图 4-13 WSDL 文档类型

SOAP 是一种简单、轻量级的协议，用于在 Web 传输、交换 XML 数据。SOAP 规范定义了消息传输的信封格式，提供了数据编码的基准并提供代表远程调用的一系列规则，其体系结构如图 4-14 所示。

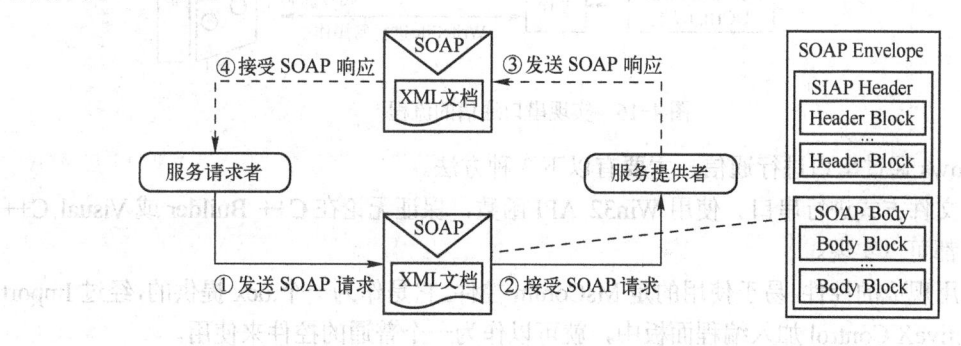

图 4-14 SOAP 体系结构

SOAP 协议包括 3 个主要部分：SOAP 信封、SOAP 编码规则和 SOAP RPC 表示。其中，SOAP 信封是定义 SOAP 消息的顶级容器，包含 SOAP 头部和主体部分，其中头部信息是可选的，但所有 SOAP 消息都必须有主体部分；SOAP 编码规则定义了数据的编码机制，用以交换应用程序定义的数据类型的实例；SOAP RPC 表示定义了远程过程调用和应答的协定，通过 SOAP 绑定可以将 SOAP 信封在 HTTP 等协议上进行传送。

UDDI 是一个用来发布和搜索 Web Service 的协议，应用程序可利用此协议在设计或运行时找到目标 Web Service。UDDI 注册中心有 4 种主要的数据类型：业务实体、业务服务、绑定模块和规范描述指针，其数据类型之间的关系如图 4-15 所示。

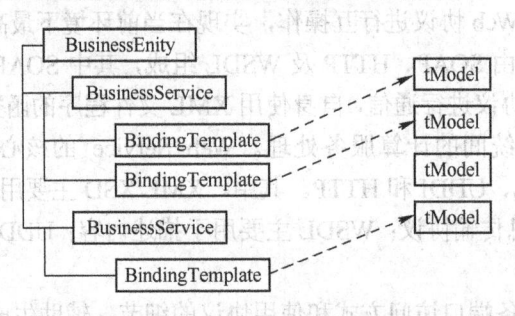

图 4-15　UDDI 注册中心数据类型之间的关系

2. 软硬件集成技术

（1）串口通信方法

① Windows 串口通信方法。

常用的 DOS 系统主要是工作在响应中断方式下，PC 串行通信程序大多利用其 BIOS 块的 INT14H 中断，以查询串口的方式完成异步串行通信。与 DOS 响应中断的工作方式不同，在 Windows 环境下串口是系统资源的一部分。Windows 系统通过使用一个数据结构对串口和串行通信驱动程序进行配置，这个数据结构被称为设备控制块（device control block，DCB），实现串口通信的流程如图 4-16 所示。

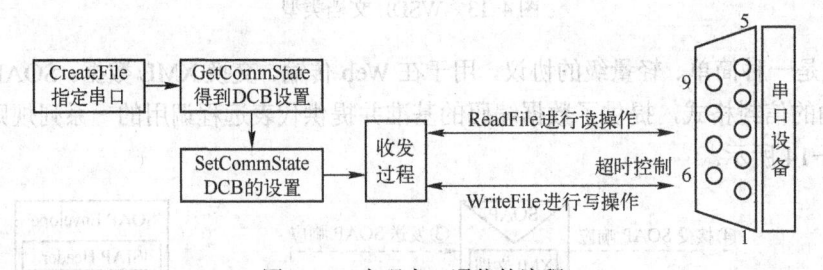

图 4-16　实现串口通信的流程

Windows 通过串口进行通信，主要有以下 3 种方法。

- 以文件方式进行串口。使用 Win32 API 函数，保证无论在 C++ Builder 或 Visual C++ 下都可以实现。
- 使用现成的控件。易于使用的是 MsComm 控件，它是作为一个.ocx 提供的，经过 Import ActiveX Control 加入编程面板中，就可以作为一个普通的控件来使用。
- 直接嵌入汇编法。利用直接嵌入汇编功能，可以在程序中用汇编语言直接对串口进行操作。这种方法可以把原来在 DOS 下开发的汇编程序经过修改后移植到 Visual C++ 中继续使用,一般面向底层开发人员使用。

② Linux 串口通信方法。

因为串口和其他设备一样,在类 UNIX 系统中都是以设备文件的形式存在,可以使用 open 系统调用/函数来访问它,但 Linux 系统中却有一个稍微不方便的地方,普通用户一般不能直接访问设备文件。为方便编写的程序可以访问串口,可以选择以下方式做一些调整。

- 改变设备文件的访问权限设置。
- 以 root 超级用户的身份运行程序。
- 将程序编写为 setuid 程序,以串口设备所有者的身份运行程序。

(2) RFID 技术

射频识别(radio frequency identification,RFID)是一种非接触式自动识别技术,通过射频信号来自动识别目标对象并获取相关数据,识别工作无须人工干预,可工作于各种恶劣环境,能对相距几厘米到几十米范围内的物体进行识别,并批量读取识别静止和运动状态下的物体、设备、车辆和人员。

RFID 系统包含电子标签、读写器和信息处理系统,其工作原理如图 4-17 所示。当带有射频识别标签的物品经过特定的信息读取装置时,标签被读写器激活并通过无线电波开始将标签中携带的信息传送到读写器及计算机系统,完成信息的自动采集工作。电子标签可以如身份证大小,由人携带并当作信用卡使用,也可以和商品包装上的条形码似的贴附在商品等物品上,RFID 计算机系统则根据需求承担相应的信息控制和处理工作。

读写器通过天线发送出一定频率的射频信号,当标签进入天线辐射场时,产生感应电流从而获得能量,发送出自身编码等信息,被读写器读取并编码后发送至上位机进行有关处理。读写器与标签之间通过无线信号建立双方通信的通道,读写器通过天线发出电磁信号,电磁信号携带了读写器向标签的查询指令。当标签处于读写器工作范围时,标签将从电磁信号中获得指令数据和能量,并根据指令将标签标识和数据以电磁信号的形式发送给读写器,或根据读写器的指令改写存储在 RFID 标签中的数据。读写器可接收 RFID 标签发送的数据或向标签发送数据,并通过标准接口与后台服务器通信网络进行对接,实现数据的通信传输。

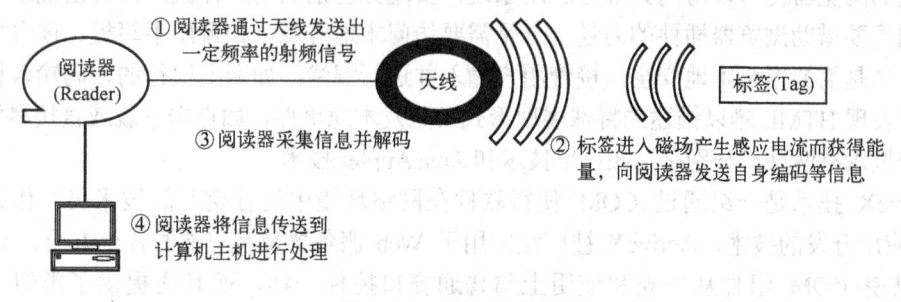

图 4-17 RFID 工作原理

(3) USB Key 技术

随着 Internet 和电子商务发展,USB Key 作为网络用户身份识别和数据保护的"电子钥匙",正在被越来越多的用户所认识和使用。在系统中实现对 USB Key 的集成,已经成为保护软件本身、识别用户身份和保护交易安全的一项常用手段。USB Key 专门用于存储秘密信息，是数字证书的最佳载体。证书一旦下载到 USB Key 中便无法复制导出，可有效防止黑客或他人盗取证书，且不受计算机硬盘格式化、重装系统等的影响。另外，USB Key 有 PIN 码保护，且该码输入次数有限制。

USB Key 功能层次如图 4-18 所示。USB Key 主要用作基于公钥体系的数字证书和私钥的安全载体。RSA 密钥是在 USB Key 内生成的，私钥永远不能导出，确保证书持有人的信息安全。它同时采用"Key+PIN 码"的双因子认证，保证数字证书和私钥的合法使用，该认证是指通过 PIN 码保护钥匙，继而保护数字证书。用户需将 USB Key 插入计算机并通过 PIN 码验证后，方能使用其中受保护的私钥进行数字签名。与 PKI 技术的结合，使 USB Key 的应用领域从仅确认用户身份，扩展到可以使用数字证书的所有领域，广泛用于安全交易等场合。

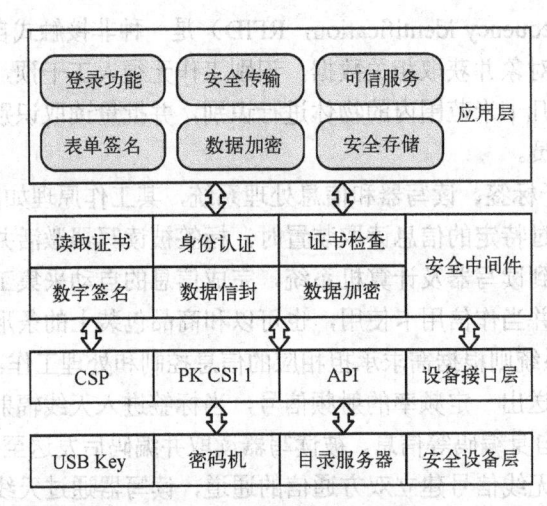

登录功能	安全传输	可信服务	应用层
表单签名	数据加密	安全存储	
读取证书	身份认证	证书检查	安全中间件
数字签名	数据信封	数据加密	
CSP	PK CSI 1	API	设备接口层
USB Key	密码机	目录服务器	安全设备层

图 4-18 USB Key 功能层次

（4）浏览器插件技术

目前主流信息系统都倾向于向浏览器-服务器模式上迁移，用户获取信息时一般只需拥有一个合适的浏览器便可以访问大部分应用系统，实现无差别的用户体验，但若出现以下几种情况，则需要借助浏览器插件的力量。一是需要访问本地资源，如调用手写板、读卡器或摄像头等；二是需要增强本地安全，接管用户输入并进行混淆，如网上银行的密码输入框等；三是需要表现 HTML 难以描述的特殊展现形式及触发本地事件，如点击下载或直接播放。通常采用的技术有两种，分别是 ActiveX 技术和 Java Applet 技术。

ActiveX 技术是一组通过 COM 使得软件在网络环境中进行交互的技术集。作为针对 Internet 应用开发的技术，ActiveX 被广泛应用于 Web 服务器及客户端的各个方面。ActiveX 控件可以使 COM 组件从外观和使用上与普通窗口控件一样，而且还提供了类似于设置 Windows 标准控件属性的属性页，使其能够在容器程序的设计阶段对 ActiveX 控件的属性进行可视化设置，如图 4-19 所示。ActiveX 控件的开发主要有 3 种方法。一是直接用 COM 的 API 开发，这种方法具有一定的难度，一般不予以考虑。二是基于传统的 MFC，采用面向对象的方式将 COM 的基本功能封装在若干 MFC 的 C++类中，开发者通过继承这些类得到 COM 支持功能。此方法易于上手学习，但其封装的东西比较多，适于开发桌面 ActiveX 控件，尤其是有 GUI 界面的控件。三是基于 ALI，ALI 是专门面向 COM 开发的一套框架，使用 C++ 模板技术，在运行时不需要依赖于类似 MFC 程序所需要的庞大的代码模块，更适合于 Web 应用开发，但是此方法入门难度略大。

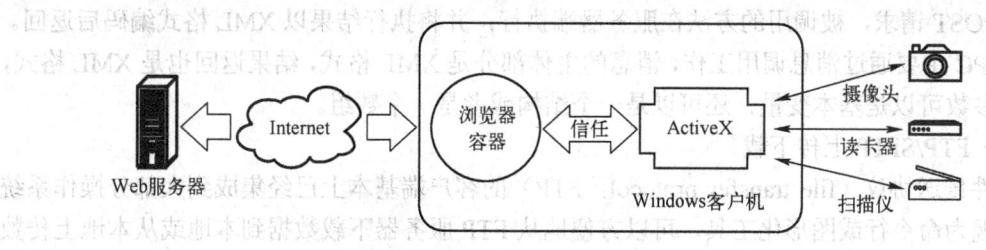

图 4-19　浏览器通过 ActiveX 调用本地硬件设备

Applet 技术运行于浏览器上，可以生成生动活泼的页面，进行友好的人机交互，同时还能处理图像、声音和动画等多媒体数据。Java Applet 是用 Java 语言编写的小应用程序，这些程序直接嵌入到页面中，由支持 Java 的浏览器解释执行能够产生特殊效果的程序，可以大大提高 Web 页面的交互能力和动态执行能力。Java 以其跨平台的特性深受人们喜爱，但也因其跨平台，使其与本地机器的各种内部联系变得很少，从而约束了它的能力。解决 Java 对本地操作的一种方法就是 Java 原生接口（Java native interface，JNI），Java 可以通过 JNI 调用 C/C++ 的库，如图 4-20 所示。通过调用本地库文件的内部方法，Java 可以实现和本地机器的紧密联系，调用系统级的接口方法。

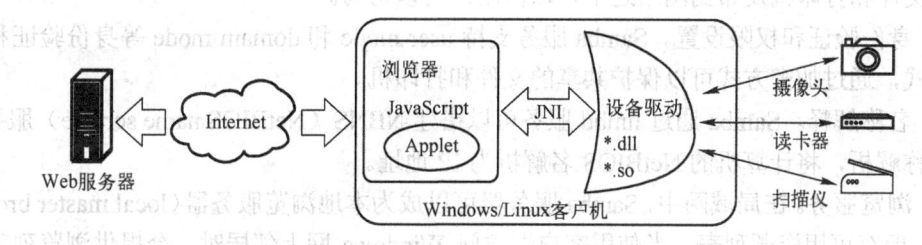

图 4-20　浏览器 Applet 通过 JNI 调用本地硬件设备

3. 跨操作系统集成

当前主流操作系统包括 Windows 系列、Linux/UNIX 等，其安全性能、应用范围和应用领域有着较大的差异性。在系统集成中，为增强网络系统的生命力，有效降低网络系统的安全风险，跨越主流操作系统平台是有必要的。

（1）远程过程调用

远程过程调用（remote procedure call，RPC）是一种通过网络从远程计算机程序上请求服务，而不需要了解底层网络技术的协议。RPC 假定某些传输协议的存在，为通信程序之间携带信息数据。在 OSI 网络通信模型中，RPC 跨越了传输层和应用层，使得开发包括网络分布式多程序在内的应用程序更加容易。

RPC 采用客户-服务器模式。请求程序就是一个客户机，而服务提供程序就是一个服务器。首先，客户机调用进程发送一个有进程参数的调用信息到服务进程，然后等待应答信息。在服务器端，进程保持睡眠状态直到调用信息到达为止。当一个调用信息到达时，服务器获得进程参数、计算结果、发送答复信息，然后等待下一个调用信息，最后客户端调用进程接收答复信息，获得进程结果，然后调用执行继续进行。XML-RPC 是一套允许运行在不同操作系统、不同环境的程序实现基于过程调用的规范协议。该远程过程调用使用 HTTP 作为传输协议，XML 作为传送信息的编码格式。一个 XML-RPC 消息就是一个请求体为 XML 的 HTTP-POST 请求，被调用的方法在服务器端执行，并将执行结果以 XML 格式编码后返回。XML-RPC 主要通过消息调用工作，消息的主体部分是 XML 格式，结果返回也是 XML 格式，过程的参数可以是基本变量，还可以是一个结构或者是一个数组。

（2）FTP/SFTP 上传下载

文件传送协议（file transfer protocol，FTP）的客户端基本上已经集成到大部分操作系统中，表现为命令行或图形化工具，可以方便地从 FTP 服务器下载数据到本地或从本地上传数据到 FTP 服务器。安全文件传送协议（secure file transfer protocol，SFTP）可以为传输文件提供一种安全的加密方法。SFTP 与 FTP 的语法与功能大致相同，是一种传输文档至服务器的安全方式。

如果需要使用 SFTP，首先使用 FTP 服务器支持 STFP 协议，并且在客户端使用 SFTP 访问服务器，进行上传、下载文件及建立删除目录等操作。

（3）Samba 网络共享

Samba 服务基于服务器信息块（server message block，SMB）协议，用于计算机间共享文件、打印机、串口等资源，主要应用于以下场景。

① 文件和打印机共享。文件和打印机共享是 Samba 的主要功能，SMB 进程实现资源共享，将文件和打印机发布到网络之中，以供用户可以访问。

② 身份验证和权限设置。Samba 服务支持 user mode 和 domain mode 等身份验证和权限设置模式，通过加密方式可以保护共享的文件和打印机。

③ 名称解释。Samba 通过 nmbd 服务可以搭建 NBNS（NetBIOS name service）服务器，提供名称解析，将计算机的 NetBIOS 名解析为 IP 地址。

④ 浏览服务。在局域网中，Samba 服务器可以成为本地浏览服务器（local master browser，LMB），保存可用资源列表，当使用客户端访问 Windows 网上邻居时，会提供浏览列表，显示共享目录、打印机等资源。

如图 4-21 所示，当客户端访问服务器时，信息通过 SMB 协议进行传输，其工作可分为以下 4 个步骤。

协议协商：客户端在访问 Samba 服务器时，发送 negprot 指令数据包，告知目标计算机支持的 SMB 类型，Samba 服务器根据客户端的情况，选择最优的 SMB 类型并做出回应。

建立连接：当 SMB 类型确认后，客户端会发送 session setup 指令数据包，提交账号和密码，请求与 Samba 服务器建立连接，如果客户端通过身份验证，Samba 服务器会对 session setup 报文做出回应，并为用户分配唯一的 UID，在客户端与其通信时使用。

访问共享资源：客户端访问 Samba 共享资源时，发送 tree connect 指令数据包，通知服务器需要访问的共享资源名，如果设置允许，Samba 服务器会为每个客户端与共享资源连接分配 TID，客户端即可访问需要的共享资源。

断开连接：共享使用完毕，客户端向服务器发送 tree disconnect 报文关闭共享，与服务器断开连接。

图 4-21 Samba 工作流程图

(4) 网络文件共享

网络文件共享（network file system，NFS）是分布式计算系统的一个组成部分，可实现在异种网络上共享和加载远程文件系统。NFS 服务是基于 RPC 实现的一个方便的共享文件系统，便于 Linux 和 Windows 之间共享文件。NFS 提供了除 Samba 之外各种操作系统之间共享文件的另一种方法。NFS 是一种分布式文件系统，主要是让网络上的 UNIX 主机可以共享目录和文件。其原理是在客户端通过网络将远程主机共享的文件系统以挂载的方式加入本机的文件系统。NFS 目前已经成为文件服务的一种标准。NFS 客户和 NFS 服务器的一次典型访问过程如图 4-22 所示。

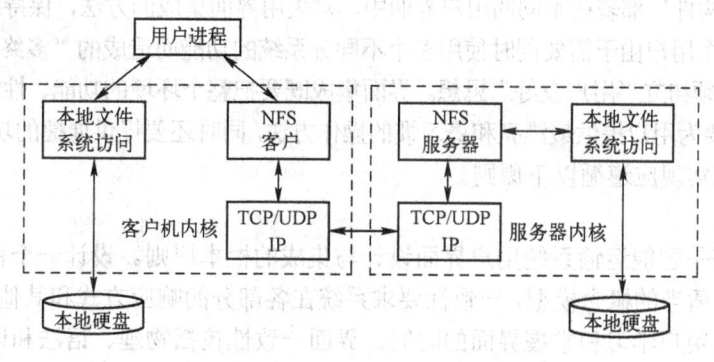

图 4-22 NFS 客户和 NFS 服务器的一次典型访问过程

NFS 客户通过它的 TCP/IP 模块向 NFS 服务器发送 RPC 请求，当 NFS 服务器收到一个客户请求时，它将这个请求传递给本地文件访问例程，后者访问服务器主机上的一个本地磁盘文件。NFS 服务器需要花一定的时间来处理一个客户的请求，访问本地文件系统一般也需要一部分时间，在这段时间间隔内，服务器不应该阻止其他客户请求。同样在客户主机上，NFS 客户需要花一定的时间来处理一个用户进程的请求。NFS 客户向服务器主机发出一个 RPC 调用，然后等待服务器应答。为了给使用 NFS 的客户主机上的用户进程提供更多的并发性，在客户内核中一般运行着多个 NFS 客户，具体实现依赖于操作系统。

4.2.4 平台集成

平台集成是指将多个独立的系统、应用程序或服务，通过一系列技术和方法连接和整合，使它们能够协同工作并共享数据和功能。平台集成旨在消除信息隔离，提高系统间的互操作性和数据一致性，实现业务流程的自动化和优化。平台集成不仅关注技术层面的连接，还涉及业务逻辑、数据管理和安全保障等方面，以确保整体系统的高效、稳定和安全运行。平台集成主要由界面集成、应用整合、流程集成和平台集成四个部分组成。

1. 界面集成

界面集成是一个面向用户的整合，它将原先系统的终端窗口和 PC 的图形界面用一个标准的界面来替换，使用新的统一的表示逻辑模块来访问遗留的应用软件。但是实际上为了实现集成，用户的每一个交互动作最终都会被映射到旧的显示机制上，并联结到处理代码上，其本质属于可执行程序级的集成。

界面集成是一种原始但很有效的方法，使用这种方法，系统设计师和开发人员可以把用户界面作为公共集成点来集成不同的系统，典型的是基于浏览器的用户界面集成。一般来说，终端屏幕应用程序的功能可以一对一映射为基于浏览器的图形用户界面，这种新的表示层在智能交通管理系统、车辆调度系统和交通监控系统等应用中较为常见。

用户界面级整合是基于脚本或代理的。基于脚本的用户界面级整合将整合代码嵌入到用户界面组件事件中，通常使用客户-服务器应用程序。例如，当用户单击添加车辆的提交按钮时，数据被送到应用程序的数据库和一个消息队列中。基于代理的用户界面级整合应用程序接口将数据从传统系统传递到终端。

在大型或超大型智能运输系统集成中，各自独立开发的、具有独立功能的多个分系统，需要作为可配置的"构件"部署在不同的用户界面中，常采用界面集成的方法，保持整个系统风格的统一，并减少单个用户由于需要同时使用多个不同分系统的功能而造成的"多终端"问题。

用户界面必须树立"用户友好"思想。界面集成既要把整个环境的功能、性能和特色完整地展现给用户，又要为用户提供最漂亮和最习惯的操作方法，同时还要提供便捷的功能导航和帮助。

界面的集成实现应遵循以下原则。

（1）一致性

一致性原则是智能运输系统用户界面设计与集成的根本原则。设计一个良好界面的关键在于为用户建立适当的概念模型，一致性要求系统在各部分的响应方式和其他部分完全相同，这样就可以缩短用户学习和掌握界面的时间。界面一致性包括物理、语法和语义三个方面。物理一致性强调确保硬件交互的统一性，包括键位布局、鼠标轨迹球的滚动方向与灵敏度、触控板手势响应等；语法一致性是指屏幕上的元素（显示语言）出现的顺序和规则及操作要求（动作语言）顺序的一致性问题，如窗口的标题、控制选单、工作菜单、窗体、滚动条、按钮等元素的布局和风格；语义的一致性是指构成界面的元素意义必须保持一致，如界面菜单名称、图符形状、颜色等的含义不能随系统不同而改变用意。

（2）直接操纵

直接操纵表示用户和界面的图形对象之间的相互作用。它把一个动作和一个图形对象具有的响应联系起来。直接操纵模拟了现实世界中工具的使用。对图形界面的操作非常类似于在现实世界中使用工具，例如，按下按钮可以启动车辆调度，滚动条可以调整交通监控视频的显示区域；系统生成的交通数据报告可以作为进一步操作的对象，如进行统计分析或调度决策。

（3）灵活性

灵活性表现在可操作和可配置两个方面。智能运输系统的用户群体广泛，从交通管理人员到普通市民,因此系统必须提供多种工作方式选择。用户可以选择通过文本输入或图形界面进行操作,可以使用键盘或触摸屏;允许用户根据自己的喜好配置系统,如设置界面的背景颜色、字体、图表形状等,以增强用户对系统的控制能力。

(4)显式的操作

在设计智能运输系统用户界面时,需要明确哪些操作需要给用户显示的提示或信息,以避免误操作带来的负面影响。对于那些不可逆的操作,如清除交通数据,系统需要给出显式的确认信息,让用户确认这些操作。提供实时的帮助信息,指导用户正确操作。为了避免不可逆操作产生的副作用,在设计用户界面时注意为用户设置以下三项功能:警告、上下文相关帮助信息、Undo 操作。

在界面集成时,通常采用面向对象的技术,并借助于界面管理工具来实现。用户界面部分称为用户界面构件,遵从各集成部件在整体中的功能作用设计相应的出现位置、资源类型和激活机制;而将工具部分称为服务构件(或控件),如窗口和组成窗口的公共元素:标题窗、菜单窗、控制窗、窗体、滚动条、按钮、字符和图符等。用户界面以面向对象的方式工作,对象包括窗口、图符、按钮、菜单、字符和字符串、图像等元素。其基本的交互方式是选择对象,并选择要进行的操作。用户界面提供窗口管理系统的标准功能,还可以通过窗口访问每个应用程序。从用户观点看,对一个应用程序的输入就是从键盘、指示设备输入或者拷贝某一选择项到指定的窗口中去。

首先对组成界面的公共构件进行对象抽象和定义,然后根据各对象的用途将其结构属性和行为特征封装到各自的功能对象中,形成用户界面的基本构件对象,也称为显示对象。这样界面的组装可利用对象的继承、引用和聚类等机制把相关的界面构件对象按照它们之间的相互关系和作用组织到一起,构成一个完整的自集成的界面系统。此时,既要解决用户界面自身系统的集成,同时也要考虑界面与工具之间的集成。

可移植公共工具环境(portable common environment,PCTE)是一个颇具影响的标准集成环境。采用了面向对象的机制和方法,实现了一个具有多窗口机制的界面管理系统。通过 PCTE 用户界面,用户可以并行运行多个应用程序,对不同的应用程序提供通信接口,解释用户输入,并把它引入到相应的应用程序。PCTE 的应用可以实现多个交通管理应用的并行运行和协调工作,提高系统的整体效率和用户体验。

2. 应用整合

应用整合是在业务逻辑层上进行的集成,把不同的应用程序连接起来,以共享和利用信息,使不同应用系统中的信息可以在整个业务实体范围内共享。应用整合在智能运输系统中主要是通过业务逻辑层来实现的。它通过将不同的应用程序连接在一起,实现信息和指令在不同系统之间的安全、有效传输,从而在整个运输系统内共享信息。涉及的主要方法有:一是面向消息的中间件,它是通过消息传递来连接新旧应用软件以及不同的软件系统。二是分布式对象技术,如 CORBA、DOCM、.NET、J2EE 等,主要是把各个不同的应用系统看成一个分布的对象,只要知道了这些应用对外公开的接口,就可以通过远程调用实现跨平台操作。应用整合比较复杂,多少会涉及数据集成和界面集成,因此,常常被理解为程序级或功能级的集成,需要 API 或源代码的支持,用中间件进行整合更有意义。在新的基于网络的应用整合中,新的应用程序,常采用面向对象的编程思想以及标准的开发工具以及接口(比如 JAVA 或者.NET),可以帮助快速进行应用程序的集成。

在智能运输系统开发时，常用统一设计、分步实施的方法，一个完整的程序可分别由不同的团队（人）开发某一部分，或先期实现一部分功能，留下接口，以后开发和部署后续功能模块。因此，在设计的时候要考虑到系统的集成方式，统一规范各组成部分的接口。由于不同时期集成框架不同，造成了应用程序支持的分布式处理技术不同，这样一来集成的操作除了应用程序本身外，还包括平台的集成。.NET 和 J2EE 都提供了良好接口规范，利用其中间件和 XML，能够实现不同程序的整合。

就应用整合的结构而言，分点到点和中间件两种结构。点到点的集成非常容易理解，而且很容易实施，一个很典型的点到点集成的例子是：一个应用系统直接利用另一个应用系统产生的数据，可以通过约定数据交换接口（文件或数据库等）实现。当只集成两个应用系统时，即出现了如图 4-23 的情况。点到点集成的基础结构是非常脆弱的。每一个应用通过点到点的连接和其他应用系统紧密联系。当一个应用系统发生改变就可能破坏它的集成，而且，集成点的数量随着集成系统的增加成平方数量级增加（n 个系统，集成连接为 $n(n-1)/2$），也很难维护。

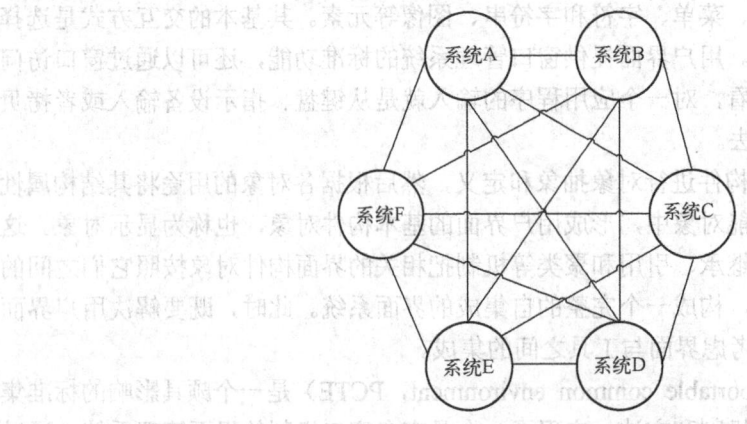

图 4-23　6 个应用系统点到点集成

中间件提供了一个通用接口，每个被集成的应用通过这个接口相互收发消息。从而每个应用系统通过中间件间接地发生交互，中间件屏蔽了不同应用之间的区别和变化。图 4-24 描绘了一个利用中间件集成的面向服务的逻辑体系结构。

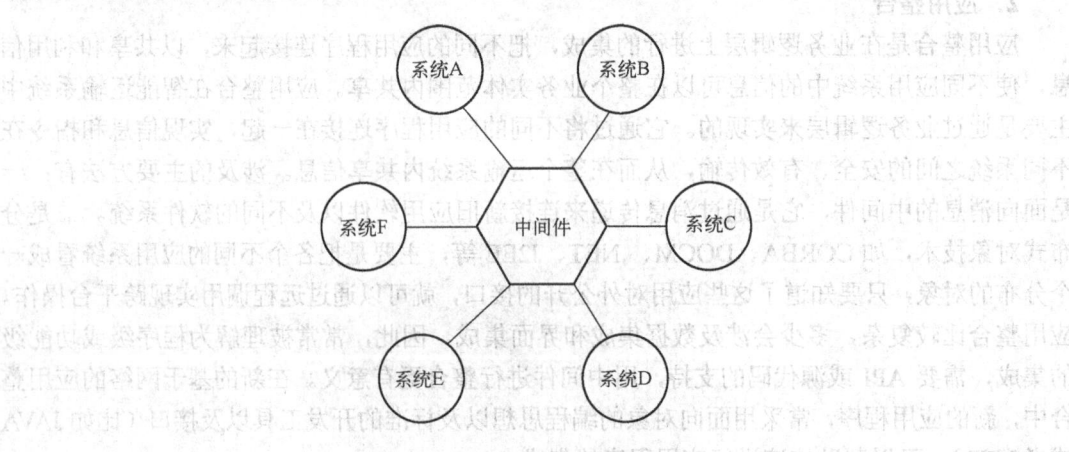

图 4-24　中间件集成逻辑体系结构

中间件集成能保证在不影响其他应用的同时增加或代替应用。和点到点的集成相比，中间件集成，n 个应用只需要 n 个集成点，更容易支持多应用系统的集成，同时也需要更少的维护。此外，中间件在应用系统传输数据时能完成复杂的任务：传输、聚集、分离和转换所传输的消息。中间件结构具有良好的伸缩性，可以根据系统各部分的关系，设立若干组"中间件"，担当组内部之间的集成点。

尽管中间件集成具有许多优点，但它在初始实施阶段也面临一些挑战。实施中间件集成点初始阶段相对复杂，而且将现有应用转换为使用中间件 API 也是非常麻烦的。然而，考虑到智能运输系统在整体应用集成中的可维护性和性能提升，这些缺点是可以忽略的。中间件集成正在逐渐取代点到点集成，成为应用集成的标准。

3. 流程集成

业务流程集成是在应用整合的基础上，通过数据转换、消息路由和流程管理等手段，控制信息在各个应用系统之间的流动，确保各系统按照不同的业务规则组合成完整的业务流，完成各类智能运输任务。

业务流程集成的传统实现手段是采用传统的中间件或应用集成技术，包括基于传统的消息中间件、交易中间件、流程控制器或者应用服务器等技术的集成，更进一步的实现手段则是采用 Web 服务技术来实现业务流程集成。一般来说，在业务流程的集成模式中，应包括集成适配器、数据转换处理、消息路由控制以及业务流程管理等几大部分。

值得注意的是，在业务流程集成过程中会遇到业务重组，势必影响到原先部分应用程序的功能和处理方法，此时，首先应当提出新的业务流程图，分析原有的应用系统与新流程的对应关系，确定哪些可利用，哪些可改造后使用，哪些必须重新设计和补充。其中有些改造和新设计的部分涉及方法集成，如将多种应用程序的公共操作聚集到一个单独的应用服务程序中，提高软件的可重用性和工程化程度，为今后维护和升级创造条件。

当被集成的应用程序能够提供 API 或可执行程序时，应用集成可利用集成框架（或应用服务器）支持的代码调用方法,组建服务组件库，按高一级的功能需求选择并集成合适的"软件块"；当需要扩充新的功能点或方法时，通常需要源代码的支持，以便更好地优化代码结构；完全采用新的技术（运行环境、开发平台等）重构新的应用系统，有时需要重新移植某个老的源程序。

当业务流程与应用程序处理模块的流程有清晰的对照关系时，可以通过工具实现自动关联。如 Platform 公司的流程管理器，能够提供可视化的工作流程创建、编辑、运行和监控，极大地简化大型复杂工作流程的定义、运行和管理问题。该软件支持交互式作业和非交互式作业。非交互式作业包括单独作业和批处理作业，这些作业可以是用户开发的应用程序或者编辑的工作流。交互式作业是指具有用户界面的应用，需要采用虚拟网络连接器和远程桌面的方式来实现。

以 MODIS 卫星影像处理的一个应用为例，需要将 MODIS 辐射亮温（RBT）和归一化植被指数（NDVI）的数据进行合成，它是遥感干旱监测中十分重要的指标和评价数据。通过对业务的分解重组，调度安排和分发策略的合理设计，来实现流程自动化，提高机器运算效率和业务处理速度。类似的流程集成可以应用于交通数据处理、实时监控、应急响应和公共交通调度等领域。例如，交通管理系统可以通过集成不同来源的交通数据（如摄像头、传感器、GPS 数据），实现实时路况监控和智能交通信号控制，从而优化交通流量，减少拥堵。

MODIS 卫星影像合成流程的自动化处理模式，为智能运输系统的多源数据整合提供了跨领域的方法论借鉴。该流程通过几何纠正、噪声过滤、辐射定标等 8 个核心步骤，实现了从原始数据到监测指标的自动化生成。其技术特点包括：基于参数化配置的动态调整机制，支持并行处理的任务划分策略（如辐射定标与植被指数计算可独立执行），以及通过云检测实现异常数据的智能掩膜。

在智能运输系统中，类似的集成方法可应用于交通数据融合场景。例如，通过集成摄像头、传感器、GPS 等多源数据，首先进行坐标系统一（几何纠正对应）和噪声滤波（去条带噪声对应），然后提取车道占有率（类比 NDVI）和平均车速（类比 RBT）等特征参数。最终通过最大合成法或最近合成法生成实时路况指数，支持动态交通信号控制和应急响应调度。

该集成方案的关键优势在于：通过并行处理技术将单节点处理时间从 8 小时缩短至 3.5 小时（模拟数据），利用动态参数配置实现自适应阈值调整，以及通过任务优先级划分（如优先处理原始数据对齐）优化资源调度。实测数据显示，其异常数据识别率达 95%，流程自动化程度达 97%，显著提升了系统的实时性和可靠性。未来可进一步探索 AI 模型优化异常检测算法，以及 5G 边缘计算环境下的实时合成策略。

4. 平台集成

要实现系统的集成，底层的结构、软件、硬件及异构网络的特殊需求都必须得到集成。当新老系统是在完全不同的技术体系下开发时，应用集成要考虑两个主要的因素：集成框架和适配器开发包。平台集成处理一些过程和工具，以保证这些系统进行快速安全的通信。

集成框架是基于某种体系结构的标准框架，它提供给业务流程设计者一个直观的环境来调用适配器（Adapter），而不必去了解适配器之后的企业信息系统。业务流程设计者或者技术分析人员能针对适配器定义不同的调用来满足不同的目的。常用的集成框架有 CORBA、SOA、J2EE 和.NET 等。

基于不同平台开发的信息系统间的集成，首先要解决平台集成问题。SUN J2EE 与 Microsoft.NET 是目前的企业浏览服务平台市场的两个最重要的应用框架。它们都为分布式应用，尤其是多层（N-Tier）应用的设计、集成、性能、安全性和可靠性等方面，提供了全能的平台、工具和编程环境支持。在具体的应用框架中，J2EE 和.NET 包括了表现层服务、会话管理、商业逻辑框架、数据缓存、事务处理等功能，这些功能在智能运输系统集成中具有重要意义。

4.3 面向数据的集成分析方法

数据集成是信息系统集成建设中最深层、最核心的工作。在智能运输系统中，数据集成同样是至关重要的，它可以将来自不同交通数据源的信息整合在一起，使用户能够以透明的方式访问和利用这些数据。这包括交通信号系统、车辆 GPS 系统、公共交通系统、天气预报系统等。集成是指维护数据源整体上的数据一致性、完整性，提高信息共享利用的效率。透明的方式是指用户无须关心如何实现对异构数据源数据的访问，只关心以何种方式访问何种数据。如图 4-25 所示，数据集成系统为用户提供统一的数据源访问接口，执行用户对数据源的访问请求。

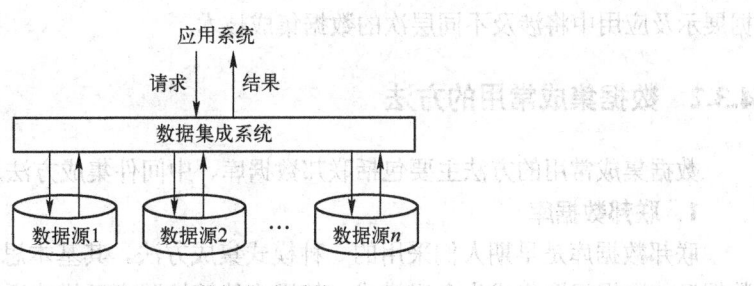

图 4-25 数据集成系统

4.3.1 数据集成需要解决的难题

数据集成的数据源主要指各类数据库，广义上也包括各类 XML 文档、HTML 文档、电子邮件、普通文件等结构化、半结构化信息。数据集成是信息系统集成的基础和关键。好的数据集成系统要保证用户以低代价、高效率使用异构的数据。要实现这一目标，必须解决数据集成中的一些难题，主要归纳为以下几个方面。

（1）异构性

不同的交通管理系统和设备可能使用不同的数据格式和标准。例如，交通信号系统可能使用一种数据格式，而车辆 GPS 系统则可能使用另一种数据格式。这种异构性增加了数据集成的复杂性。

（2）分布性

交通数据源通常是分布在不同的地理位置上的，例如不同城市的交通管理系统。这些数据需要通过网络进行传输，存在网络性能和安全性等问题。

（3）自治性

各个交通数据源具有高度自治性，例如各个城市的交通管理系统可以独立更新和改变其内部结构和数据。这就要求智能运输系统能够灵活应对这些变化，保持数据集成的一致性和完整性。

数据集成并不是简单的数据集中。数据集成就是要屏蔽信息系统的异构性和数据表示方式的差异性，将不同系统中的数据通过各种技术进行无缝衔接，并实现统一的访问。如图 4-26 所示，将分散的异构数据源进行数据集成，要经历数据采集、数据传输、数据表示、数据转换、数据存储、数据访问、数据展示和应用多个阶段。

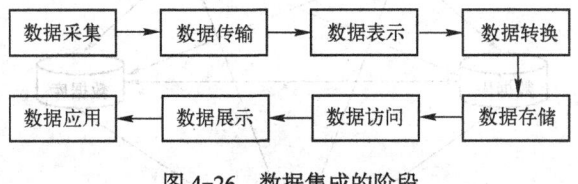

图 4-26 数据集成的阶段

信息系统处理的数据是异构多样化的，通过各种数据采集技术可将不同类型的数据转换为系统能够处理的数据，采集的数据将通过不同的传输方式传输到信息系统。数据集成的实质工作可能发生在数据传输以后的各个阶段当中，在数据表示与转换、数据存储与访问和数据展示及应用中将涉及不同层次的数据集成技术。

4.3.2 数据集成常用的方法

数据集成常用的方法主要包括联邦数据库、中间件集成方法及数据仓库方法。

1. 联邦数据库

联邦数据库是早期人们采用的一种模式集成方法。其基本思想是在构建集成系统时将各数据源的数据视图集成为全局模式，使用户能够按照全局模式透明的访问各数据源的数据。全局模式描述了数据源共享数据的结构、语义及操作等。用户直接在全局模式的基础上提交请求，由数据集成系统处理这些请求，转换成各个数据源在本地数据视图基础上能够执行的请求。这对于智能运输系统来说非常重要，因为不同的数据源通常使用不同的数据格式和结构，通过全局模式可以统一这些异构数据，提供透明的数据访问。模式集成方法的特点是直接为用户提供透明的数据访问方法，其要解决的两个基本问题：构建全局模式与数据源的数据视图间的映射关系；处理用户在全局模式基础上的查询请求。

模式集成过程需要将原来异构的数据模式做适当的转换，消除数据源间的异构性，映射成全局模式。全局模式与数据源的数据视图间映射的构建方法有两种，分别是全局视图法和局部视图法。全局视图法中的全局模式是在数据源的数据视图基础上建立的，它由一系列元素组成，每个元素对应一个数据源，表示相应数据源的数据结构和操作；局部视图法先构建全局模式，数据源的数据视图则是在全局模式基础上定义，由全局模式按一定的规则推理得到。用户在全局模式基础上查询请求需要被映射成各个数据源能够执行的查询请求。

在联邦数据库中，数据源之间共享自己的一部分数据模式，形成一个联邦模式。联邦数据库系统按集成度可分为两类：紧密耦合联邦数据库系统和松散耦合联邦数据库系统。紧密耦合联邦数据库系统使用统一的全局模式，将各数据源的数据模式映射到全局数据模式上，解决了数据源间的异构性，这种方法集成度较高，用户参与少，缺点是构建一个全局数据模式的算法复杂，扩展性差。松散耦合联邦数据库系统比较特殊，没有全局模式，采用联邦模式。该方法提供统一的查询语言，将很多异构性问题交给用户自己去解决。松散耦合方法对数据集成度不高，但其数据源的自治性强，动态性能好，集成系统不需要维护一个全局模式。联邦数据库系统结构如图 4-27 所示。

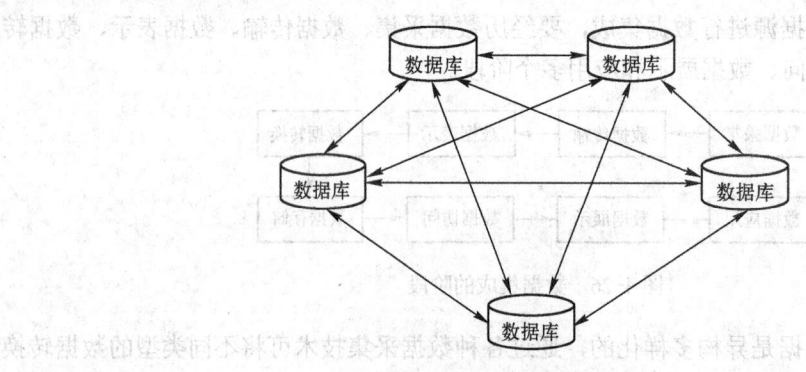

图 4-27 联邦数据库系统结构

通过联邦数据库技术，智能运输系统能够实现高效的数据集成与共享，为交通管理者和用户提供准确、实时和全面的交通信息，优化交通流量，减少拥堵，提高公共交通的效率，提升出行体验。

2. 中间件集成方法

中间件集成方法是目前比较流行的数据集成方法，中间件模式通过统一的全局数据模型来访问异构的数据库、遗留系统、Web 资源等。中间件位于异构数据系统（数据层）和应用程序（应用层）之间，向下协调各数据源系统，向上为访问集成数据的应用提供统一数据模式和数据访问的通用接口。各数据源的应用仍然完成它们的任务，中间件系统则主要集中为异构数据源提供一个高层次检索服务。它同样使用全局数据模式，通过在中间层提供一个统一的数据逻辑视图来隐藏底层的数据细节，使得用户可以把集成的数据源看作一个统一的整体。这对于智能运输系统来说非常重要，因为它可以将来自不同系统的数据整合在一起，使用户能够透明地访问和利用这些数据。这种模型下的关键问题是如何构造这个逻辑视图，并使得不同数据之间能映射到这个中间层。中间件系统通过全局数据模式实现这一目标，为用户提供透明的数据访问体验。

典型的基于中间件的数据集成系统模型如图 4-28 所示，主要包括中间件和封装器，其中每个数据源对应一个封装器，中间件通过封装器和各个数据源交互。用户在全局数据模式的基础上向中间件发出查询请求。中间件处理用户请求，将其转换为各个数据源能够处理的子查询请求，并对此过程进行优化，以提高查询处理的并发性，减少响应时间。封装器对特定数据源进行了封装，将其数据模型转换为系统所采用的通用模型，并提供已知的访问机制。中间件将各子查询请求发送给封装器，由封装器和其封装的数据源交互，执行子查询请求，并将结果返回给中间件。中间件注重全局查询的处理和优化，相对于联邦数据库系统的优势在于，它能够集成非数据库形式的数据源，有很好的查询性能，自主性强。中间件集成的缺点在于它通常是只读的，而联邦数据库对读写都支持。

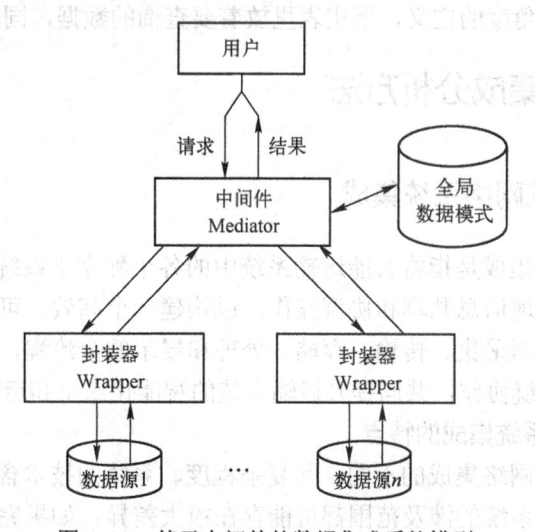

图 4-28 基于中间件的数据集成系统模型

3. 数据仓库方法

数据仓库方法是一种典型的数据复制方法。该方法将各个数据源的数据复制到同一处，即数据仓库，用户则像访问普通数据库一样直接访问数据仓库，如图 4-29 所示。数据仓库是在数据库已经大量存在的情况下，为了进一步挖掘数据资源和决策需要而产生的。目前，大部分数据仓库还是用关系数据库管理系统来管理的，但它绝不是所谓的"大型数据库"。数据仓库方案建设的目的，是将前端查询和分析作为基础，由于有较大的冗余，所以需要的存储容量也较大。数据仓库技术是为了有效地把操作型数据集成到统一的环境中以提供决策性数据访问的各种技术和模块的总称，所做的一切都是为了让用户更快、更方便地查询所需要的信息，提供决策支持。

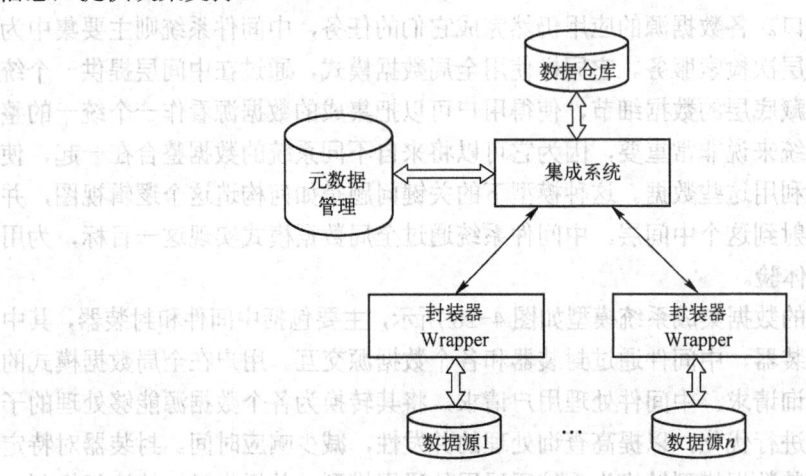

图 4-29 基于数据仓库的数据集成模型

从内容和设计的原则来讲，数据仓库是面向主题设计的，数据仓库中存储的一般属于历史数据，在设计时有意引入冗余，采用反范式的方式来设计。从设计的目的来讲，数据库是为分析数据而设计，它的两个基本元素是维表和事实表。维是看问题的角度，如时间、部门，维表中存放的就是这些角度的定义，事实表里放着要查询的数据，同时有维的 ID。

4.4 面向网络的集成分析方法

4.4.1 智能运输系统网络系统集成

智能运输系统网络集成是指将智能运输系统中的各个独立子系统通过标准化接口和通信协议进行互联互通，实现信息共享和协调操作，以构建一个高效、可靠和可扩展的整体运输网络。这一过程包括数据采集、传输、存储、处理和展示的全流程，通过系统集成的方法，确保各个子系统能够无缝协作，共同提升运输系统的智能化水平和运营效率。

1. 智能运输网络系统集成的特点

根据智能运输系统网络集成的不同，其复杂程度、系统的技术含量、系统的建设规模，以及系统实施的难度和系统的涉及范围都可能存在很大差异。如果完全自主开发一个系统，从技术经济性、实用性和实施周期等角度来看都是不可行的。可见，智能运输系统网络集成方法具有以下几个方面的好处。

① 较高的质量水准：选择具有一流网络设备厂商的设备和系统，选择具有资质的高水平

的系统集成商能够保证系统的质量水平，建造系统的风险较小。

② 系统建设速度快：由多年从事系统集成的专家和配套的项目组进行集成，有畅通的一流厂商设备的进货渠道，处理用户关系的经验丰富，能加快系统建设速度。

③ 交钥匙解决方案：系统集成商全权负责处理所有的工程事宜，用户则能够将注意力放在系统的应用需求上。

④ 标准化配置：系统集成商采用的是成熟和稳妥的方案。由于系统集成商承担的系统存在共性，使系统能够维护及时且成本较低。可见，"系统集成"是目前建设网络信息系统的一种高效、经济、可靠的方法，它既是一种重要的工程建设思想，也是一种解决问题的方法论。

人在系统集成中起着关键性的作用。首先是对系统功能进行分析，通过这种分析能够得到系统集成的总体指标；其次是将该总体指标分解成各个子系统的指标；之后是选择合适的厂商的设备和部件，组织安装、调试和培训等工作。网络系统集成的特点可以概括为以下几点。

① 关注接口规范。接口是分隔各个系统组件的地方。系统集成的实质就是让不同产品不同设备通过标准的接口互联，以形成新的系统功能，这样，理解与解决产品、设备之间的接口问题就显得非常重要了。由于被集成的对象通常是已成熟的产品设备，而这些产品设备是遵从某种国际/国家/产业标准设计开发的，因而通常是标准化、通用化的产品，它们间的互联互通应当没有问题。

② 关注系统整体性能。由用户需求抽象出系统必须达到的性能指标，是集成商建设型网络系统时必须面对的问题。当网络系统建立起来后，若加载并运行关键应用后，无法达到所需要的性能指标，再进行网络系统的性能调整就会极为困难。因此，首先要根据相关应用要求提取出关键的网络系统性能指标，再将其分解到各个产品、设备中。一个合格的系统集成商，不仅应具备集成系统的能力，更重要的是还要具备对集成系统的性能进行分析的能力。

③ 重视工程规范和质量管理。系统集成应对工程管理规范化和系统化极为重视，这关系到网络信息系统建设质量的大问题。系统集成本身是一项系统工程，必须以科学化、系统化、规范化的管理手段来实现。应做到所建的任何网络系统都有完备的文档，如果数据缺乏行之有效的管理和监督手段，有关政策、法规和工程规范不完善，会给工程带来极大的质量隐患。

④ 建立良好的用户关系。系统集成的效果主要取决于三个因素：技术、管理和用户关系。其中，技术是基础，管理是保障，良好的用户关系是关键。系统集成商应当代表用户的利益来建设系统，系统建成后，将交付给用户来使用。因此，加强与用户的沟通和交流，增进双方的理解与信任，是整个系统集成过程中必须坚持的做法。实践证明，开放式的用户服务不仅能建立良好的用户关系，锻炼自己的队伍，加强用户服务的观念，而且能保证工程实施过程中与用户保持友好和谐的合作关系，大大加快工程进展。

2. 网络系统集成模型

图4-30显示了网络系统集成模型。该模型是对设计和实现网络系统的系统化工程方法的一种抽象。虽然该模型支持带有反馈的循环，但若将该模型视为具有某种线性关系可能更易于处理各个阶段的任务。该模型从系统级开始，接着是用户需求分析、逻辑网络设计、物理网络设计与实现和测试阶段。由于在物理网络设计阶段，网络设计者通常采用系统集成方法，因此该模型被称为网络工程的系统集成模型。

图 4-30 网络系统集成模型

在该模型的用户需求分析阶段中，设计者将重点考虑用户的需求、约束和目标。因为一个好的网络设计必须清楚用户需求，并且将这些需求转换为商业和技术目标，如可用性、可扩展性、可购买性、安全性和可管理性等。这一步是非常重要的，如果网络设计者认为已经理解了用户应用需求，而当网络安装完毕才发现他们实际并未认识到用户最重要的需求，则网络工程将可能随着业务变化或用户数量增加而产生性能或可扩展性等问题。该过程包括搞清部门和用户组的结构、明确网络将向谁提供服务并从何处获取有用信息。当然，如果对用户的需求和要达到的目标十分明确，并且用户希望对网络设计有一个快速响应，则可以直接进入逻辑网络设计阶段。

该设计方法是可以循环的。为避免从一开始就陷入细节中，应先对用户需求有全面的理解和掌握，然后再收集更多有关协议行为、可扩展性需求、优先级等技术细节信息。该设计方法认为，逻辑设计和物理设计的结果可以随着信息收集的不断深化而变化，螺旋式地深入到需求和规范的细节中。

系统网络集成设计方式同时强调，逻辑设计必须充分考虑可选用的厂商设备的档次、型号、经济性以及用户需求可能不断发生变化等情况，不能过分拘泥于用户需求的指标细节，设计方案应在经济性、时效性基础上具有一定的前瞻性。在智能运输系统设计中使用该模型是有效的，但可能会遇到如下问题。

① 用户常常难以给出所有系统应用的明确需求，而该模型却要求如此，这使得该模型难以处理项目开始阶段存在的不确定性。

② 一直到项目开发晚期的测试阶段才能得到网络系统的性能，如果发现错误，后果可能是灾难性的。

③ 开发者常常被不必要地耽搁。该模型生命周期的线性特征会导致"阻塞"状态，其中某些项目组成员不得不等待组内其他成员先完成其依赖的任务。事实上，花在等待上的时间可能会超过花在开发工作上的时间，而阻塞状态经常发生在线性过程的开始和结束阶段。这些问题在某些场合是真实存在的。但无论如何，传统的生命周期过程在网络工程中占有非常重要的地位。它提供了一个模型，使分析、设计、编码、测试和维护方法可以在其指导下展开。尽管这种模型还有缺点，但显然它提供了一种指导性方法。更重要的是，由于供网络设计的网络设备的类型和型号是有限的以及用户的要求可以归类，设计出来的网络系统可能具有较多的共性。同时可能有许多成功的网络系统范例可供参考，因此在网络设计实践中运用网络工程的系统集成模型是十分有用的。

此外，网络系统集成模型非常强调在物理网络设计中采用系统集成的方法。这就要求我们首先关注系统的总体功能和特性，再选用（而不是制造）各种合适的部件来构造或定制所需要的网络系统。换言之，根据系统对网络设备或部件的要求，仅需要关注各种设备或部件的外部特性即接口，而忽略这些设备或部件的内部技术细节。这种方法使开发网络系统的周期大幅缩短，成本大大降低，从而减少了系统实现的风险。

4.4.2 网络集成实施步骤

对于不同规模的网络，系统集成的过程可能有很大差异。对于一个连接几台主机（如 PC 或便携机）的小规模网络，可能只需要购置一台局域网交换机或无线路由器，用线缆等材料与工具就能建造起来。对于连接几十台主机的较大规模网络，可能需要购置多台局域网交换机，可能要通过结构化布线系统加以连接，而将它们直接连接起来可能就难以满足要求了。而对于连接一座大楼或若干楼宇中的几百台机器的园区网，甚至连接地理上位于不同位置的多个园区的企业网（enterprise network），就要购置路由器、大型交换机等设备，此时网络工程的集成工作就是一件大型工程任务了。

一个大型网络系统集成过程需要从技术、管理和用户关系这三个关键因素的角度考虑，主要包括以下过程：

① 选择系统集成商或设备供应商；
② 网络系统的需求分析；
③ 逻辑网络设计；
④ 物理网络设计；
⑤ 网络安全设计；
⑥ 系统安装与调试；
⑦ 系统测试与验收；
⑧ 用户培训和系统维护。

4.4.3 网络集成技术

网络集成在智能运输系统中是一项重要且基础的工作内容，它涵盖了对用户网络系统的应用需求进行分析，根据用户需求进行规划、设计与实施，将网络设备、服务器系统、终端设备、应用系统等集成在一起，形成满足设计目标，具有优良性价比，使用、管理与维护方便的网络系统的全过程。

网络集成系统的工作步骤一般按照如图 4-31 所示的网络系统集成的过程模型开展。

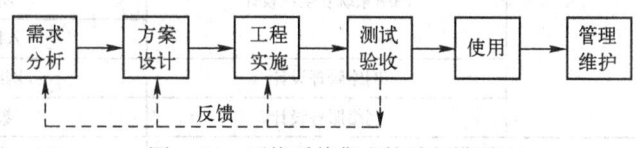

图 4-31　网络系统集成的过程模型

该过程是一个具有反馈的循环。其中，需求分析阶段重点解决做什么的问题，在集成过程中需重点考虑用户的需求和目标，并将这些需求转换为商业和技术的目标。方案设计阶段重点解决怎么做的问题，在集成过程中需根据用户的需求，完成逻辑网络和物理网络的设计、网络可靠性、网络安全和管理等方面的设计。工程实施阶段重点解决如何动手去实现的问题，在集成的过程中需做好施工前的准备，并进行综合布线的施工、机房环境的建设、网络设备和服务器的安装与配置、软件系统的安装调试等工作。测试验收阶段重点回答做得怎么样的问题，在集成的过程中通过各种测试软件、测试工具、测试方法来评估实现的系统是否满足用户需求。使用阶段主要帮助用户解决怎么用的问题，在集成过程中将组织用户进行系统相关培训和试用工作。管理维护阶段主要解决系统出了故障如何做的问题，这一阶段的工作由集成商和用户共同完成。用户可以使用系统支持的网管功能实现日常事务的常规管理及小故障的排查。而在系统出现较大故障和问题时，由集成商通过远程维护、现场维护或者硬件返修的方式来进行维护。

在网络集成过程中，需求分析、方案设计、测试验收步骤中涉及的主要技术见表 4-2。这些技术相对独立，整个网络集成的任务是各类技术人员、管理人员、项目管理人员、施工人员、系统分析人员等一起协作完成的。

表 4-2 网络集成阶段的主要技术

	需求分析	网络性能分析技术
方案设计	逻辑网络设计	网络拓扑结构设计
		出口路由规划
		服务器部署
		IP 地址规划
	物理网络设计	网络传输技术
		网络互联技术
		网络接入技术
		设备选型方案
		综合布线技术
		机房系统设计
	网络系统可靠性设计	链路冗余技术
		链路聚合技术
		双机热备技术
		集群技术
		RAID 磁盘阵列技术
		数据容灾备份技术
	网络系统安全性设计	网络风险评估
		防火墙技术
		入侵检测技术
	网络管理设计	网络管理技术
	网络服务设计	数据中心等
	测试验收	测试方法、网络测试工具

4.5 系统安全保障机制

4.5.1 物理安全

物理安全是指通过一系列措施和技术手段，保护系统的物理设备及其基础设施免受自然灾害、盗窃、破坏等威胁，从而确保系统的正常运行和数据的安全。物理安全的目标是防止未经授权的人员访问、损坏或破坏关键硬件资源,并确保在发生物理安全事件时,系统能够快速恢复和继续运行。物理安全主要包括环境安全和设备安全两方面。

1. 环境安全

环境安全是指对系统所在环境的安全保护,如区域保护和灾难保护。可参见《电子信息系统机房设计规范》(GB50174—2018)、《计算机场地安全要求》(GB/T 9361—2011)和《计算机场地通用规范》(GB2887—2011)。

系统建设需考虑机房环境对设备的影响。包括:电源、温度、湿度、粉尘等参考指标,必须满足所使用设备提出的最低环境要求。根据所有使用设备的环境要求,布置机房环境。

2. 设备安全

设备安全主要是指设备的物理性能应满足相关的国家强制性标准,主要包括设备的防盗、防毁、防电磁信息辐射泄漏、防止线路截获、抗电磁干扰及电源保护等;考虑设备硬件的冗余,防止设备或设备上某个模块引起的系统故障;主要设备的关键部件需要具备一定的冗余系数,可以实现热备份、热插拔。

物理安全常用防范措施有:对主机房及重要信息存储、收发部门进行屏蔽处理,即建设一个具有高效屏蔽效能的屏蔽室,用它来安装运行主要设备,以防止磁鼓、磁带与高辐射设备等的信号外泄。

4.5.2 运行安全

运行安全是系统安全防护体系中最为基础,也是尤为重要的一环。通过对网络安全区域的划分,每个区域都可以设置独立的安全等级,各个区域之间的互访权限可以通过防火墙定制安全策略。将各个终端或服务器的访问范围控制在其业务访问范围之内,尽量避免越权访问事件。运行安全主要采用身份认证技术、防火墙技术、入侵检测技术、防病毒技术、网络管理系统技术等。

1. 身份认证技术

身份认证是系统核查用户身份证明的过程,是网络运行安全的第一道防线,其实质是查明用户是否具有它所请求资源的存储使用权。身份识别是指用户向系统出示自己的身份证明的过程,这两项工作常被统称为身份认证。

在单机状态下,身份认证通常有3种方式,一是根据人的生理特征进行身份认证;二是根据口令进行身份认证;三是采用硬件设备进行身份认证。在网络环境下,由于根据人的生理特征实施身份验证较为困难,而口令验证的安全性难以得到保障,所以一般采用高强度的密码技术。当前身份认证技术,除传统的静态密码认证技术以外,还有动态密码认证技术、IC卡技术、数字证书、指纹认证技术及虹膜识别技术等。

2. 防火墙技术

防火墙技术主要用于实现访问控制规则,用于控制外部对内部网络的访问及从内部网络对外部网络的访问。用户类型可能包括:信任用户、部分信任用户和不信任用户。

防火墙通过设置实现下列规则。

- 默认情况下,阻止所有数据包。
- 在外围接口上,阻止看起来好像来自内部IP地址的传入数据包,以阻止欺骗。

↪ 在内部接口上，阻止看起来好像来自外部 IP 地址的传出数据包以限制内部攻击。
↪ 支持高可用性功能，如状态故障转移。
↪ 在所有连接的网段之间路由通信，而不使用网络地址转换。

实现防火墙的主要技术有数据包过滤技术、应用网关技术和代理服务技术等。

(1) 数据包过滤技术

数据包过滤技术是在网络层中对数据包实施有选择的通过。依据系统内事先设定的过滤逻辑，检查数据流中每个数据包后，根据数据包的源地址、目的地址、所用的 TCP 端口与 TCP 链路状态等因素来确定是否允许数据包通过。数据包过滤技术作为防火墙的应用有三类，一是路由设备在完成路由选择的数据转发之外，同时进行包过滤，这是目前较常用的方式；二是在工作站上使用软件进行包过滤；三是在屏蔽路由器上启动包过滤功能。

(2) 应用网关技术

应用网关技术是建立在网络应用层上的协议过滤，它针对的是特别的网络应用服务协议，即数据过滤协议，能够对数据包分析并形成相关的报告。应用网关技术对某些易于登录和控制所有输入/输出的通信的环境给予严格的控制，以防有价值的程序和数据被窃取。

(3) 代理服务技术

代理服务技术用于设置 Internet 防火墙网关中的专用应用级代码。这种代理服务技术准许网管员允许或拒绝特定的应用程序或一个应用的特定功能。数据包过滤技术和应用网关技术是通过特定的逻辑判断来决定是否允许特定的数据包通过，一旦判断条件满足，防护墙内部网络的结构便"暴露"在外来用户面前，这就引入了代理服务的概念，即防火墙内外计算机系统应用层的"链接"由两个终止于代理服务的"链接"来实现，这就成功地实现了防火墙内外计算机系统的隔离。同时，代理服务还用于实施较强的数据流监控、过滤、记录和报告等功能。

3. 入侵检测技术

入侵检测防御系统由入侵检测防御控制中心、入侵检测防御探测引擎、管理控制台组成。入侵检测技术是一种积极主动的安全防护技术，要提供对内部攻击、外部攻击和误操作的实时保护，在网络系统受到危害之前拦截和响应入侵。作为防火墙的合理补充，入侵检测技术能帮助系统应对网络攻击、扩展系统管理员的安全管理能力、提高信息安全基础结构的完整性。

入侵检测系统是一款专门针对黑客攻击行为而研制的网络安全产品。分布式入侵检测构架可最大限度地、全天候地实施监控，提供企业级的安全检测手段。在事后分析的时候，可以清楚地界定责任人和责任事件，为网络管理人员提供强有力的保障。

4. 防病毒技术

计算机病毒是一种具有自我复制能力、能够在隐蔽情况下执行编写者不良意图的非法程序。计算机病毒的爆发对信息系统的安全构成了极大的威胁。

防病毒技术主要依托防病毒软件系统实现，利用防病毒系统构建一个集中控制、分级管理、多重防护的全方位病毒防御体系。防病毒软件由服务器端和客户端软件构成，服务器端软件安装在一台服务器上，客户端软件安装在其他各级被防护的计算机上。

5. 网络管理系统技术

网络管理系统提供包括服务器主机、服务器操作系统、网络设备、网络状况、数据库在内的综合监测、预警和管理功能。

网络管理系统技术应满足以下基本要求。

① 支持开放的标准协议，如支持 TCP/IP、SNMP（V1、V2、V3）、RMON（1、2）、RPC、CMIP/CMIS、DHCP、DMI、CIM 等标准网络传输、加密和网管协议。

② 提供开放的 API 接口和友好的二次开发界面，支持系统的扩展和用户的个性化需求；可接收和处理其他安全产品的报警信息，实现与其他安全产品的联动控制，为管理人员提供统一的安全监控平台。

③ 支持分级实施的分布式架构，可以随用户网络规模的扩大而扩大。

④ 支持与其他安全系统的集成。

⑤ 自身具备较好的安全性、可靠性。

⑥ 支持数据统一集中管理。

⑦ 具备友好的人机交互界面，简单易用。

⑧ 可检测多种数据库：包括 DB2、Oracle、SQLServer 等。

⑨ 可检测 Linux、Windows、UNIX 等多种操作系统。

⑩ 在其他安全产品的配合下，可实现与其他安全产品、安全手段的联动控制、联合管理。

4.5.3 数据安全

数据安全主要包括备份恢复、主机系统安全、数据库权限控制、数据库身份认证、数据完整性和一致性保护、数据库审计、访问控制、数据加密几方面。

（1）备份恢复系统

数据存储通过试验场支持系统实现硬件冗余和数据备份，同时在系统内使用一套备份管理软件实现全自动的数据存储管理。

（2）主机系统安全

系统中的数据处理服务器采用双机热备份的方式，主机系统达到 C2 级以上的安全标准。

（3）数据库权限控制

数据库通过权限控制，可避免非法用户存取和修改数据。数据库提供分层次的权限控制方式。根据数据库系统中不同人员的不同角色，赋予操作人员从数据库实例到数据库表的不同权限和特权，从而保证每个人只能对自己能够操作的对象进行操作。

（4）数据库身份认证

合法的数据库用户可以通过操作系统、网络服务、数据库或其他软件进行身份确认及访问控制，保护数据库的安全，防止非法用户利用它们侵入数据库系统。

（5）数据完整性和一致性保护

数据库自身提供了一系列数据完整性和一致性的保护措施，避免在对数据库进行插入、删除、修改操作时，写入非法数据；用数据存储一致性模型提供数据一致性保护，事务保护修改丢失、数据值不一致及多用户并发冲突等问题的解决。

（6）数据库审计

系统以一种比较安全的方式记录下需要跟踪的操作，然后提供给数据库审计人员。除了利用数据库系统本身提供的审计功能外，数据库应用程序开发人员可编写相应的程序对一些重要数据库表的操作进行日志记录。

（7）访问控制

访问控制的实现是通过对核心交换机和路由器的访问控制列表的调整，对各个VLAN和各种用户对系统的访问进行控制。

（8）数据加密

在需要时，可以对备份数据进行加密，确保备份数据的安全性；可以对传输的数据进行加密，保证系统数据安全。系统面向操作用户层面封装了对数据和应用程序进行授权、身份认证、审计、数据加密等功能，以保证总体的运营安全。数据加密技术是网络中最基本的安全技术，它是提高信息系统及数据的安全性和保密性、防止秘密数据被外部破译的主要技术手段之一。按作用的不同，数据加密技术可以分为数据传输、数据存储、数据完整性的鉴别及密钥管理技术等。

① 数据传输加密技术，其目的是对传输中的数据流加密，常用的方法有线路加密和端至端加密。前者侧重在线路上，而不考虑信源与信宿，是通过为保密信息提供不同的加密密钥来提供安全保护。后者则指信息由发送端自动加密，并进入TCP/IP数据包回封，然后作为不可阅读和不可识别的数据穿过互联网，当这些信息到达目的地时，就被自动重组、解密，成为可读数据。

② 数据存储加密技术，其目的是防止在存储环节上的数据失密，可分为密文存储和存取控制两种。前者一般通过加密算法转换、附加密码、加密模块等方法实现；后者则是对用户资格、权限加以审查和限制，防止非法用户存取数据或合法用户越权存取数据。

③ 数据完整性鉴别技术，其目的是对介入信息的传送、存取、处理人的身份和相关数据内容进行验证，达到保密的要求，一般包括口令、密钥、身份、数据等项的鉴别，系统通过对比验证对象输入的特征值是否符合预先设定的参数，以此实现对数据的安全保护。

④ 密钥管理技术，其目的是数据使用的方便，数据加密在许多场合中表现为密钥的应用，因此密钥往往是保密与窃密的主要对象。密钥的媒体有磁卡、磁带、磁盘及半导体存储器等。密钥管理技术包括密钥的产生、分配保存、更换与销毁等各个环节上的保密措施。

复习思考题

1. 智能运输系统感知系统中感知对象分哪几类？
2. 智能运输系统常用的感知技术有哪些？各自的优缺点是什么？
3. 感知网络有哪些？在智能交通系统中的具体应用是什么？
4. 典型的智能运输感知系统有哪些？
5. 简述感知技术在智能运输感知系统中的应用。
6. 典型的传感器有哪些？
7. 室内定位技术有哪些？各自的优缺点及适合的应用场景是什么？
8. 简述典型智能运输感知系统在实际中的应用。

第 5 章 城市道路智能运输系统设计与集成

城市道路是指城市中由专业部门建设和管理、在城市中组织生产和安排生活所必需的车辆、行人往来各类各级道路的统称。它是连接城市各中心区、各类生产和生活聚集区对外交通枢纽及文化教育、风景游览、体育运动活动场所，并与郊区公路、铁路场站、港口码头、航空机场相贯通的交通纽带，也是布置城市公共管线、街道绿化和划分街区的基础，可满足城市的各种交通出行活动和城市货物流动，是组织城市交通运输的重要基础设施和组成部分。

城市道路智能运输系统是缓解城市交通拥堵和交通安全问题、提升城市交通系统运行效率、提高公众出行服务水平的有效途径。城市道路智能运输系统是智能运输系统在我国交通运输领域中应用开展得最早、成绩最为显著的领域。

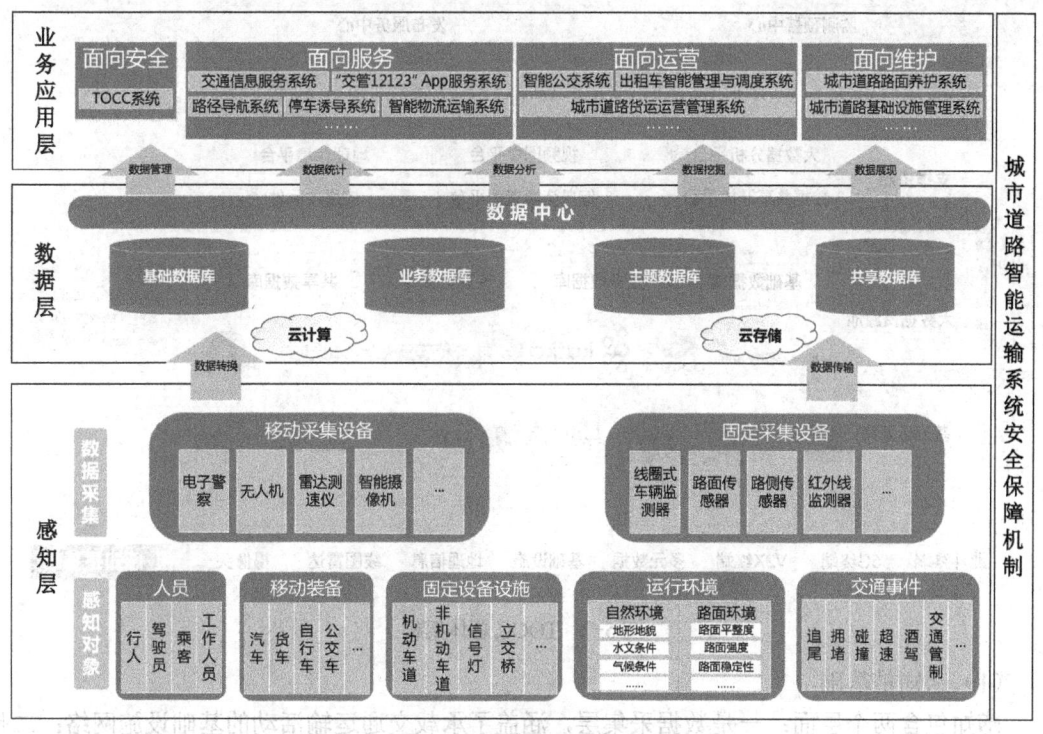

城市道路智能运输系统结构示意图如 5-1 所示。

图 5-1 城市道路智能运输系统结构示意图

5.1 面向安全的城市道路智能运输系统

在城市道路智能运输系统中，交通运行监测调度中心（transportation operations coordination center，TOCC）是国家/城市交通大脑，海量信息实时汇聚于此，实施交通运行的监测、预测和预警，面向公众提供交通信息服务，开展多种运输方式的协调调度，提供交通行政管理和应急处置的信息保障。

交通运输部《推进智慧交通发展行动计划（2017—2020 年）》和《智慧交通让出行更便捷行动方案（2017—2020 年）》中提出："建成跨行业、跨区域协同的交通运输运行监测和应急指挥体系，提升大数据的决策和监管水平""要落实综合交通一体化出行服务"，这明确了 TOCC 在指挥交通发展过程中的定位，确定了 TOCC 在智慧交通发展中的平台支撑作用。本书以 TOCC 为例进行讲述。

5.1.1 TOCC 总体架构

TOCC 总体架构包括感知、数据、机制、应用和服务五方面。其中，感知是基础，数据是核心，机制是保障，应用是关键，服务是根本。TOCC 总体架构如图 5-2 所示。

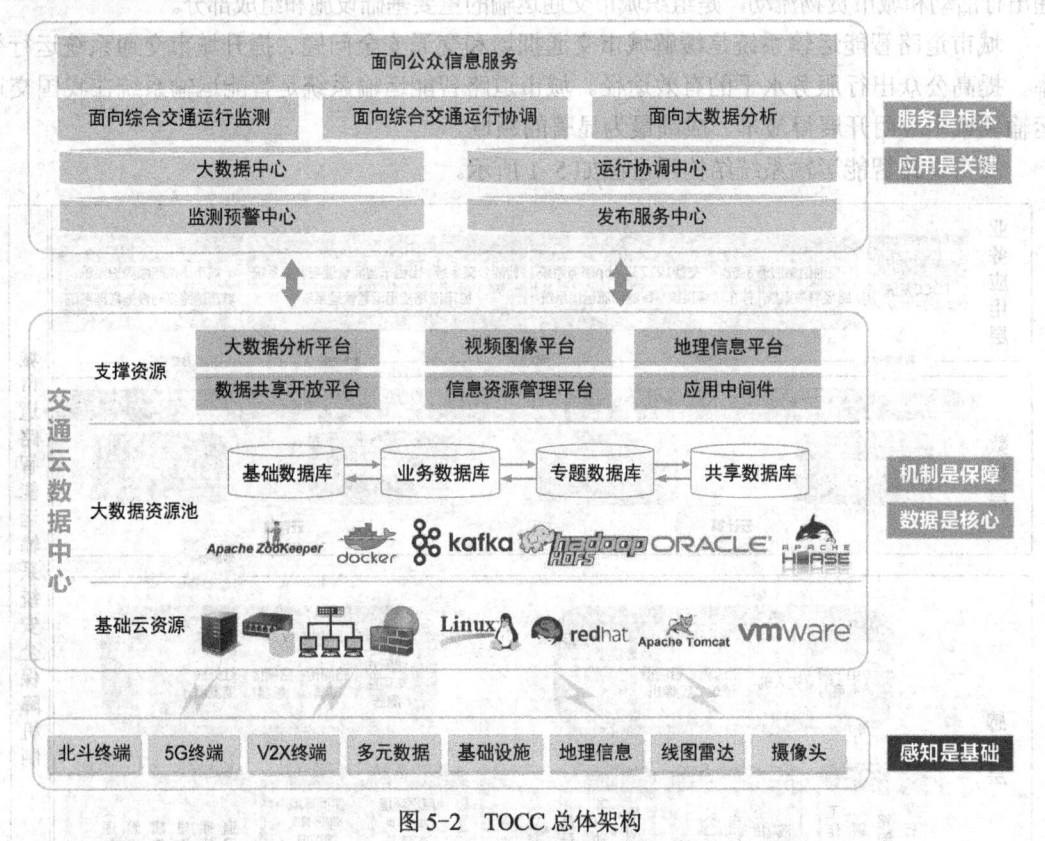

图 5-2 TOCC 总体架构

（1）感知是基础

感知包含两个层面：一是数据采集层，涵盖了承载交通运输活动的基础设施网络；二是网络传输层，包括与基础设施网相结合的数据通信传输网络、5G 数据传输网络和以物联网技术、蓝牙技术等为代表的智能终端数据通信系统，这些信息通道共同构成了网络传输层。

（2）数据是核心

TOCC 打造的云数据中心是整个 TOCC 的"大脑"，是全行业全要素数据的汇集地和融合地，也是数据深度挖掘和协同应用的中枢，最终为综合交通的安全和高效运行提供驱动力。

数据层包含两个层面内容：一是数据中心层，以建设 TOCC 所形成的综合交通大数据资源池为支撑；二是支撑层，由云平台提供的算力和大数据模型库共同构成。通过数据中心层和支撑层的紧密结合，形成上下联通的"大脑"，为综合交通的安全、高效运行提供持续不断的动力。

（3）机制是保障

机制是保障主要包含两个方面：一是运行协调联动的机制；二是数据接入及共享的机制。

（4）应用是关键、服务是根本

数据融合后，为行业监管、公众提供服务是整个 TOCC 工程的落脚点。

5.1.2 TOCC 建设内容

TOCC 建设内容总体上可分为 3 个 "一"：一个云数据中心、一组智慧化应用和一套支撑保障体系。

1. 云数据中心

（1）打造 TOCC 云数据中心，重点是数据整合汇聚

数据整合涉及行业内、外数据。行业外数据包括公安交警、安全监察、旅游、统计、运营商、互联网企业等，只有把这些数据都纳入到 TOCC 中，才能发挥大数据的作用，才能依托数据洞察交通系统的发展规律。

行业内数据包括部级数据、省厅级数据、临近省份数据、其他政府部门及各分中心数据等，涉及主体多而广，整合时应统筹推进。一方面要分层分级整合；另一方面要注重一数一源，不用重复采集。同时整合数据的颗粒度要把握好，一定要与综合交通相关，能服务于行业及综合交通协同，要以"构建综合交通大数据中心体系"为目标，加强重点领域数据归集汇聚。

打造 TOCC 云数据中心要注重数据采集共享机制和相关技术标准的建设。数据整合涉及多主体海量异构数据，要靠体制机制来保障，同时在接入时要对所有数据按统一标准进行融合汇聚，保证数据质量。

（2）构建大数据模型库，提升大数据支撑力

交通强国提出数据是由大国向强国转变的战略资源。交通运输部《推进综合交通运输大数据发展行动纲要（2020—2025 年）》明确提出："构建综合性大数据分析技术模型，研究建立具有较强应用价值的综合性、全局性大数据分析模型。" TOOC 在建设过程中可以从需求分析、风险评估、决策支持、评价仿真、行业评估等角度构建大数据分析模型，同时能够通过不断迭代更新数据输入、模型测试及评价，形成一套科学合理、针对性强的综合交通模型库，从而提升综合交通安全生产监测预警能力，有力支撑综合交通运输应急处置和调度指挥。

（3）搭建信息基础设施集约化平台，完善集约化发展环境

目前信息化发展到大数据时代，信息化正在向"集约发展"的发展模式转变。打造跨行业、跨区域的云数据中心，主要是打造好云数据中心的基础环境。建设过程中应充分考虑云平台算力、存储力，特别是适应大数据发展，适应多源异构数据的分布式存储能力，为交通大数据、云计算和物联网的应用发展提供计算和存储支撑。同时，要注重完善数据安全保障措施，推进综合交通运输领域数据分类分级管理，提高大数据安全防护能力。

2. 智能化应用

TOCC 在业务应用当中的主要作用是针对"跨"的问题,解决跨区域、跨部门、跨运输方式协调不畅的问题。例如,在客运一体化运输中,为了方便旅客便捷换乘,预防客流拥堵所发生的安全事件,就需要 TOCC 全面监测一体化运输服务中涉及的各种交通方式的运行情况,通过接入民航、铁路、班线客运、城市客运、机场高速公路、轨道、枢纽、气象数据,实现实时综合运行监测。

当 TOCC 监测或预测到大范围客流滞留时,TOCC 指挥中心根据客流需求,依据相关统计分析模型进行运力匹配,并按照综合交通协同运行预案,下达协调调度指令至民航、城轨、铁路、高速等相关运营管理单位,进行综合交通的协调,从而保证公众稳定、有序换乘出行,提高公众出行满意度。

(1) 面向综合交通运行监测

实现对民航、铁路、邮政、高速、海事、城市道路网、城轨等领域各种交通方式的一体化监测,还包括交通行业新业态监测,如共享单车、共享电动车等。监测过程中要注重分层、分级监测,不同层级关注重点不同。最后将这些监测内容全部在"一张图"上进行可视化展示,多维度呈现综合交通的实时运行态势,以此作为综合交通协调联动与应急指挥基础的数据来源。

(2) 面向综合交通运行协调

TOCC 本质上是落实跨部门、跨领域、跨区域交通协同新格局的手段,不仅要协调处理内部系统,还要注重跨系统的对接协调。

在交通行业,重大突发事件的启动,大多数来自公安、国土、气象、公共卫生等外部系统。所以 TOCC 建设过程中不仅要建立交通行业内协调机制,还要建立行业外协调机制。行业内形成上下贯通,行业外形成内外融通的运行协调机制,从而为 TOCC 解决"跨"的问题,为解决跨区域、跨部门、跨系统、跨运输方式协调不畅的问题提供抓手,促使交通行业从独立运行向综合协调"大交通"转变。

(3) 面向大数据分析

在汇聚多部门、多系统、多层级、多区域数据形成 TOCC 的大数据资源池基础上,利用大数据模型库和算法库深度挖掘交通大数据的应用价值,以数字化、图形化、全景化的方式展现综合交通运输整体运行情况、运行态势与发展水平,为交通管理者实时监测和分析决策提供综合性、全局性、关键性的指标数据支持,帮助交通管理部门实现从"经验决策"向"数据决策"的转变。

(4) 面向信息服务

TOCC 的目的不是汇聚数据与大数据分析,而是为了服务社会、服务百姓。

① 互联网+出行。对于"互联网+出行",可以采用政企合作模式,由 TOCC 提供综合交通出行数据保障,也可建设各种基于出行场景的信息服务系统,利用移动终端、移动互联网技术整合客流信息资源、旅游服务资源、路网资源,从而有效地与铁路、民航联程运输,通过互联网构筑全场景交通出行生态圈。

② 互联网+政务。目前国家正在大力推进一体化在线政务服务平台建设,TOCC 所汇聚的行业数据资源可以为其提供数据支撑。通过建设"一网通办"实现无接触政务服务,实现政务服务"不见面"与"不打烊"。这也是让人民群众从大数据中尽享数据应

用的红利。

3. 故障保障体系

TOCC 建设需要两方面的保障体系，即全景精准状态数字化感知体系与政策保障措施。

（1）全景精准状态数字化感知体系

TOCC 中最重要的是数据，数据来源于数字化的交通基础设施网络，来源于各种类型的外场物联网终端设备。TOCC 在建设过程中要注重全要素、全方式、全周期的精准状态数字化感知体系构建，包括基于北斗卫星导航系统的采集体系、基于物联网的采集体系、基于 AI 视频的采集体系等。

（2）政策保障措施

在管理体制机制方面，最重要的是结合地方特色，以需求为导向，在遵循国家和地方管理机制框架下完善综合交通协调管理机制、交通信息互联共享机制、信息资源目录管控机制和信息化业务管控机制等。

在标准规范方面，包含 TOCC 建设技术要求规范、数据采集共享及更新规范、运行监测与协同指挥平台规范、视频监控设备接入规范和地理信息数据技术规范等。

5.2 面向服务的城市道路智能运输系统

5.2.1 交通信息服务系统

交通信息服务系统（traffic information service system，TISS）是智能运输系统的一个重要组成部分，实时、准确、全面的交通信息可为交通参与者和管理者的行为与管理决策提供信息支持，避免交通事故和拥挤的产生，提升整个交通运输系统的经济效益和社会效益。

交通信息服务系统主要面向公众出行者，利用无线与有线通信手段，以文字、语音、图形、视频等形式实时动态地提供与出行相关的各类交通信息，以便出行者在整个出行过程中能够随时获得有关道路交通情况、所需时间、最佳换乘方式、所需费用及目的地等各种相关信息，从而引导出行者选择合适的交通方式、出行路线和出发时间，以最高的效率和便捷方式完成出行过程。

交通信息服务系统以出行者为服务对象，它将采集到的数据信息进行综合分析和处理后，通过各种通信手段提供合适的交通信息与服务，为出行者出行路线和方式的选择提供依据，从而达到规划出行、节约时间、避免拥挤、路径最优、提高效率和保障安全的目的。智能运输系统以"人"为中心，因而为交通信息使用者提供最佳的服务是交通信息服务系统追求的目标。交通信息系统使人的交通行为更加具有科学性、计划性和合理性，是实现智能运输的重要标志。交通信息系统应具备以下功能：

① 交通信息采集和处理功能。交通信息系统可通过交通信息采集装置或是各子系统获得道路状况信息、车辆状态信息等。信息处理包括数据转换、信息编码、数据融合、数据挖掘等各种信息处理。

② 信息传输功能。实际上就是通信功能，要真正实现交通信息系统的作用就必须建立一个全面的通信系统。

③ 信息服务功能。共用信息平台最终要实现的目的就是提供优质的信息服务，一个完善

的信息系统应该能够提供出行前的出行信息、在途信息与目的地有关的信息。

出行前的出行信息服务可以使出行者预先获得综合交通信息，如公交车运行路线和行驶时间、天气条件、绕行线路及交通事故等实时信息。出行者可根据这些信息选择最佳出行线路、出行方式和出发时间。结合实时交通信息和道路导航信息，出行者可以根据具体情况安排或及时调整出行计划，提高出行效率。

1. 交通信息的分类

交通运输活动中，人员、车辆、货物等从一个地方转移到另一个地方，交通活动对象的状态伴随时间、空间地理位置变化发生变化，为了更好地满足人们生产、生活或其他目的，需要采取管理措施和信息服务来提高交通出行效率及道路利用效率，满足交通管理和服务的需要。同时，交通参与者既是交通信息的提供者，又是交通信息的需求者。

不同类型的活动主体因出行目的、出行方式、出行路线、出行时间选择的差异，对交通信息在形式、内容、数量、格式、媒介等方面的需求均会有差异，从而使得信息需求呈现多样性。人们对交通信息的需求既有管理信息又有服务信息，既有静态信息又有动态信息，既有原始信息（直接信息）又有加工信息（间接信息），既有语言、文字信息又有数据、图像信息，既有统计信息、支持信息（与交通运输系统有关的其他支持信息，如交通运输技术与革新、交通运输人才需求等信息），又有计划信息、控制及作用信息。

交通信息服务系统所涉及的应用范围较广，因此它提供的服务内容也各种各样，服务方式也各不相同。根据不同的分类标准，可以把智能交通信息服务系统分为以下几种类型。

（1）按照向出行者提供信息服务的时机进行分类

① 出行前信息。出行前信息为出行者提供出发前交通信息服务，通过计算机、手机等终端设备查询，出行者根据实际需求获取适合自己的出行方式、出行路径、出行时间等出行信息，为出行提供辅助参考。

② 在途信息。在途信息为出行者提供在途交通信息服务，当由于天气原因或者交通道路临时突发的状况需要改变原先出行计划时，就需要动态信息提供支持。如乘坐公交、汽车、火车、飞机等公共交通工具的出行者通过广播、信息展示屏、互联网等获取公共交通工具的运行信息和换乘信息，从而提高公共交通的运输效率。

（2）按照信息服务系统所提供的信息内容不同进行分类

① 驾车路线规划。驾车路线规划系统为车辆驾驶者规划符合当前交通状况的最佳行驶路线，避免其遭遇拥堵和阻塞，从而使交通更加通畅。

② 实时路况。实时路况系统向交通管理部门和社会公众提供交通信息服务，交通管理部门通过实时路况系统对道路进行有效的管理，避免交通阻塞。社会公众可以通过当前的交通流量状况制定自己的出行线路，避开拥挤的道路。实时路况系统能够及时地反馈交通道路实时信息，对交通流量重新引导，进行更加科学的分布，让交通道路网更加畅通，提高交通道路利用率。

（3）按照信息服务系统所服务的对象不同进行分类

① 交通管理信息服务。交通管理信息服务系统主要为交通管理部门提供交通信息服务，该系统基于智能交通平台对交通信息数据进行处理，为管理人员提供详细的路况信息，能够提供实时的城市交通道路流量，及时地发现交通拥堵及阻塞，为道路交通网的监测提供辅助支持。

② 出行者信息服务。出行者信息服务系统的主要服务对象是公众出行者，包括自驾车出行者和乘坐公共交通工具出行者。该系统能提供完善的出行交通信息，为自驾车出行者提供最佳的出行路线，为使用公共交通工具的出行者提供换乘信息。

③ 个性化信息服务。个性化信息服务主要是针对有个性化需求的单位机构或个人提供的信息。此类单位信息一般为部门单位，包括消防、医院、公安等，也包括基础服务机构，如酒店、停车场等。出行者在出行过程中如果需要获取相关的信息服务，可以通过访问个性化信息服务系统，及时获取自己需要的信息。

2. 交通信息服务系统

先进的交通信息服务系统主要由交通信息中心、通信网络和用户信息终端三大功能单元组成，其构成如图 5-3 所示。

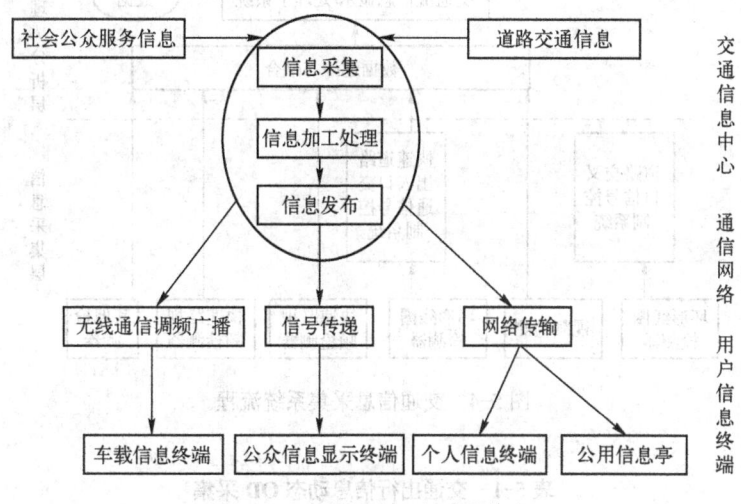

图 5-3 交通信息服务系统构成

1) 交通信息中心

交通信息中心（traffic information center，TIC）是指为整个系统控制的实现提供数据处理、显示和接口功能的区域，包括对道路交通运输数据和社会公众信息的采集、分类、加工、分析和提供，以及涉及的最优路径搜索等算法的实现。交通信息中心是先进交通信息服务系统的核心，为车辆及相关交通信息资源提供中心通信接口，并在此基础上建立一个综合的交通运输信息数据库，实现各类交通信息服务功能，它包括信息的采集、加工和处理。

(1) 交通信息采集系统

交通信息采集系统最根本的目的之一是使一切交通参与者（包括交警和出行者）变被动为主动，根据交通环境决策出行，从而改善交通拥堵，最大限度地提高路网的通行能力。城市交通信息采集系统实时动态地完成交通信息的采集、处理与分析，其流程如图 5-4 所示。

交通信息采集可以分为静态交通信息采集和动态交通信息采集。静态交通信息可以通过测量人员使用专业的测量仪器获得。动态交通信息又可分为移动型和固定型两大类。前者主要是使用 GPS 和 GIS 相结合的浮动车信息及利用 RFID 电子标签的交通信息，其中浮动车的信息基本由出租车公司提供；后者则是通过地感线圈、测速摄像头等设备由国家相关部门所采集的信息。

交通信息检测技术利用 RFID、车路协同通信、牌照识别等检测车辆出行的出发地和目的地（origin destination，OD）、路径、道路交通流量等信息，实现道路交通状态判别、车路协同，见表 5-1。

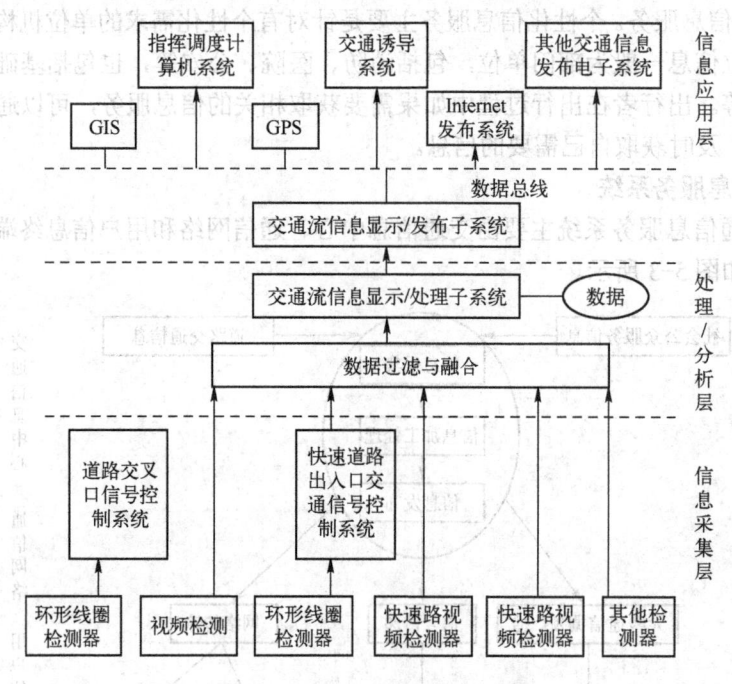

图 5-4 交通信息采集系统流程

表 5-1 交通出行信息动态 OD 采集

序号	动态 OD 信息采集方法	参数	备注
1	手机定位	路径、OD、速度	全程、较准确
2	车路协同	路径、OD	路侧设备
3	动态导航	路径、OD、速度	驾驶人请求
4	视频识别	路径、OD	覆盖率低

由于利用手机位置信息作为出行 OD 信息采集方法，需要获知车辆驾驶人的移动号码。在移动通信系统中，利用基站跟踪定位系统对拥有驾照者的手机定位，可判断其出行方式、时间和路径。

车路协同系统，利用车载通信设备与路侧通信基站的通联记录，分析车辆出行信息（ID、电子车牌号码、出行时间及其路径）。利用城区的交通监控系统、电子警察系统的牌照识别系统，可以记录车辆的行驶时间和路径。

（2）交通信息的大数据处理

在交通领域，大数据一直被视作缓解交通压力的技术利器。应用大数据有助于了解城市交通拥堵问题中人的出行规律和原因，实现交通和生活的和谐，提高城市的宜居性，为政府精准管理提供基于数据证据的综合决策。城市交通信息数据系统是基于大数据应用技术的交通行业信息共享交换中心，主要包括五方面的内容：城市交通信息数据系统、城市交通综合监测和预警系统、城市交通碳排放实时监测系统、公交都市管理系统、公众出行信息服务系统。城市大数据云计算支撑平台如图 5-5 所示。

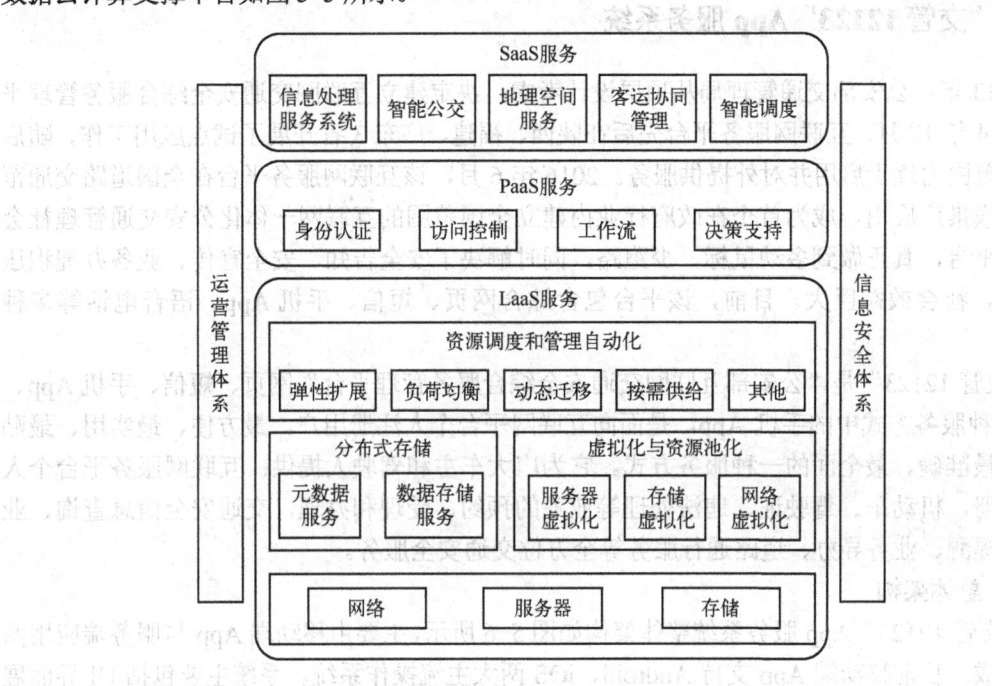

图 5-5 城市大数据云计算支撑平台

（3）交通信息的发布

交通信息服务系统是交通路况信息的发布平台，政府及相关管理部门通过该系统以多种媒体形式向公众发布信息。对于普通出行者而言，需要的交通信息是多种多样的，既有道路交通情况信息，也有实时公交信息；既有铁路时刻信息，也有民航等航班信息。但就实际情况来看，这些信息分属不同的部门。依托交通信息服务网、短信服务平台、多媒体查询终端等媒介，采用信息发布网站、智能终端 App、微博、微信、短信等形式，支持信息查询及信息推送的交互方式，向交通参与者提供全面、及时的实时路况信息、出行路径规划、交通业务办理提醒、交通业务办理查询、交通业务办理流程模板、交通安全主题宣传等服务，让广大交通参与者能够及时获取路网路况、主动选择出行路线、及时高效办理交通业务，从而改善交通出行者的出行体验和交通管理者的服务水平。出行者根据出行需求调整自己的出行路径和方式，避开拥堵路段，更加快速到达目的地，节约时间和资源，有效提升城市交通的服务水平。

2）通信网络

通信网络（communication network，COM）是指在用户信息终端和交通信息中心之间、信息源与信息中心之间提供数据传输的媒介。现代物联网下的交通信息传输更多是通过移动、无线的方式进行传输的。

3）用户信息终端

用户信息终端主要为出行者提供各式各样的交通信息服务，可以使用的信息发布方式比较多，可以分为信息显示屏、交通广播、大屏幕、移动电视等被动接收信息的方式和车载终端、手机（App）、信息服务平台、互联网等主动查询信息的方式。

5.2.2 "交管12123" App 服务系统

2013 年，公安部交通管理局从顶层设计考虑，决定建立互联网交通安全综合服务管理平台。2014 年 12 月，互联网服务平台先后在陕西、福建、广东 3 省开展了试点应用工作，随后在全国范围内逐步启用并对外提供服务。2016 年 6 月，该互联网服务平台在全国道路交通范围内完成推广应用，成为首个在政府行业内建立全国范围的互联网一体化公安交通管理社会化服务平台，真正做到多动鼠标，少跑路，同时解决了安全告知、安全宣传、业务办理积压等问题，社会效益巨大。目前，该平台包含综合网页、短信、手机 App、语音电话等多种方式。

"交管 12123" 是 "公安部互联网交通安全综合服务管理平台" 网页、短信、手机 App、语音 4 种服务方式中的手机 App，是面向互联网平台个人注册用户，最方便、最实用、最贴心的、最准确、最全面的一种服务方式。它为广大车主和驾驶人提供：互联网服务平台个人用户注册，机动车、驾驶证、违法处理等业务的预约、受理和办理，交通安全信息查询、业务告知提醒、业务导办、道路通行服务等全方位交通安全服务。

1. 总体架构

"交管 12123" App 服务系统整体架构如图 5-6 所示，主要由移动端 App 与服务端应用两部分构成。目前移动端 App 支持 Android、iOS 两大主流操作系统。系统主要包括 UI 界面展示层、业务逻辑层、网络接口访问控制层、公共类库、本地缓存五大组件，服务端应用由部级平台应用服务、省级 App Server 组成。

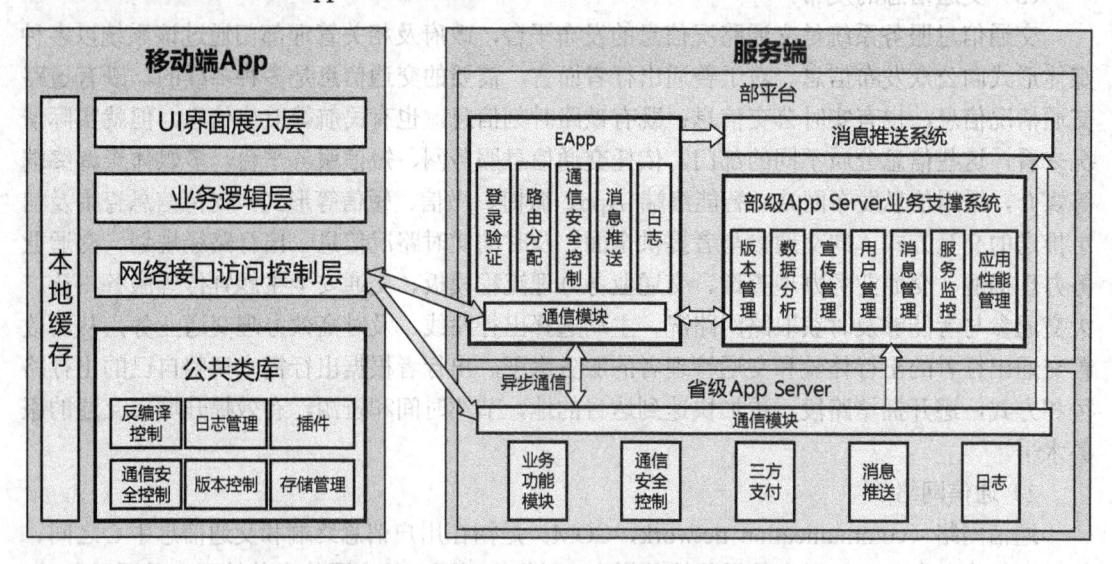

图 5-6 "交管 12123" App 服务系统整体架构

（1）移动端 App

① UI 界面展示层：主要负责界面的渲染和用户的交互工作，通过调用业务逻辑层的方法以获取所需业务及显示数据。

② 业务逻辑层：负责数据加工处理、数据缓存、数据转移、缓存加密等工作。

③ 网络接口访问控制层：负责接收业务逻辑层传递的数据，与服务器端通信获取请求数据，并将从服务器端获取的数据返回给业务逻辑层。移动客户 App 与服务器之间通信，支持 HTTP、HTTPS 通信方式，并通过自定义私有协议对关键数据加密，增强通信安全性，协议中支持通过 Gzip 压缩方式对数据压缩后再传输，以降低手机终端通信流量的压力。

④ 公共类库：集成一系列 SDK 包，为 App 应用起支撑作用。

⑤ 本地缓存：负责处理本地数据，对本地 SQLite 数据库进行读写操作，以及对本地日志文件进行读写操作，并对底层数据进行加密。

（2）服务端应用层

部级平台包含 EApp、消息推送系统和部级 App Server 业务支撑系统。其中，EApp 包含登录验证、路由分配、通信安全控制、消息推送、日志等功能模块；消息推送系统负责整个系统的消息推送功能；部级 App Server 业务支撑系统包含版本管理、数据分析、宣传管理、用户管理、消息管理、服务监控、应用性能管理等功能模块。

省级 App Server 实现用户业务查询和办理的功能，包含业务功能、通信安全控制、三方支付、消息推送和日志等模块。

2. 网络架构

"交管 12123" App 服务系统网络架构如图 5-7 所示。

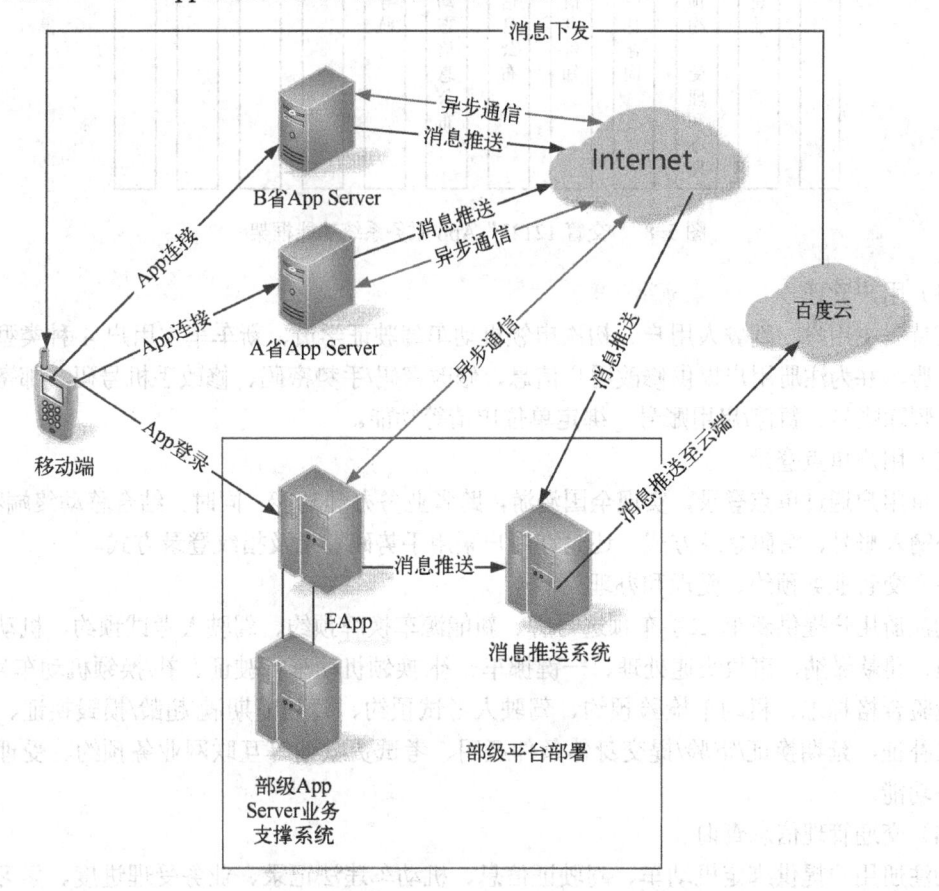

图 5-7 "交管 12123" App 服务系统网络架构

① 移动端通过EApp登录后才能连接到省级App Server，通过在EApp完成"单点登录"后，实现跨省平台间"全国漫游"的功能。

② 省级App Server与EApp之间采用HTTP协议或TCP/IP协议利用Internet实现异步通信，包括会话信息同步、异地车证信息异步更新等。

③ 省级App Server之间采用异步通信模式来实现数据交换，实现异地车证、异地违法处理等业务功能跨省平台间无缝链接。

④ 消息推送逻辑：省级间推送采用不同的方式，省级平台消息推送是省级App Server发出，通过Internet送至消息推送系统，再推送至云端；EApp消息推送则是直接通过内网将推送消息推送至消息推送系统后，再推送至云端。

3. 总体功能

"交管12123"App服务系统功能框架如图5-8所示。

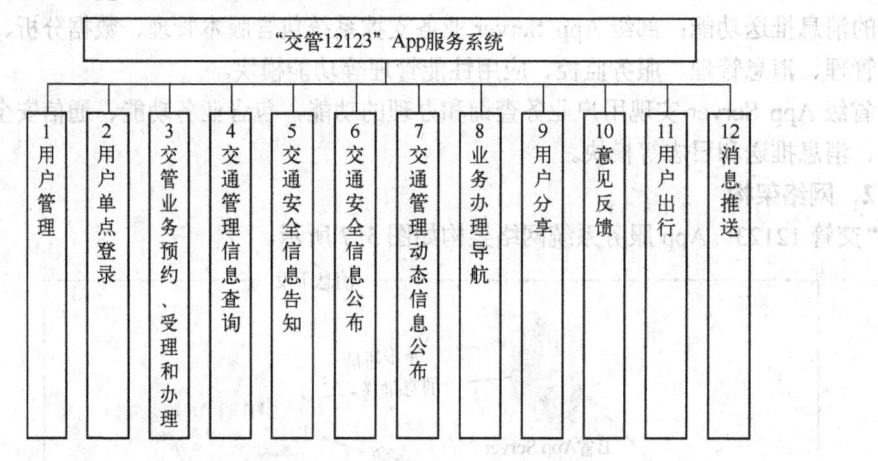

图5-8 "交管12123"App服务系统功能框架

（1）用户管理

支持车主用户、驾驶人用户、初次申领机动车驾驶证学员、新车车主用户4种类型在线自主注册，并为注册用户提供修改用户信息、修改密码/手势密码、修改手机号码、邮寄地址维护、删除账号、暂停/启用账号、绑定单位申请等功能。

（2）用户单点登录

支持用户通过单点登录，实现全国漫游，跨省业务办理功能。同时，结合移动终端特色，除传统输入账号、密码登录方式，还允许用户采用手势码登录及指纹登录方式。

（3）交管业务预约、受理和办理

为注册用户提供新车/二手车预选号牌、新能源车换牌预约、驾驶人考试预约、机动车违法处理、罚款缴纳、事故快速处理、一键挪车、补/换领机动车行驶证、补/换领机动车号牌、补领检验合格标志、机动车检验预约、驾驶人考试预约、驾驶证期满/超龄/损毁换证、驾驶证遗失补证、延期换证/审验/提交身体条件证明、考试费缴纳等互联网业务预约、受理和办理服务功能。

（4）交通管理信息查询

为注册用户提供绑定机动车、驾驶证信息、机动车违法记录、业务受理进度、学习驾证明信息查询。

(5) 交通安全信息告知

为注册用户提供机动车逾期未检验、逾期未报废、机动车临界检验、驾驶证有效期满未换证、记分满分、A 类和 B 类驾驶证实习期记分达到 9 分、机动车电子监控记录等公安交通管理业务信息告知功能。

(6) 交通安全信息公布

为公众提供查看已投放号段、逾期未确认号牌号码、考试员信息、考试场地信息、自学直考路线信息、本地考试计划、异地考试计划等信息公布功能。

(7) 交通管理动态信息公布

为公众提供当地公安交通管理动态信息和公告信息，方便用户及时查看交通管理部门发布的交通管理新闻、交通管制公告等重要信息。

(8) 业务办理导航

为公众提供交通管理部门、车管所、警务室、服务站、安检机构、事故快速理赔点、货车通行证办理点、占道施工申请办理点、驾驶培训企业、机动车回收企业、汽车销售单位等交通相关管理业务办理点地图搜索、导航和联系方式查询功能。

(9) 用户分享

支持注册用户通过新浪微博、QQ 空间、朋友圈、短信、微信好友等 5 个渠道分享"交管 12123" App 软件，使更多人参与使用"交管 12123" App。

(10) 意见反馈

方便注册用户及时反馈使用"交管 12123" App 过程中遇到的问题、意见。

(11) 用户出行

为公众提供实时导航功能，并可及时获取全国路况信息、地图全景信息、重点节点流量观测、实时拥堵路段查看等功能。

(12) 消息推送

为后台管理员用户提供编辑、审核并发送给注册用户 App 信息功能，可用于区域交通管制措施、恶劣天气、事故多发路段、危险路段、守法驾驶、安全驾驶、严重交通违法行为危害等内容宣传告知。

5.2.3 路径导航系统

路径导航系统（route guidance system，RGS）主要是指以各种终端装置为驾驶员提供车辆行驶路径的导航信息，辅助驾驶员为达到目的地而选择路径和沿既定路径行驶，必要时通过向出行者提供实时和历史交通信息，帮助出行者选择最优的出行方式和出行路线，减少出行者在旅途中花费的时间，避免因盲目或依靠驾驶员经验选择造成的某些路段的拥塞。这种系统的特点是把人、车、路综合起来考虑，通过引导道路使用者的出行行为来改善路面交通系统，防止交通阻塞的发生，减少车辆在道路上的逗留时间，并且最终实现交通流在路网中各个路段上的合理分配。

1. 路径导航系统分类

根据路径优化及导航功能实现方法的不同，路径导航系统有不同的分类方法。

（1）按照路径优化的地点划分，可分为自主型路径导航系统和中心型路径导航系统

自主型路径导航系统又称为局部决定的路径导航系统，出行路径由车载计算机系统根据车内装载数据的数据库和车载软件计算产生，车载数据库的路径行驶时间等信息可以通过与道路系统的双向通信得到更新。

中心型路径导航系统又称为中心决定的路径导航系统，出行路径由交通控制中心的计算机系统集中计算产生。中心计算机系统根据实际路况和交通条件为每一特定的车辆选择最优路径，并将选择结果通过通信装置传送给导航系统。

（2）按导航方式的不同划分，可分为侧路径导航系统和车载路径导航系统

导航设施为设置于路侧的各种道路标志和信息显示板，导航的功能由驾驶员正确识别和理解这些标志和信息，按照交通规则或导航信息实现。

导航设施为设置在车内的车载诱导装置，导航的功能由导航装置的定位计算和给出声音提示或者图文显示，引导驾驶员沿着优化路径行驶，这也是目前 RGS 发展的主流。

（3）按路径优化所依据的信息的性质划分，可分为静态路径导航系统和动态路径导航系统

基于车辆行驶位置和路网地理分布的路线导航，即仅以路网结构中的距离最短路径实施诱导，可称为静态路径导航。

静态路径导航一般采用车载的 GPS 装置来获取车辆的行驶位置，然后通过与预先绘制好的电子地图数据库实行地图匹配，得出车辆在路网中的位置，从而给出车辆达到目的地的行驶路径及到达相应路段后的路径选择，并且可以存储和回放车辆的行驶轨迹。但由于考虑到当车辆行驶在地下隧道、高架桥下及密集的高层楼群中时易与 GPS 失去联系，导致无法继续导航，所以一般在这类导航中还加入以车速传感器和陀螺传感器为主的航位推算，形成组合导航系统。车载 GPS 组合导航系统的原理和结构如图 5-9 所示。

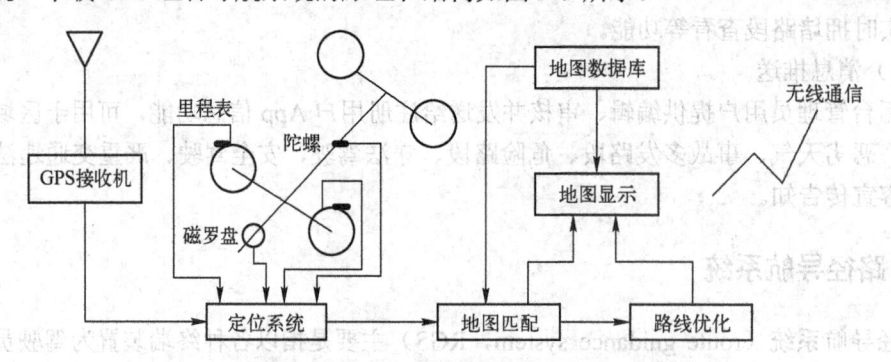

图 5-9 车载 GPS 组合导航系统的原理与结构

结合实时的路段交通信息和环境信息，根据动态交通分配理论预测短期的路段旅行时间，从而以路段旅行时间最短路径来进行引导，可以称为动态路径导航。

动态路径导航在静态路径导航基础上加入道路网的实时交通信息，并根据预测的路段行程时间在出行者达到目的地的可能地理路径中选择旅行时间的最短路径，将其作为推荐路径对驾驶员进行引导。同时，系统根据需要还可以向驾驶员提供路段的交通拥挤情况、行程时间、交通管制信息及公交和停车方面的信息，从而利于出行者选择最佳路径，并缩短旅行时间。

静态路径导航系统是由车载装置本身完成路径寻找和导航指示，被称为自主式导航，而动

态路径导航一般采取的是中心导航型系统,即由交通控制中心向车辆发出信息来进行路径行驶的导航。因为只有交通控制中心在收集到整个路网的实时交通信息并在路网上优化分配以后,才能为每一特定车辆选择最优的路径,然后通过路侧通信装置将路径信息发送给车辆完成导航。

2. 动态路径导航系统

1) 动态路径导航系统的组成

动态路径导航系统主要由以下 3 部分组成。

① 交通信息中心。系统中硬件系统是由计算机和各种通信设备组成,主要功能是从各种信息源获得实时交通信息,并处理成用户需要的数据信息。

② 通信系统。通信系统负责完成车辆和交通信息中心的数据交换。信息中心通过通信系统向所有车辆不断发送实时交通状况数据。

③ 车载导航单元。车载导航设备主要由计算机、通信设备和车辆定位设备组成。定位设备为 GPS 接收机或信息标信号接收机及速度、方向传感器等其他设备。该模块的功能是接收、存储和处理交通信息,为驾驶人员提供良好的人机界面。

按照最优路径计算和选取地点的不同,动态路径导航系统可分为中心决定式的动态路径导航系统(centrally determined route guidance system, CDRGS)和分布式的动态路径导航系统(distributed dynamic route guidance system, DDRGS)。前者是在交通信息中心的主机上,基于实时交通信息进行路径选择,为每一个可能的 OD 对计算出最优和准最优路线,然后通过广播或通信网络(如 Internet)提供给用户;而后者是根据从通信网络接收到的实时交通信息,结合车载计算机存储的数据,在车载单元内计算最优或次优路径,依次进行路径导航。

路径导航系统通过在部分关键交叉口布设的检测器和摄像机来采集原始数据(一般指交通流量和车道占有率)获得实时交通信息,结合交通信息中心动态预测的路网中各个交叉口的交通流量和各路段的运行时间,并根据驾驶人输入的起止点,在车载机内动态地计算出最优路径,并动态地显示于电子地图上,从而引导车辆避开交通拥挤,沿着时间最短路径行驶,达到动态路径导航的目的。

2) 城市交通导航系统结构

图 5-10 所示为城市交通导航系统结构框架,该系统包括信息采集与处理子系统、车辆定位子系统、交通信息服务子系统、行车路线优化子系统。

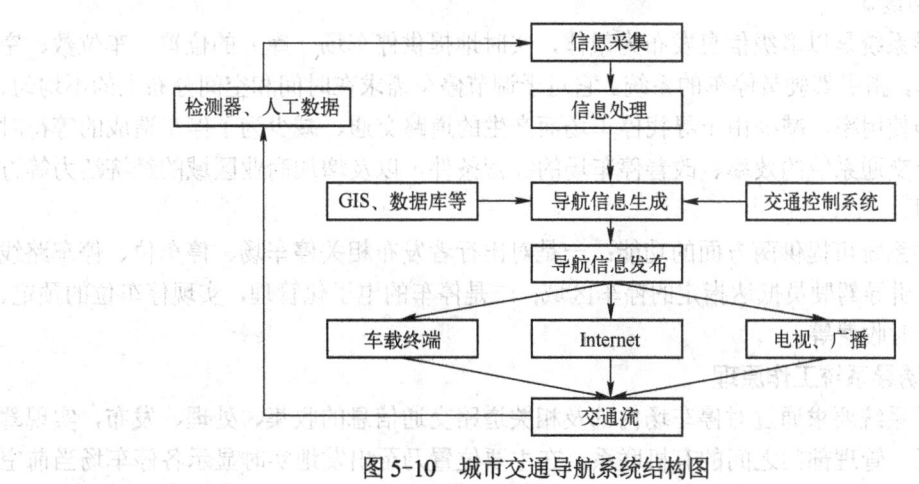

图 5-10 城市交通导航系统结构图

（1）信息采集与处理子系统

交通流信息的采集主要是通过交通控制系统实现的，因此，城市必须安装交通流量检测装置。检测的内容主要有：交通信息检测，可以利用交通信息控制系统的交通流量检测信息；交通流信息的转换与传输，把从交通控制获得的网络交通流信息进行处理并传送到交通流导航主机；滚动式预测网络中各路段的交通流量和运行时间；建立能够综合反映多种因素的路阻函数，确定各路段的出行费用，为导航提供依据。

（2）车辆定位子系统

车辆定位子系统的功能是确定车辆在路网中的确切位置，主要内容有：建立差分的理论模型和应用技术，讨论如何根据基准台测出的测差值来修正车载单元的误差，提高精度；设计系统的通信网络，其中包括信号的编码、发射及信号的调解等问题；研究系统电子地图制作方法及实现技术；建立一套故障自诊系统，以保证在系统发生故障或信号在传输过程中出现较大误差时，也能准确地确定车辆的位置。

（3）交通信息服务子系统

交通信息服务子系统是交通流导航系统的主要组成部分，它可以把动态交通信息通过各种媒体及时传送给公众。媒体包括电视、手机、路边可变信息板和车载的接收装置等，使出行者在家中、路上都可以得到交通导航信息。

（4）行车路线优化子系统

行车路线优化子系统的作用是依据车辆在网络中的位置和出行者输入的目的地，结合交通信息采集与处理子系统传输的路网交通信息，为出行者提供能够避免拥挤、减少延误、快速到达终点的行车路线，在车载计算机的屏幕上显示出车辆行驶前方的交通状况，并以箭头线标识所建议的最佳行驶路线。

5.2.4 停车诱导系统

停车诱导系统（parking guidance information system，PGIS）是城市道路智能交通系统的重要组成部分，主要通过智能探测技术，与分散在各处的停车场实现智能联网数据交换共享，实现对各个停车场停车数据进行实时发布，引导驾驶员实现便捷停车，解决城市停车难问题。

停车诱导系统是以多级信息发布为载体，实时地提供停车场（库）的位置、车位数、空满状态等信息，指引驾驶员停车的系统。它对于调节停车需求在时间和空间分布上的不均匀、提高停车设施使用率、减少由于寻找停车场而产生的道路交通、减少为了停车造成的等待时间、提高整个交通系统的效率、改善停车场的经营条件，以及增加商业区域的经济活力等方面有重要作用。

停车诱导系统可提供两方面的功能：一是对出行者发布相关停车场、停车位、停车路线指引的信息，引导驾驶员抵达指定的停车区域；二是停车的电子化管理，实现停车位的预定、识别、自动计时收费等。

1. 停车诱导系统工作原理

停车诱导系统要求通过对停车场内部及相关道路交通信息的收集、处理、发布，实现驾驶员、停车场、管理部门之间的有机联系，在主要位置乃至出发地实时显示各停车场当前空余车位数或有/无空车位的信息，同时对各停车场的车流量、车位占有率等数据进行汇总分析，与周边道路交通信号控制及管理系统实现协调等。

停车场相关信息的采集内容包括到达及离开车辆的牌照、车型；到达或离开时刻；车位供给量；空余车位数等，可由停车场进出口设置的收费读卡机或电子标签、空余车位数据采集器、检测器等设施加以实现。空余车位数据采集器可利用栏杆机或车辆感应线圈送出的信号，检测车辆的进出并记数。对于多层停车楼，每层各有一个入口和一个出口，在各层入口和出口处均埋设车辆检测线圈，利用这些线圈对进入和离开停车场及各层的车辆计数。对于入口检测，当某层检测到一次车辆通过，则该层空车位数减1。若上一层检测到车辆通过，则该层空车位数减1，同时上一层空车位数加1。对于出口检测，当某层检测到一次车辆通过，在该层空车位数加1，其下一层空车位数减1，直到车辆驶出。

空余车位数据采集器实时地将当前停车场的状态上报给管理计算机，同时将各层空余车位数传送至各层的显示牌，管理计算机借助于管理软件将数据整理后通过无线数据发送模块发送至各种信息发布设施。

每个停车场设置一个空余车位采集控制器，它有多个信号入口，能对本停车场的出入口车辆进行管理。控制器编号、车位总数、空余车位数等均可通过笔记本计算机对其进行设定。各个停车场通过电话线将数据传送至主控计算机，主控计算机将资料整理后再通过无线通信模块将各路口数据传送至可变标志牌。

2. 停车诱导系统结构

停车诱导系统一般由3个子系统组成，分别为停车场信息采集子系统、停车场信息处理判断子系统及停车场信息综合发布子系统。停车诱导系统的总体功能是发布停车信息，同时给城市智能道路交通系统提供基础数据。停车诱导系统的直接功能就是给交通管理人员及有停车需求的市民提供停车信息。

停车诱导系统的总体结构采用集中-分布式系统体系结构，如图5-11所示。数据信息的采集、处理及数据库的布置是分布式的，数据的共享融合和一致性维护管理是集中式的。

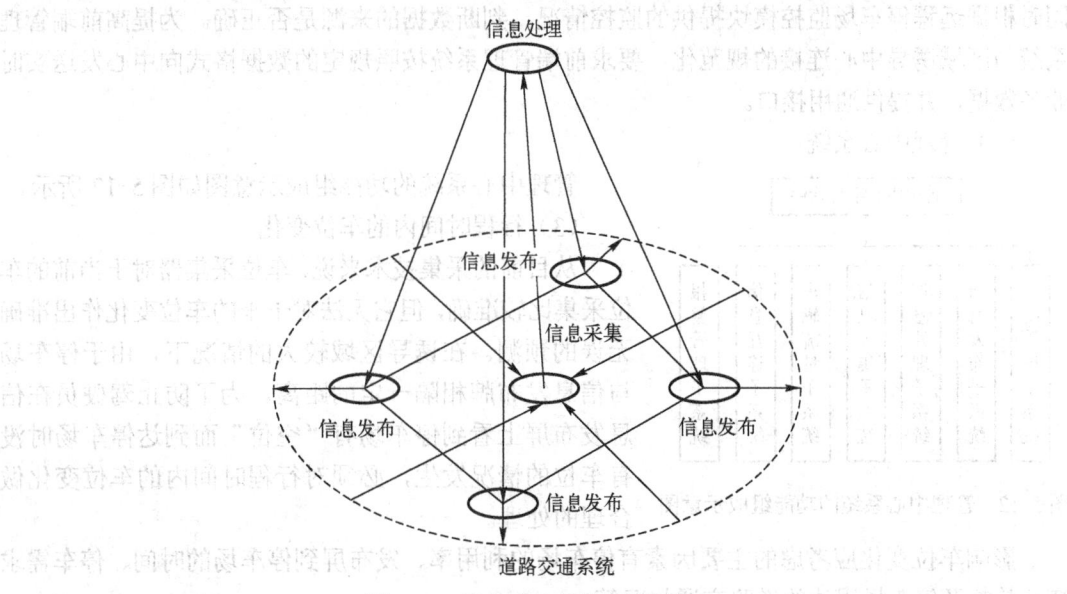

图5-11 停车诱导系统的总体结构

1）停车场信息采集系统

停车场信息采集系统是停车诱导系统的一个重要组成部分，它同样是停车场设计、道路基础设施建设乃至交通规划的基础工作。通过对车位数量、位置及利用状况等信息进行采集，不仅可以为停车诱导系统的发布提供信息保障，还能掌握停车现状和规律，明确停车问题的性质，由此提出针对性的问题解决方案。

停车诱导系统的信息采集可以分为静态数据采集和动态数据采集。静态数据采集是停车诱导系统中一段时间内稳定不变的信息，主要完成各停车场或路侧停车位的位置、类型、费率的统计与输入，以及具有停车-换乘功能的相关站点的信息；动态数据采集是车位利用状况（或饱和状况）、停车场开闭等在时间上相对变化着的信息。

按数据来源，车位信息采集可分为直接采集和间接采集。直接采集是通过停车管理主机获得实时停车信息，间接采集是通过其他智能交通系统的各个采集数据节点整合交通行业的各种信息。

2）停车场信息处理系统

停车场信息处理系统不仅提供车位使用状况信息，还担负着存储停车场或路边车位信息、加工处理车位使用情况的变化模式、停车需求状况预报、停车位预约等服务任务。

停车诱导系统的车位信息处理通过管理软件分两步来实现，即前端处理系统和管理中心系统。

（1）前端处理系统

前端处理系统一般指停车场管理系统，主要具备以下功能。

① 采集车辆的进出口数据，如车辆性质（外部车辆或内部车辆）、车辆编号、进出时间等，必要时还有车辆牌号、停车场进出口编号。

② 车位利用情况报表统计，如日报表、月报表和年报表。

③ 停车管理需要的其他功能，如收费统计等。

在停车诱导系统运行中，区域诱导中心大部分情况是被动接收前端管理系统发送的数据，同时根据远程停车场监控模块提供的监控情况，判断数据的来源是否正确。为提高前端管理系统与区域诱导中心连接的规范化，要求前端管理系统按照规定的数据格式向中心发送实时业务数据，并提供通用接口。

（2）管理中心系统

管理中心系统的功能组成示意图如图5-12所示。

（3）行程时间内的车位变化

从目前的采集技术来说，车位采集器对于当前的车位采集比较准确，但它无法对未来的车位变化作出准确无误的预测。在诱导区域较大的情况下，由于停车场与信息发布牌相隔一定的距离，为了防止驾驶员在信息发布屏上看到停车场有"空位"而到达停车场时没有车位的情况发生，必须对行程时间内的车位变化做合理的处理。

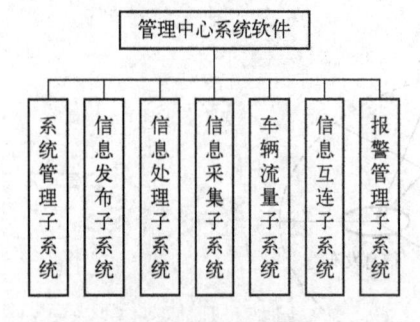

图5-12 管理中心系统的功能组成示意图

影响车位变化应考虑的主要因素有停车场的利用率、发布屏到停车场的时间、停车需求变化趋势及停车场周边的道路交通状况等。

(4) 系统优化

在区域停车诱导系统中，考虑如何准确及时地向驾驶员传递停车信息，虽然这种模型简单实用，但也存在一些缺点，如所提供的信息有限，无法考虑不同驾驶者的不同要求，即无法实现系统与使用者之间的互动。随着城市智能交通信息平台、交通流诱导系统、GPS 及多级化停车诱导系统的建立，对停车诱导系统的信息处理有了更高的要求。

停车诱导系统的系统优化是从整个城市的停车管理和交通畅通出发，拟定合理的交通控制策略，即系统最优模型，然后根据不同的系统目标采用相应的对策。

实现系统优化的处理需要通过策略层、模型层、应用层完成。

① 策略层：根据实时交通数据和车位占用数据，预测停车供需状况，从而拟定各分区的停车控制策略，选择合适的应用模型。

② 模型层：预测更新周期内的停车需求，根据供需状况和车位占用状况（或排队状况），确定应用模型的参数，由此确定目标函数框架。

③ 应用层：根据车辆所在的位置、目的地、预停放时间及驾驶员选择停车场的特殊要求等，用模型层确定的目标函数得出诱导信息，并将其传递给驾驶员。

3）停车场信息综合发布系统

停车场信息综合发布系统是停车诱导系统的主要部分，按诱导信息是否可变可分为固定诱导信息和可变诱导信息。固定诱导信息主要以停车标志牌为主，由于这种信息发布方式成本低廉，可作为停车诱导系统信息发布的有益补充；可变诱导信息发布牌能够提供变化的车位或车场信息，在可变信息板上附带一些固定的诱导信息，可以节约成本或提高发布系统的稳定性。

(1) 信息发布内容及设定标准

① 信息发布内容：停车场（区域）位置或名字；去停车场（区域）的路线或方向、时间；停车场（区域）车位占用状况，可分为空满法（显示停车位饱和状态，如空和满；空闲、接近饱和及饱和）和车位剩余法（显示剩余空位数）；停车场的关闭信息等。

② 信息表现形式：信息发布内容可采取多种表现形式，如符号、文字、地图等，文字说明停车场的名称、空满（剩余车位）状态、时间、距离等，图示既可以是简单的箭头也可以是地图。一个发布屏通常采用多种形式来表现诱导信息。常用停车诱导信息表现形式见表 5-2。

表 5-2 常用停车诱导信息表现形式

级别	片面类型	静态内容	动态内容
A	文字+箭头	P 空位+诱导区域名+箭头	区域剩余车位总数
B	地图式	P 空位+路网	小区剩余车位总数
C	文字+箭头（组合式）	P 空位+停车场名称+箭头	停车场剩余车位总数
D	文字	P 空位+停车场名称	停车场剩余车位总数

停车诱导信息的内容应根据层次远近而有所不同，因此停车诱导信息板的种类需按层次分为：预告性诱导信息板、指示停车场所在位置的诱导信息板和设置在停车场门前的单独停车诱导信息板。

停车诱导信息板的设置还应具有适当的间隔（各诱导标志设置点之间有合理的间距）和疏密度（即根据路段、停车需求，在不同区域设置不同的数量）。

（2）停车诱导信息、分级要求

停车诱导系统应结合诱导区域特点设计成 3 级或 4 级诱导系统，一般采用的是 3 级诱导体系，详见表 5-3。

表 5-3 停车诱导系统分级体系

性　质	级　别	作　用	建议设置位置
区域级预告性诱导标志	一级（A）	显示诱导区域位置和总空位信息	区域周边主干道
	一级（B）	分区诱导，指导邻近各分区位置及空位信息	分区域外围主要道路
街道级诱导标志	二级（C）	周边停车场指示标志，指示道路沿线停车场信息	区域内部道路
停车场级指示标志	三级（D）	指导各停车场位置和空位信息	停车场入口

主干道信息发布牌[一级（A）]在诱导区域的四周主干道上，对要进入区域停车的车辆进行诱导。

区域信息发布牌[一级牌（B）]主要设置在道路复杂、停车众多、需要进行分区诱导区域的对外直接通道上，采用地图式。对已进入区域的车辆进行诱导，使驾驶员了解区域主要行驶路径及沿线各区域的剩余泊位总数；沿线停车场信息发布牌[二级（C）]。在停车场所沿线道路上，对于沿线各停车场空位信息进行发布，告诉驾驶员道路沿线各停车场的剩余泊位数量及进口方向。在有多个停车需要指示时，该类发布牌可采用组合形式。

停车场级信息发布牌[三级（D）]在停车场入口附近设置，显示该停车场的名称、收费标准及剩余泊位信息。

5.2.5 智能物流运输系统

利用感知技术实施运输业务升级的物流企业，需以深度覆盖所服务区域的运输网络平台为基础，提供快捷、准时、安全、优质的标准化服务。通过整合内外物流资源，提供"一站式"综合物流服务，以满足客户对运输业务的个性化需求。感知技术将用于优化运输业务的各个作业环节，实现运输管理过程的信息化、智能化，并与上、下游业务进行物资资源整合和无缝连接，如图 5-13 所示。

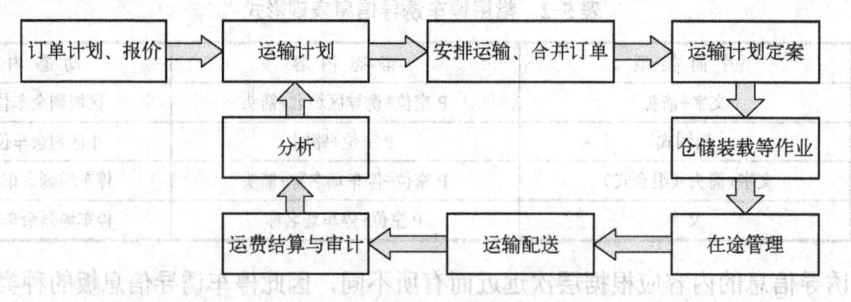

图 5-13 物流企业智能运输流程

（1）运输计划定案

基于感知技术的智能物流信息平台可有效提高物流企业内部及整个供应链的信息资源整合能力，实现物流信息的高效传递与共享。感知技术的应用可减少订单计划、报价、分析、运输计划、安排运输、寻找合并订单机会等环节的人工记入。将收集到的数据信息进行计算、统计、挖掘与分析，可直接通过决策系统提供运输方案。

（2）仓储装卸等作业

运用 RFID、EPC（electronic product code，产品电子代码）等感知技术可对每个货物进行编码、识别及信息再录入等操作。在仓储装卸等作业中采用物联网技术体系为信息载体，可有效避免人工输入可能出现的失误，大大提高物流作业中入库、出库、验货、盘点、补货、装卸搬运等环节的工作效率。

（3）在途管理

通过 RFID 技术、GPS 技术与传感技术的结合，可在感知在途运输货物状态的基础上实施管理与控制。在运输线上安装 RFID 读写器设备和传感器设备，通过接收 RFID 标签信息来实现运输车辆及运输货物的识别、定位、跟踪及状态感知等。工作人员和用户通过输入货物编码和访问密码即可随时查询货物状态，如冷鲜货物的温度、易碎货物的压力、危险货物的密封性等，实现在途管理的可视化与透明化。在此基础上，工作人员根据货物状态可直接通过运输管理系统处理物流信息并进行必要的在途控制，从而保证货物运送的质量与安全。

（4）运输配送

智慧物流环境下的运输配送作业新增了配送信息自动更新、到达时间自动提醒、送货信息自动反馈等功能，可及时获取交通条件、价格因素、用户数量及分布和用户需求等因素的变化信息，并根据上述配送信息的更新制订动态配送方案，在提高配送效率的同时降低成本。最终配送方案确定后，系统计算出货物到达的具体时间，提前告知收货人获取配送许可，如收货人因故不能按时收货，可与业务员进行沟通，另行安排合理的送货时间，从而为用户提供人性化服务。配送完成后，系统自动向发货人发送货物送达的具体信息，并收取发货人与收货人的反馈信息，为再合作提供资料备案。

（5）运费结算与审计

智慧物流环境下的货物标签存储着丰富的货物信息。计价系统对这些信息进行识别和处理，可实现智能结算，包括物流企业内部各业务环节的交接结算和供应链参与方之间的结算。智能结算后，审计确认后的运费可在与计价系统绑定的银行账户上自动扣除。运费的智能结算简化了资金交易的过程，提高了资金交易的准确性。

5.3 面向运营的城市道路智能运输系统

5.3.1 智能公交系统

智能公交系统包括公交信息采集与集成系统、公交信息服务系统、公交智能调度系统等。公交智能化系统能够提供车辆定位、车内视频监控、公众信息发布和查询、站台预报站，实现对公交车辆的实时监控和信息发布等功能。

1. 公交信息采集与集成系统

（1）车辆跟踪系统

通过安装在公交车内的 GPS 车载智能终端，可以实现公交车辆的自动定位。车辆定位系统由车载 GPS 信号接收设备和无线通信传输设备、调度中心无线通信传输设备和配套的电子地图组成。自动车辆定位系统能准确确定公交车辆在路网中的位置，从而实现对公交车辆的实时位置监控，为运营调度和应急处理（抢修和应急指挥调度）提供协助服务。在实时显示车辆位置时，以一定的数据格式将车辆的位置信息记录下来，系统可以根据需要将监控车辆的历史轨迹进行回放。当车辆有报警信号时，中心计算机自动将报警车辆置于窗口的中心并实时监控、显示其运行轨迹和车辆等有关信息。

（2）公交视频信息采集

视频监控是延伸管理人员视野的有力工具，可以实时、直观地看到现场实况，调度中心的管理人员可以实时了解公交的运行状况及异常事件现场的真实情况，并根据不同的运行状态做出正确的事件处置决策，采取适当的调度措施，最大限度地保障公交行车安全和交通畅通。

在公交首末站和中途站安装的视频监控摄像机，可以监控乘客集散、车辆进出、售检票及现场治安等状况，随时掌握车站现场运营秩序，可将监控图像显示在公交调度中心电视墙（或大屏幕）上，同时可送至每个调度员计算机桌面上。监控图像传输至公交调度中心，在条件允许时与交通管理局等部门实现图像资源共享。

在公交车内安装的车载视频监控摄像机，采用无线通信的方式将视频信息上传至调度中心。调度中心管理人员可以实时了解和掌握车内状态，以便更好地进行管理及决策。

2. 公交信息服务系统

（1）电子站牌

在公交首末站和中途站安装的电子站牌，可以为乘客提供公交车辆的到站信息和天气预报、广告等其他附加信息。电子站牌发布的信息由调度中心统一管理，统一发布。

电子站牌发布信息的管理由调度中心根据车辆运行情况经过计算后，确定距离某一电子站牌最近的公交车辆，并且计算其离本站牌还有多少站，将车辆到站时间、路况信息、车次、运行的方向、车辆拥挤状况、天气预报等一并发布到相应的电子站牌上。

电子站牌具有自动故障诊断功能，包括每天开机自检的故障诊断及每天运营过程中的临时故障诊断。在收到电子站牌的故障诊断信息之后，调度中心对电子站牌上传的故障信息作出相应的处理。

（2）公交信息查询终端

在各公交站点安装的互动式公交信息查询终端，可以帮助乘客直观地观看滚动播出的画面或者交互式地查询公交换乘信息、周边设施信息等综合实用信息。

管理人员在车站服务器对所有的信息进行统一采编、统一管理并相应修改终端显示屏内容。实时性信息能通过传输系统的共享以太网通道由车站服务器向各控制器实时广播传送。

需要播出的信息存放在调度中心服务器数据库中，各控制器定期地访问网络数据库以获取需要的信息，如公告信息、公交运行信息。各控制器只能访问自己存在数据库中相应的信息。另外，为防止网络及车站服务器发生故障，各站点在读取网络数据的同时也要将相应的信息实时更新到本地数据库内。

公交信息查询终端可以与广播系统实现接口，当广播系统开始播出时，可选择触发公交信息查询终端显示与广播同步的内容。根据触发信息的紧迫和紧急程度，公交信息查询终端的显示屏将以子窗口或全屏形式显示广播同步内容，为运营管理提供统一的信息传播和信息发布形式。

（3）车载信息发布终端

除车站信息服务之外，车上信息服务也是乘客信息系统重要的组成部分。为保证公交系统的高效运行及适应未来智能运输系统的要求，从向乘客提供优质交通服务的角度出发，车载信息发布终端具有双向通信的能力，实现面向乘客的车内静态及动态信息服务，从而方便乘客出行，提高运输系统效率。

车上信息服务主要内容如下。

① 结合车辆定位系统，播报并显示公交车到站信息、预告下一停靠站名，提醒乘客准备下车；

② 手动/自动控制以语音和文字形式播报车辆进出站及相关服务信息；

③ 根据公交网信息，给出主要站的换乘信息；

④ 为了满足乘客的需求，提供天气、新闻等社会信息；

⑤ 通过多媒体方式，为乘客提供广告和娱乐信息（一方面可吸引乘客，提供良好的车内服务环境；另一方面可作为运营公司增值的手段）。

3. 公交智能调度系统

公交智能调度系统由智能公共交通优化系统和智能公共交通监控调度系统组成，如图 5-14 所示。智能公交优化系统完成线路网优化和行车计划优化，监控调度系统完成实时的监控和调度。

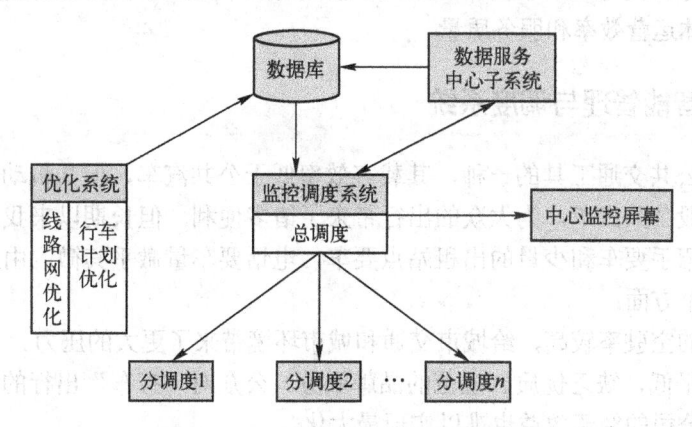

图 5-14 公交智能调度系统结构示意图

公交智能调度系统功能主要包括以下几个方面。

（1）线路网优化

公交智能化调度系统能够大量分析历史数据，利用线路网优化算法，提出城市的线路网优化方案。实现充分利用现有的城市公交基础设施，使车与车、车与路、车与乘客协调作用，提高公交车辆的营运效率。

（2）行车计划优化

智能公共交通系统能够根据线路的行车计划、线路基本情况、车辆信息、司乘人员信息，自动生成每天的配车排班表。常规情况下，系统会按照编排好的计划表控制发车，同时也可以根据现场情况做出实时调整，系统自动记录实际发车记录，实际行车记录又可以作为行车计划调整、修改的参考数据，使得行车计划越来越合理。同时提供考勤表的历史查询功能以作比较，为调度员进行常规和现场调度提供参照依据。

（3）行车模拟

基于行车计划和线路网优化，智能公交系统提供在新的线路网情况下每条线路的行车模拟仿真，测算出包括车辆载客率、满载率等评价指标，供管理人员进行决策参考。

（4）实时监控调度控制中心

调度、监控、指挥子系统实现调度员对行驶中车辆驾驶人的现场调度、实时监控功能，该系统能够接收车辆定位数据，完成车辆信息的地图映射。其功能包括地理信息和数据信息的输入和输出、地图的显示和编辑、车辆和道路等信息的空间数据查询、GPS 定位数据的接收和处理、GPS 数据的地图匹配、车辆状态信息的处理显示、发车预报、公交车实时监控、意外情况的报警处理及车辆运行数据的保存及管理等。

公交车辆的智能化调度，借助现代化的方法实现车辆调度的自动化，对公交车辆的运营调度起到辅助决策作用，将有效地提高公交运输管理的集约化水平，实现车辆的实时监控与调度，从而提高公交的服务质量。

智能调度系统的工作流程如下：通过汇集调度意见形成调度预案库，结合已有的数据库信息基础，借助成本模型及智能优化算法，形成优化决策方案，提供给调度人员；调度人员凭借经验及优化方案进行决策，给出具体的调度指令；智能调度系统可以在保证调度环节优化的基础上，进行调度管理，以优化的流程、最低的成本完成车辆的运营调度，从而提高整个公交系统的整体运营效率和服务质量。

5.3.2 出租车智能管理与调度系统

出租车作为公共交通工具的一种，其载客效率低于公共汽车，但其机动性、灵活性、时效性远远高于一般公共汽车，为大众的出行带来了诸多便利。但长期以来我国出租车的主要运营方式是路边招手要车和少量的出租站点要车，电话要车量微乎其微。由此带来的问题主要体现在以下 3 个方面：

一是出租车的空驶率较高，给城市交通和城市环境带来了更大的压力。

二是服务水平低，缺乏优质、规范的品牌服务。公众对"打车"出行的服务不满意，投诉率较高，出租公司的经营效益也难以实现最大化。

三是行业主管部门对出租车的日常管理及在节假日、大型活动和突发事件中的运力调配缺乏有效手段。

因此为有效提高出租车的运行效率，提高服务水平，减少出租车对城市交通和城市环境带来的压力，加强政府部门管理力度，建立有效的运力调配手段，有必要开展出租车管理与调度系统的研究和应用。

1. 系统架构与功能

出租车智能管理与调度系统是集全球卫星定位系统、地理信息系统及无线通信技术于一体的软、硬件综合系统。主要由 3 部分组成：车载终端、无线数据链路和监控中心系统，可对出租车进行统一集中管理和实时监控调度，为司机、乘客提供服务。

系统主要功能如下：

① 车辆调度。系统满足乘客电话要车的需要。当乘客电话要车时，调度中心应能以合理、

快捷的方式对车辆进行调度，为乘客提供便捷的用车服务，同时记录调度信息和乘客信息。

② 车辆监控。系统能够实时监控和保存车辆的状态、位置、速度、方向，并可根据需要进行跟踪查询、历史轨迹查询和回放。

③ 报警服务。报警服务功能符合公安管理部门的相关规定。当车辆出现被劫持等紧急情况时，调度中心应能及时准确地接收到报警信号，并能快速启动监听和车辆跟踪功能，在第一时间通知警方并通报相关信息，配合警方对人员、车辆进行救助。

④ 数据采集。通过采集、调用计价器数据等方式，对车辆状况数据进行采集和存储。

⑤ 出租汽车管理及数据统计。对传输回调度中心的数据进行分类统计分析，为行业管理和政府决策提供依据。

⑥ 通信。系统具备语音和数据通信功能，可实现中心和终端之间的全双工语音通信和实时数据传输。调度中心可以根据需要对车载电话进行呼入限制、呼出限制和自由通话设置。

⑦ 管理分中心服务。可以根据出租企业或其他管理部门的需要设置管理分中心；分中心应能向出租汽车公司提供其所属车辆的营运数据及管理信息；分中心应能提供车辆查询、数据统计汇总、数据传输等功能的服务。

⑧ 远程维护。调度中心和终端之间可以通过无线下载方式进行远程维护，包括采集参数调整（时间、距离、间隔）、黑名单更新等。

⑨ GIS 功能。调度系统具备完整、可靠的电子地图，作为系统实现各项功能的基础平台。电子地图具有满足系统要求的道路和交通管理信息，并能确保电子地图的及时更新。

⑩ 路径服务。系统可以为驾驶员和乘客提供起止点之间的最优行驶路径信息，并可以为驾驶员提供指路服务。

⑪ 信息发布。系统可以向车载终端发布相关服务信息，如通知、气象信息、路况信息等。

2. 系统模块划分

① 监控调度模块。系统建立起了出租车与监控中心之间迅速、准确、有效的信息传递通道。中心可以随时掌握车辆状态，迅速下达调度命令。同时，可以根据需要对车辆进行远程控制。

② 电话叫车模块。乘客拨打调度中心约车电话时，网络可自动寻找区域内的空车进行调派，调车的详细信息用语音或汉字信息传至车载显示终端，从而提高调度员的供车效率，缩短电话约车的时间，减少驾驶员空驶里程，增加驾驶员的经济收入，缓解城市道路交通的压力。另外，还可提供定时预约、派车、客人回复、跟踪等功能。

③ 意外报警模块。安装车载终端的车辆内装有报警开关，报警开关一经触发，将连续发送报警信号和位置信息到调度中心 GIS 终端。网络通过监控终端可选择进行位置跟踪，启动车内隐藏麦克进行录音。同时，可对其他所有安装车载终端的车辆广播消息，通告出事车辆的情况，并向 110 指挥中心报警，有效地保障了驾驶员的人身安全。

④ 信息服务模块。监控中心可以向出租车司机提供交通信息、线路咨询信息、广告信息（如宾馆商场广告）、行业信息和股市信息等，为司机和乘客提供服务。

⑤ 车辆管理模块。出租车公司下属车辆众多，需要对车辆进行集中统一的信息化管理。管理内容涵盖车辆的基本信息（如车牌号、车辆类型、吨位、颜色等）、安全记录等。系统将对车辆的所有这些信息进行采集、录入，而后向用户提供修改、删除以及查询功能。

⑥ 数据记录分析模块。出租车在行驶过程中的信息将被记录保存，方便事后查询。出租车公司也可以根据这些数据进行统计分析，为市场决策提供数据支持。

5.3.3 城市道路货运运营管理系统

城市道路货运运营管理是规范道路货物运输经营活动，维护道路货物运输市场秩序，保障道路货物运输安全，保护道路货运营有关各方当事人的合法权益的重要保障。

1. 系统功能结构

一个典型的城市道路运输企业运营管理系统功能结构如图 5-15 所示，系统由基础数据管理模块、任务生成与执行控制模块、车辆运行控制模块、驾驶员控制模块和企业生产运营评价模块 5 部分组成。

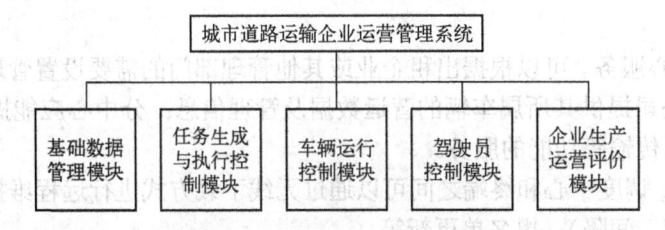

图 5-15 典型的城市道路运输企业运营管理系统功能结构

① 基础数据管理模块。基础数据管理模块主要包括驾驶员信息、车辆信息、货物信息、运价信息、维修保养基本项目信息等。

② 任务生成与执行控制模块。任务生成与执行控制模块基于运输任务生成模型，自动生成运输任务，控制任务执行过程，并可以通过任务控制模拟仿真任务执行情况。该模块自动生成以下主要内容：货物量、货物名称、发货点、收货点、发货时间、收货时间、是否发生事故等。

③ 车辆运行控制模块。车辆运行控制模块主要提供车辆技术档案、车辆调度管理、车务统计等功能，并为计划编制及运行作业计划编制提供数据支持。其中，车辆技术档案主要包括登记车辆技术档案、查询/统计等功能；车辆调度管理主要包括车辆调度、车辆编组、查询/统计等功能；车务统计主要包括车务指标统计、报表处理、查询/统计等功能。

④ 驾驶员控制模块。驾驶员控制模块主要提供登记驾驶员基本档案、登记交通事故档案、登记奖惩档案、查询所有档案、统计交通事故档案、统计奖惩档案、统计年审记录、统计年龄与驾龄结构等功能，并为运行作业计划编制提供数据支持。该模块对驾驶员状态进行模拟控制，控制内容包括身体状况、是否有事假或病假、是否加班等。

⑤ 企业生产运营评价模块。企业生产运营评价模块管理企业运营生产评价指标，这些指标包括运输产量、运输质量、运输消耗、运输效率、运输效益等。基于上述指标，该模块对企业生产运营状况进行综合评价。评价结果可用于判断企业经营效果，也可作为任务生成与执行控制模块选择运输企业的依据。

2. 业务处理流程

城市道路运输企业运营系统业务处理流程如图 5-16 所示。

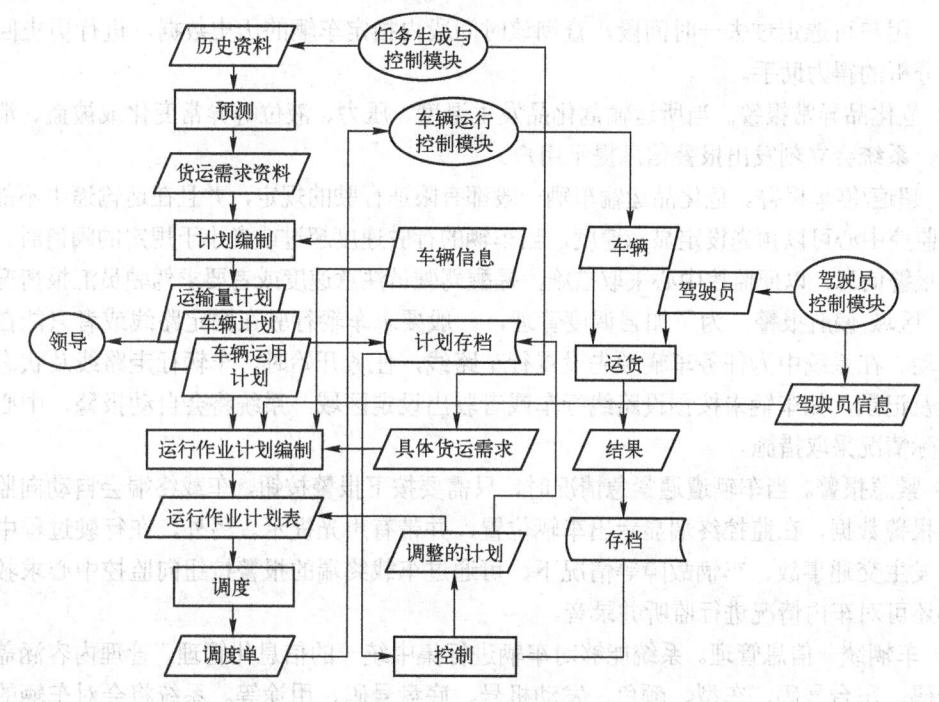

图 5-16 城市道路运输企业运营系统业务处理流程

在业务处理流程中，任务生成与控制模块依据历史资料预测出货运需求资料，编制出运输量计划、车辆计划、车辆运用计划并存档，待领导参阅后编制出具体运行作业计划，生成调度单；车辆运行控制模块根据调度单进行车辆调度安排，并随时根据车辆运行状况进行计划调整汇总，以及时调整运行计划；驾驶员控制模块安排驾驶员进行运货作业，并将驾驶员信息及时反馈到系统，以编制运行作业计划。

3. 危化品车辆监控调度系统

危险化学品（危化品）是会对健康、安全、财产与环境造成危害的物质或物品，具有易爆炸、易燃、毒害、腐蚀、放射性等特性，在生产、经营、储存、运输、使用过程中，存在着发生火灾、爆炸、中毒、污染环境等重大事故的危险性。危险货物运输风险性大，管理难度大。

危化品车辆监控调度系统是集全球定位系统、地理信息系统及无线通信技术于一体的软、硬件综合系统。危化品车辆监控调度系统可对车辆进行统一集中管理和实时监控调度。系统主要功能如下。

① 车辆跟踪监控，建立车辆与监控中心之间迅速、准确、有效的信息传递通道。监控中心可以随时掌握车辆状态，包括车辆的即时位置、速度、行驶方向等信息，迅速下达调度命令。还可以为车辆提供服务信息，有多种监控方式可供选择。

② 货物实时传感信息监控。系统可实时监控运输车辆上货物的详细传感信息，包括温度、湿度、槽罐压力、槽罐内液位、货柜门开关状态、气体报警、图像、视频等。

③ 电子地图功能。远程监控中心通过网络接收下位机发来的数据，将其具体显示在电子地图上，如车辆位置、行驶轨迹、记录回放等。

④ 历史轨迹记录查询。危化品运输车辆在行驶过程中的轨迹信息将被记录保存，方便事

后查询。用户可选定过去一时间段，查询该时间段内指定车辆的历史数据，进行历史回显，是事故分析的得力助手。

⑤ 危化品异常报警。当所运输危化品发生温度、压力、液位等异常变化或被盗、泄漏等情况时，系统会立刻发出报警信息提示用户。

⑥ 超速/停车报警。危化品运输车辆一般都有限速行驶的规定，并且在运输途中不能随意停车，监控中心可以预先设定显示速度，当车辆的行驶速度超过或者小于规定的阈值时，将自动发出报警信息，以便监控中心采取措施，提醒驾驶员注意速度或者要求驾驶员汇报情况。

⑦ 区域/偏航报警。为了加强调度管理，一般要求车辆行驶在固定路线或者只能在特定区域活动。在系统中为任务车辆预先设置行车路线，任务开始时，车辆行走路线及状态开始被监控及记录，如车辆未按预设路线行车或者驶出设定区域，系统将会自动报警，中心可以根据实际情况采取措施。

⑧ 紧急报警。当车辆遭遇紧急情况时，只需要按下报警按钮，车载终端会自动向监控中心发送报警数据，在监控终端显示出车辆位置，并带有声光提示。另外，在行驶过程中遇到险情或发生交通事故、车辆故障等情况下，可通过车载终端的报警按钮向监控中心求救。监控中心还可对车内情况进行监听并录音。

⑨ 车辆统一信息管理。系统能够对车辆进行集中统一的信息化管理。管理内容涵盖车辆车牌号码、车台号码、车型、颜色、发动机号、底盘号码、用途等。系统将会对车辆的所有这些信息进行采集、录入，而后向用户提供修改及查询功能。更重要的是信息的按需提取、定时访问，通过建立数据库实现其管理功能。控制 GPS 定位接收机和 RFID 系统的相关数据，将相关信息进行打包处理，定时上传给上位机。

综上所述，危化品监控调度系统可由车辆终端系统、网络通信和远程监控中心系统 3 部分组成。危化品运输车辆监控系统的基本组成如图 5-17 所示。

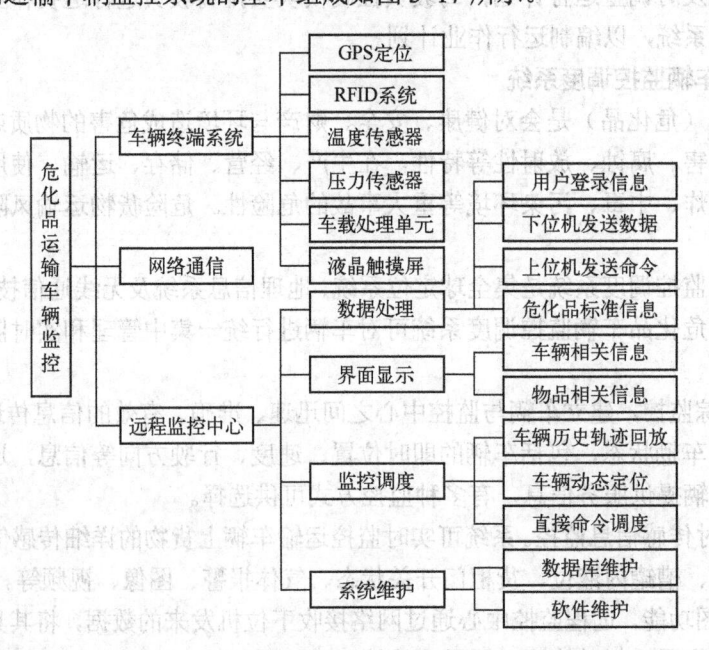

图 5-17 危化品运输车辆监控系统的基本组成

5.4 面向维护的城市道路智能运输系统

5.4.1 城市道路路面养护系统

1. 城市道路路面养护系统概述

（1）城市道路路面养护的目的

道路的质量不仅与初期的设计和建设水平有关，更与后期的养护方法和管理有关，进行路面养护的目的主要是使道路在使用年限内充分地发挥其性能。道路在使用过程中，由于行车荷载、人为和自然因素的作用，特别是由于城市交通量的增大以及设计施工的缺陷，导致道路的使用性能得不到最大程度的发挥。因此，为了保持道路在使用年限内的完好性，保证道路的服务质量，保障车辆的通行安全，最大限度地发挥道路的运输功能和经济效益，就必须采用科学的管理方法，运用先进的技术，对道路进行定期的养护和管理。

路面在有维护和无维护的状况下服务性能的变化情况如图 5-18 所示。曲线 ABC 表示路面在没有进行维护时，路面的服务性能随时间的变化情况；曲线 $ABDE$ 表示路面在有维护的情况下的服务性能随时间变化的情况。由此可见，路面养护对保持路面的性能和延长道路的使用寿命具有重要的作用。

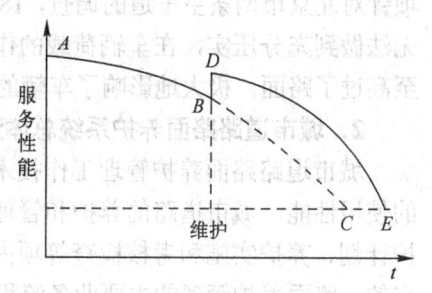

图 5-18 路面在有、无维护状况下的服务性能情况对比

总的来说，城市道路路面的养护任务就是：采用正确的技术措施，延长道路的使用年限，保持道路设施的功能，逐步提高城市道路的服务水平和抗灾能力，保证道路的完好和安全运行，并对原有技术标准较低或存在缺陷的路段进行改善或补建。

城市道路养护是一项复杂的工程，通过建设城市道路养护信息系统，可以达到从技术和管理上提高养护质量的目的。

（2）系统管理对象及组成

根据道路在城市道路网中的地位、交通功能及对沿线建筑物的服务功能，将城市道路分为快速路、主干路、次干路和支路四类。城市道路的养护对象包括车行道、人行道、路基、停车场、广场、分隔带及其他附属设施，对于车行道的路面养护，按照各类道路在城市中的重要性，将城市道路的养护分为 3 个等级，见表 5-4。

表 5-4　城市道路养护等级

养 护 等 级	道 路 类 型
Ⅰ等养护的城镇道路	快速路、主干路和次干路、支路中的广场、商业繁华街道、重要生产区、外事活动及游览路线
Ⅱ等养护的城镇道路	次干路及支路中的商业街道、步行街、区间联络线、重点地区或重点企事业所在地
Ⅲ等养护的城镇道路	支路、社区及工业区的连接主次干路的支路

（3）城市道路路面养护的特点

城市道路在交通环境、设计概念和运营方式上与公路有较大的差异，主要有以下几点。

① 养护的及时性和有效性。由于城市道路在交通运输网络中有着重要的地位和作用，一旦路面发生损害，不仅会对车辆的通行造成影响，而且因为在养护施工过程中会造成交通的虚拟瓶颈，因此对城市道路路面的养护应该采取及时有效的措施。

② 城市道路在交通组成上比较复杂，因此要求对路面的养护要有很好的机动性。路面养护的过程中常常会产生噪声，所以在养护工艺和操作规程上都应该尽量减少对交通和周围环境的影响。从恢复城市道路的使用功能和服务水平来看，城市道路路面养护的成本较大，除了要求从事养护工作的作业人员和管理人员要具有较高的素质，管理手段上也应该采取科学有效的技术。

③ 城市道路路面的养护通常要考虑到与其他基础设施，如管线、绿化设施等之间的协调，由于很多管线的建设通常要对路面进行挖掘后才能施工，这就是所谓的"拉链施工"。"拉链施工"往往会使路基路面的材料受到破坏，各层结构的压实度也会大打折扣，不仅路面的平整度会受到影响，在施工处经常会产生坑槽、碎裂等病害。检查井也是病害多发处。根据一项针对北京市两条主干道的调查，18.4%的病害是发生在检查井周围，由于检查井周围的路面无法做到充分压实，在车辆荷载的作用下，容易产生不协调变形。在有些路段上，检查井甚至高过了路面，极大地影响了车辆的畅通。

2. 城市道路路面养护系统总体流程

城市道路路面养护管理工作技术性和专业性很强，只有明确了业务流程，才能确保系统的使用性能。城市道路的养护和管理业务主要包括路况调查、路况性能评价、养护对策、养护计划、养护实施和考核检查等项内容，这些内容是通过各有关部门之间的统计报表联系起来的，路面养护管理的主要业务流程如图 5-19 所示。

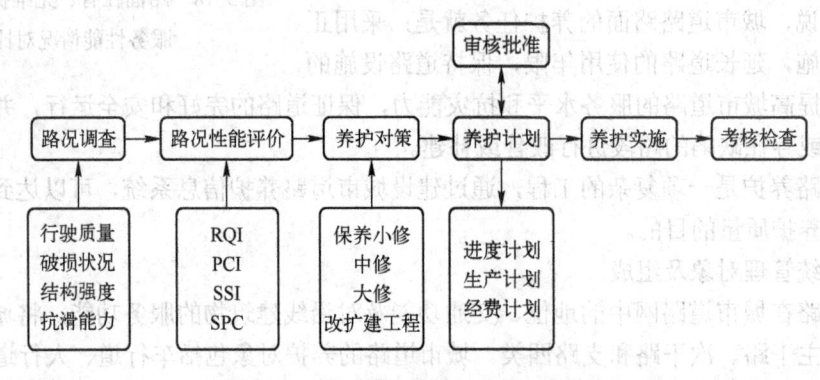

图 5-19 路面养护管理的主要业务流程

根据路面养护管理的主要业务流程，可以按每一个步骤来建立一个相应的软件模块，每一个模块都能有自己所需要的业务数据，都有明确的计算方法，能够独立地进行分析和输出结果，而且，每一个模块都是在前一个模块分析结果的基础上完成新的工作或提供新的信息。因此，设计各模块建立的次序如下。

① 建立数据库管理模块，提供路面的几何数据、历史资料维护和养护状况等。

② 在大量的数据累积的基础上，建立使用性能预测模型，形成满足今后养护和改建计划需要的模块。

③ 在使用性能预测的基础上，引进养护决策的标准、经济分析方法和养护规划方法，建

④ 在系统中引入路面养护和改建的设计方法比较等，得出分析结果。

3. 城市道路路面养护系统功能结构

城市道路路面养护系统分为 5 个主要功能子系统：资料维护、养护决策、养护计划、统计考核和系统管理，形成以数据库（包括属性和空间数据库）为基础，各部分功能相对独立但内容相关的有机整体，目的在于提高养护管理的水平、提高工作效率、加强各部门之间信息交流与沟通，改变过去那种道路养护管理工作中因信息不畅只依靠少数人决策的片面性，从而提高决策水平和养护管理质量。

各子系统功能相对独立，在网络的支持下，根据用户角色的不同，提供不同的操作接口，子系统的不同功能针对不同用户开放不同的权限，如图 5-20 和表 5-5 所示。

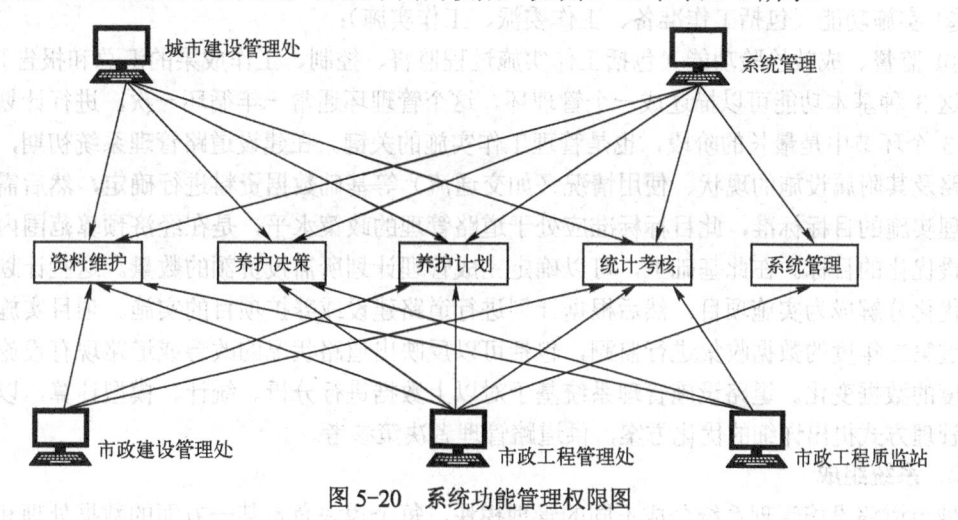

图 5-20 系统功能管理权限图

表 5-5 角色子功能权限表

用 户	角色子功能权限					
	资料维护	养护决策	养护计划	统计考核	系统管理
市建设局（系统管理）	数据、资料审核，信息查询	工程设计审查，施工监控，质量管理，资质与资格审查，政策制定	项目计划制定、审核与安排，资金计划安排，养护工作检查安排	统计各种数据，生成统计报表，部门考核	业务考核指标规定，评价决策模型维护，报表设置，用户权限设置
市政工程管理处	各类数据、资料录入，建立和维护数据库，资料查询	道路状况技术评估，养护施工质量检查，计划执行检查	编制养护计划与实施方案，施工审批	统计各种数据，生成统计报表	相关评价决策模型维护，业务相关报表设置，系统维护
市政建设管理处	相关业务数据、资料录入与修改资料查询		养护实施方案，施工审批	相关业务数据统计，生成统计报表	
市政工程质量监督站	相关业务数据、资料录入与修改，资料查询	道路状况技术评估，养护施工质量检查，计划执行检查		相关业务数据统计，生成统计报表	

5.4.2 城市道路设施管理系统

城市道路设施包括与道路相关的所有物理设施，除道路本身以外，还包括道路所有的附属设施，如标志、标牌、护坡、排水系统、桥梁、涵洞、附属建筑物等。这些基础设施由于受到自然环境及交通荷载的作用，再加上材料本身的自然老化，使得这些基础设施随着时间的变化逐渐破坏而失去其结构上和使用上的功能。

随着我国公路建设的快速发展，道路设施管理工作日益成为保障道路提供优质、快速交通服务的重点。同时，对公路管理信息化的建设，为提高我国公路管理工作的水平提供了技术支持和高科技手段。有针对性地建设道路设施管理系统，采取切实可行的技术手段，是加强公路管理信息化建设的关键。

1. 系统功能

城市道路设施管理系统的功能对于所有的路网来说可以分为以下 3 个基本功能：

① 计划功能（包括编制预算、编制实施方案、进行方案选择）；
② 实施功能（包括工作准备、工作委派、工作实施）；
③ 监督、成效检验功能（包括工作实施过程监督、控制、工作成果的汇总和报告）。

这 3 种基本功能可以描述成一个管理环。这个管理环通常一年循环一次，进行计划的时期在 3 个环节中是最长的阶段，也是管理工作实施的关键。在建设道路管理系统初期，需要对道路及其附属设施的现状、使用情况（如交通流）等基础数据资料进行确定，然后需要确定管理实施的目标标准，此目标标准应处于道路管理的政策水平，是在经济预算范围内可实现的最优化的目标。在此基础上，可以确定完成管理计划所需投资额的数量。这些计划通过成本优化分解成为实施项目，然后根据计划进行道路建设或养护项目的实施。项目实施的结果通过第二年度的数据收集进行监测，包括可以反映出道路状况的改善或道路现有设施的损坏程度的数据变化。道路设施管理系统基于对以上数据进行分析、统计、模型计算，以工作流的管理方式提出详细的优化方案，供道路管理者决策参考。

2. 系统组成

城市道路设施管理系统分成不同的管理模块，每个模块负责某一方面的数据处理和方案管理，主要由以下子系统组成。

（1）设施监测子系统

设施监测子系统用来收集道路设施数据，包括道路详细状况和条件、道路结构状况和条件、道路交通使用状况及道路运营情况。这些数据的收集主要通过车载自动设备和可视采集手段进行。

（2）数据存储子系统

道路设施管理系统的核心是数据存储子系统或称为道路信息管理子系统，所有收集的数据都通过该系统保存并传送至分析子系统。在一套自动化程度较高的系统中，分析后的数据又传回数据存储子系统。数据存储子系统中保存了道路设施现状的最初始收集的数据，也是分析系统通过数据分析得出结论后数据的物理存储地。数据存储系统一般包括地理信息系统（GIS）等基础数据库。

（3）数据分析子系统

数据分析子系统或称为决策支持子系统主要根据道路收集的数据和管理者预先确定的道路管理方案对道路管理决策进行预测。基础数据包括道路类型、管理模式、交通状况和预算情况。系统通过道路使用状况模型和交通状况模型，根据预计的道路运营成本和使用成本提出优选的道路管理维护方案，供道路管理者在进行计划管理、实施管理中使用。数据分析子系统的主要功能是保证所有工作的计划方案都是基于对道路寿命周期成本最优化后作出的。任何一个方案的执行对道路使用状况的改善情况都可以通过模型模拟计算而预测得到,因此对管理者所做的任一决策都能迅速反馈可能的结果,大大提高管理者决策的科学性。

（4）结构管理子系统

结构管理子系统主要包括桥梁管理系统,隧道、涵洞管理系统及建筑物管理系统等。这些结构管理系统一般都是自维护的,包括桥梁、隧道等主要结构的基本数据。这些系统的分析模式主要基于一些概率模型,它们主要通过对不确定因素的分析而得出这些主要设施发生危害的可能性。

（5）作业管理子系统

作业管理子系统也称为维护管理子系统,但此系统包括对所有新建设施的管理。此系统用于对其他系统提出的方案实施时进行有效的管理,包括日常维护作业的检查管理和作业程序管理,对特定设施进行维护施工时的工程管理等。

（6）财务信息管理子系统

财务信息管理子系统是对道路管理所有发生的费用等进行统计、详细界定、记录并汇总。这些需要管理的费用不但包括道路设施（路面、桥梁、隧道等）的建设与维护费用,还包括道路运营费用、附属建筑的维护费用、车辆租赁费用和其他费用。对所有这些费用的统计管理是确定道路维护水平和实施道路维护方案的关键。

除以上介绍的主要功能子系统组成外,还有以下功能的管理系统,包括用户/客户管理、绿化管理和环境管理等,所有子系统共同作用,达到使道路提供更加快捷、高效的服务的目标。

复习思考题

1. 简述交通运行监测调度中心的作用。
2. 结合实际情况,选择一个具体的城市道路智能运输系统,简述城市道路智能运输系统在实际生活中的应用。
3. 结合自身认知,简述城市道路智能运输系统的发展现状及未来发展趋势。

第 6 章　高速公路智能运输系统设计与集成

高速公路是指供汽车高速行驶的专用汽车公路。与城市道路相比，高速公路具有以下特征。

① 交通限制。高速公路主要对车辆和车速加以限制，专供汽车使用且限制其最高速度及最低速度，不存在普通公路上的交通流混行问题。

② 分隔行驶。对向车道间设有中央分隔带，实行往返车道分离，杜绝了对向车辆相撞问题；对于同一方向的车辆，至少有两个或两个以上车道，使慢车、快车分道行驶；对于行驶中需超车行驶的车辆，设有专门的超车车道，以减少超车和同向车辆车速差异的干扰；在一些特殊地点设置爬坡车道、加/减速车道等，使一些车辆在局部路段分离。

③ 控制出入。高速公路采取全封闭形式，车辆只能从指定的匝道进出；收费站控制车辆的出入，禁止非机动车等不合规定的车辆进入。

④ 分类收费。分车型进行收费，客车按照客座、货车按照载重进行分类收费，费率标准依据各省的省情和道路所处的地理环境而定。

高速公路智能运输系统结构示意图如图 6-1 所示。

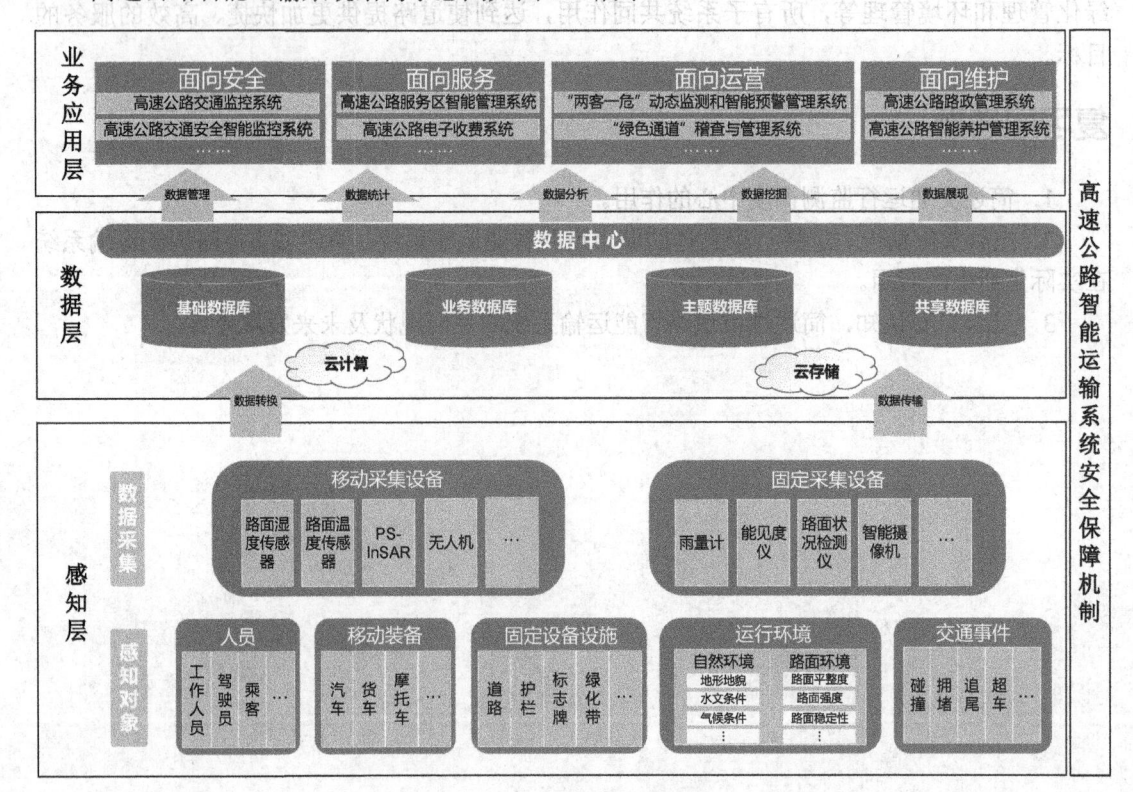

图 6-1　高速公路智能运输系统结构示意图

6.1 面向安全的高速公路智能运输系统

6.1.1 高速公路交通监控系统

高速公路交通监控是对高速公路交通流运行状态、交通设施、交通环境的监测和对交通流行为的控制。

1. 高速公路交通监控目的

高速公路交通监控系统对高速公路进行全面的监视和控制，对高速公路的正常运行和发挥其效益起着极为重要的作用。为此，高速公路交通监控系统设计的主要目的是通过对高速公路全线的交通流量的检测、交通状况的监测、环境气象的检测、运行状况进行监视，形成合理的控制方案，从而达到控制交通流量、改善交通环境、减少事故等目的。具体来说，可以实现以下目标：

① 通过对过量进入的车辆进行控制来消除拥堵；
② 减少延误；
③ 减少高速公路的事故；
④ 保证高速公路的服务水平；
⑤ 最大程度发挥高速公路经济效益和社会效益。

通过高速公路交通监控系统能预先知道交通运行的状况、尽早发现问题、尽快解决问题、避免交通堵塞、保证交通安全，维持道路运行在某个特定的服务水平上。

2. 高速公路交通监控系统功能

高速公路交通监控系统需实现以下功能：

① 及时准确采集交通流、交通环境和主要交通设施状态的各种信息；
② 应能对高速公路实现全程、实时、不间断的监控；
③ 根据已掌握的信息，迅速作出有针对性的处理和优化控制方案，并立即执行；
④ 建立多种信息发布渠道，为用户提供信息服务，通过驾驶员调整行驶行为，达到交通流动态平衡；
⑤ 专项监控，如探测和确认交通事件、隧道火情监控、冬季路面使用状态检测等；
⑥ 对交通事故能作出快速响应，迅速排除事故根源并提供救援服务；
⑦ 建立道路交通数据库，用以支持道路运行状况评价，为改善道路经营和交通管理的决策提供数据分析；
⑧ 系统设备应具有一定的冗余设置，以确保系统的可靠、安全。

3. 高速公路交通监控系统组成

为了完成监控系统的监视控制功能，高速公路交通监控系统由交通信息采集系统、中央控制系统和信息发布系统组成。

(1) 交通信息采集系统

高速公路交通监控系统的信息采集可通过人工或自动的方式，主要有以下几种。

① 车辆检测装置：在高速公路主线上及入口匝道和出口匝道等处设置车辆检测装置，用来收集监控所需的数据，作为监控中心分析判断、作出控制方案的主要依据。

② 气象检测装置：高速公路的高速、安全、舒适等功能与气候条件密切相关，而作为控制方案制定的依据必须考虑公路沿线的气候条件和有关参数。因此，气象检测装置在信息采集子系统中起着很重要的作用。

③ 闭路电视（CCTV）：在车流量比较大、车辆密度比较高的区域，重点的监控地点和事故易发区等地段安装 CCTV 摄像机，通过视频方式掌握有关区段的交通情况。一旦出现车辆故障或发生交通事故，控制中心可以及时地掌握事故发生地点、时间和严重程度，以便迅速作出反应，采取相应措施，排除故障或妥善地处理事故。

④ 紧急电话：在高速公路上下行线上每隔一定距离安装一部紧急电话，当车辆发生故障或出现交通事故时，驾驶员可及时向监控中心通报，同时在监控中心的紧急电话计算机上可以显示发信紧急电话所在的地点和编号，以便采取相应的应急措施。

⑤ 无线电设备：用于高速公路的日夜巡逻车上用无线电台实现与控制中心联络。

（2）中央控制系统

中央控制系统是介于信息采集系统和信息发布系统之间的中间环节，是监控系统的核心部分，其主要功能如下：

① 对信息采集系统传来的数据进行实时运算、处理和分析；
② 根据分析结果确定控制方案，发出相应的控制命令，指挥事件处理；
③ 通过闭路电视系统监视各主要路段的交通情况；
④ 负责管辖区域内的通信联络；
⑤ 全系统组成设备工作状态的监控；

中央控制系统通常由计算机系统、室内显示设备和监控系统控制台组成。

（3）信息发布系统

信息发布系统是用来向道路使用者提供道路交通信息和诱导控制指令的设备，以及向管理、救助部门和社会提供求助指令或道路交通信息的设施，其主要设备包括可变情报和可变限速标志、车道控制标志、指令电话和交通广播系统等。该系统功能主要包括以下几个方面：

① 向道路使用者提供信息，如前方道路的交通堵塞情况、事故报警、气象情况、道路施工情况等；
② 向道路使用者提供建议或控制命令，如最佳行驶路线、最佳限速、车道控制信号、匝道控制信号等；
③ 向管理和救助部门提供信息；
④ 向社会提供信息。

4. 高速公路交通监控过程

交通监控系统功能框图如图 6-2 所示。表征交通流状态特征的信息历经采集、处理、决策和执行各个环节，遵循反馈控制原理，按预定方案完成控制任务。

6.1.2 高速公路交通安全智能管控系统

高速公路的交通秩序、安全与事故处理由公安部门管理。公安部门依托高速公路管控平台，通过设置车辆违法抓拍、超速、诱导屏、广播、出入口管制等措施对道路交通秩序、违法等进行管控。同时，基于采集的实时路况数据信息，通过对数据的融合和预测分析，将交通信息转化为文字、图形信息，利用可变限速标志和 LED 诱导屏、交通广播网、互联网和短信等方式向公众发布实时路况信息。通过建立各类事件处置预案，建立与高速公路职能部门联勤联动协作配合管理机制，实现对重大交通事故及其他重大突发事件的快速高效处置。根据路况信息，实时设置车辆行驶限速值，降低车辆速度并进行行驶诱导，避免在恶劣天气情况下和发生突发事件时车辆追尾相撞，保证车辆行驶安全，并最大限度减少封路情况。

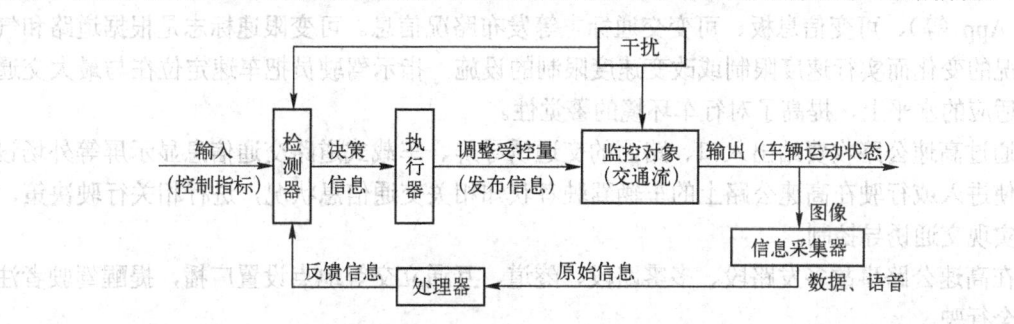

图 6-2　交通监控系统功能框图

1. 交通信息采集、分析与发布

在高速公路重点路段位置采用自建或共享视频监控、环形线圈车辆检测器、微波检测、气象设备、卡口分析等采集设备，获取车流量、车速、车辆密度、道路占有率、事件、拥挤、路面温度、湿度、风力、能见度等基本数据，实现交通信息采集，为车速管制等提供依据。交通安全信息采集与发布的分类及具体信息见表 6-1。

表 6-1　交通安全信息采集与发布的分类及具体信息

	信息分类	具体信息
信息采集	道路车流量状态信息	时间、车道（如有可以分车道）、方向、流量值、速度、占有率（密度）、车辆长度、车型、大车比例、时均流量、日均流量、周均流量等
	气象信息	时间、温度、湿度、风力、风向、大气压、雨量、能见度、地点编号等
	交通事故信息	事故时间、号牌号码、号牌种类、联系方式、违法证据、事故描述等
	道路施工信息	项目负责人、管理机构、联系电话、施工计划起始时间、施工计划终止时间、施工路段、占用车道、占用方向等
	道路拥堵信息	拥堵地点、拥堵起始时间、原因、估计拥堵持续时间
	交通管制信息	交通管制措施、交通管制地点、原因、影响范围、持续时间等
信息发布	交通诱导信息	地点编号、设备编号、起始时间、结束时间、模板类型（1—标语，2—公告）、发布状态、发布内容、审核人、诱导屏发布时间、发布类型
	巡逻车 LED 屏发布信息	安装位置、可变信息标志类型、全点阵部分的水平方向像素数、全点阵部分的垂直方向像素数、路段区域列表、文字区域列表
	可变信息板发布信息	安装位置、可变信息标志类型、全点阵部分的水平方向像素数、全点阵部分的垂直方向像素数、路段区域列表、文字区域列表
	移动终端发布信息	手机号码、短信内容、发送方式、发送时间
	喊话发布信息	设备编号、广播内容、广播方式、广播时间
	社会发布	通过互联网、电视台、电台等发布信息

（1）交通态势分析

根据车流量、速度等交通流参数对交通态势进行融合分析，生成各时段平均速度、路段阻塞程度等参数，并对恶劣天气、交通管制、道路阻断等情形及时采取处置建议措施。

系统能对交通流的态势进行基本研判，分析路段交通运行状况和重点车辆情况，找出拥堵点段和事故隐患路段，掌握重点车辆通行情况，预测节假日和重大活动的交通流量，提出路段流量管控对策措施。

(2) 高速公路交通管制信息发布

依据信息控制发布范围，通过互联网、广播、手机终端（如特服号码短信、微博、微信、QQ、App等）、可变信息板、可变交通标志等发布路况信息。可变限速标志是根据道路和气象情况的变化而实行速度限制或改变速度限制的设施，指示驾驶员把车速定位在与最大交通量相适应的水平上，提高了对行车环境的警觉性。

通过高速公路收费站出入口、路面的交通诱导屏、车载式道路交通信息显示屏等外场设施，使进入或行驶在高速公路上的车辆驾驶者获知相关交通信息状况，进行相关行驶决策，进而实现交通诱导控制。

在高速公路事故多发路段、多雾路段、隧道、互通立交等地点设置广播，提醒驾驶者注意安全行驶。

2. 卡口信息管理系统

利用高速公路出入口控制的特点，实现涉案车辆、多次违法未处理、肇事逃逸、报废、假牌、套牌、无牌、超速、未年检等布控车辆的比对、预警、现场拦截处理。

3. 指挥调度集成平台

系统在集成各类控制子系统的基础上，加强对日常交通流的监视、检测、控制、协调、调度、疏导和诱导，建立闭环控制指挥模式，实现对高速公路交通管理的宏观调控、指挥调度。

4. 重点车辆动态监管系统

通过与交通运输管理部门、运营企业、交警建立信息共享机制，对高速公路上行驶的重点车辆的动态监管、报警拦截、轨迹追踪、运行分析和及时抄告。

获取客运车、危化品车的定位信息（GPS/北斗）、行驶记录信息，实现对辖区内高速公路上行驶的目标车辆实时跟踪，获取驾驶人的行驶时间，对超速或者疲劳驾驶、超时行驶、偏离电子围栏范围的车辆实时进行预警提示，或者由巡查车辆强制其进入服务区。

5. 社会化服务平台

社会化服务平台主要通过互联网提供路况信息推送、交通信息查询、警务公开、安全指南、超限车辆准运证信息、危化品车辆准运证信息、施工预告信息等公众服务，为公众出行提供参考信息，进一步推进便民利民服务。

6.2 面向服务的高速公路智能运输系统

6.2.1 高速公路服务区智能管理系统

高速公路服务区智能管理系统是通过信息化手段进一步满足公众对高品质、多样化服务的需求，提升停车场、公共卫生间、加油站、汽车修理店、便利店、开水供应区等便民服务场所的运营保障效果，实现全天候服务保障；加强公路出行多渠道信息服务，实现公路运行状况和信息发布联网管理，确保高速公路路况、气象等公众出行信息实时滚动播报；并根据地区经济社会发展需求及公路运输发展的新变化，为公众提供地方特色商品选购、客货运输节点、旅游服务、医疗救助服务等延伸服务，满足司乘人员多层次需求。因此，高速公路服务区智能管理系统的重点建设内容包括服务区综合中心管理平台、服务区智能监测系统、服务区信息发布系统、服务区交通诱导系统。

1. 服务区综合中心管理平台

服务区综合中心管理平台主要是将各个服务区的经营数据、运行数据及管理数据等相关数据进行汇总管理，对相关数据进行进一步的挖掘，分析服务区运营和管理状况，监管服务区的运营和服务水平，形成统一监管、统一调度、统一规划的布局。

服务区综合中心管理平台集视频实时预览、经营管理、经营数据分析、大数据预演、大数据展示等多个功能于一体，实现对高速公路所辖服务区的信息综合管理。

单服务区管理平台包含服务区客流分析、车流分析、服务区 Wi-Fi、经营数据、快捷支付等多个功能模块的系统。通过系统能够实时地收集服务区的客流量、经营数据等业务运行信息。

服务区综合中心管理平台和单服务区管理平台之间是联动结构，通过对所有服务区的大数据进行分析，挖掘服务区的经营思路和创新管理策略，从而实现对所辖服务区统一监管、统一调度、统一规划的"三统一"模式。

对于单服务区日常业务的处理分析，在服务区本地进行，对于服务区的管理和分析工作在中心进行，最终形成"中心负责管理，本地负责运营"的服务区管理模式。

2. 服务区智能监测系统

服务区智能监测系统部署于服务区，基于服务区的管理需求，以提高管理水平为目的，主要对进入服务区的车辆和人员进行监测。通过布设视频监控系统，对服务区内的加油站、停车场、超市、餐厅等位置进行远程实时监控，完成车辆信息和客流信息采集，并将数据实时传输至云数据中心，供服务区智能管理系统的其他模块使用。

3. 服务区信息发布系统

服务区信息发布系统主要是结合服务区交通流的相关数据特征，特别是在节假日期间服务区内的交通流量，通过对路网各服务区交通流量数据进行统计和分析，借助多种发布形式提醒驾乘人员当前的情况，使其合理安排出行计划。

（1）广播系统

基于现代化高速服务区的特点，现代化的服务区内均设有公共广播系统。目前主流的公共广播系统包括3部分：公共区域的背景音乐系统、服务管理广播系统、紧急事故公共广播系统。

① 公共区域的背景音乐系统。在公共区域设置背景音乐，营造舒适、和谐的氛围。服务区在选用设备时，应根据资金状况尽量选用性能稳定，使用寿命长的设备。

② 服务管理广播系统。按照停车区、餐饮区、加油区、购物区、办公室或楼层设置服务区分区广播，主要用于服务项目、宣传及与管理相关的广播。

③ 紧急事故公共广播系统。紧急事故公共广播在服务区的设计中通常被列为消防自动控制的一个联动部分。在紧急事故公共广播系统中，消防广播具有绝对优先权，消防广播信号所到的扬声器应无条件畅通无阻，包括切断所有其他广播和处于开启或关断状态的音控器，相应区域内的所有扬声器应全功率工作。

（2）信息发布终端

一般在服务区入口、服务区大厅、广场设有 LED 显示屏，显示服务区的服务项目、天气状况、附近路况、服务区车位及相关广告等信息。

通过信息发布终端可以发布下一个服务区的情况,包括停车位、车流量、客流量等方面的信息,做到服务区和服务区之间的互联互通,为驾乘人员提供更人性化的路况信息。

此外,可利用信息发布终端发布周边景点、旅游攻略、商旅订餐、促销活动等商旅信息,从而更好地为驾乘人员的出行消费提供便利。

4. 服务区交通诱导系统

服务区智能交通诱导系统是在对服务区所在道路及邻近道路的交通情况进行信息采集的基础上,建立本区域的路况分析模型。智能停车场诱导系统由车位探测系统、信息显示系统、控制系统、引导系统管理软件等组成。交通诱导系统首先采集服务区邻近路段相关的交通信息,通过算法分析预估交通状态,然后制定最佳的诱导方案,发布诱导信息。能较准确地分析预测路段交通状态;在日常、紧急等不同状态下,可根据现有采集的交通信息等实施发布交通诱导信息,实现对交通流的分配;利用呼叫中心、互联网、电台、手机 App 等方式为公众提供高速公路交通信息和建议的出行方案。

服务区智能停车场诱导系统可以与服务区停车场出入口管理系统配合使用。当停车场内没有停车位时,与出入口管理系统联动,使停车场入口票箱控制器停止发放停车卡,控制由于车辆过多进入停车场而引起的场内交通拥挤或堵塞。对于普通平面车位,使用超声波探头技术,而地上的露天环境由于风雨影响不能用超声波探头,要用地磁车位探测器,它埋在车位下,检测大地磁场变化,通过比较来判断车位上的有车无车状况。

6.2.2 高速公路电子收费系统

传统的人工收费和半自动收费方式越来越难以满足收费公路运营和管理的要求,停车收费造成的交通堵塞成为制约提高道路通行能力和使用效率的"瓶颈"。电子收费系统(electronic toll collection system,ETC)是智能交通系统框架的一个重要组成部分,ETC 是在短程通信技术(dedicated short range communication,DSRC)、自动车辆识别技术、自动车辆分型技术系统(automatic vehicle classification system,AVC)、视频稽查系统(video enforcement system,VES)等先进的技术手段和进行数据处理的计算机软硬件及收费管理中心的基础上实现的不停车自动收取道路通行费的系统。它不仅为车主用户、高速公路运营商提供了快捷的路桥收费交易服务,还为智能运输系统领域智能化的信息服务提供了技术支持,因此许多国家都将 ETC 作为智能运输系统领域最先投入应用的系统来开发,它也成为当今世界唯一得到大规模产业化运用的智能交通系统子系统。

1. ETC 的运营主体

ETC 通常单独或与人工收费系统构成一个联网收费网络,系统的运营主体主要由结算服务中心、路桥业主、银行、发行代理及用户 5 部分构成。

(1)结算服务中心

结算服务中心是整个系统的运营中心,与其他主体间的构成关系示意图如图 6-3 所示。结算服务中心主要负责电子标签的管理(其中包括电子标签的发行及日常管理、后台结算等),并向用户提供多种客户服务,同时负责统一技术规范和联网收费网络的有关管理条例。结算服务中心作为整个系统的运营中心,向用户提供各种完善的客户服务;为路桥业主提供结算服务;委托发行代理发行电子标签;委托清算银行完成清算的划账业务。

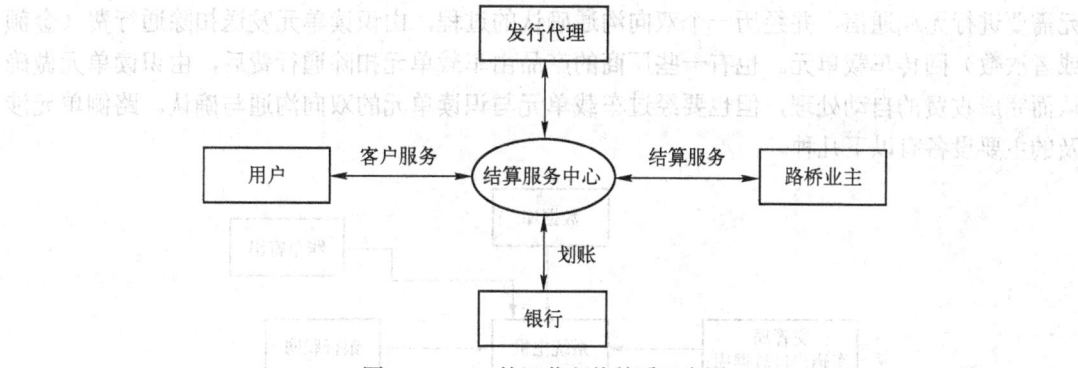

图 6-3 ETC 的运营主体关系示意图

（2）路桥业主

路桥业主是联网收费系统中收费系统的投资建设单位，负责收费系统的运营管理及维护，接收结算服务中心提供的账务清分等系统服务。

（3）银行

在联网收费系统中，银行主要是根据结算服务中心的转账指令，实现对结算服务中心、路桥业主和记账卡用户间的账务清算。

（4）发行代理

发行代理受结算服务中心委托，发行电子标签；结算服务中心向发行代理支付一定比例的发行代理费。

（5）用户

用户可以在发行代理点购买电子标签，或者到结算服务中心申请购买电子标签；结算服务中心为用户提供各项服务；对于记账卡用户，还应与银行签订账户的转账授权书，以保证结算服务中心能够及时将通行费用划归路桥业主。

2. ETC 的构成

ETC 主要包括车载单元（on-board unit，OBU）、路侧单元（road-side unit，RSU）和收费管理中心 3 个部分。

（1）车载单元

车载单元是一个装载在车辆上的电子标签，用来携带出行车辆身份证明用的识别码、授权证明、账户资料或其他方面的资料数据，这些数据用来与收发单元进行通信。作为车载单元的电子标签可分为只读型与读写型，只读型车载单元仅仅存储使用者与车辆的识别码，其收费动作在收费单元的计算机设备上进行；而读写型车载单元除了存储使用者与车辆的识别码外，还包括金额、日期、时间等多项资料，扣费动作由车载单元（电子标签）自动完成。

（2）路侧单元

路侧单元用于与车上电子标签进行通信，并做好进一步的校验工作，依据与车载单元间信息的传输功能，可分为单向式与双向式。单向式路侧单元在车辆通过通信区域时，识读单元即读取并辨别车载单元（电子标签）内使用者与车辆的识别码，再传输到计算机中心，中心计算机系统结构如图 6-4 所示。处理记录的使用情况与账户金额，如收费方式采用事后付费的方式，则收费单位定期向用户寄发通行费账单。双向式路侧单元则是识读单元与车载单元需要进行无线通信,并经历一个双向沟通确认的过程,由识读单元发送扣除通行费(金额或者次数)回传车载单元。也有一些厂商的产品由车载单元扣除通行费后,由识读单元做确认而完成收费的自动处理,但也要经过车载单元与识读单元的双向沟通与确认。路侧单元涉及的主要设备有以下几种。

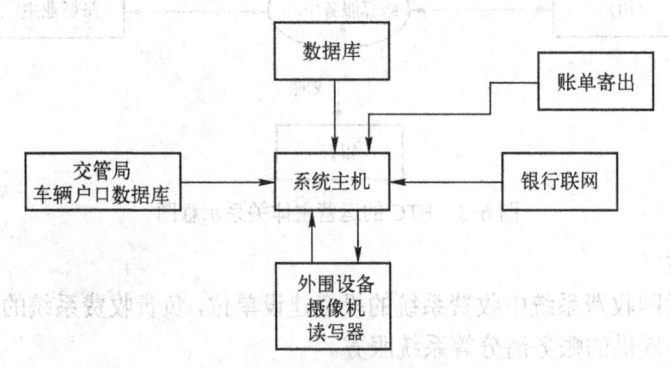

图 6-4 中心计算机系统结构

① 车辆探测器:能够正确探测车辆进出收费站。
② 车辆自动识别系统:能够自动识别通过收费站车辆的类型。
③ 数据处理器:计算通过收费站的车辆所应收取的费用,并注明该次交易发生的时间、地点、金额等资料。
④ 信号灯:收费过程是否合法的显示灯,通常绿色信号表示收费过程顺利完成,红色信号表示收费没有成功。
⑤ 闭路电视设备:对未正常完成的收费过程的车辆进行录像摄影,所得资料用于催交欠款。
⑥ 照明:摄像亮度不够时,自动开启照明设备。

(3) 收费管理中心

收费管理中心是用来存储和处理交易记录资料的计算机数据库操作系统,用于账目稽查、转账、制作财务报表与账单,并且所有电子标签管理是用登记资料或者账户资料。

除了前面所讲的自动收费设备与功能外,下面的设备也是整个系统不可缺少的,包括:现场通知通行费收取标准与账户余额;响应使用者信息;补充余额或缴付账款;违规取缔及处罚稽查等设备。

3. ETC 的工作过程

ETC 采用先进技术手段使得车道收费过程自动化,它不仅可以为车辆提供快捷的收费支付服务,还可以为交通管理的电子化提供条件。

车主首先到客户服务中心购买或申领车载电子标签手续,客户服务中心将为该用户建立专用的 ETC 账户,用户一般需要向账户存入一定数额的费用,客户服务中心发给用户一个车载电子标签(也称应答器)。电子标签内存储有与该用户有关的账户信息和车辆信息,电子标签通常安装在车辆的前风挡玻璃上的特定位置。有了电子标签,车主就可以享受不停车收费系统所提供的便捷服务。

ETC 的工作流程基本上有相对固定的模式,但也根据具体系统的特点而有一些差别,下面以带栏杆的 ETC 为例说明。当车辆驶近收费站时,收费站的 ETC 开始工作。ETC 车道的交通信号及标志引导ETC用户正确驶入不停车收费车道。自动车辆识别系统被激活，安装在门架或路侧的ETC车道天线与车载电子标签进行数据交换。车道控制计算机根据电子标签中存储的信息识别出道路使用者和既定车型，自动车型分类系统同时对当前车辆类型进行自动判别，并与电子标签内置的车型数据进行核对。

如果一切正常，车辆自动识别系统将从电子标签中扣除相应的通行费（电子钱包应用）或记录下该电子标签中的账号信息（电子存折应用），车道控制计算机生成收费记录并存入收费站的计算机系统。

如果发现非正常情况，车道控制系统将利用交通控制系统采取拦截或警报手段迫使违章车辆停下，或进行违章处理，或转入人工收费方式接受处理。同时，违章抓拍系统也将迅速启动，拍下汽车牌照，供事后处理使用。

ETC用户通过收费口时，不再需要停车交费，整个过程自动完成，车辆在高速通过时仍能完成自动交费业务，不需要用户进行任何操作。

ETC的操作流程如图6-5所示。

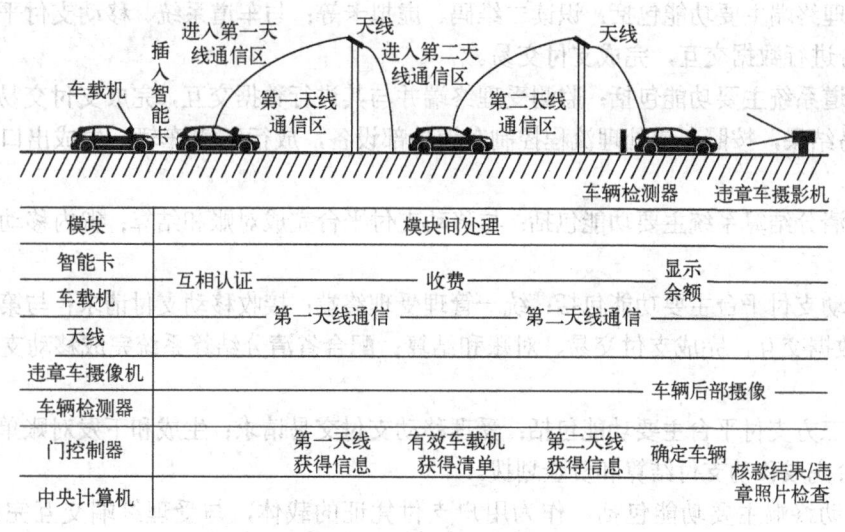

图6-5 ETC的操作流程

ETC系统为用户提供多种收费渠道，如现金、支票、信用卡、银行转账等，在用户授权的情况下，很容易实现收费专用账户的自动转账。另外，用户每月还能根据ETC系统提供的详细付费清单，掌握道路通行费的支出情况。对于隶属于不同的高速公路运营公司的高速路网的收费，可以根据预先设计好的结算系统进行账务清算。

4. 移动支付

从互联网行业的角度来说，移动支付属于电子支付，是用户使用其移动终端设备，通过移动通信网络对所消费的商品或服务进行账务支付的一种服务方式。由于手机是最主流的移动终端设备，所以移动支付也常被称作手机支付。

移动支付技术能够更好地解决高速公路通行缴费现金携带、找零的麻烦，且整个支付过程更为简单便捷，还可保证支付交易的高安全性，提高收费效率，减少点钞、解款、银行复核等环节，在实际应用中具有非常高的优势。

（1）移动支付系统组成

高速公路移动支付系统由受理终端、车道系统、移动支付平台、第三方支付平台、省清分结算系统、移动终端组成。移动支付系统逻辑框架示意图如图6-6所示。

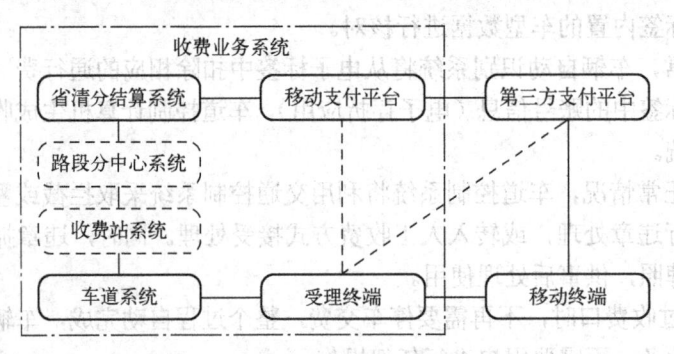

图6-6 移动支付系统逻辑框架示意图

① 受理终端主要功能包括：识读二维码、虚拟卡等；与车道系统、移动支付平台、第三方支付平台进行数据交互，完成支付交易。

② 车道系统主要功能包括：监测受理终端并与其进行数据交互，完成支付交易；根据移动支付交易结果，按照车道处理流程控制车道外部设备，放行/拦截车辆；生成出口移动支付收费流水。

③ 省清分结算系统主要功能包括：与移动支付平台完成对账和结算；省内移动支付联网清分结算。

④ 移动支付平台主要功能包括：统一管理受理终端；接收移动支付请求；与第三方支付平台进行数据交互，完成支付交易、对账和结算；配合省清分结算系统完成移动支付对账和结算。

⑤ 第三方支付平台主要功能包括：受理移动支付交易请求；生成和下发对账单；配合移动支付平台完成移动支付结算和资金划拨。

⑥ 移动终端主要功能包括：作为用户支付凭证的载体，与受理终端交互完成移动支付交易。

（2）车道系统处理流程

车道系统由原收费车道系统、受理终端及配套网络设施组成。车道系统操作流程如图6-7所示。

① 车道系统计算费率，显示收费金额。

② 用户选择支付方式，如为移动支付，进入支付处理流程。

③ 车道系统进入联机扣费业务流程。

④ 支付成功后，打印发票，生成出口移动支付收费流水，车道放行；若支付失败，返回到步骤②。

⑤ 车辆通过，交易结束。

（3）移动支付主要业务流程

① 联机扣费业务流程如图6-8所示。用户使用移动终端展示支付凭证（如二维码），或者使用虚拟卡支付；车道系统计算收费费率，受理终端识读移动终端支付凭证，可直接或间

接上传第三方支付平台；第三方支付平台完成支付请求处理后，可直接或间接推送支付结果至移动终端和车道子系统；扣费流程结束。

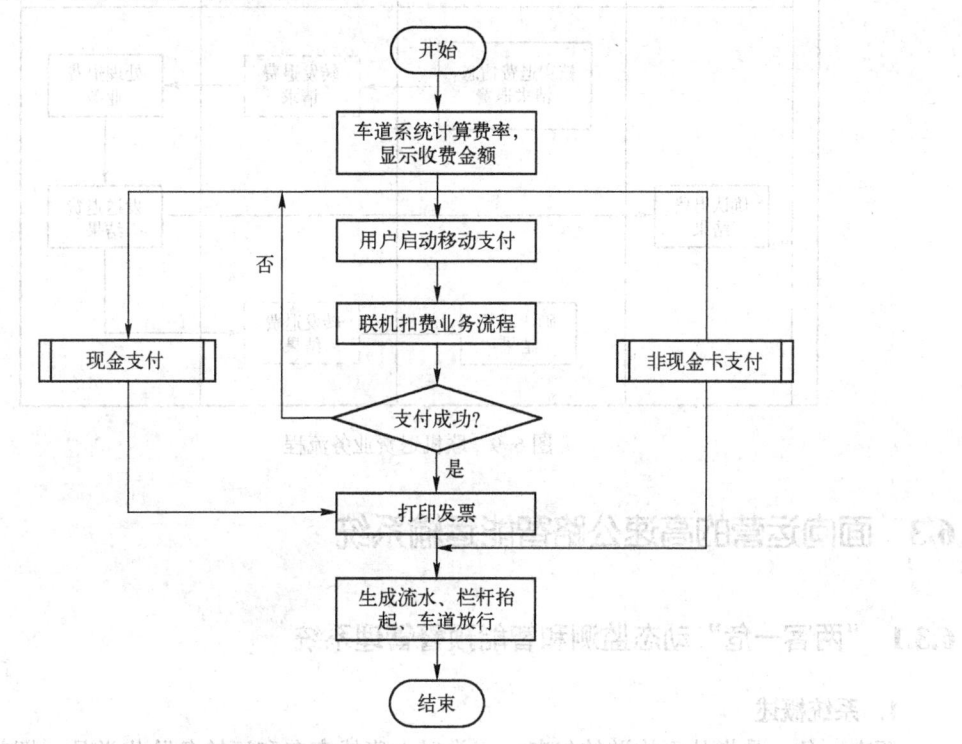

图 6-7 车道系统操作流程

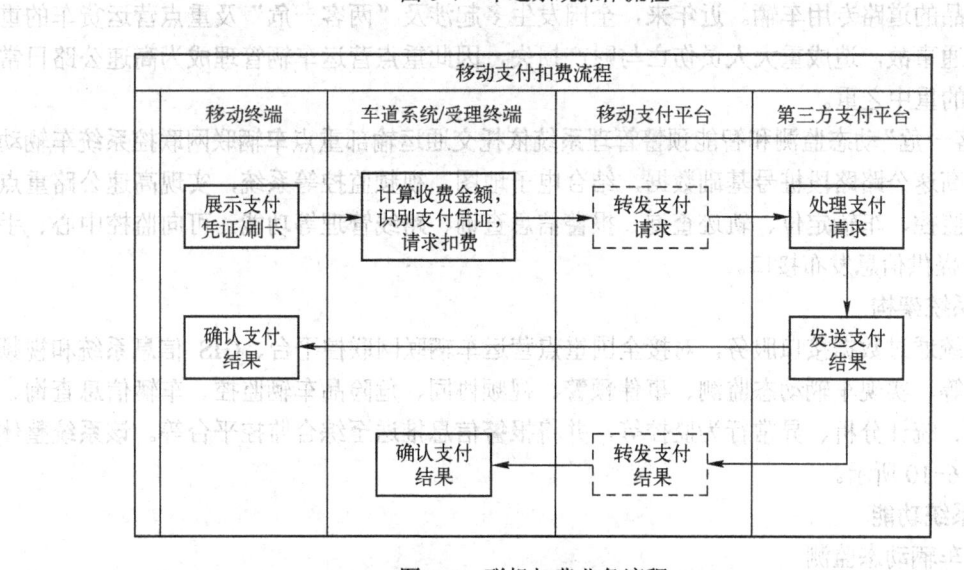

图 6-8 联机扣费业务流程

② 联机退费业务流程如图 6-9 所示。车道系统核实退费信息，发起退费请求，退费请求可直接或间接上传第三方支付平台；第三方支付平台完成退费请求处理后，可直接或间接推送退费结果至移动终端和车道系统；退费流程结束。

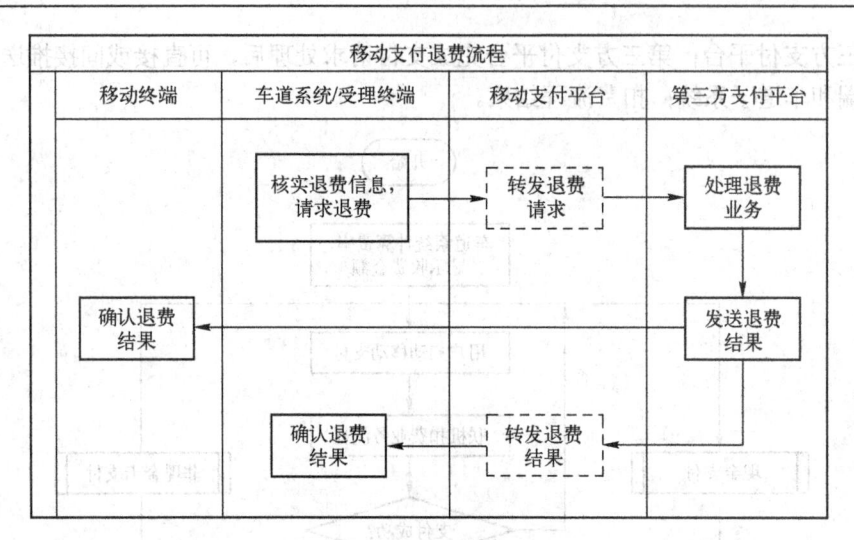

图 6-9 联机退费业务流程

6.3 面向运营的高速公路智能运输系统

6.3.1 "两客一危"动态监测和智能预警管理系统

1. 系统概述

两客一危，是指从事旅游的包车、三类以上班线客车和运输危险化学品、烟花爆竹、民用爆炸物品的道路专用车辆。近年来，全国发生多起涉及"两客一危"及重点营运货车的重大道路交通事故，造成重大人员伤亡与财产损失，因此重点营运车辆管理成为高速公路日常安全管理的重中之重。

"两客一危"动态监测和智能预警管理系统依托交通运输部重点车辆联网联控系统车辆动态数据、高速公路路段桩号基础数据，结合电子地图、视频监控等系统，实现高速公路重点营运车辆监控、车辆定位、轨迹查询、报警信息查询、路线管理等功能，可向监控中心、手机 App 等提供信息发布接口。

2. 系统架构

该系统通过数据接口服务，对接全国重点营运车辆联网联控平台、GIS 信息系统和视频监控系统等，实现车辆动态监测、事件预警、视频协同、危险品车辆监控、车辆信息查询、数据管理、统计分析、异常行为监控等，并将报警信息推送至综合监控平台等。该系统整体架构如图 6-10 所示。

3. 系统功能

（1）车辆动态监测

车辆动态监测模块是系统的核心功能之一，用来完成对重点营运车辆的可视化管理职能，该模块包括 4 方面的功能。

① 车辆分布情况展示：对区域内重点车辆按单车信息进行分类展示（号牌信息、车牌颜色、车辆分类信息、公司信息等）。

第6章 高速公路智能运输系统设计与集成

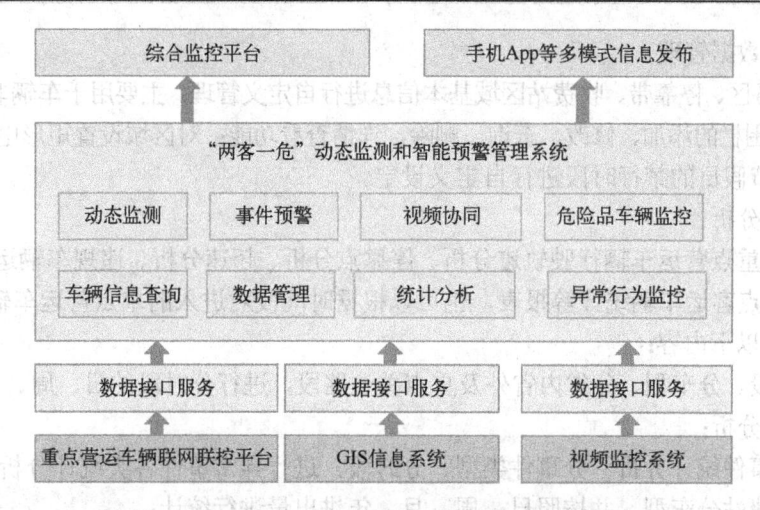

图 6-10 "两客一危"动态监测和智能预警管理系统架构

② 单车实时跟踪：在 GIS 地图上实时监控指定车辆，并进行实时跟踪。

③ 车辆实时定位查询：输入车牌信息，自动实现对指定车辆定位，同时显示该车辆速度、方向、经纬度等信息，亦可对车辆进行实时跟踪。

④ 历史轨迹查询与回放：提供按时间段、车牌信息的多重轨迹检索功能，并运用动画效果进行展示；可通过播放、暂停、重新播放、控制播放速度，在播放过程中可查看位置点的定位时间及速度。

（2）事件智能预警管理

利用超速、非法停靠和疲劳驾驶等智能检测算法，实时检测重点营运车辆超速、非法停靠和疲劳驾驶等异常事件报警信息，并在界面上进行声光报警提示，以便保障高速公路运行安全。

异常事件报警主要包括车辆停驶、超速、禁行时段行驶、危化品车辆违停等异常情况主动报警；可查看异常车辆的基本信息，包括事件类型、时间、车牌、车牌颜色、车速、经纬度、方向、桩号等位置信息；在 GIS 可视化地图中精确显示预警车辆的位置信息，并通过声光进行提示，点击可以查看该车辆的基本信息；对黑名单车辆主动预警，并通过声光进行提示，点击可以查看该车辆的基本信息。

（3）与视频监控协同

基于位置的服务，可根据异常事件或拥堵位置信息匹配最近的视频监控设备；视频监控设备在可视化界面上高亮显示；快速调取视频查看现场情况。

（4）服务区内危险品车辆监控

对进入高速服务区的危险品车辆进行实时监控与预警；当危险品车辆进入服务区，合理引导车辆进入危化品车辆停车区域，并结合视频监控系统，实现危化品车辆停靠监控。

（5）车辆信息查询

对出现报警信息的车辆提供车辆信息查询接口，信息包括：车牌号码、车辆类型、归属地、厂牌型号、车身颜色、核定吨（座）位、车辆所属企业等信息；对经过的重点营运车辆，提供按时间段、车牌信息的多重轨迹检索功能。

(6) 基础数据管理

① 对服务区、停靠带、收费站区域基本信息进行自定义管理，主要用于车辆非法停靠运算，包含区域电子围栏的添加、修改、查询、删除、详情查看功能；对区域设置矩形电子围栏功能。

② 可对节假日的禁行时段进行自定义设定。

(7) 统计分析

系统提供重点营运车辆行驶轨迹分析、停靠点分析、超速分析、违规车辆运营单位分析、凌晨2点至5点客运车辆统计等报表，也可以根据时间段对进入的重点营运车辆进行查询。

重点实现以下内容：

① 分路段、分车型、分省内省外及重点关注路段，进行分时段的日、周、月、年交通量统计、排序和分析；

② 异常事件统计分析，分事件类型、分时段，进行异常事件各类统计分析；

③ 各收费站分车型，并按照日、周、月、年进出量进行统计；

④ 各收费站进、出车辆的起讫点分析；

⑤ 分路段、分时段，统计各路段平均速度、拥堵指数及拥堵常发路段等。

6.3.2 "绿色通道"稽查与管理系统

为抗击冰灾，提高鲜活农产品的流通效率，降低产、销、运各个环节的成本，平抑物价，促进农村经济发展，使农民增收，国家出台了对在"绿色通道"上行驶的整车和合法装载的运输鲜活农产品的车辆一律免交车辆通行费政策（"绿色通道"政策）。

为防止司机利用"绿色通道"优惠放行政策少交甚至不交高速公路通行费，省级高速公路上设置了"绿色通道"的收费站点，基本都采取现场工作人员进行车载货物现场检查的方式确认该车辆是否符合放行要求，再决定免费放行或者是收费。

"绿色通道"稽查与管理系统的应用，一方面有效降低了收费站现场工作人员对鲜活农产品运输车辆进行检查、记录、核查的工作强度，提高了收费稽查工作效率；另一方面，通过"绿色通道"车辆基础数据电子化，收费管理人员可根据营运管理的需求对数据进行筛选、汇总、对比、分析，根据数据的情况对营运管理工作方向进行研判，为管理决策提供数据依据。

1. 系统功能

系统通过在收费站的"绿色通道"增加一个信息采集终端，将经过"绿色通道"的车辆进行多方面的信息采集，将采集到的数据通过传输网络上传至路段服务器，在路段服务器进行存储，同时，路段服务器将数据与管理平台进行数据实时更新，客户端计算机则可连入路段服务器或管理平台获取数据，从而实现后台数据管理。因此，系统功能可从以下两个方面进行阐述。

(1) 智能信息采集终端

"绿色通道"智能信息采集终端是一台支持4G+Wi-Fi通信网络的手持计算机，同时支持视频、图片的拍摄，内置的"绿色通道"信息采集程序需充分考虑现场稽查工作人员的当前工作流程，并考虑现场操作环境。

(2) 后台数据管理

后台数据管理主要是将外场智能信息采集终端所采集到的数据进行实时的汇总、统计并生成报表，为管理人员提供决策支持。

后台数据管理的功能包括以下几点：
① 按稽查人员个体进行汇总统计；
② 按收费站进行汇总统计；
③ 按不同车型进行汇总统计；
④ 按不同的运输货品进行汇总统计；
⑤ 按时间段进行汇总；
⑥ 按黑名单统计汇总；
⑦ 复合统计功能；
⑧ 黑名单管理功能；
⑨ 参数配置表管理功能；
⑩ 对智能信息采集终端的使用情况进行实时监控。

2. 系统优势

（1）实时、动态信息采集

车辆稽查人员现场进行"绿色通道"车辆的检查，将必要信息实时上传至路段服务器，实现了信息实时采集，减轻了后续工作人员的工作压力，并由计算机完成统计工作，提高了工作效率。

（2）实时"黑名单"对比

将恶意严重违规利用"绿色通道"逃避收费的车辆列入"黑名单"库，并取消其免费通行资格。"绿色通道"稽查与管理系统所提供的智能信息采集终端在稽查过程中可以实时进行"黑名单"对比，能快速确认"绿色通道"中的车辆是否在"黑名单"库中，发现该类车辆将进行更为严格的审查或者取消其免费资格。

（3）人性化操作界面

采用智能信息采集终端后，操作界面完全根据"绿色通道"的需求订制，终端以触摸屏形式进行交互操作，所有的数据输入以选择或点击的形式进行，人性化、智能化程度更高。

（4）高实时数据汇总

智能信息采集终端以 Wi-Fi 网络为通信媒介，现场采集到的信息可以通过 Wi-Fi 进行实时汇总。数据通过网络上传至路段服务器，路段服务器与管理平台进行数据交换，通过管理平台能将各个路段的数据汇总上报上级管理单位，管理单位可随时随地通过网络了解下辖路段"绿色通道"的运作情况，根据不同的情况而采取相应的措施。

（5）多功能查询模块

系统后台数据管理提供了多种多样的数据统计功能，既可以进行简单的单项功能的数据统计，又可以进行较为复杂的组合条件查询。多功能的查询模块为高速公路管理单位、上级单位的决策人提供了更准确、实时性更高的决策支持。

6.4 面向维护的高速公路智能运输系统

6.4.1 高速公路路政管理系统

1. 系统概述

高速公路路政管理是指高速公路管理机构（一般指各省及直辖市的高速公路管理局）根

据国家或地方法律、法规及规章的规定，为保护高速公路及其用地和高速公路附属交通设施，维护高速公路的合法权益所进行的行政管理。

高速公路路政管理的目的在于：保护、管理高速公路路产；维护高速公路合法权益；保障高速公路的行车安全与畅通；保证高速公路的汽车专用性质；协助高速公路交通管理，进行高速公路交通的综合治理。

高速公路路政管理系统将覆盖高速公路路政外勤作业、内勤作业、上级各主管部门等业务实体，使各业务实体和各工种业务人员依据信息化网络实现高速公路路政管理的智能协同运作。

2. 系统构成

系统主要包含4个模块，分别为：现场数据采集与传输、GPS巡查及作业监督导航、短信信息处理、高速公路路政综合信息管理。

（1）现场数据采集与传输

本模块使用者为外勤作业人员，主要负责高速公路路政事（案）件现场数据采集、现场数据传输、任务接收等业务。

① 现场数据采集：现场作业人员可以利用PDA（personal digital assistant，个人数字助理）对高速公路路政事（案）件现场的有关信息进行采集处理，包括照片、人员伤亡情况、路产损失情况、当事人陈述等可在PDA中现场绘制现场示意图，并将相关文件通过无线便携打印机现场打印提交给当事人等工作。通过这种数据采集方式将最大限度、及时有效地采集现场数据，缩短处理时间。

② 现场数据传输：通过GPRS无线网络将PDA采集到的数据、拍摄的现场照片或录像片段及时传输给内勤作业人员，监控中心服务将启动弹屏、响铃发出警报，并通过短信信息处理单元向相关责任人发送短信进行通知。

③ 任务接收：监控中心可以通过GPRS无线网络向外勤作业人员的PDA发送相关文字信息，并通过短信信息处理单元给外勤作业人员发送命令，真正作到内外信息互动。

（2）GPS巡查及作业监督导航

为巡查及作业车辆安装GPS车载机，通过GPS监控中心可以实现对巡查及作业车辆的监视调度、无线考核、巡查及作业状况大屏幕投影显示等，各巡查及作业车辆也可以通过GPS车载终端向监控中心发送请求信号。

① 巡查及作业车辆的监视调度：不间断锁定巡查及作业车辆的当前位置、行驶速度、运行方向等状态，辅之以高精度的GIS地图，根据高速公路路政事（案）件发生位置，结合车辆当前状态进行远程调度，使巡查及作业车辆在最短时间集结到事（案）件地点并投入到清障等工作当中。

② 绩效考核：各级监控中心可以很方便、直观地看到巡查及作业车辆的现场位置和运行轨迹，而且会把巡查及作业车辆的轨迹线路记录下来，可以查询任何一天的巡查及作业路线，既便于及时监督巡查及作业人员的到位情况，也可以为巡查作业人员长期的工作表现提供强有力的考评依据。

③ 巡查及作业求援：巡查及作业人员可以通过GPS车载终端，根据具体情况向相关监控中心发出求援、请求等信号，监控中心服务将用弹屏、响铃、短信方式提醒中心值班人员。

④ 巡查及作业状况大屏幕投影：各级监控中心可以将巡查及作业车辆的行驶情况、运行

情况等投影到大屏幕上,并可以分屏显示,便于观察和调度。

(3) 短信信息处理

短信信息处理在高速公路路政工作中的几个重要环节中起到提示警醒作用。让最迫切的高速公路路政信息第一时间准确地传达到最需要知道的责任人身上,也可以即时发布路况信息,避免路况信息发布的滞后。

① 作业提示通过短信信息处理可以将相关信息以短信形式发送给相关人员,以提醒相关人员注意有关事项或任务。

② 报警提示:有事(案)件发生时,监控中心将自动启动短信信息处理,以短信的形式将相关内容通知相关责任人,与弹屏、响铃提示相结合,做到声、光报警提示。

③ 路况信息发布监控中心可以根据具体情况将路况信息即时发送给行驶车辆。

(4) 高速公路路政综合信息管理

高速公路路政综合信息管理是整个高速公路路政智能管理的核心,是各个模块之间相互通信的支撑,与各个单元之间存在数据接口,实现数据共享。本模块主要功能如下。

① 事(案)件即时报警与数据接收:当接收到高速公路巡查及作业求援、请求或报告时,监控中心将自动实现弹屏和响铃报警,并以短信形式通知相关责任人。同时,监控中心将自动接收巡查及作业等外勤作业传输过来的数据信息,并存到数据库中,便于相关人员检索查阅。分析事(案)件现场形式,做出科学决策、即时反应,指导现场作业并方便事后高速公路路政事(案)件的处理。

② 事(案)件处理:事(案)件的处理包括事(案)件现场勘察记录业务处理、违章通知书业务处理、送达证业务处理、事(案)件现场示意图业务处理、事(案)件现场照片业务处理、损坏路产维修通知单业务处理、事(案)件情况报告业务处理、路产赔偿处理决定书业务处理、事(案)件当事人陈述业务处理、询问笔录业务处理、损坏路桥设施索赔清单业务处理、交通中断恢复情况登记业务处理、值班电话记录业务处理等内容。事后高速公路路政事(案)件的处理可以直接引用本单元接收存储的数据信息,从而使事后相关工作更加准确,避免重复操作。

③ 报表远程上报和接收:根据数据库中相关数据信息自动生成周报、月报等相关报表,然后通过网络自动传输给有关上级主管部门,并辅以短信通知对方接收。这样既保证报表的真实有效,也可以使报表及时到达上级主管部门,减少手工传送报表的烦琐和不真实。

④ 任务派送:监控中心可以根据接收的事(案)件情况作出的判断或以文字形式向外勤作业人员的 PDA 发送文字信息,以便指导指挥其现场工作。

⑤ 事(案)件信息检索:用户可以自定义查询条件,灵活、方便、快捷地查询历史上事(案)件的相关信息,避免人工翻阅的烦琐,并可以通过 GIS 在电子地图中进行查询,再现历史事(案)件发生的真实情况。

⑥ 路政事件分析:能够在查询条件(如日期、时间、里程、伤亡、路况、车型、天气、原因、类型等)下进行数据综合分析,并以图表形式显示分析结果,形成分析报告,便于参考决策。

⑦ 短信管理:实现短信息的接收发送,嵌入到不同业务模块实现短信的自动生成和传送。

⑧ 公文处理:包括高速公路路政事(案)件文件的批示和签收,实现对事(案)件相关文字记录的审核处理。同时承担信息发布,在系统中发布路政信息、省市文件原件影像、路

政简报影像等。

⑨ 辅助管理：主要实现个人办公事务记录、提醒及录像播放，可以对高速公路有关录像匹配文字说明进行播放。

⑩ 考勤管理：通过对外业巡查作业车历史作业记录的回放，可以直观地对其进行考勤和分析。

⑪ 车辆管理：车辆是指配备 GPS 车载单元，即可获得 GPS 主监控中心服务的车辆。车辆管理包括车辆注册、车辆注销、车辆属性修改、车辆查询、车辆报表等功能。

⑫ 路政设备维护：详细记录所有路政设备名录及其最新价值信息，可以作为路政赔偿的参考依据。

6.4.2 高速公路智能养护管理系统

1. 系统概述

高速公路智能养护管理系统就是在对相关要素数据进行采集基础上，通过分析数据并依据采集数据进行功能性预测，进而形成恰当的养护方案，以更智能的技术手段、更合理的资金来恢复或提升高速公路的使用功能，确保其各项设施完备，有效地抗灾及延长公路使用寿命，最终实现高效率地为社会提供高品质服务的系统。

2. 系统构成

1）系统总体架构

高速公路智能养护管理系统总体架构示意图如图 6-11 所示。

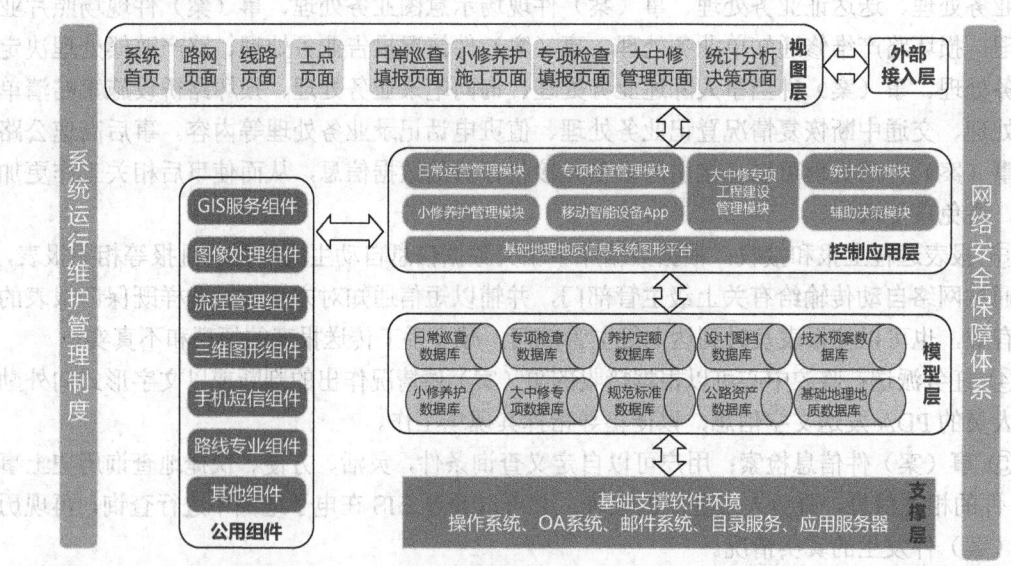

图 6-11 高速公路智能养护管理系统总体架构示意图

高速公路智能维护管理系统以操作系统、OA 系统等基础软件为支撑层；建设地理地质、公路资产、日常巡查和小修养护等专题数据库，作为系统的模型层；构建 GIS、图像处理、三维图形等公共组件，为控制应用层提供基础功能；控制应用层在 GIS 图形平台的基础上，建立日常运营、小修养护、专项检查、大中修专项工程建设、移动智能设备 App、统计分析、辅助决策等功能模块；视图层是各功能模块提供用户访问的图形界面；通过外部接入层提供的设计接口，可以接入桥隧和视频监控系统。

2）系统功能模块

（1）高速公路资产管理数据库

作为国家基础设施的重要组成部分，高速公路在养护管理过程产生的海量数据，主要包含以下几类。

① 高速公路基础数据。包括高速公路设计、施工、竣工等文件数据；路线概况、里程及桩号、路基、路面、沿线设施的基本情况数据；收费站，机电设备类型、品牌等基本信息数据。

② 高速公路养护过程中产生的数据。根据交通部有关规定，高速公路应按频次每年做技术状况评定，因此会产生包括路面、路基、桥隧构造物、沿线设施和机电设备的状况评定数据。同时，作为日常养护工作内容，土建、机电养护公司必须进行日常检查与清洁维护，需填写相应的巡检报告，以及道路病害、机电设施故障也会形成资料数据。

③ 日常监测、监控资料数据。在健康环境监测系统采集的数据，以及交通监控系统、视频监控系统、收费系统等对道路行驶车辆进行实时监控产生的大量数据。

公路资产管理数据库系统包括对线路、路基路面、桥梁、隧道、涵洞通道、服务区、收费站、安全设施和设备、景观绿化等基础信息及其建设图纸、图形数据进行编辑、查询统计、可视化、数据传输和安全管理等功能。

（2）地理地质信息平台

高速公路 GIS 图形平台为养护管理提供了一种全新的信息共享模式。按管理层及不同分别设置"路网—线路—节点"三层 GIS 图形和数据内容。其主要包括以下 4 部分：

① 高速公路路网技术状况总图；

② 高速公路线路总体图；

③ 重要工点详图，包括二维平面图和三维视图；

④ 整合道路视频监控系统，将视频信息与地图进行匹配，实现对公路资产的空间信息和属性视频信息的交互式查询。

（3）日常巡检管理

编制巡查计划，根据预设频率，系统自动创建和发布《巡查任务单》，也可以应急创建巡查任务。巡视人员受领任务后，执行并填报报告，提交审核，确定公路技术状况。需要养护维修时，进入相应的管理模块。

（4）专项检查管理

编制专项检查计划，根据预设时间频率，系统自动创建和发布《专项检查任务单》。也可以根据日常巡查情况，提出专项检查的申请。专项检查中新发现的病害，系统将建立病害档案，保存在数据库中，以备日后跟踪检查和对照。通过 GIS 平台，可以显示出历次病害的数据变化情况和对比图像。经过养护维修后已消除的病害，系统将关闭其档案。

（5）小修养护管理

小修养护管理模块包括：养护任务单的自动或手动创建、发布、执行、反馈、施工日志台账管理和任务评价功能，可以监控小修养护工作的时间进度和工料机数量；对工作质量进行评价和费用结算。

（6）专项工程大中修项目管理

该模块是一个小型的工程项目管理子系统。主要功能包括：立项管理、预算审批管理、工程合同管理、进度计划管理、竣工验收管理、计量和支付管理。

（7）统计分析

统计分析功能是辅助决策系统的重要组成部分，用于对养护业务数据进行检索汇总，并通过图表直观地展示。主要包括：计划进度完成情况、费用分布、时序分析、黑点统计、车辆运行情况分析、机电设备情况分析等内容。

（8）移动智能设备 App

移动智能设备 App 是通过与信息系统远程连接而实现数据交互，并部署在平板计算机或智能手机上的应用程序。

（9）路面、桥梁和隧道管理子系统

针对路面、桥梁和隧道建设的专项管理子系统，建立长期的公路病害跟踪数据库。依托系统大数据，实现路面性能检测与评价自动化；预测路面结构性能和疲劳退化；实现桥隧病害三维定位和 GIS 可视化显示；管理应急处置方案；实现桥隧技术状况实时跟踪和预警；实现管理养护辅助决策等功能。

复习思考题

1. 高速公路交通监控系统的监控目的是什么？
2. 简述交通安全信息采集与发布的分类及具体信息。
3. 高速公路服务智能运输系统包括哪几种？并分别阐述它们的系统架构。

第 7 章 铁路智能运输系统设计与集成

铁路运输是以固定轨道作为运输道路，由动力机车牵引车辆运送旅客和货物的运输方式。它以两条平行的钢轨提供光滑且坚硬的媒介让列车的车轮以最小的摩擦力滚动，从而支承并引导列车前进。

铁路是一种适宜于担负远距离的大宗客、货运输的重要运输方式，承担着全国客、货运输总量的相当大比重，是运输方式的主要力量和国民经济的大动脉，在交通运输体系中起着骨干和主导的作用。

铁路智能运输系统结构示意图如图 7-1 所示。

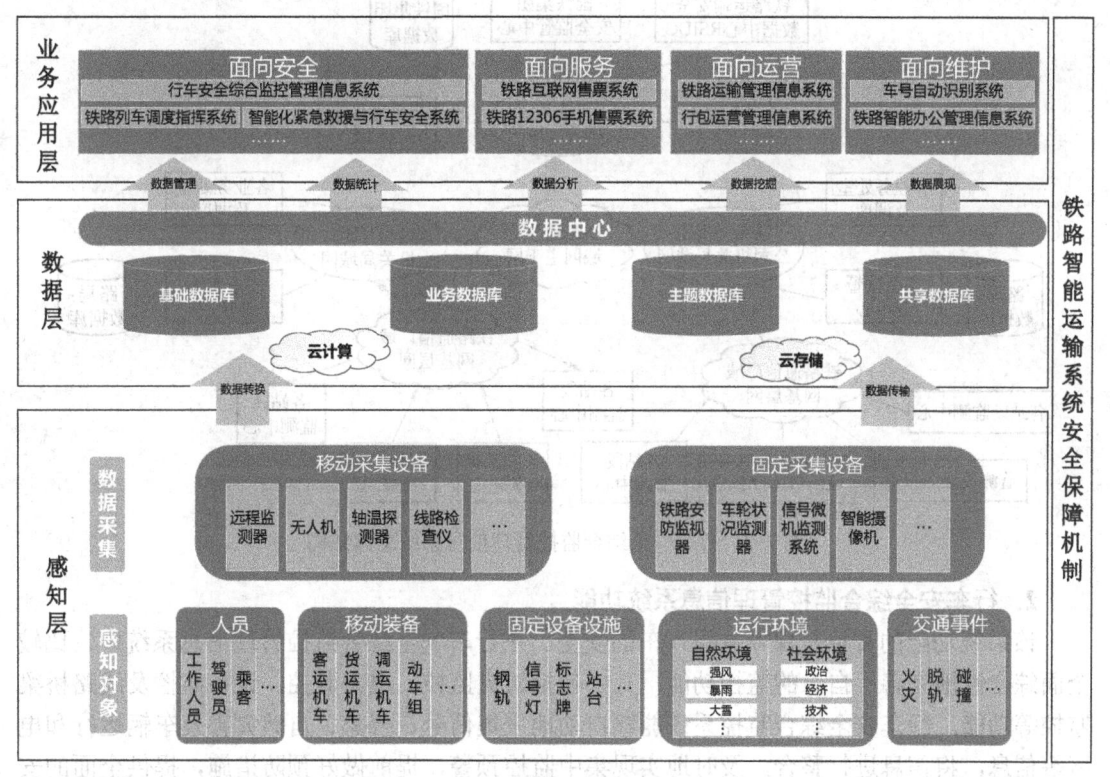

图 7-1 铁路智能运输系统结构示意图

7.1 面向安全的铁路智能运输系统

7.1.1 行车安全综合监控管理信息系统

1. 行车安全综合监控管理信息系统结构

该系统集各专业安全监控于一体，可实现安全监测数据及相关信息的集中管理与综合利用，提供实时报警监控、预警分析管理、问题车辆跟踪、信息综合查询、安全管理分析、抢险救援支持、维修信息支持、安全决策支持等功能。行车安全综合监控管理信息系统与调度指挥、运营管理、维修养护、抢险救援等不断融合，构成完整的行车安全保障体系。

行车安全综合监控管理信息系统采用"集中—分布"式相结合的方案，以现场安全监测技术装备的数据集中器作为测报点，以各级安全管理人员和相关领导、各业务管理分中心和基层作业人员、调度指挥人员为服务对象，设置国铁集团、局集团公司和站段安全监控管理分中心，通过安全监测信息网络和数据传输系统，将各类安全监测信息按逐级管理的需要传送到安全监控管理中心，并依据分专业管理的要求提供给监测对象的管理单位。系统服务对象可以通过网络访问安全监控管理中心数据库中存储的各种安全监测信息，并与各业务部门的信息管理系统有机结合，实现信息共享。该系统总体结构如图7-2所示。

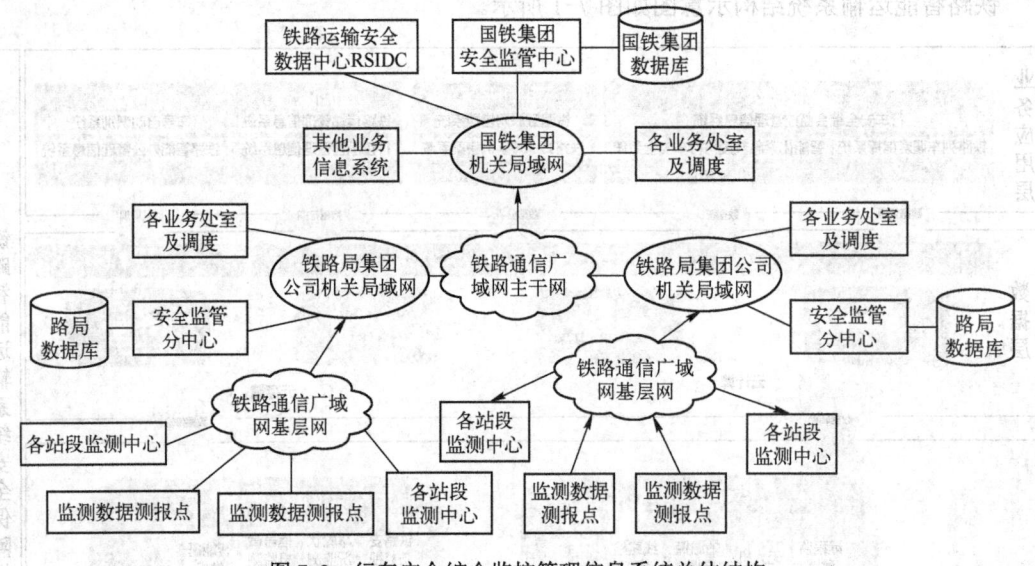

图7-2 行车安全综合监控管理信息系统总体结构

2. 行车安全综合监控管理信息系统功能

该系统功能的目标是保障铁路行车的安全。在行车安全综合监控管理信息系统中，比较全面综合性地完善了自身的监控功能，其中包括防灾监控、电力监控、设备监控及线路桥梁监控等功能。行车安全综合监控系统能够自动地采集信号、气象、自然灾害及车辆运行和电网等信息，将信息进行整合，及时地实现集中监控预警，提前做好预防措施，提供全面的安全信息综合分析，为铁路行车安全打下良好的基础。在行车安全综合监控管理信息系统中，能够实现统一管理，将数据直观全面地反映到铁路运行中，实现安全管理，使监控管理工作人员能及时地观察到问题的出现，根据监控系统数据采集的具体位置，快速地找到问题的发生源头，积极采取相对应的措施给予解决。总之，行车安全综合监控系统为维修和预防工作打下了坚实的基础，提供了良好的服务。

在行车安全监控系统中，前端信息采集和对象控制系统将监控数据提供给信息传输平台，数据自动整合成信息数据库，并将数据信息处理后及时地传输到应用接口层。经过一系列数据的传输，逐渐完善信息的整合，实现综合监控系统的信息采集和接入及传输工作。

① 安全报警预警实时监控：依据各种安全检测/监测系统上报的安全监测信息，按照专业判别标准和系统设定的报警阈值，自动判断报警级别，并通过数据分析给出各类影响行车安全的预警信息，以不同颜色的文字、图形和声响提示不同类型和级别的报警，并提供处理过程的记录和跟踪、报警详情查询、问题车辆跟踪、统计报表等功能，供值班人员实时监控使用。

② 行车安全管理：主要包括行车事故档案登记管理，基于安全监测数据的行车事故原因核查分析，行车事故记录查询与分析、历史档案资料综合信息查询、统计汇总、对比分析和报表输出等。

③ 安全监测信息服务：主要是为车、机、工、电、辆及其他主管部门提供基于分类导航的综合监测信息浏览及报警信息和安全问题查询。可按多种组合条件进行全方位、多角度的灵活查询，对列车和车辆还可查看编组情况、装载货物品名和到发站等关联的确报信息，并提供安全报警处理过程记录查询、安全技术资料查询和相关统计报表等。

④ 救援抢险支持：运用 GIS 技术，为行车安全监控、事故救援和行车设施管理提供统一的信息可视化展现平台（包括电子地图、视频及三维图形等展现方式），与现场动态图像传输系统和天气预报系统结合，根据事故、灾害出现的地点、时间、原因，在救援抢险时能快速查询和显示沿途的各类行车设施/装备配置、运用状况及相关技术资料，以电子地图方式查看事故地点的地形地貌，查询线路沿途的天气预报及现状，直播事故现场录像动态图像，实施救援现场监视，提供同类事故历史档案和事故处理方案资料的查询等，为处理事故提供决策参考。

⑤ 综合分析与决策支持：采用数据仓库和智能技术，对各类不同时期、不同粒度的存储信息进行综合利用和深层加工，通过统计、比较和分析，运用专家知识和智能分析模型，为高层管理人员和安全管理职能部门提供跨专业的综合分析和决策支持功能。

⑥ 系统运行管理和后台管理：是系统运行的支撑，包括元数据管理、基础数据和测报点数据维护、监测数据接收与校验、数据组织与集成、数据转储与备份、系统配置和安全管理、各类日志和审计、系统运行状态监控、安全设备运行状况监测等。

7.1.2 铁路列车调度指挥系统

1. 铁路列车调度指挥系统结构

铁路列车调度指挥系统（train operation dispatching command system，TDCS）原名为铁路运输调度指挥管理信息系统（dispatching management information system，DMIS）。TDCS 是实现各级行车调度的集中管理、统一指挥和实时监督的系统，是铁路运输调度指挥的基础设施和铁路运输生产的重要技术装备。它由调度指挥中心、调度所、车站级组成，是一个覆盖全路的现代化铁路运输调度指挥和控制系统。TDCS 应用先进的现代信息技术，在保证网络安全的前提下，与相关系统紧密结合、互联互通、信息共享，实现铁路运输组织的科学化、现代化，可增加运能，提高效率，减轻调度人员的劳动强度，改善调度指挥的工作环境。

我国铁路列车调度指挥是以行车调度为核心，站段为基础，实行层级调度管理的体制。

TDCS 由三层体系结构构成，如图 7-3 所示。

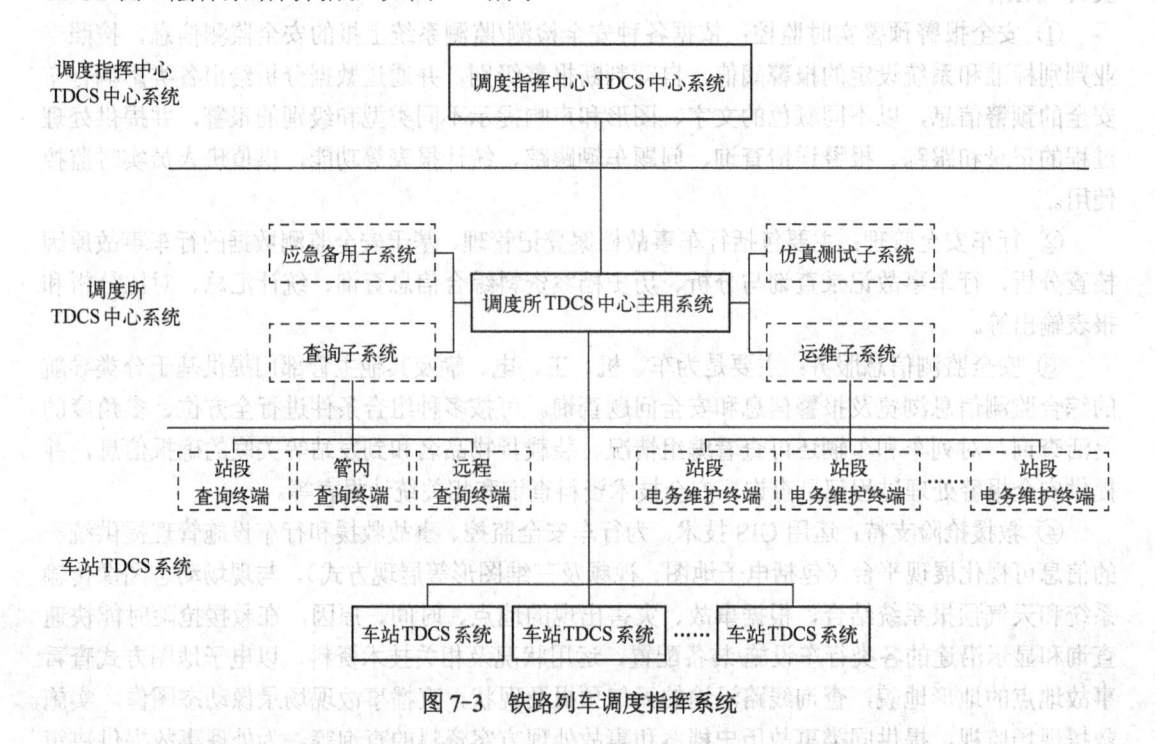

图 7-3 铁路列车调度指挥系统

第一层，调度指挥中心 TDCS 中心系统。它是 TDCS 的核心，由高性能的服务器、工作站、计算机、网络设备及相应的显示终端构成，并通过专线接收管辖内站场的各种实时信息、运输数据和资料，监视铁路主要干线、路局交接口、大型客站、编组站、枢纽、车站、区间的列车宏观运行状态，显示重点列车及车站的列车实际运行位置和站场状态，并建有铁路调度指挥系统数据库。

第二层，调度所 TDCS 中心系统。主要包括调度所 TDCS 中心主用系统、运维子系统，以及根据需要设置的查询、仿真测试和应急备用子系统等。调度所 TDCS 中心主用系统实现调度指挥核心功能；查询子系统为其他生产岗位提供信息查询服务；仿真测试子系统提供软件、数据测试验证及培训平台；运维子系统提供设备管理和维护功能；应急备用系统提供在主用系统故障情况下的备用功能。

第三层，车站 TDCS 系统。该系统采用双网结构，主要功能为信号设备状态采集、提供外部系统接口、站场事务处理、列车计划处理、车次跟踪和校核处理、进路状态识别和错办报警提示。集中存储管辖范围内车站的行车日志、调度命令、施工登记及相关规章资料在内的行车数据，并具有统计、分析和查询功能。同时为车站工作人员提供操作平台，可进行信号传输、行车调度、车站行车作业管理及设备状态监控维护等工作。

2. 铁路列车调度指挥系统功能

（1）调度监督功能

以站场线路图的形式对某一分界口、调度区段及枢纽的车站作业情况和列车运行状况进行监视，提供实时、准确、真实的信息，辅助调度指挥工作。调度监督主要功能如下。

① 实时调度监督显示。在任意时刻可以调看某分界口、调度区段或枢纽的调度监督实时

信息，并且能够同时开辟多个显示窗口进行不同区段的显示，显示的内容包括：基层调度监督系统的工作状态；进出站信号机开放、关闭；进路锁闭、占用及解锁；股道占用及空闲；接近离去区段的占用、空闲；半自动闭塞表示；区间通过信号机显示；区间轨道占用和空闲列车车次号、位置及早晚点信息。

② 列车跟踪显示。指定某一列车车次，调度监督显示将跟随该列车的运行，自动调出它所在的区间及车站进行显示，显示画面将以该列车为中心自动更新。

③ 调度监督历史回放。能将过去 24 h 内任意时刻和区段的调度监督信息调出回放，以便了解或检查当时信号设备状态或列车运行情况，提供辅助分析手段。

④ 列车计划/实际运行图绘制。实时自动完成列车在各个区段的计划和实际运行图的绘制和显示，取代人工绘图。

（2）实时宏观监控

调度指挥中心可监控全路各铁路公司间分界口宏观状态、主要干线运输状况、线路列车密度、全路枢纽运输状况、全路港口口岸作业状况、全路煤炭装卸点作业情况等。不同层级调度指挥中心显示内容大体相同，只是显示程度不同。

（3）列车运行计划编制和调整

根据基本图生成日班计划，再根据日班计划自动生成阶段计划。阶段计划中的车次及到发时刻与实际运行信息进行比较，如果实际运行与计划一致，按照计划继续执行，如果实际运行与计划产生了差异，比如出现晚点，则对计划进行调整（有人工调整和自动调整两种方式）。将调整后的计划下达车站，按新计划排列进路，开放信号，接发列车，通过系统自动采集列车到发时刻及车次跟踪信息，并通过网络传送到中心。这些信息作为实际运行信息存放在中心数据库，随时与运行计划比较，决定是否对计划进行调整，然后下达计划。

（4）调度命令的自动下达

调度员台具备形成调度命令并且下达到其管内车站的功能。调度命令采用模板方式，调度员只要对选定的模板进行简单的编辑，就可以产生其所需要的调度命令。选择需要下达的车站后，就可以将调度命令下达。一旦车站值班员签收，调度员就可以明确知道此调度命令已经准确无误传送到收令车站。命令模板可以设置，收令车站自动检测，收令处所可按需灵活选择。调度命令可以查询和打印。

（5）技术资料检索、显示、打印

通过技术资料检索，可方便快捷地查询、打印所需的各种技术资料，如：运营线路示意图、枢纽示意图、各站站场示意图；编组站及干线能力资料；工务线路、桥梁、隧道及其他地形、地貌资料；车辆段、列检所布点及红外线轴温测试联网图；电网、供电图；运行图资料；分界口通过能力资料等。

（6）调度信息管理和统计

调度信息管理指行车调度信息、机车调度信息、车辆调度信息、客运调度信息、货运调度信息和运输统计报表的统一管理。主要包括：交接列车数量动态显示；日班计划、三小时列车运行计划、调度命令及其他信息的查询和显示；客货列车运行正晚点分析，运输统计报表的生成。

7.1.3 智能化紧急救援与行车安全系统

1. 智能化紧急救援与行车安全系统结构

铁路运输安全始终是与铁路运输产业自身的发展和生存息息相关的永恒主题,其安全水平直接决定了铁路运输与其他运输方式的竞争能力及声誉和经济效益。随着列车运行速度的不断提高和行车密度的逐渐增大,系统中的不安全因素就会越来越多,事故造成的直接损失和间接损失就会越来越大,必须依靠自动或半自动的技术装备、智能化的系统,即紧急事件处理与行车安全保障体系来保障铁路行车安全。智能化紧急救援与行车安全系统主要由紧急事件救援与处理、行车安全监控、维修决策支持、铁路综合防灾、平交道口安全监控 5 部分组成,如图 7-4 所示。

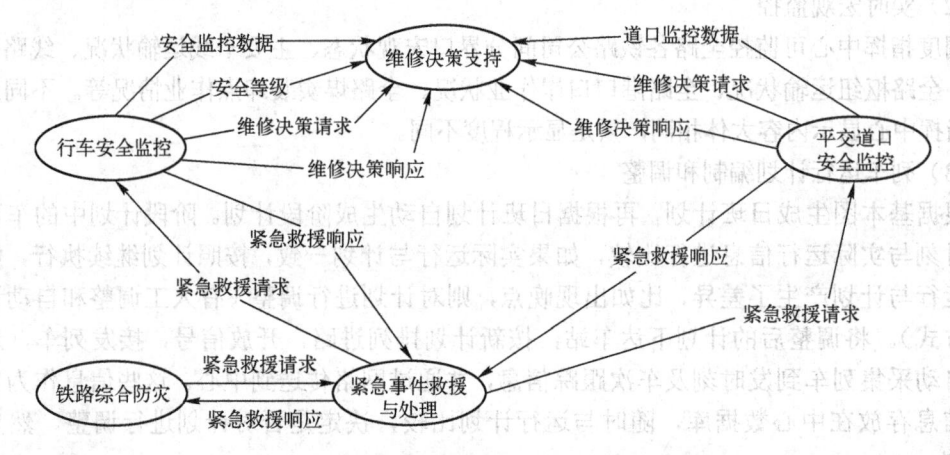

图 7-4 智能化紧急救援与行车安全系统结构

2. 智能化紧急救援与行车安全系统功能

(1) 紧急事件救援与处理

应用 GPS 技术对事故地点进行准确定位,通过地理信息系统提供周围的地形图、人文景观、供水边界、医疗机构及消防部门等相关信息。利用数据、图像传输等技术向主管部门及时准确地传递事故现场的动态图像及相关情况,加强对事故现场的实时监控。建立紧急事件信息库和救援知识库,通过智能化分析提供紧急事件处理方案的辅助决策支持,实现合理选择救援路线,合理调配资源,优化调度指挥救援设备。提供紧急的救援服务和维修服务,以及进行事后事故原因分析。

(2) 行车安全监控

通过信息的采集、传输及获取,建立全路安全数据库并由行车安全信息系统对车辆、线路、桥梁、通信信号等设备设施进行统一监测管理,使与行车安全有关的装备处于监控之中。

(3) 铁路综合防灾

基于 GIS 技术建立和维护全路综合防灾数据库,包括各铁路沿线的环境背景图库,沿线的地震、泥石流、滑坡、崩塌、冻土、风沙等灾害的专题地图库、线路工程图,灾害防治工程及防灾物资贮备点分布图,各类预报预警设备分布图,并实时监测各区段的地震、泥石流、风速、滑坡、雨量和水位情况等灾害数据,通过建立应用分析模型(灾害的预测预报模型、灾害的减灾决策模型、灾害的评估模型等），对全路综合防灾数据库进行深度挖掘，提供灾害预报及灾害评估，为灾害易发地提供预防灾害发生的决策支持，并在灾害发生时提供有效的救灾决策支持。同时通过对事故进行仿真模拟，为事故预防办法的制定和事故总结分析提供辅助支持。

（4）平交道口安全监控

应用视频或激光技术，对平交道口的状况进行实时监控，利用数据传输、网络等技术向相应部门传递相关图像和数据，通过图像识别技术判断平交道口的安全状况，把道口的状态信息及时传给接近道口的列车并对平交道口的不安全因素做出相关处理，以保障平交道口的通行安全。

7.2 面向服务的铁路智能运输系统

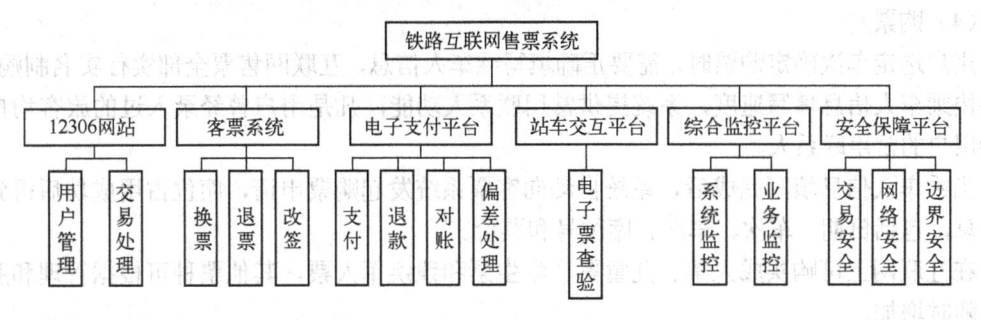

7.2.1 铁路互联网售票系统

1. 铁路互联网售票系统结构

铁路互联网售票系统结构如图 7-5 所示。铁路互联网售票系统包括 12306 网站、客票系统、电子支付平台及站车交互平台等 6 部分。其中，综合监控和安全保障平台，对系统安全、稳定运行提供基础支撑，客票系统、电子支付平台为正在运行的既有生产系统，可对其网络和硬件进行扩容，以应对互联网售票业务带来的新增负载；依托 12306 网站，构建互联网售票业务处理平台，对线上购票请求进行前端处理后，按业务流程进行接口和相关功能组件的流程编排，联动客票系统和电子支付平台，完成在线售票业务；借助现有线下售票网点的服务能力，对人工售票窗口、自助售检票终端设备进行电子客票的适应性改造，提供线下配套服务，实现线上、线下的闭环服务链；依托站车交互平台，实现互联网售票信息在车载手持终端设备上的动态发布。

图 7-5 铁路互联网售票系统结构

① 12306 网站：网站的服务对象为购票旅客，主要包括用户管理和交易处理两类功能。用户管理包括用户注册、资料修改、密码管理、登录管理、联系人管理等功能；交易处理包括车票查询、车票预订（含单程、往返和联程）、支付处理、在线退票、在线改签、订单查询、短信通知、邮件通知等功能。

② 客票系统：客票系统提供站外代售点、站内自助设备和人工窗口电子客票换票功能；车站人工窗口提供网购电子客票的退票和改签功能；具备自动检票闸机的车站提供二代身份

证直接刷闸进出站功能；在系统出现故障的情况下，车站提供电子客票的应急换票、检票功能；提供参数管理，实现对预售期、售票时间等业务数据的动态管理。

③ 电子支付平台：铁路电子支付平台提供网银在线支付、线上下退款、偏差处理和日常对账等功能，实现互联网售票系统、银行网银系统及第三方支付。

④ 站车交互平台：可向车载设备实时推送电子客票信息，在列车上手持移动终端可进行电子客票查验。

⑤ 综合监控平台：实现对互联网售票相关的服务器、网络、存储、安全平台、数据库、中间件状态进行监控，对故障设备或超载状态提供声音、图像和短信等多种报警手段；通过业务监控功能实现对网站登录人数、售票张数、压单情况、支付情况进行业务监控。

⑥ 安全保障平台：提供网站交易安全、客票系统交易安全、电子支付安全、系统间边界安全及网络安全保障功能。

2. 铁路互联网售票系统功能

（1）用户注册

在互联网上购票的旅客均需进行实名注册，注册时提供姓名、性别、证件类型、证件号码、常住地、邮箱地址和手机号码等信息，对于可检验证件号码规则的证件进行有效性校验，用户需进行邮箱或手机短信校验方式激活处理后，方可进行网上购票。

（2）用户登录

旅客在 12306 网站上进行购票前必须使用实名注册信息登录。登录过程中需通过验证码机制防止网络机器人注册攻击。用户登录后，如长时间未进行操作，系统将强制注销用户的登录状态。

（3）余票查询

用户填写具体的日期、时间段、上车站、下车站、车次（可选）、席别、票种和张数等信息，系统自动搜索车次信息并进行余票数量检查，最后将满足条件的车次显示给用户，供用户购票选择。

（4）购票

用户选定车次确定购票时，需要正确填写乘车人信息，互联网售票全部实行实名制购票。为加快乘车人信息填写速度，系统提供常用联系人功能，凡是用户曾经录入过的旅客均自动成为用户的常用联系人。

当乘车人信息填写完成后，系统自动向客票系统发起购票申请，席位占用成功后得到车票信息，包括日期、车次、车厢、席位号和票价。

在互联网上可购买成人票、儿童票、学生票和残疾军人票，其他票种可根据管理和服务需要随时增加。

（5）支付

用户根据申请车票的结果，选择进行网银支付，系统转接铁路电子支付平台，用户输入账号和校验密码完成支付。

电子支付支持银行卡、中铁银通卡、第三方支付等多种电子支付手段。

对于支付成功的订单，系统生成实名制电子客票，提供订单号给用户，方便用户取票。在车站取票可使用乘车人证件号码或订单号，对于支持电子票检票的车站可直接刷证件进站。

（6）改签

对于在互联网上成功购买的电子客票，旅客因故需改签旅行计划时，在规定时限内，可在互联网上办理改签。

（7）退票

旅客因故需取消旅行计划时，在规定时限内，可在互联网上办理退票，并按相关规定交付一定比例的退票费，余额退还支付用户，退票费报销凭证可到车站退票窗口领取。

（8）订单处理

对于支付成功或逾期不支付的订单，需要对其进行全过程处理，在保障旅客利益的同时，应尽量减少席位被占用时间。

① 支付订单处理：对于支付成功的订单，则转换成电子客票，这部分订单保留到一定期限后自动转成历史订单。

② 逾期不支付订单处理：对于逾期不支付的订单，为避免席位虚靡，系统根据业务部门制订的时间规则进行判定，确认为可返库时，则将车票返库，并将订单置为返库状态。此类订单也保留一定期限后自动转成历史订单。

③ 订单查询：提供以注册用户为查询条件的历史订单信息查询、电子票处理等功能。

（9）短信通知

旅客成功订票及支付后，采用短信息的方式，将登乘信息发送给旅客，具体包括电子票通知、温馨提示等功能。

① 电子票通知：当旅客在互联网上购票并支付成功后，系统将购票成功的短信发送至旅客手机上，包括流水号、乘车日期、车次、发站、到站、车厢、席位、发点等信息。

② 温馨提示：在乘车前提示旅客，其电子票对应的开车时间、预计到站时间、停靠站台等信息；购票过程中，如旅客没有立即支付，在取消席位前发送短信提示其尽快支付等。

（10）邮件通知

旅客在互联网上的订票成功、支付成功、退票成功、改签等信息以邮件方式发送给旅客。

7.2.2 铁路 12306 App 系统

随着铁路互联网售票系统的开发和推广，铁路互联网售票成为全路客票系统的一个重要的渠道。2013 年 12 月 8 日，铁路 12306 App 系统成功上线试运行。系统上线后，总体运行稳定，拓展了铁路售票渠道，方便了旅客购票，并经受住了春运大规模并发的压力。铁路 12306 App 系统现已经成为全球最大的票务交易系统。

1. 铁路 12306 App 系统体系架构

铁路 12306 手机售票系统体系架构如图 7-6 所示。

2. 铁路 12306 App 系统功能

铁路 12306 App 系统提供包括注册、登录、购票、支付、改签、退票、订单查询、个人资料修改等业务。手机售票系统实现与 12306 网站数据共享，电子票信息和用户信息可以互相操作；对于 12306 网站的订单，可以通过手机进行支付、改签、退票等；通过手机购买的订单，也可以通过网站进行支付、改签和退票。为了更清晰地组织上述核心业务功能，提升用户体验和操作效率，铁路 12306 App 系统将相关功能聚合在几个主要的功能模块中实现。"车票预订"、"订单查询"和"我的12306"是用户进行购票、管理行程及账户的核心入口模块。

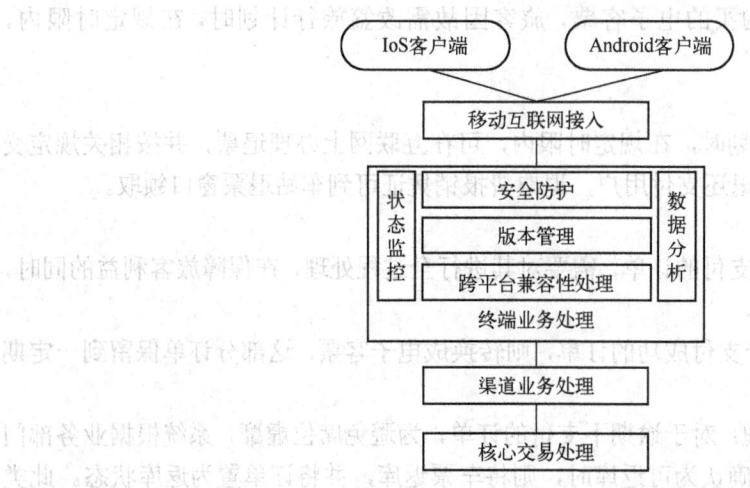

```
        ┌─────────┐    ┌───────────┐
        │ IoS客户端 │    │Android客户端│
        └────┬────┘    └─────┬─────┘
             └──────┬────────┘
                ┌───┴────┐
                │移动互联网│
                │  接入  │
                └───┬────┘
        ┌───┬──────┴──────┬───┐
        │状 │  安全防护   │数 │
        │态 ├────────────┤据 │
        │监 │  版本管理   │分 │
        │控 ├────────────┤析 │
        │   │跨平台兼容性处理│   │
        └───┴──────┬──────┴───┘
                 终端业务处理
                ┌───┴────┐
                │渠道业务处理│
                └───┬────┘
                ┌───┴────┐
                │核心交易处理│
                └────────┘
```

图 7-6 铁路 12306 App 系统体系架构

"车票预订"包括：单程订票、往返订票和取消订单。单程订票的功能包括：登录、查询余票、查询票价、单程提交订单、支付、支付完成。往返订票的功能包括：登录、往程查询余票、往程查询票价、往程提交订单、返程查询余票、返程查询票价、返程提交订单、往返支付、往返支付完成。取消订单的功能用于在支付前如果旅客对系统分配的票不满意，可以选择取消。

"订单查询"包括查询未完成订单和已完成订单，已完成订单可以查询当天的订单、7日内订单和按照日期条件查询；对于查询出的订单，可以选择改签和退票。改签的功能包括：查询已完成订单、选择需要改签的票、改签查询余票、改签查询票价、改签提交订单、判断改签类型、确认改签或者进行改签支付。退票的功能包括：查询需要退票的票、判断是否允许退票和确认退票。

"我的12306"的功能包括：修改个人资料、用户密码的修改、新增常用联系人、编辑常用联系人和删除常用联系人。

7.3 面向运营的铁路智能运输系统

7.3.1 铁路运输管理信息系统

1. 铁路运输管理信息系统结构

铁路运输管理信息系统是一个规模庞大、结构复杂、功能众多、实时性强的网络化计算机应用系统，其系统结构如图 7-7 所示。

2. 铁路运输管理信息系统功能

铁路运输管理信息系统采集的主要信息包括 4 类：货物运输市场信息；铁路运力资源信息；主要运输生产作业过程信息；承运货物、机车、货车、集装箱、列车及篷车等动态分布信息。铁路运输管理信息系统的主要功能包括货运营销与生产管理、货运制票、确认信息、集装箱追踪管理信息、车站综合管理信息、货车追踪等。

图 7-7 铁路运输管理信息系统结构

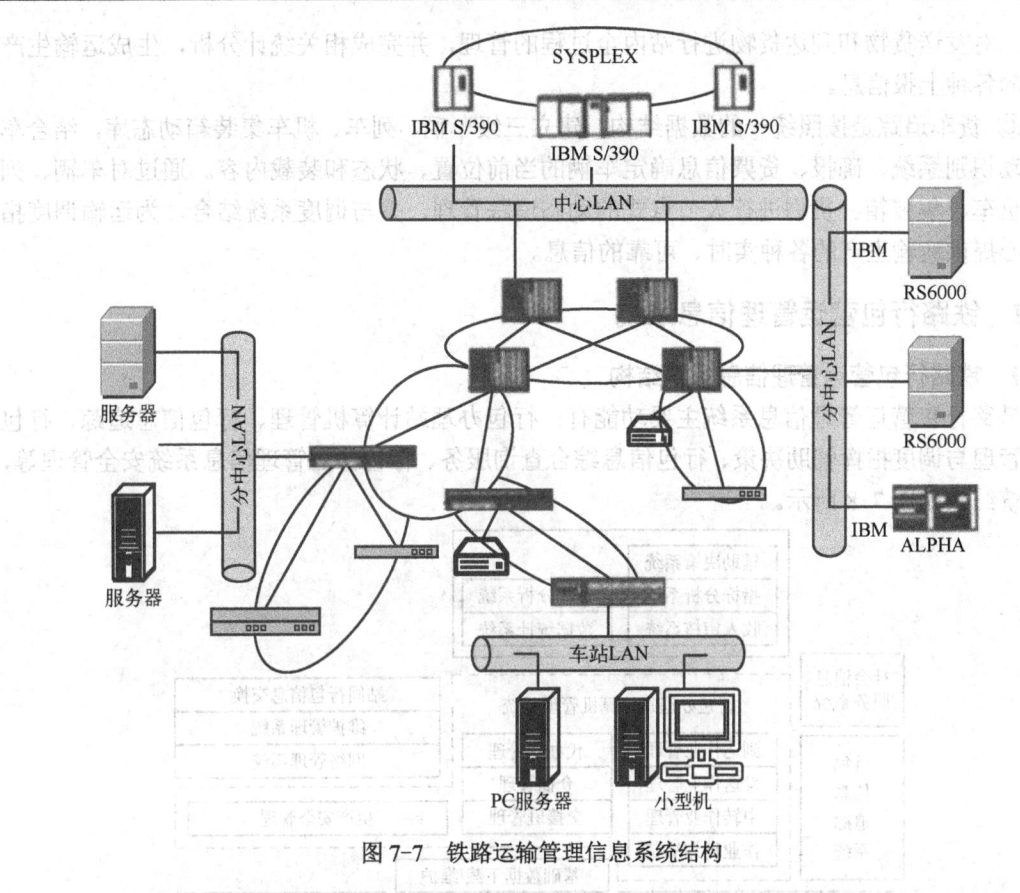

① 货运营销与生产管理，包括货运计划和技术计划管理两部分。货运计划主要是在联网货运站和车务段受理货主提报的货运申请，通过计算机网络将受理的货运申请实时上报，按照各级规定权限对提报的货运申请进行审批并将审批信息自动下达，形成货运计划。技术计划是利用货运计划确定的货源信息，编制车辆运用计划，通过合理安排各区段车辆的运用，提高车辆运用效率和铁路运输能力，压缩铁路运输成本。

② 货运制票是指在货运站办理货物运输时，利用计算机输入货物运输基本信息，自动计算计费路径，按照不同货物和经过的区段所对应的费率计算货物运费及其他各项杂费，并打印货票，完成相关统计报告。

③ 确认信息是以"列车编组顺序表"为基础信息，以主要生产列车信息的车站和确报站及组织架构为节点，利用计算机网络实时发送、接收和转发列车确报。

④ 集装箱追踪管理，主要是通过铁路通信网络，实时收集集装箱装车清单、卸车清单、空箱回送清单和集装箱运输日况表等信息。建立集装箱动态库，并通过与车号自动识别信息相结合掌握集装箱运行位置，为运输指挥人员和货主提供集装箱运输轨迹和动态信息，实现集装箱按箱号制的全程节点式追踪管理，满足集装箱运输管理和客户信息查询的需要。

⑤ 车站综合管理信息主要包括现车管理和货运管理两部分。现车管理通过列车到发作业、解编作业、装卸作业、运用变更等，对站内现有车的分布和运用状态进行动态追踪。货运管理通过计划管理、货物受理管理、装卸车、中转配装、到达交付、进出门管理、货运安

全等，对发送货物和到达货物进行站内全过程的管理，并完成相关统计分析，生成运输生产情况的各种上报信息。

⑥ 货车追踪是按照统一的数据结构，建立三级车辆、列车、机车集装箱动态库，结合车号自动识别系统、确报、货票信息确定车辆的当前位置、状态和装载内容。通过对车辆、列车、机车、集装箱、货物进行大节点式的动态追踪管理，并与调度系统结合，为运输调度指挥中心提供运输生产的各种实时、可靠的信息。

7.3.2 铁路行包营运管理信息系统

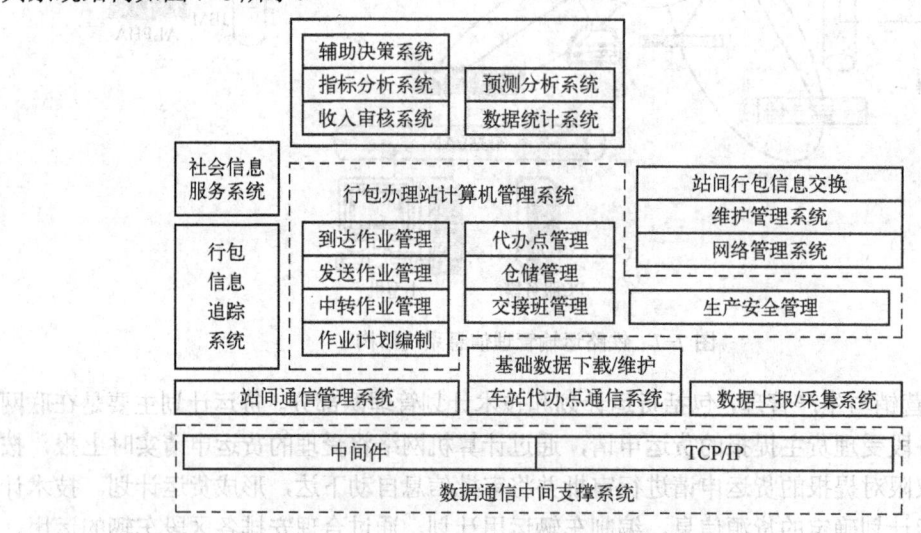

1. 铁路行包营运管理信息系统结构

铁路行包营运管理信息系统主要功能有：行包办理站计算机管理、行包信息追踪、行包运输管理与调度指挥辅助决策、行包信息综合查询服务、行包营运管理信息系统安全管理等，其系统结构如图 7-8 所示。

图 7-8 铁路行包营运管理信息系统结构

2. 铁路行包营运管理信息系统功能

建立铁路行包管理指标体系，提高行包科学管理水平，提供铁路行包运输配装方案和市场营销的决策支持手段，开发与客票系统、中铁快运系统的接口，建成行包运输信息管理的基本体系。采用具有一维条形码的行包票据、票签，提高数据采集的自动化程度并强化核对过程，实现行包的密码提取，达到"一站制票、各站审核、信息追踪、密码认证"的目标。

行包办理站计算机管理子系统办理行包的始发、中转、终到业务，向所属行包追踪中心报告行包作业的实绩。行包追踪中心子系统负责存储及管理终到站在本局管内的行包数据，根据车站作业实绩完成追踪数据库的更新。与此同时，追踪中心还要接收行包办理站上传的行包作业实绩信息，并负责与管内车站和其他中心的通信。此外，追踪中心还负责完成数据的汇总统计和上报。行包管理子系统主要负责对影响全路生产的基础数据进行管理及维护，完成全路行包运输生产数据的汇总处理及统计分析等。

7.4 面向维护的铁路智能运输系统

7.4.1 铁路车号自动识别系统

1. 铁路车号自动识别系统结构

铁路车号自动识别系统是铁路运输信息系统中数据自动采集的基础,其系统结构如图7-9所示。

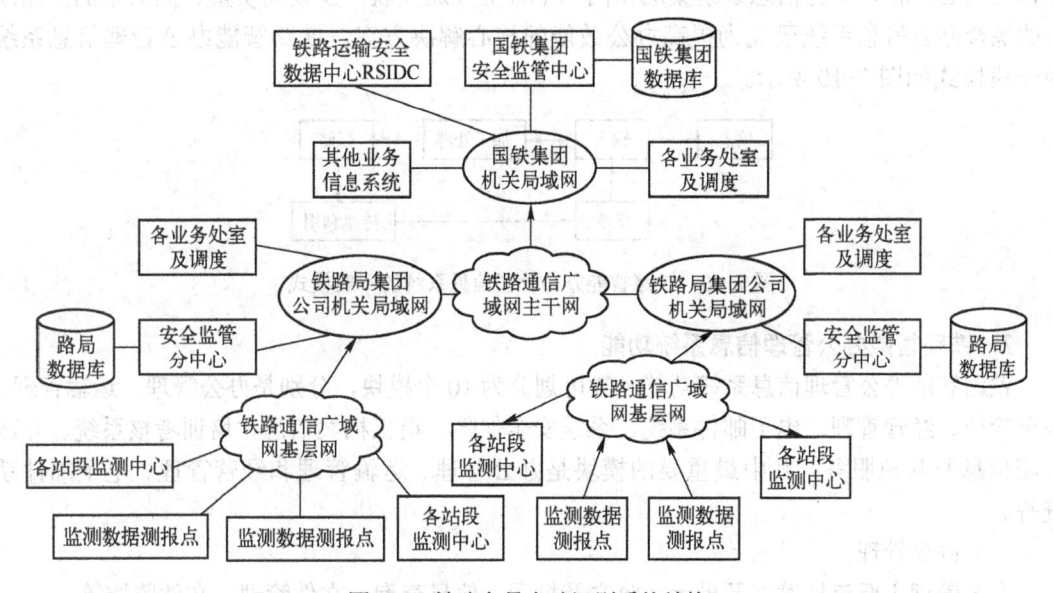

图7-9 铁路车号自动识别系统结构

2. 铁路车号自动识别系统功能

铁路车号自动识别系统可及时准确地获得通过列车的车次、每节车辆的车号及列车的到发信息,从而为实现全路货车、机车、列车、集装箱追踪管理打下了基础。此外,车号自动识别系统实时采集的信息还可以满足铁路运输管理信息系统对列车、车辆等基础信息的需求,为实现运输作业管理现代化、网络化和资源共享奠定了基础。铁路车号自动识别系统的作用有:

① 实现管辖区域自动交接核对,为铁路运输费用结算提供客观依据;
② 实现铁路货车的全路自动追踪、调度与管理;
③ 显著提高客运列车的正点率;
④ 基本杜绝了铁路货车错号、重号事故的发生;
⑤ 车号信息成为货运管理、行车安全保障、车辆运行维护管理等运用领域的重要基础性信息。

3. 铁路车号自动识别系统工作流程

铁路车号自动识别系统在机车的底部安装记载有车辆、机车基本信息的电子标签,在主要车站的进站/出站信号机附近,安装机车车辆自动识别设备。当列车通过车站信号机附近时,设备自动采集机车、车辆的电子标签信息,并将信息传到与之相连接的控制处理计算机中,形成列车报文,并与其他相关系统的信息结合进行车站级的应用,同时将报文信息逐级上传,在各级进行车号自动识别信息的应用。

7.4.2 铁路智能办公管理信息系统

1. 铁路智能办公管理信息系统的一般模式

随着科技进步和铁路发展,利用先进的计算机技术和网络通信技术,以办公信息系统智能化为核心,将各业务信息系统集成在同一平台上互通互联,建设高质量、高效率的全路统一的综合办公信息系统已成为提高办公效能的核心解决方案。铁路智能办公管理信息系统的一般模式如图 7-10 所示。

图 7-10 铁路智能办公管理信息系统的一般模式

2. 铁路智能办公管理信息系统功能

铁路智能办公管理信息系统功能一般可划分为 10 个模块,分别是办公管理、运输管理、安全管理、经营管理、电子邮件系统、系统安全保障、员工档案信息、培训考核系统、党政工团信息及其他服务,其中最重要的模块是办公管理、运输管理和经营管理、电子邮件系统等。

(1)办公管理

办公管理主要包括发文及批示、收文及批示、信息查询、文件管理、文件监控等。

公文流转主要是根据车站的具体情况,按管理者、部门(车间、股室)生成不同的用户并赋予公文处理权限(发布、签字、签收等),统一维护公文中的单位公章、文件的红头、公文的密级及管理者的签名等信息。发文及批示主要是电子公文制作、发送公文、办理通知、发文统计。根据登录用户的权限,应用编辑软件(Word 等通用办公软件)进行文件和电报的撰写、修改、管理者签字、公文发布、抄送、发文统计等。在发文过程中,设置限期办理的功能,发文、收文及时通知用户。文件管理主要是对政务资料信息、内部刊物、铁路电子报刊、管理者讲话、会议记录、通知、电报、史志信息等文件信息的管理,同时建立各类文件的数据库、电子文件归档。信息查询及打印主要是调用各类数据库,并打印文件。文件监控主要是系统对发文、收文的过程进行监控,保证文件传输的安全。

(2)运输管理和经营管理

运输管理的功能主要有运输生产计划,该计划包括货物运输计划和旅客运输计划。就货物运输计划来说,按其编制期限分为长远计划、年度计划、月度计划。运输统计数据可与铁路十八点运输统计分析系统相连接,获取各类运输生产指标信息;需要统计车站每日运输收入情况、车站货运制票信息、车站当日请求车和实际装车信息等。客货营销包括发布客货营销战略、营销目标、客货营销机制、客货营销对策、客货营销实时动态等,可与客运营销管理信息系统接口,提供客货营销完全的动态信息。铁路运输需要统一调度,集中指挥。铁路办公系统与铁路列车调度指挥系统相连接，掌握调度核心信息，完成业务系统间的信息共享；可与客票发售与预订系统相连接，获取客票发售的相关数据，综合票价统计，根据售票情况运用数学模型统计调车次，将情况反馈调度指挥系统，为调整列车运行图提供依据。经营管理包括车、机、工、电、辆等业务部门日常信息，以及计划、财务、劳资、基本建设等信息，主要分为站段收支情况的财务管理模块、主管人力资源分配和职工劳资的管理模块。

（3）电子邮件系统

电子邮件系统的运用和联网运行，大大方便了铁路各级单位文件、信息的上传下达和流转，在铁路办公自动化中发挥重要的作用。可以通过数据分析建立的数据模型，自动排列出事件的轻重缓急，将权重大的事件排在最前，并以邮件形式提交管理者参考。通过电子邮件系统通知参加会议的时间、地点、主题及参与人员等信息，并将会议内容经由电子邮件系统传给办公人员，进行会议内容的归档。此外，还有发布公告、收集意见、通信录、备忘录等功能。

复习思考题

1. 简述铁路运输的内涵和主要特征。
2. 铁路互联网售票系统主要由哪几部分组成？
3. 简述车号自动识别系统的工作流程。
4. 铁路列车调度指挥系统实时调度监督显示的主要内容是什么？
5. 智能化紧急救援与行车安全系统主要由哪几部分组成？

第8章 城市轨道智能运输系统设计与集成

城市轨道交通与其他城市公共交通相比，主要具有以下特点。

① 较强的运输能力。城市轨道交通具有高密度运转、列车行车时间间隔短、列车编组辆数多等特点。

② 准时、快捷。城市轨道车辆在专用行车道上运行，不受其他交通工具干扰，不产生线路堵塞现象并且不受气候影响，是全天候的交通工具，能按运行图运行，具有可信赖的准时性。同时，车辆有较高的启动、制动加速度，多数采用高站台，列车停站时间短，上下车迅速方便，而且换乘方便，可以使乘客较快地到达目的地，缩短了出行时间。

③ 较高的安全性。城市轨道交通运行在专用轨道上，没有平交道口，不受其他交通工具干扰，并且有先进的通信信号设备，很少发生交通事故。

④ 空间利用率高。城市轨道交通充分利用地下和地上空间进行开发，不占用地面街道，能有效缓解由于汽车发展而造成的道路拥挤、堵塞，有利于城市空间合理利用。尤其是能缓解大城市中心区过于拥挤的状态，提高土地利用价值，并改善城市景观。

⑤ 运营费用较低。城市轨道车辆主要采用电力牵引，轮轨摩擦阻力较小，比公共汽车节省能源，运营费用较低。

⑥ 环境友好，污染低。城市轨道交通由于采用电力牵引，与公共汽车相比，不产生废气污染。

城市轨道智能运输系统结构示意图如图 8-1 所示。

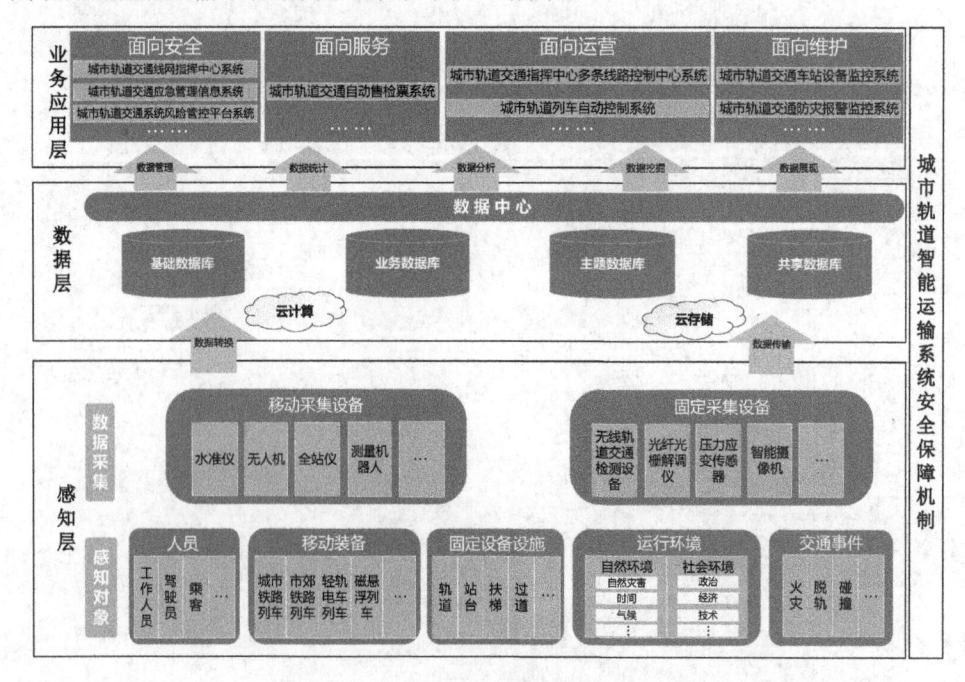

图 8-1 城市轨道智能运输系统结构示意图

8.1 面向安全的城市轨道智能运输系统

8.1.1 城市轨道交通线网指挥中心系统

城市轨道交通线网指挥中心（traffic control center，TCC）系统作为城市轨道交通路网的中央协调角色，负责协调各条线路的控制中心及各运营主体，它具有综合监视多轨道线路、多交通系统运营协调、应急指挥及信息共享等职能，是一个集运营监视、数据共享和应急指挥功能于一体的综合指挥平台，可实现路网视频、行车、供电、客流、灾情等信息的实时监视和管理，其组成如图 8-2 所示。

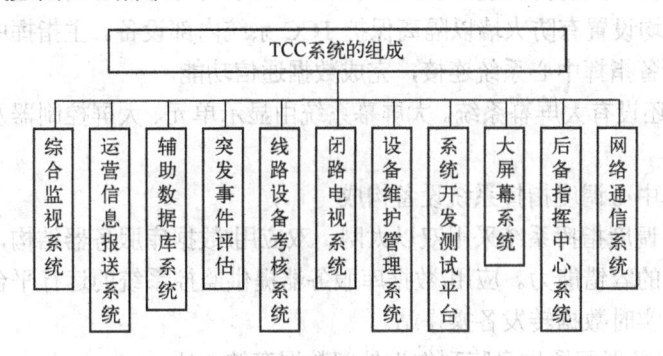

```
                    TCC系统的组成
    ┌────┬────┬────┬────┬────┬────┬────┬────┬────┬────┐
   综合  运营  辅助  突发  线路  闭路  设备  系统  大    后备  网络
   监视  信息  数据  事件  设备  电视  维护  开发  屏幕  指挥  通信
   系统  报送  库    评估  考核  系统  管理  测试  系统  中心  系统
         系统  系统        系统        系统  平台        系统
```

图 8-2 TCC 系统的组成

1. TCC 系统的结构

以北京市轨道交通指挥中心为例。该中心与各条线路的控制中心级接口，采用统一的人机界面和操作方式，监视并协调各条线路的运营。TCC 系统采用 C/S 结构和 B/S 结构的混合结构及 TCP/IP 的设计。

为了实现线网运营监管、信息收集与发布等功能，TCC 系统需要通过与线路控制中心各个系统进行接口，采集线路设备运行信息、所有在线运行列车的位置等信息，监督线网内的各线的运营状态。所涉及的线路控制中心的专业系统有：供电系统（power supervision control and data acquisition system，PSCADA）、信号系统（signal system，SIG）、环控系统（building automation system，BAS）、防灾系统（fire alarm system，FAS）、自动售检票系统（auto fare collection，AFC）和主控系统（integrated supervisory control system，ISCS）。同时，通过闭路电视系统（CCTV）循环监视线网中各车站公共区域、站台、出入口等区域的客流。另外，TCC 系统还可向线路控制中心（operating control center，OCC）的乘客信息系统（passenger information system，PIS）发送一些与乘客有关的运营信息。

（1）TCC 系统的设备构成

TCC 系统的主要设备有服务器、存储设备、工作站、测试平台、闭路电视系统、网络及大屏幕系统等。

① TCC 系统采用双以太网、双应用服务器、双数据库服务器结构，保证系统运行的可靠性，增强系统的容错能力。

② TCC 系统设置相应的工作站，实现对线路的综合监视、网络管理及视频控制等功能。

③ TCC 系统设置开发测试平台，用于系统的测试、修改、开发与培训工作。测试平台由开发测试服务器、数据服务器、工作站、前置处理器、打印机、接口系统模拟器及测试平台交换机等组成。

④ TCC 系统设置 CCTV 系统，用于实现对各线路 CCTV 系统的集中监视与控制，系统由视频服务器、视频操作/监视终端、视频编码器、数字硬盘录像机和 CCTV 交换机等组成。

⑤ TCC 系统网络由主干网络交换机、网络管理服务器、网络时间服务器、核心网络交换机、防火墙等组成。主干网络是 TCC 系统内部设备相互交换信息的通信平台，所有 TCC 系统设备都连接到主干网络上；核心网络则是 TCC 系统与外部设备相互交换信息的通信平台，与 TCC 系统接口的外部设备都连接到核心网络上；主干网络与核心网络之间及核心网络与外部系统网络之间，均设置有防火墙以隔离保护 TCC 系统内部设备。主指挥中心通过以太网三层核心交换机与后备指挥中心系统连接，完成数据通信功能。

⑥ TCC 系统还设有大屏幕系统。大屏幕系统由显示单元、大屏控制器及大屏控制终端等组成。

（2）后备指挥中心调度指挥系统设备构成

后备指挥中心调度指挥系统采用双以太网、双应用/数据库服务器结构，保证系统运行的可靠性，增强系统的容错能力。应用/数据库服务器提供监控系统的运行平台，并负责处理系统的实时数据，将实时数据转发各操作站。

应用/数据库服务器配置磁盘阵列作为外部数据存储介质。

由于后备指挥中心为降级条件下的运行模式，因此只设置电调操作站与行调工作站，对电力、行车信息进行监视。

后备指挥中心通过以太网三层核心交换机与调度指挥中心系统连接，完成数据通信功能。

2. TCC 系统的功能

TCC 系统具有综合监视功能、数据共享功能、应急处置功能及辅助决策功能。

（1）综合监视功能

TCC 系统监视、协调各轨道交通运营主体的运营情况。TCC 系统通过线路控制中心与线路的信号系统、电视监控系统、环境控制系统、消防系统、自动售检票系统相连接，具体功能如下。

① 监视各线。通过指挥中心的综合信息系统监视各线运行车辆、设备系统的状态等情况，如车辆调度监视、设备监视、主要设备性能及维修状态监视等。

② 统计分析各类信息。对各类相关信息进行统计分析，为制订各类运营计划、预案、管理办法、规划等提供真实准确的基础资料。

③ 制订轨道交通统一的调度规则。收集各类重要活动预报信息、各运营主体控制中心的运营计划及针对重大活动所编制的预案，制订路网统一的调度规则。

④ 协调和监督。了解并协调各线路的运营组织方案，监督其服务承诺的兑现，监视换乘站的运行，必要时进行协调，在非正常运营时，监视突发事件的进展情况，并进行必要的协调。

（2）数据共享功能

TCC 系统建设了辅助决策数据库，用于收集与线路相关的建筑和机电系统设计及竣工图纸、线路沿线视频、车站预录视频、线网应急资源等信息，供线路日常协调和处置突发事件使用。具体主要用于：
① 日常协调、应急指挥时的综合监视与分析；
② 与各线路运营主体签订运营委托合同，监督其对客户的服务承诺，并提供基础数据；
③ 为城市轨道交通线网的合理规划提供决策信息；
④ 通过政府专网从有关部门采集外部信息，如从气象部门获取有关气象资料，并向线路控制中心发送。

（3）应急处置功能

当轨道交通运营发生突发事件时，各运营主体应立即将简要情况上报，并迅速核实初步情况，在特别重大、重大事故突发事件发生时，各运营主体应立即启动应急预案并进行处置，并随时报告突发事件的后续情况。TCC系统集成了以专用调度电话等多种通信手段为基础、以预案为机制，通过事件接警、处置、事后分析流程进行处置的指挥调度平台，通过辅助决策系统可以对突发状况下的客流分布进行分析，达到提升突发事件处置能力和提高处置效率的目的。

（4）辅助决策功能

通过对TCC系统获得的每日线网客流数据进行分析，得到线网客流在各运营区段上的分时断面流量，从而得出线网客流的分布规律，通过与列车运营图的比对，分析得出线网的运能运力匹配关系。依据客流的分布规律还可以编制全线网的列车运行计划，达到线路间运行计划优化的目的，为调度员开展线网运营协调提供辅助决策信息。

① 共享信息和资源。提供客户服务平台与各线共享，产生规模效应，带来较好的经济收益，如气象、新闻、大型活动及其他交通方式的信息。
② 线路的运营信息，如向A线发布B线列车运营信息，向各线发布A线某车站已紧急关闭等的信息。
③ 提供共用系统，如时钟、数据网络交换平台、无线通信系统转换平台等。
④ 提供统一的资讯，如天气预报及新闻信息。
⑤ 指挥中心是所有线路与其他公共交通系统的接口，其他公共交通系统通过指挥中心与各线进行信息沟通，免去与多个运营主体联络的麻烦。

8.1.2 城市轨道交通应急管理信息系统

1. 城市轨道交通应急管理系统结构

城市轨道交通应急管理系统是一个以突发公共事件应急响应全过程为主线，涵盖城市轨道交通各类突发公共事件监测监控、事件预防、预测预警、报警、接警、处警、重/特大事件的处理、灾害善后评估和重建，以及为城市突发事件提供服务等环节在内的系统工程。城市轨道交通应急管理系统结构如图8-3所示。

2. 城市轨道交通应急管理系统功能

从系统功能的观点看，城市轨道交通应急管理系统功能体系结构有5个层次：综合服务层、应用决策层、应用支持层（含应用支撑和专业支撑两部分）、基础设施层（通信基础设施和计算机网络基础设施）、应急预备力量层（包含各种专业设施抢修处置力量，消防、医疗、抢险车辆及与城市应急中心的救援力量）。其功能具体体现在以下几方面。

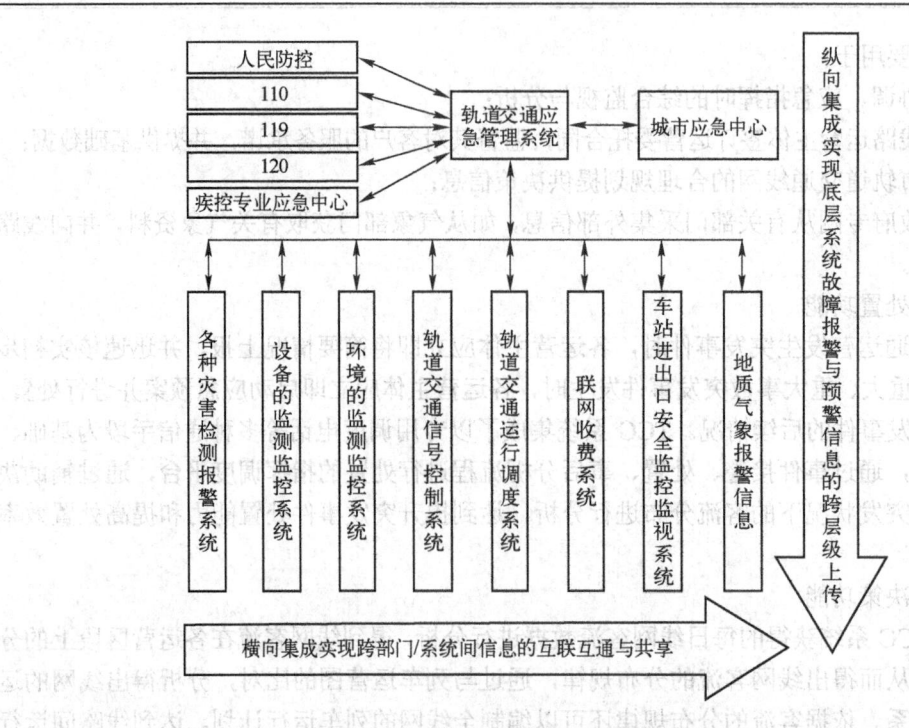

图 8-3 城市轨道交通应急管理系统结构

① 城市轨道交通应急管理系统主要以预防为主。通过系统的建设和应用，充分发挥人、机结合的作用，把突发事件消灭在萌芽状态。即使突发事件发生，也要努力把事件影响限制在最小范围。

② 快速响应。通过系统的建设和运行，在突发事件发生时能快速响应，实现抗灾减灾的目的。

③ 平战结合。城市轨道交通是绿色交通，具有快速、安全、客运量大的特点，在城市交通中起着重要作用，其建设也要考虑到战时应用，实现平战结合，充分发挥城市轨道交通的作用。

④ 应急服务。城市突发公共事件应急管理系统是一个整体，城市轨道交通应急管理系统既是一个独立的系统，又是城市应急系统的重要组成部分，可提供应急服务和应急支援。

8.2 面向服务的城市轨道智能运输系统

近年来，我国城市轨道交通行业发展迅速，城市轨道交通自动售检票系统是面向乘客服务、加强运营管理的重要设备系统，直接影响乘客出行体验和效率。本节以城市轨道交通自动售检票系统为例，进行面向服务的城市轨道智能运输系统的结构和功能的介绍。

1. 城市轨道交通自动售检票系统结构

城市轨道交通自动售检票系统是一种现代化的互联网收费系统。根据业务模式自上而下由清分中心（AFC clearing center，ACC）、线路中心计算机（line center computer，LCC）系统、车站计算机（station computer，SC）系统、车站终端设备（station level equipment，SLE）、车票 5 个层次构成，如图 8-4 所示。层次结构是按照全封闭的运行方式，以计程收费模式为基础，采用非接触式 IC 卡为车票介质，根据各层次设备和子系统各自的功能、管理职能和所处的位置进行划分的。

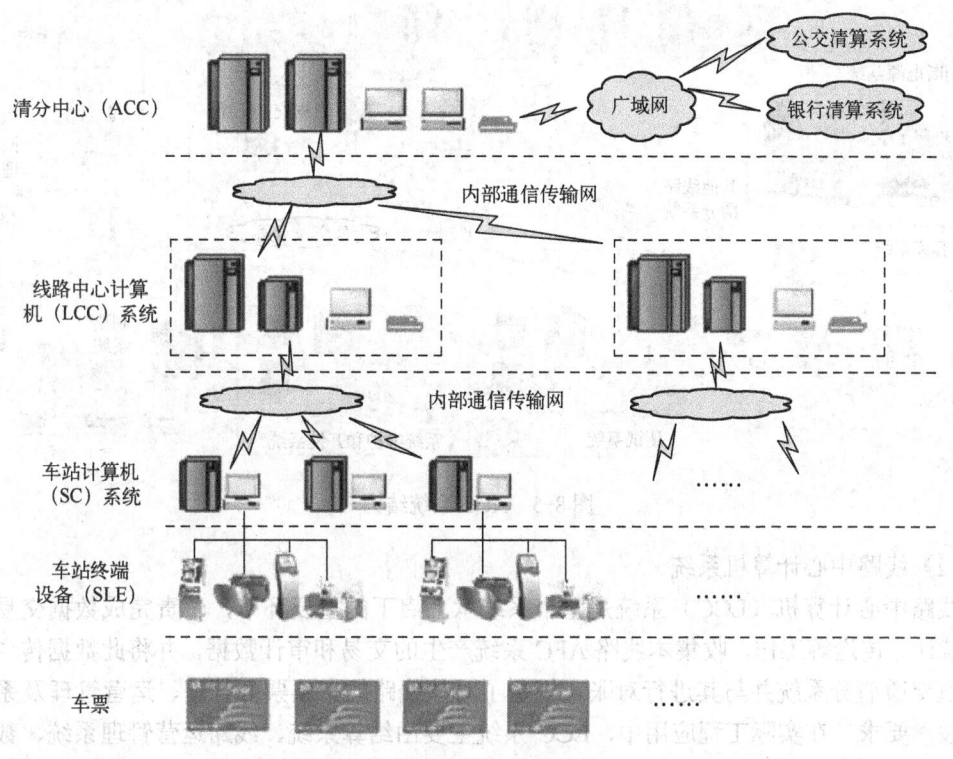

图 8-4　AFC 系统总体架构

（1）轨道交通清分中心

轨道交通清分中心（ACC）为各线路统一制定、发行和管理轨道交通专用车票，实现互联互通，并实现与城市公共交通一卡通系统在地铁各线路中的应用（即"一票通"和"一卡通"），负责对各联网线路"一票通"收益作清算、对账、系统安全管理及有关数据处理等，并对各联网线路与 IC 卡公司之间作"一卡通"清算、对账等业务。ACC 作为城市轨道交通线网 AFC 系统最上层的管理中心，它代表所有轨道交通线路负责向其他部门和单位进行票务事宜的联系和协调工作，在正常运营情况下，ACC 对各线路运营起监控作用，并提供协调各线路的票务服务；在降级情况或紧急情况下，ACC 负责协调各线路的运营。

ACC 制定所有与 LCC 系统接口相关的及 AFC 系统相关的技术标准和业务规则，ACC 对各个线路进行统一的业务规范管理（通过参数制定统一的交易规则、清算规则）、票务管理（票卡格式制定、票卡采购、制票与分发）、安全管理，并实施清算（轨道交通与公交"一卡通"系统之间的清算、ACC 与各轨道交通线路之间的清算）。ACC 主要由中央清算系统、制票系统、密钥系统、运营管理系统、数据交换系统、报表管理系统、异地容灾系统、不间断电源系统、网络管理系统、系统维护与开发系统、测试系统等组成，其系统结构如图 8-5 所示。

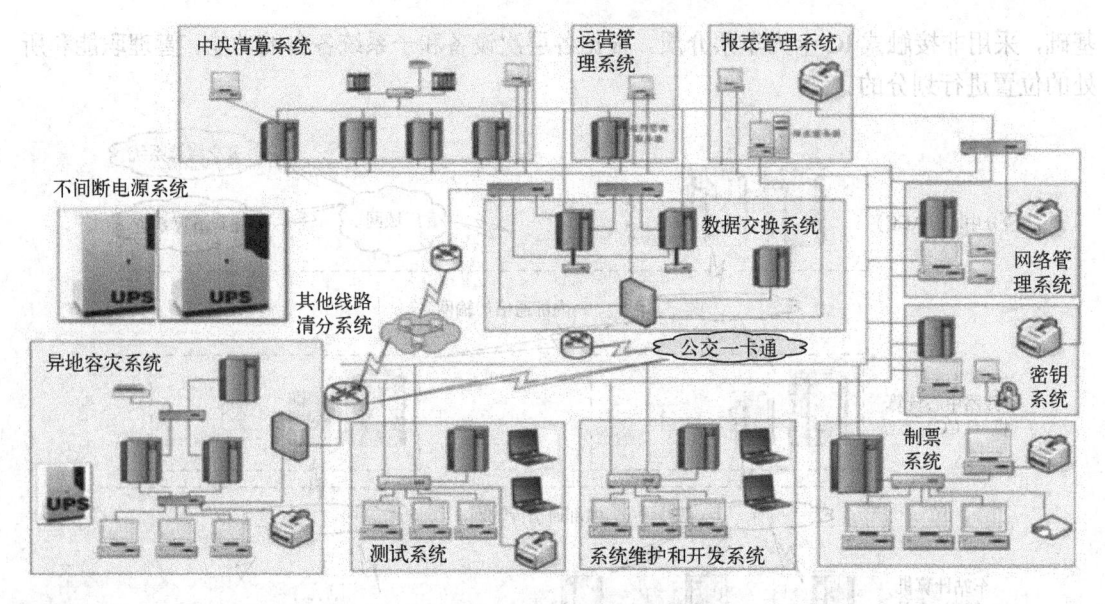

图 8-5 ACC 系统结构

(2) 线路中心计算机系统

线路中心计算机（LCC）系统是整个系统承上启下的重要环节，负责完成数据交易、审核、统计、传送等工作，收集本线路 AFC 系统产生的交易和审计数据，并将此数据传送给城市轨道交通清分系统并与其进行对账，规定了对该线路的车票票务管理、运营管理及系统维护的技术要求。在实际工程应用中，LCC 系统主要由结算系统、线路运营管理系统、数据交换系统、报表管理系统、网络设备、网络管理系统及各部门操作工作站（包括票务管理、财务管理、计划管理、审核管理等终端工作站）、打印机等组成，LCC 系统构架如图 8-6 所示。

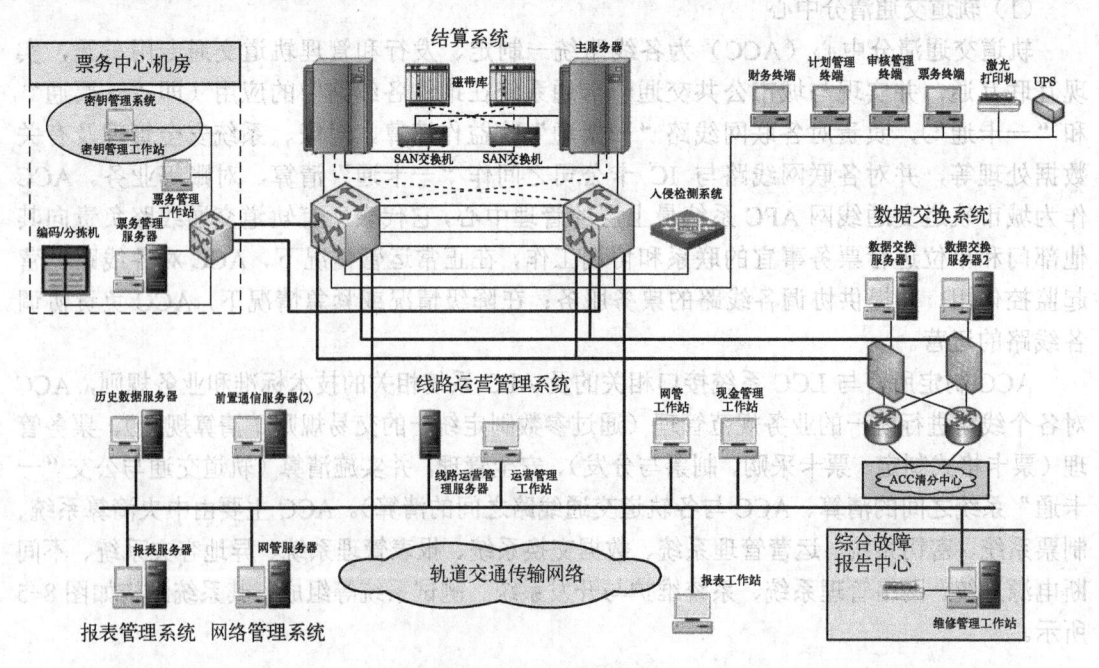

图 8-6 LCC 系统构架

其中，结算系统主要由图示结算模块内的 SAN 交换机构建核心存储链路，需额外配置磁盘阵列、磁带库等外部存储设备；主服务器作为独立模块承载核心业务处理，历史数据服务器模块则集成前置通信服务器、网络服务器等组件。线路运营管理系统由同名模块的专用服务器及工作站支持。数据交换功能由分属不同模块的设备实现：入侵检测系统模块内的数据交换服务器专责 LCC 与 ACC 间的交易数据上传、参数下载、清算对账及通信协议转换；历史数据服务器模块内的前置通信服务器则承担 LCC 与车站计算机系统的数据交换枢纽。报表管理系统覆盖报表服务器模块及报表管理系统模块的相关设备。网络设备层包含交换机、路由器、防火墙及入侵检测系统模块，为确保 LCC 与 ACC 的高可靠通信，需独立配置双路由器冗余架构以管理对外路由策略。网络管理系统对应网管工作站模块的服务器及终端设备。

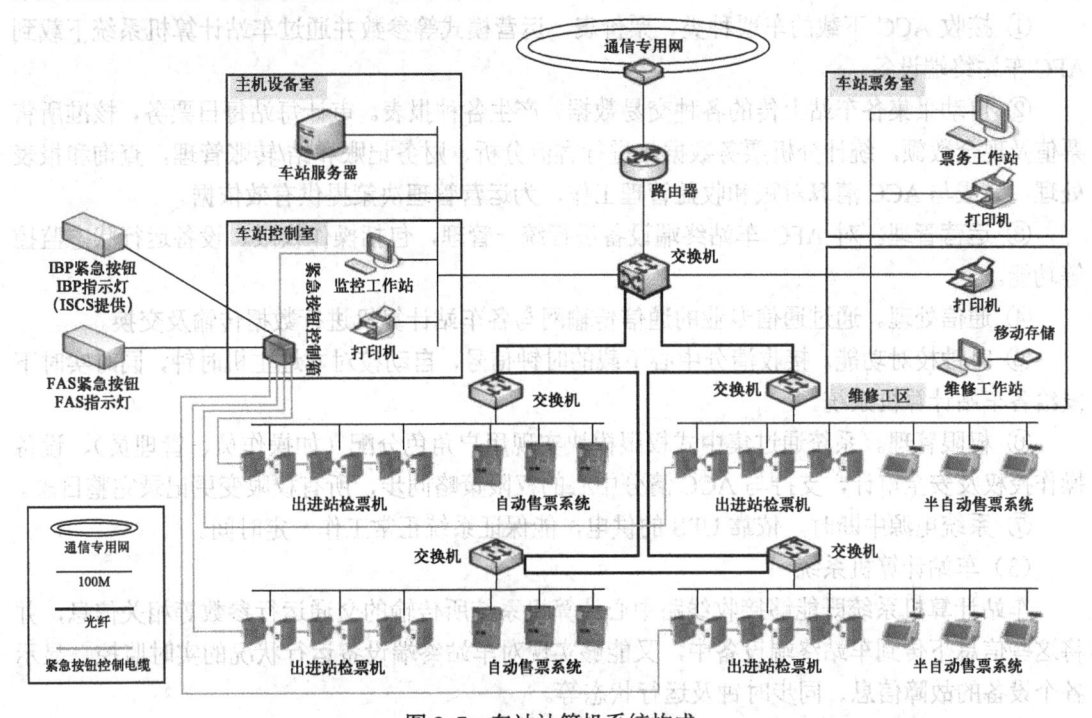

（3）车站计算机系统

车站计算机系统是 AFC 系统中的重要组成部分，负责对本车站内部的所有设备进行实时监控，并可对 AFC 系统运营、票务、收益及维修等功能进行集中管理。车站计算机系统能够收集、处理车站内各类数据，并上传到 LCC，接收 LCC 下传的各类系统参数，并下载到车站各终端设备；可接收 LCC 下达的系统各类命令，并下传到各终端设备，同时可根据需要自行向车站设备下达控制命令，并将该操作记录上传到 LCC。

车站计算机系统主要包括车站服务器、监控工作站、票务工作站、维修工作站、紧急按钮控制箱、打印机等，其系统构成如图 8-7 所示。其中，车站计算机系统工作站和服务器之间及各终端设备与车站服务器之间通过车站以太网连接，并通过轨道交通通信骨干网与中央计算机系统相连，完成数据的上传和下载。

图 8-7　车站计算机系统构成

（4）车站终端设备

AFC 系统的服务功能主要是通过设置在车站现场的自动售检票设备来进行的，车站终端设备安装在各车站的站厅，是直接为乘客提供售检票服务的设备。按应用分类，车站终端设备主要包括自动售票机、半自动售票机、自动检票机（进站自动检票机、出站自动检票机、双向自动检票机）、自动查询机、便携式验票机等。

2. 城市轨道交通自动售检票系统功能

（1）轨道交通清分中心

ACC 系统主要具有以下功能。

① 开展票务管理。通过自动售票机、半自动售票机、进出站闸机等终端设备，可完成车票出售、回收车票、记录相关信息等工作，实现线网内车票交易数据电子化、乘客无障碍换乘。

② 开展票款清分、清算管理。按照轨道线网票款清分规则和清算模型，实现轨道交通系统与一卡通系统之间，以及轨道交通线网内各线路之间的票款清算、对账，满足多线路业主、多运营主体的管理需要。

③ 开展客流统计。通过庞大而复杂的后台支持系统及无障碍客流分配规则，可实现轨道交通运营信息的实时准确获取及统计，并自动生成进出站客流量、换乘站客流、分时分方向断面客流等各类客流信息，产生票卡使用情况、票款收入情况等报表，为在网络化运营条件下确保行车组织与客运组织的高效、均衡运转，快速处置突发事件提供数据基础和决策依据。

（2）线路中心计算机系统

线路中心计算机系统具体的主要功能如下。

① 接收 ACC 下载的车票种类、票价表、运营模式等参数并通过车站计算机系统下载到 AFC 车站终端设备。

② 自动采集各车站上传的各种交易数据，产生各种报表。审计每站每日票务，核准所售票值及现金数额，统计分析票务数据，进行客流分析、财务记账和结/转账管理，查询和报表处理，完成与 ACC 清算对账和收益管理工作，为运营管理决策提供有效依据。

③ 运营管理。对 AFC 车站终端设备进行统一管理，包括操作权限、设备运行状态监控等功能。

④ 通信处理。通过通信专业的通信传输网与各车站计算机进行数据传输及交换。

⑤ 时钟校对功能。接收清分中心下载的时钟信号，自动校对本地主机时钟，同时实时下发给各车站计算机系统。

⑥ 权限管理。系统通过集中式权限模块实现用户角色分配（如操作员、管理员）、设备操作授权及安全审计，支持与 ACC 清分中心的权限策略同步，所有权限变更记录完整日志。

⑦ 系统电源中断时，依靠 UPS 的供电，能保证系统正常工作一定时间。

（3）车站计算机系统

车站计算机系统既能够接收线路中心计算机系统所传输的交通运行参数等相关信息，并将这些信息下传到车站终端设备中，又能够实现对车站终端设备运行状况的实时监控，显示各个设备的故障信息、同步时钟及运行状态等。

（4）车站终端设备

车站终端设备包含自动售票机、自动检票机、半自动售票机等。其中，自动售票机主要用于城市轨道交通现场的自主发售、支付处理及找零等工作，同时还具有上传车票、交易处理等功能。自动检票机主要负责对车票进行检测、放行及处理，检票机在断电或者接到紧急通知的情况下会将验票通道自动打开。半自动售票机主要完成车票发售、补票、退票、充值、变更、罚款、交易查询，具有收益管理及分析等功能。

（5）车票

对于车票层而言，车票层对各种车票类型的电气特性、物理特性、安全机制及应用文件组织等内容具有严格的技术要求，为交易安全、防伪溯源及跨线路兼容提供技术基础。

8.3 面向运营的城市轨道智能运输系统

8.3.1 城市轨道交通线路控制中心系统

城市轨道交通线路控制中心（OCC）系统一般是单条线路的运行控制中心，采用一线一中心的管理模式。线路控制中心是对全线列车运行、电力供应、车站设备运行、防灾报警、环境监控、票务管理及乘客服务等运营全程进行调度、指挥和监控的"中枢"。运营控制中心可控制线网的多条线路。

OCC 系统的主要功能和任务是由控制中心调度指挥人员，通过各类相关的集中监控系统设备，指挥全线列车运行，并对故障状况乃至灾害状况下列车的运行进行调整。具体功能如下。

① 负责线路日常运营的调度指挥工作。OCC 系统的调度指挥功能通常可分为行车调度、电力调度、环境调度三方面。在部分新轨道交通线路的建设中，也有将电力调度和环境调度合为综合监控调度的情况。

② 实现对线路所属的各机电设备系统的运行进行监控及维修调度。OCC 系统是线路各机电设备系统的监控管理中心，各设备系统中心负责收集所管辖的车站设备的各种数据，提供各专业系统设备的运行状态、故障信息和运营基础数据信息，以备运营单位的设备管理人员及时掌握该设备系统的工作状态，随时根据运营状况对设备系统进行监视和控制，保障本专业系统设备的正常运营。

③ 负责线路运营的组织协调，完成突发事件的指挥和恢复工作。在突发事件或灾害事件发生时，控制中心是紧急情况的处理和指挥中心，通过大屏幕显示系统和各机电设备控制系统及时掌握行车状况和紧急事件的发展态势，便于各级部门和管理人员迅速准确地处置事件，完成各种指令的下达，确保人员和财产的安全。

④ 实现与上级管理部门、外部单位之间的数据交换和资源引入功能。OCC 系统是轨道交通线路与上级管理部门和外单位进行信息交互的窗口。轨道交通系统也需要外界的资源，如供电系统、通信系统和火灾报警系统等。电力供应来自城市电网，作为整个城市电力调度的一部分，轨道交通的供电系统需要将本系统的主要状态参数反馈给城市电力调度中心。火灾报警系统需要将火警信息及时传至城市消防控制中心。来自城市电信部门的语音、数据资源则是整个轨道交通与外界保持通信和资源互享的基础。这三大功能也包含在控制中心基本功能中。

⑤ 实现运营部门与乘客之间的信息交流和存储。轨道交通的服务对象是广大人民群众，时刻保持与乘客之间的信息交流已成为提高轨道交通运营服务质量水平的重要手段。这一功

能主要是通过乘客信息系统和服务热线系统来实现的,将乘客所需要的列车运营、新闻时事、天气预报等信息通过多种方式传达给乘客。

⑥ OCC 系统的扩展功能。近些年来的 OCC 系统建设方式中,为充分利用建筑物的使用空间,以及运营管理资源的共享、工程造价的降低和系统统一协调管理的方便,在仅有一家建设运营单位的前提下,往往是几条线路的控制中心在一起建设。多线一中心的方式为建立整个城市的轨道交通指挥中心奠定了良好的基础,在现有的技术条件下,初步实现了信息共享,实现了多线的协调统一指挥。在城市近期的轨道交通建设中还可承担城市的轨道交通管理中心功能,在城市远期的轨道交通建设中可成为区域轨道交通管理中心。例如,北京市轨道交通路网采取了多线一中心的城市轨道交通指挥中心。

OCC 系统侧重于具体线路的处理和控制,直接监控所管辖线路各设备系统的运行。TCC 系统侧重于整个城市的轨道交通协调,对各线路的设备系统只监不控,通过对采集自 OCC 系统的信息进行分析和处理,达到统一协调管理城市轨道交通的目的。OCC 系统是 TCC 系统的基础,而 TCC 系统是 OCC 系统的提高,二者在现代城市轨道交通建设中密不可分。

8.3.2 城市轨道交通列车自动控制系统

列车自动控制系统包括列车自动防护(automatic train protection,ATP)、列车自动运行(automatic train operation,ATO)、列车自动监控(automatic train supervision,ATS)三个子系统,三个子系统既相互独立又相互联系,构成了一个以安全设备为基础,集行车指挥、运行调整及列车自动化等功能于一体的自动控制系统。城市轨道交通列车自动控制系统控制框图如图 8-8 所示。

图 8-8 城市轨道交通列车自动控制系统控制框图

ATP 系统是保证列车运行安全、提高行车效率、防止速度升级和进行超速防护的重要设备,也是实现 ATC 系统功能的核心环节,必须满足"故障-安全"原则。ATO 系统可以代替司机操纵列车运行,能根据控制中心下发的命令自动控制列车进行启动、加速、匀速惰行和制动,同时发出车门和站台安全门的开关信号,达到使列车安全、正点、平稳运行的目的。ATS 系统在 ATP 和 ATO 系统的支持下,完成对列车全线运行的自动监控,并对道岔、进路和信号等基础设备进行集中监督和控制,辅助行车调度人员完成对全线列车的运行管理。

1. 列车自动防护(ATP)系统

① 速度监督。ATP 系统需实时将列车实际运行速度与限制速度进行比较,当列车实际运行速度超过系统限制速度时,提出警告,然后发出制动命令,启动制动器控制列车进行制动,保证列车在允许速度下安全行驶。

② 超速防护。超速防护能保证列车安全、高效地在系统限制速度下运行。一般城市轨道交通的限制速度有临时限速、固定限速等多种类型。固定限速信息如列车最大允许运行速度、

区间最大允许速度等,一般在系统的设计阶段设置。而临时限速是指在一些特殊情况下的限速,如通过施工现场、临时性危险点等时,列车的运行速度可以适当降低。

③ 测速、测距。该功能主要用于实现对列车实际运行速度及距前方目标点距离的测定,是ATP系统车载设备的重要功能。ATP系统一般采用车载设备自测和系统测量两种测速方法来完成列车即时速度的测定。测距是通过测速和轮径配合完成的,首先通过测速设备获取车轮旋转的次数,再结合列车的运行方向和车轮直径来计算走行距离。

④ 车门、站台安全门控制。ATP系统的车门和站台安全门控制是保证安全的重要措施之一,必须对车门开闭的安全条件进行严格的监督和控制。只有当列车停在站台的预定停车区域内并且距离停车点的误差在规定的允许范围之内时,ATP系统的地面设备向车载设备发出开启车门的命令,车载设备才会允许开启车门。当发出车门开启命令后,ATP系统的轨旁设备向站台的定位接收器发送开启屏蔽门的命令,收到此信号后同时控制与列车车门对应的站台屏蔽门开启。当列车停站时间结束后,停止发送车门开启信号,此时司机人工控制车门关闭,站台的安全门也同时关闭。

⑤ 停车点防护。ATP系统根据列车至停车点的距离、列车的制动性能及前方线路的速度信息等,计算出一条制动曲线,使列车按照一定的制动率实施定点制动。

⑥ 司机的人机接口(man-machine interface,MMI)。MMI是ATP系统与司机交换各种指令信息的窗口,可以使司机按照ATP系统下发的命令控制列车运行。MMI通过司机控制室里的显示屏向司机提供包括列车最大允许速度、实际速度、前方路况等信息在内的列车运行所需的所有信息,以及列车在实际运行过程中的重要故障信息,并在需要时发出响铃等报警提示。

⑦ 折返、改换驾驶室。城市轨道交通车辆在两端都设置有司控室,列车在进行折返作业时,需要司机改换驾驶室。改换驾驶室后会引起列车前、后部的互换,因此ATP的车载设备必须做出相应的调整。

2. 列车自动运行(ATO)系统

(1)列车自动运行

列车运行速度的自动调整:ATO系统的车载控制器能将列车的即时运行速度与列车最大允许运行速度和目标速度进行实时比较,自动完成列车在线运行速度的实时调整;车站自动发车ATO系统确定发车的安全条件符合时,向司机发出启动列车的命令,司机确认该命令后,按下司控台上的列车启动按钮,控制列车转入牵引驱动状态,随即列车开始加速;列车出发后可以根据ATO系统预设的允许速度等信息,使列车平稳安全地运行。

停车点目标制动:当ATO系统接收到停车命令以后,会将站台停车点作为其停车制动的目标点,结合系统预设的制动率、列车行车速度与距停车点的距离计算出列车的制动曲线,从而控制列车安全、准确、平稳地在预定停车区域停车。

区间内临时停车:在某些特殊情况下需要列车在区间内实施临时停车时,ATP系统能根据目标点位置信息、列车实际运行速度等信息,计算出列车实施临时制动的速度曲线,使列车平稳、准确地停在给定目标点。

区间内限速:限速区间可分为临时性限速区间和长期性限速区间两种,临时性限速区间的限速命令可先经由轨旁设备传送给ATP的车载设备,再经由ATP车载设备将该减速命令经ATO系统传送至列车驱动与制动的控制设备,从而控制列车按照限速命令的要求开始减速;

长期性限速区间的限速信息可以预先输入到 ATO 系统中，列车经过该限速区间时系统会自动加以考虑。

（2）列车无人自动折返

无人自动折返是 ATO 系统一种特殊的驾驶模式，当工作于此种模式时，列车上所有控制台都将转入锁闭状态，整个过程无须司机参与。

（3）车门自动开闭控制

当列车到达指定停车点时，由 ATO 系统向 ATP 系统发送停车信号，此时 ATP 系统需先检查是否符合开启车门的控制条件，如果符合将发出开启车门的命令，ATO 车载设备接收到该命令后控制车门自动开启，也可以由司机人工开启车门。但是当 ATO 系统不能自动关闭车门时，必须由司机人工操纵。

3. 列车自动监控（ATS）系统

① 时刻表处理。时刻表系统是实现时刻表的存储、安装、修改，以及列车运行图的显示、绘制和打印的重要设备，同时还可向其他系统提供时刻表的相关数据信息。系统中储存着多套列车运行图，能够满足列车不同运行情况下的需要。

② 列车监视与跟踪。列车监视与跟踪主要实现对列车的监视、车次号的初始化、车次号移动、运行识别和集中显示等功能。

③ 列车进路的自动选排。ATS 系统的控制中心能实现对室外道岔、进路和信号机的集中控制，可以根据当日当次的列车计划运行图自动建立进路，并且自动完成对列车运行的控制。

④ 列车运行自动调整。当列车实际运行偏离计划运行图时，必须对列车运行情况进行调整。系统需要实时对列车实际时刻表和计划时刻表进行比较，一旦出现偏离，必须使列车恢复到按原计划时刻表运行，并以此为基础，自动形成列车的发车时间。列车运行调整要遵循所有列车调整时间最短、总延迟最短的原则，争取尽快使列车运行恢复到计划运行状态。

⑤ 运行报告。ATS 系统能对列车运行中产生的大量数据进行记录、分析和存储，同时提供数据备份和数据恢复功能。还可提供多种运行报告和统计功能，辅助行车调度员了解列车的实际运行情况与整个系统的工作情况。

⑥ 仿真与演示。ATS 系统的培训与演示功能是通过现代信息技术等手段，仿真模拟整个 ATS 系统的实际运行情况，借助该系统，工作人员可以进行系统演示、调试与员工培训等。

⑦ 监测与警报。为了使列车能安全平稳地运行，ATS 系统需要对各种设备的实际运行状态进行实时监督和检测，并对整个过程加以记录，整个监测过程不会影响到被监测对象的正常工作。一旦被监测对象出现异常情况时，应能及时给出报警提示，同时确定故障的范围和位置并加以诊断，直到设备恢复到正常情况为止。

8.4 面向维护的城市轨道智能运输系统

8.4.1 城市轨道交通车站设备监控系统

1. 城市轨道交通车站设备监控系统结构

城市轨道交通车站设备监控系统（building automation system，BAS），一方面承担着紧急情况下防灾救灾的责任，另一方面对建筑设备和系统起着监视、控制和管理的责任，主要目的是对车站环境与空气条件、通风设备、排水系统及照明设备、车站应急照明电源等起到良好的监控。在当前阶段，随着自动化技术的发展，城市轨道交通车站设备监控系统由各站分离逐渐向全线组网的新阶段转变，已实现了集中管理的模式。城市轨道交通车站设备监控系统一般来说都是按车站设置，纵观整个系统就是以车站为单位的大型分布式自动化系统，如图8-9所示。在目前的车站架构中，BAS系统呈现扁平化的结构特征，即尽可能减少管理程序。

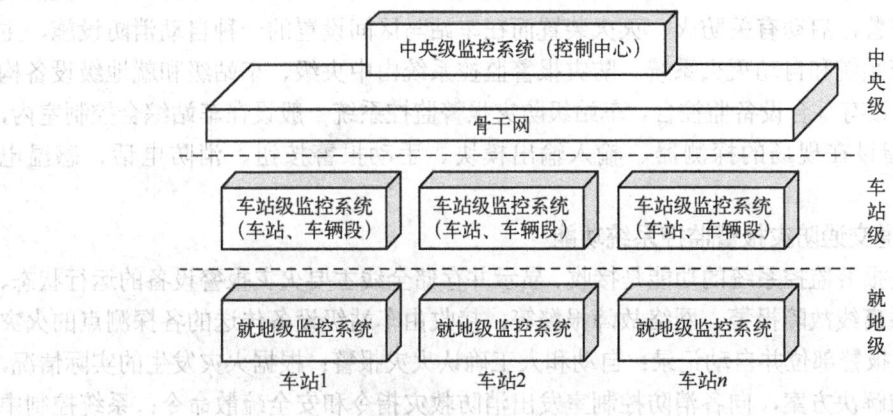

图 8-9　BAS 系统结构图

城市轨道交通车站设备监控系统分为三级监控方式，分别是中央级、车站级、就地级。

① 中央级监控系统主要位于城市轨道交通的控制中心，由计算机的硬件和软件组成。计算机网络硬件包含中央实时服务区、操作员工作站、大屏幕等；计算机网络软件包含操作系统、数据库、应用软件开发与维护平台等。

② 车站级监控系统位于轨道交通的车站，以车站监控工作站和控制器为核心，包含打印机、综合后备盘等设备。

③ 就地级监控系统位于车站和区间的数据采集点或者是各个就地的控制点，包含传感器、执行器和接口模块等。

2. 城市轨道交通车站设备监控系统功能

城市轨道交通车站设备监控系统关系到城市轨道交通系统整体功能的实现。城市轨道交通车站设备监控系统对城市轨道交通车站、区间隧道、运营控制中心等与运营有关的建筑和设施的机电设备进行可靠监视及控制，同时接收防灾报警系统的火灾模式指令，对防排烟系统与正常的通风系统设备进行控制，以使车站能正常有序地运营。该系统的控制对象主要为车站通风空调、给排水、正常照明及电扶梯等设备，其主要作用是对车站内的环境质量进行监视和控制，使其在正常情况下满足乘客舒适度的要求，并在紧急情况下提供正确可靠的信息，保证乘客人身安全。

城市轨道交通车站设备监控系统具有可视化监控调度的功能。该监控系统可以通过平台对每日的具体工作进行操作设置，促进工作效率的提高，同时可以实时监控交通设备系统的具体状况，如果出现了问题可以及时发现并加以解决，降低危险事故发生的风险。此外，集成化的监控系统还有统计与查询等功能，对数据的统计与处理非常的方便，可以对数据进行具体分析，发现并解决一些问题。

城市轨道交通车站设备监控系统还有决策的功能，可以及时掌握车站设备的信息，通过一些历史数据可以实现对整个系统的分析；在出现突发情况时按照相应的预案进行处理。

8.4.2 城市轨道交通防灾报警监控系统

1. 城市轨道交通防灾报警监控系统结构

城市轨道交通防灾报警监控系统是指在城市轨道交通系统中，为了尽早探测到火灾的发生并发出火灾报警，启动有关防火、灭火装置而在车站与区间设置的一种自动消防设施，主要分为防灾报警系统和自动灭火系统。防灾报警监控系统由中央级、车站级和就地级设备构成。在控制中心设有综合设备监控台，车站级防灾报警监控系统一般设在车站综合控制室内，现场设备主要指设在现场的探测器、输入输出模块、手动报警按钮、消防电话、感温电缆等设备。

2. 城市轨道交通防灾报警监控系统功能

中央级防灾报警监控系统的功能是接收、显示并存储全线主要火灾报警设备的运行状态、监视报警、设备离线故障报警、网络故障报警等；接收由车站级设备传送的各探测点的火灾报警信号，显示报警部位并自动记录；自动和人工确认火灾报警；根据火灾发生的实际情况，自动选择预定的解决方案，向各消防控制室发出消防救灾指令和安全疏散命令；系统控制中心计算机通过无线发射台及时向消防部门无线报警台进行火灾报警，向消防部门通报灾情；接收主时钟的信息，使防灾报警监控系统时钟与主时钟同步。

车站级防灾报警监控系统的功能是监视车站及所辖区间消防设备的运行状态；接收车站及所辖区间火灾报警或重要系统设备的报警信号，并显示报警部位；向消防部门报告灾情；优先接收消防部门发出的消防救灾指令和安全疏散命令；通过车站级的消防联动控制接口向机电设备监控系统发出救灾模式指令，由机电设备监控系统启动消防联动设备；通过消防广播系统和闭路电视监视系统，对乘客进行安全疏散引导等。

复习思考题

1. 简述城市轨道交通的内涵和主要特征。
2. 城市轨道交通线网指挥中心系统主要由哪几部分组成？
3. TCC 系统数据库收集的数据信息有哪些？
4. 简述 ACC 与 LCC 的信息交互过程。
5. 简述 OCC 的主要功能。
6. 城市轨道交通列车自动控制系统主要由哪几部分组成？它们之间的关系是怎样的？
7. 结合实际情况，选择一个具体的城市轨道智能运输系统，简述城市轨道智能运输系统在实际生活中的应用。
8. 结合自身认知，简述城市轨道智能运输系统的发展现状及未来发展趋势。

第9章　水运智能运输系统设计与集成

水路运输简称水运，是利用船舶或其他浮运工具，在海洋、江河、湖泊、水库及人工水道上运送旅客和货物的一种运输方式。水路运输可分为内河运输和海洋运输两大类，海洋运输又可分为沿海运输和远洋运输。水路运输系统由船舶、各种基础设施及服务机构等组成。

水路运输与其他运输方式相比，具有以下特点。

① 点多、面广、线长。水路运输通过内河运输和海洋运输，将内陆经济腹地与世界连通，使处于运输交汇口的港口城市形成了内陆经济腹地和国际港口城市两个极为宽阔的辐射面。

② 载运量大。海洋和主要内河干线的轮船及拖驳船队载运量大，可供转运货物的舱位及载重量均是各种运输工具中最大的。

③ 运输成本低。在各类运输中，水路运输成本是最低的。

④ 运输的连续性和灵活性较差。由于水路航道的地理走向和水情变化难以全面控制，在运输的连续性和灵活性方面较差。

水运智能运输系统结构示意图如图 9-1 所示。

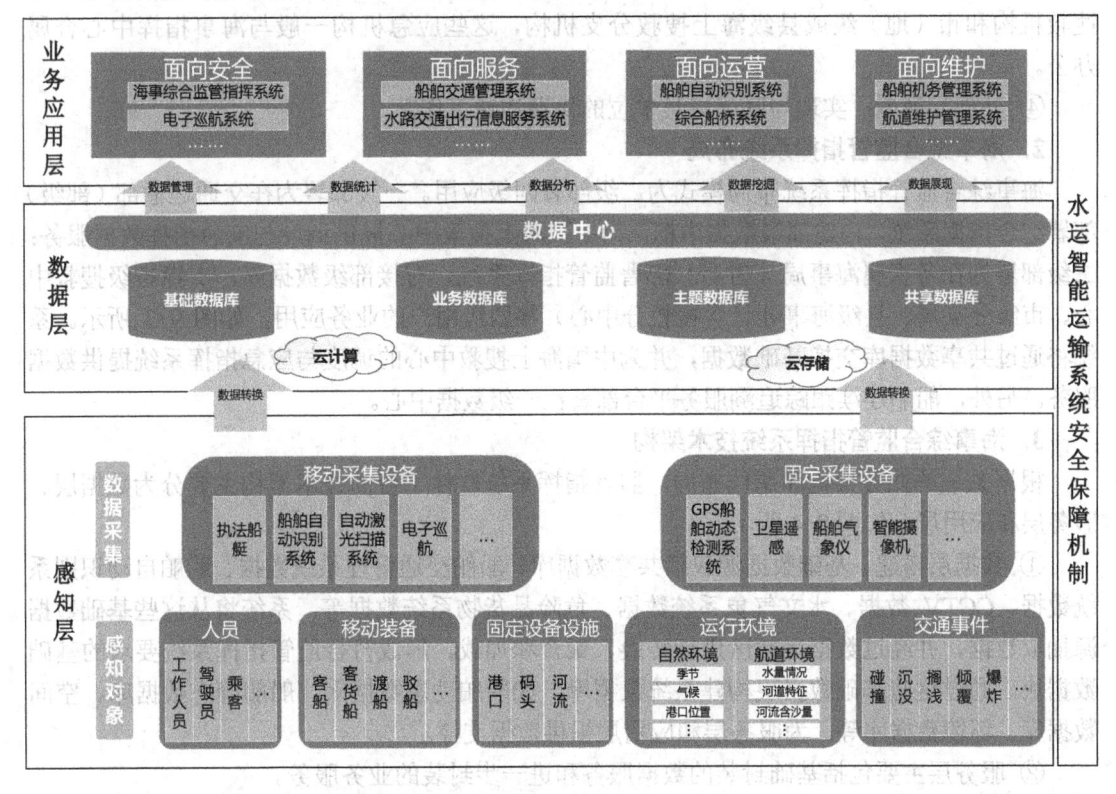

图 9-1　水运智能运输系统结构示意图

9.1 面向安全的水运智能运输系统

9.1.1 海事综合监管指挥系统

海事综合监管指挥系统是集数据采集、监测、管理与应急指挥功能于一体的信息管理系统，是具备陆海空天一体化动态感知、多元信息融合共享、指挥信息通畅、应急反应迅速、辅助决策高效的现代化智能水上动态监管指挥系统，可提升跨层级、跨部门、跨区域的日常监管和应急联动能力，实现海事监管与应急指挥工作"看得见、听得到、通信畅通、指挥畅通"，并可为"科学决策、高效处置"提供有效支撑手段。

1. 海事综合监管指挥系统业务架构

海事综合监管指挥系统的业务架构如图 9-2 所示，主要包括以下几部分。

① 应急救援现场：应急事件发生时，应急现场的救援力量对事故船进行救援。救助力量包括指挥船、救援直升机、应急搜救船、救助指挥人员等。

② 应急通信域：应急事件发生时，事件现场与应急机构和人员之间建立的视频、语音和文字联络通道。主要采用雷达、CCTV、无人机、导助航设施等监控手段及卫星、VHF/AIS、移动无线公网等通信手段。

③ 应急业务域：各级应急机构负责各自搜救责任区的应急组织指挥工作，包括省级海上搜救机构和市（地）级或县级海上搜救分支机构，这些应急机构一般与海事指挥中心合属办公。

④ 外部交换域：实现与联席成员单位的协调沟通工作。

2. 海事综合监管指挥系统布局

海事综合监管指挥系统布局模式为二级部署四级应用。一级部署为在交通运输部（部级）部署综合指挥系统，构建部级数据中枢，为中国海上搜救中心提供调度与应急指挥数据服务；二级部署为在各直属海事局（省级）部署监管指挥系统，对接部级数据库，支撑省级搜救中心、市级分支局、县级海事处（含搜救分中心）等四级用户的业务应用，如图 9-3 所示。系统将通过共享数据库交换基础数据，并为中国海上搜救中心的调度与应急指挥系统提供数据服务。另外，船舶连续跟踪追溯服务平台部署在一级数据中心。

3. 海事综合监管指挥系统技术架构

根据系统的业务架构和总体布局，监管指挥系统软件平台的技术架构主要分为数据层、服务层和应用层，如图 9-4 所示。

① 数据层搭建。基础数据源包括共享数据库、船舶交通管理系统数据、船舶自动识别系统数据、CCTV 数据、水文气象系统数据、危险品货物系统数据等，系统将从这些基础数据源抽取数据，并经过数据缓冲区进行转换、聚合和加载，形成符合监管指挥系统要求的基础数据块。通过这些基础数据块构建系统数据库，如船舶动态数据库、船舶静态数据库、空间数据库、环境数据库等，为服务层和应用层提供数据支撑。

② 服务层主要包括基础封装的数据服务和进一步封装的业务服务。

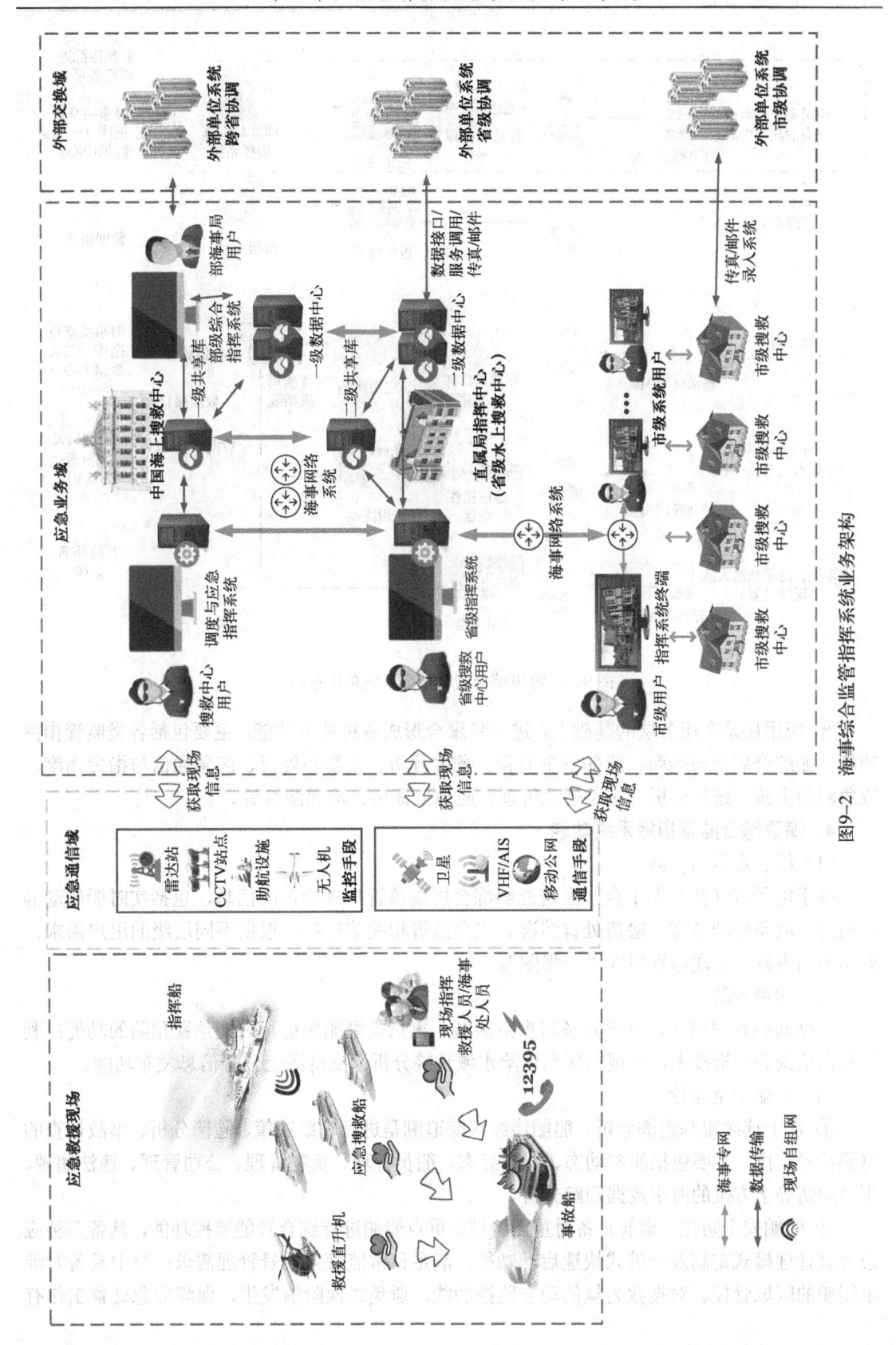

第 9 章 水运智能运输系统设计与集成 211

图 9-2 海事综合监管指挥系统业务架构

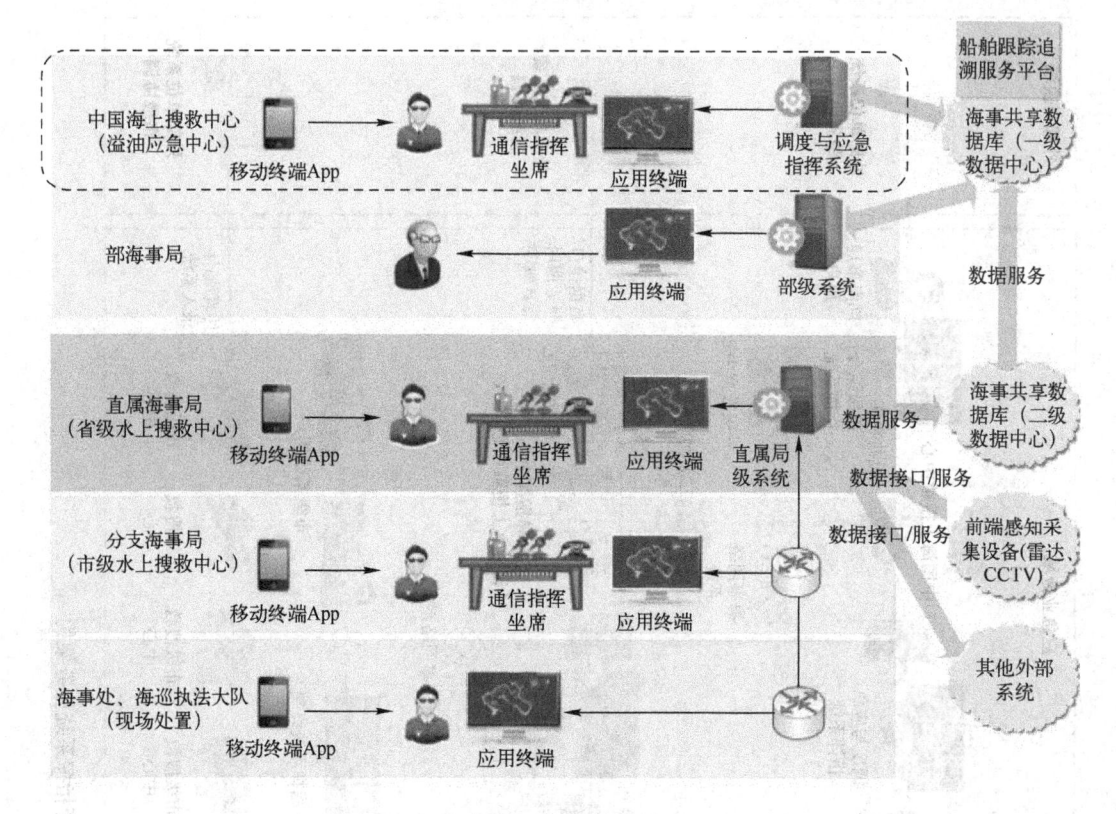

图 9-3　海事综合监管指挥系统总体布局

③ 应用层是在服务层的基础上，进一步聚合形成各种业务功能，主要包括各类监管指挥功能，如综合展示与会商、船舶安全监管、预警预防、接警与处置、应急通信与指挥调度、应急辅助决策、统计分析、应急资源管理、应急后评估、培训演练等。

4. 海事综合监管指挥系统功能

（1）综合展示与会商

基于电子海（江）图平台，系统能够综合展现监管指挥相关的信息，包括实时船舶动静态信息、应急资源分布、险情处置情况、安全监管相关信息等。根据不同层级的用户需求，展示不同内容，实现监管指挥"一张图"。

（2）预警预防

根据通航管理需求，系统具备对重点区域、重点类型船舶进行智能预警预防的功能；利用数据挖掘和分析技术，实现辖区高风险水域预警分析；支持海上预警信息发布功能。

（3）船舶安全监管

① 水上连续跟踪追溯分析。船舶连续跟踪追溯是进行辅助决策、险情分析、事故调查的重要技术支撑，主要包括船舶动态、船舶静态、船员管理、货物管理、公司管理、违法违规、事故险情等全方位的海事数据跟踪分析。

② 船舶安全防控。事前具备对重点区域、重点船舶进行综合智能监控功能，具备多种应急处置管理模式定制及一键式快速启动功能，满足日常监管多场景管理需求；事中具备对涉事船舶的区域管控、对搜救力量的动态监控功能，避免二次险情发生，保障应急处置工作有

序开展；事后具备船舶动态信息回溯查询功能，支持事故调查的辅助取证。

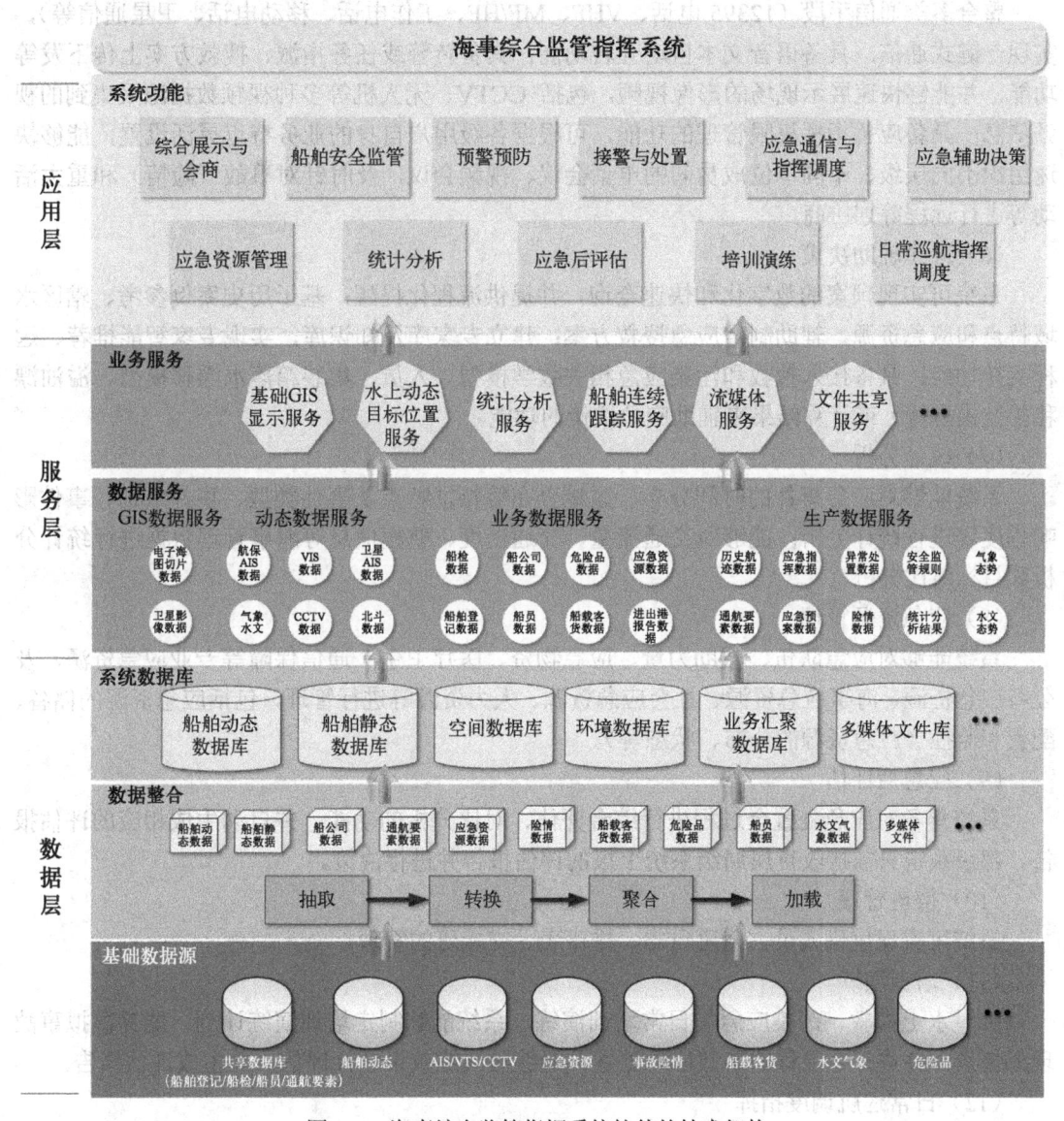

图 9-4　海事综合监管指挥系统软件的技术架构

（4）接警与处置

① 智能接警。具备险情信息的多渠道接入功能，在确定险情类型后，智能化引导值班员接警，对险情进行定量（规模）分析、定级（级别）和核实判断，并具备险情信息的自动记录、发布及上报功能。

② 应急处置。具备灵活的处置流程，能快速调用各应急处置业务模块，实现接警记录数据和查询数据，实现处置分析数据的有效流转和汇集。

③ 处置总结。事故结束后能够对事故进行总结，包括所有与本次险情相关的内容，形成处置总结档案。

(5) 应急通信与指挥调度

整合多类通信手段（12395电话、VHF、MF/HF、工作电话、移动电话、卫星通信等），实现一键式通信，具备语音文本自动互转功能；具备转警或任务指派、搜救方案上传下发等功能，并能够快速展示现场的影像视频，包括CCTV、无人机等多种视频数据源采集到的视频信息；具备应急指挥权限管理的功能，可根据各级用户自身的业务特点灵活设置，能够快速组织不同层级、不同单位成员间的电话会议、视频会议，及时针对事故（险情）和重大活动等进行远程筹划协商。

(6) 应急辅助决策

系统可实现预案的数字化和快速查询，并提供流程化提醒；基于历史案例参考、辖区水域特点和应急资源，辅助制定应急搜救方案；建立专家库及知识库，实现专家智能推荐、远程支持功能；具备接入搜救和污染应急相关数学模型（人员、集装箱落水漂移模型、溢油漂移扩散模型等）或计算结果来辅助应急决策的功能。

(7) 统计分析

系统能够对应急事件的时间分布、区域分布等特征特点及事件类型、事件级别、事件影响程度等进行统计分析；能够对交通流量、交通密度、航程信息等海事管理数据进行统计分析和目标对比分析。

(8) 应急资源管理

系统能够对应急队伍、救助力量、应急物资、医疗卫生、通信保障等专业应急资源，及公务应急资源、海事应急资源、社会应急资源、人力资源等进行管理，包括应急资源的储备、配置和监控（应急资源的分布、状态等）。

(9) 应急后评估

系统具备对应急处置全过程进行综合评估、对比分析的功能，并自动生成相应的评估报告。部级系统只需接收直属局级系统上报的评估报告并进行决策。

(10) 值班管理

系统可实现值班人员、值班日志、排班表、交接班的管理。

(11) 培训演练

针对水上搜救、污染应急的日常培训演练，系统能够制定培训演练计划；能够模拟事故现场情景，并进行全流程的事故应急处置；能够对演练效果进行评估，并生成评估报告。

(12) 日常巡航调度指挥

系统具备日常巡航调度指挥、巡航工作计划制定等功能。在重大赛事活动时，具备辅助船舶交通服务系统进行组织协调等业务开展的功能。

9.1.2 电子巡航系统

电子巡航是海事管理机构实现船舶动态监管、维护通航秩序、保障通航安全的一种现代化监管手段。电子巡航系统利用各种现代监管手段及物联网等信息技术，通过各类传感器对巡航对象的状态信息进行实时采集、传输，进而运用专家知识和决策模型判别巡航对象的状态和发展趋势，对不正常状态进行预警，及时消除安全隐患，提高海事巡航监管的效率和效益。与常规监管模式相比，电子巡航具有巡航精度高、巡航密度大、巡航成本低、工作强度小和反应能力强的优势。

1. 电子巡航系统构成

电子巡航系统由信息采集与传输子系统、信息处理与显示子系统、通信指挥子系统及静态数据子系统组成，如图 9-5 所示。

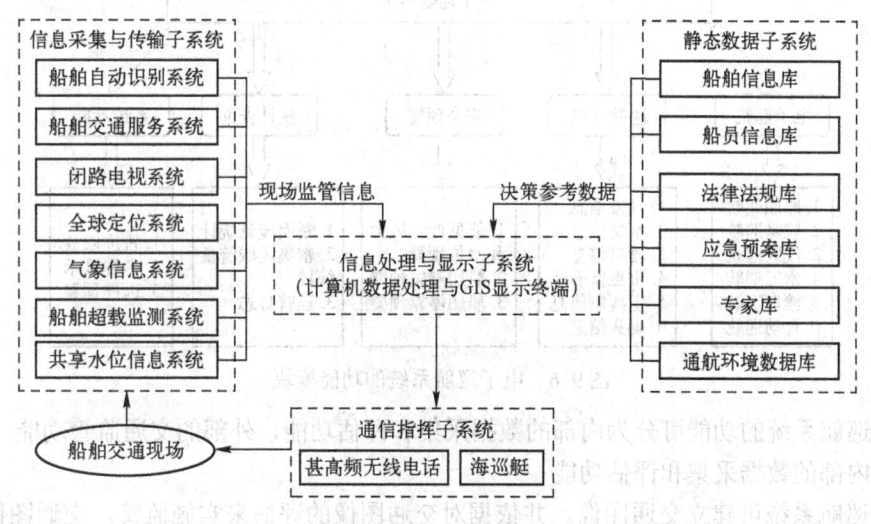

图 9-5 电子巡航系统组成

电子巡航系统各子系统构成如下。

（1）信息采集与传输子系统

信息采集与传输子系统主要用于采集实施海事监管所需要的各类现场信息（如船舶航行信息、水位气象信息），并将这些信息传输至信息处理与显示子系统。该子系统由船舶自动识别系统（AIS）、船舶交通服务（vessel traffic services，VTS）系统、GPS、CCTV、WIS、船舶超载监测系统、共享水位信息系统（water level information system，WILS）等组成，可对船名、船型、船位、航速、航向及气象水位等信息进行自动采集。

（2）静态数据子系统

静态数据子系统可为电子巡航系统在进行数据处理和预警功能设置时提供可供决策参考的标准数据信息，为系统判别监管对象和环境信息是否处于所期望的范围之内提供依据。静态数据子系统主要包括船舶信息库、船员信息库、应急预案库、专家库、法律法规库和通航环境数据库等。

（3）信息处理与显示子系统

信息处理与显示子系统对所采集的现场监管信息进行计算处理，并与标准数据进行比对，将结果显示在用户终端屏幕上，可实现监管地理区域的数字化和电子化，并提供可供操作的软件界面。

（4）通信指挥子系统

通信指挥子系统主要包括甚高频无线电话和海巡艇。海事管理机构通过甚高频无线电话提供信息服务，发现违章行为时实施远程纠正，无效时通知海巡艇实施现场纠正。

2. 电子巡航系统功能

电子巡航系统主要包括 5 大功能模块：电子巡航、通航环境、安全预警、统计查询及系统功能，如图 9-6 所示。电子巡航模块是系统的核心，通航环境模块、安全预警模块为电子巡航模块提供数据支撑，其中通航环境模块提供静态的数据支撑，而安全预警模块则提供动态的预警信息。

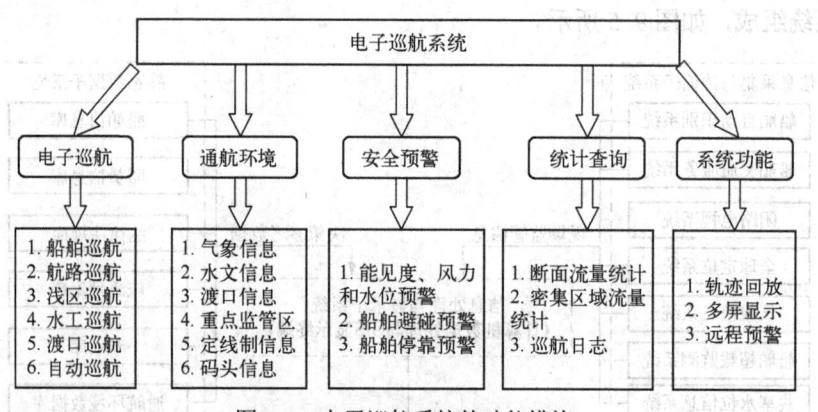

```
电子巡航系统
├── 电子巡航
│   1. 船舶巡航
│   2. 航路巡航
│   3. 浅区巡航
│   4. 水工巡航
│   5. 渡口巡航
│   6. 自动巡航
├── 通航环境
│   1. 气象信息
│   2. 水文信息
│   3. 渡口信息
│   4. 重点监管区
│   5. 定线制信息
│   6. 码头信息
├── 安全预警
│   1. 能见度、风力和水位预警
│   2. 船舶避碰预警
│   3. 船舶停靠预警
├── 统计查询
│   1. 断面流量统计
│   2. 密集区域流量统计
│   3. 巡航日志
└── 系统功能
    1. 轨迹回放
    2. 多屏显示
    3. 远程预警
```

图 9-6 电子巡航系统的功能模块

电子巡航系统的功能可分为内部的数据采集和评估功能、外部的交通监管功能。

（1）内部的数据采集和评估功能

电子巡航系统可建立交通图像，并依据对交通图像的评估来实施监管，交通图像的建立及评估要求电子巡航系统具备数据采集和数据评估两大内部功能。

在数据采集方面，电子巡航需要采集的数据主要包括船舶交通信息和环境信息。其中船舶交通信息包括船名、船舶尺度、船舶类型等静态信息，船舶实时位置、航速等动态信息；环境信息包括与航道地理、水文、气象等有关的信息。

在数据评估方面，其主要内容是：判断船舶是否遵守相关航行规定，是否处于危险状态或面临紧迫局面，船员证书及船舶签证、安检等是否满足规定要求等。电子巡航系统通过模拟巡航技术、分隔线和边界线技术、临界值和领域值技术，或值班人员监控和专业知识判断，对所采集的信息进行分析、评估和处理。

（2）外部的交通监管功能

电子巡航系统外部的交通监管功能可实现对水域现场通航环境的监控和船舶交通秩序的维护，主要体现在辖区巡航监视、重点水域监控、重点船舶动态跟踪、船舶交通秩序组织和维护、发现和纠正船舶违章行为、船舶违章取证及证据保存、发布通航信息及协助应急行动开展。

3. 电子巡航系统工作流程

电子巡航系统的工作流程主要包括以下几个方面。

① 感知。通过 AIS、CCTV、GPS、VTS、WIS 等先进的监管手段，全面掌握巡航对象的实时信息。

② 判别。通过电子巡航系统数据中心的协同系统进行信息传输，实现对船舶、船员等相关信息的关联查询。根据船舶的航行状态数据，对不正常的状态进行预警。通过船舶、船员、签证、安检、行政处罚等数据库进行关联，对辖区航行船舶实时进行检查，系统自动判别是否有安全隐患或者违反通航规则的行为。

③ 决策。值班人员依据法规、预案、管理方法等对船舶做出相关处理。

④ 执行。执法人员根据决策对船舶通知整改、重点跟踪和现场处罚。

9.2 面向服务的水运智能运输系统

9.2.1 船舶交通管理系统

船舶交通服务（VTS）又称"船舶交通管理"，是由主管机关实施的，旨在改善船舶交通安全和效率及保护环境的一种服务。

1. 船舶交通管理系统构成

船舶交通管理系统是现代港口的指挥和控制系统，是一种为有效协调水域交通而建立的高级监控系统，其规模和设备因地理条件、交通状况、事故记录、发展需求、投资效益、历史背景等的不同而有很大差异。现代大型港口都设有手段齐全的船舶交通管理系统，一般有6种设施：系统中心、通信设备、监视设施、助航设施、船舶动态报告系统、执行各种任务（如巡逻、护送、拖带、检查）的船艇及配置的航空工具等。

（1）系统中心

系统中心是船舶交通管理系统的核心。通过及时获取船舶动态、引航员和拖船使用情况及气象和水文数据等，系统中心能随时提供进港航道和港区内行驶的全部船舶的位置、航速、航向、泊位占用情况，并且能在中心控制室内集中控制各种设备和处理所有收集到的信息，将其用适当形式加以显示，如雷达综合图像显示、交通信息字符显示等。

（2）通信设备

通信设备主要用于港口中心管理部门与船舶之间保持联系。岸船之间以甚高频无线电话为主要设备，按规定频道通信。1975年政府间海事协商组织（现改名国际海事组织）通过了在船舶上设置甚高频无线电话的建议方案。有的国家如美国、加拿大用法律规定，进入其领水的船舶必须在驾驶台备有航行专用的甚高频无线电话；没有这种规定的国家由引航员携带上船。此外，还有电话、传真、灯光信号、话语广播等通信手段。

（3）监视设施

监视设施用于港口中心管理部门观察和掌握船舶动态，主要包括电视和港口雷达，其中电视在狭窄水域尤为适用。在掌握船舶动态上，雷达监视虽不如船舶动态报告系统覆盖范围大，但更加准确、详细、直观。二者互补，实现了对船舶的监视。

（4）助航设施

助航设施是为了保障船舶，特别是大型船舶在进港狭窄水道上安全航行的设备，主要包括标示航道和分道通航制的航标、雷达信标、无线电定位系统等。此外，岸上还可以安装探雾器、水位仪等观测仪器，以便系统中心掌握气象和水文情况。

（5）船舶动态报告系统

船舶动态报告系统是港口中心管理部门观察和掌握船舶动态的一种高效监视设施。在港区及其外围规定若干报告点，要求通过报告点的船舶用甚高频或特高频无线电话按规定程序和格式向系统中心报告船位和航行计划及船舶数据资料。系统中心对船舶动态报告进行汇总、标绘、分析，随时核对、更新。

2. 船舶交通管理系统分类

目前，世界各国港口依据所管辖水域的实际情况建立了不同类型的船舶交通管理系统，通常可按以下方法对其进行分类。

① 按交通管理系统所管理的水域类型分类，可分为航路船舶交通系统（负责内河、运河、海湾或海峡的船舶交通管理）、港口船舶交通管理系统（负责港口及其进港航道的船舶交通管理）、综合船舶交通管理系统（管理的范围包括港口、内河、运河、海湾、海峡等上述两种或三种类型的水域）、保护性船舶交通管理系统（负责水坝、大桥、石油开采区或捕鱼区等处船舶交通管理）以及区域船舶交通管理系统（用于管理海岸或国际水道的船舶交通）。

② 按船舶交通管理系统的规模分类，可分为小型、中型、大型和超大型四种。其中，小型的船舶交通管理系统多为港口船舶交通管理系统，由港务局引航协会等组织负责管理，主要范围为港区。中型的船舶交通管理系统也多为港口船舶交通管理系统，由港务局负责管理，其负责范围包括港口及进港航道。大型船舶交通管理系统可能是航路、区域或综合船舶交通管理系统，由海运管理局、海岸警卫队或大型港务局管理，管理区域包括大型运河或内河、拥挤的海峡或大型港口及其进港航道。

③ 按船舶交通管理系统所覆盖的区域范围分类，可分为 0～10 km、10～30 km、30～100 km、100～300 km 及 300 km 以上。其中，船舶交通管理系统的覆盖范围主要集中在 100 km 以内，属于广阔系统，例如，美国商船自动报告系统、日本船舶报告系统、希腊救助协调中心和巴西海上控制信息系统。

3. 船舶交通管理系统功能

世界各地现有船舶交通管理系统有数百个，其功能各有所异，但主要功能都有以下 6 项。

（1）数据收集

为了实施水域内船舶交通管理或船舶交通服务，应先了解和掌握水域内的交通形势，广泛收集各种交通数据或信息，以便为船舶交通管理的正确决策提供依据。为此，收集的交通数据要尽可能做到全面、准确、实时。

因为交通管理的目的、服务的形式及所配备的设备不同，所以收集的交通数据也不尽相同。一般来说，所收集的数据主要有两类：动态数据和静态数据。动态数据包括船舶的航向、航速、船位等有关船舶运动数据和气温、气压、能见度等有关水文气象方面的数据；静态数据则包括有关船体、船机、设备、人员和运载的货物等方面的数据及有关航道、助航设施的信息。

（2）数据评估

对收集到的数据和信息进行分析、评估、处理，使这些信息成为交通管理人员制定船舶交通管理决策的基础和实施交通管理的依据。

（3）信息服务

信息服务是船舶交通管理系统管理船舶的最主要形式，也是基础形式。所谓船舶交通服务，主要是指向船舶提供交通信息的服务，即播送有关船舶动态、能见度条件或其他船意图的信息以协助所有船舶；与船舶交换有关安全的所有信息；与船舶交换有关所处交通条件与情况的信息；向船舶发布诸如操纵能力受限制的船舶、密集渔船群、其他特殊作业的船舶等航行障碍的警告，并提供可供选择航线的信息。

(4) 航行协助服务

航行协助服务是指应一艘船舶的请求或在船舶交通管理中心认为必要时提供的服务，它包括在困难的航行、恶劣的气象条件下或一旦出现故障或损坏时协助船舶。

(5) 交通组织服务

交通组织服务是船舶交通管理系统实施的、比信息服务和助航服务层次更高的一种船舶交通管理项目，它在一定程度上是对船舶交通进行调度指挥，具有一定的强制性质。交通组织服务最典型的例子是组织船舶通过运河、狭窄水道等特殊水域。

(6) 支持联合行动

支持联合行动是船舶交通管理系统的一个辅助功能，其并非对船舶直接实施交通管理，而是通过积极配合其他海上交通管理部门，特别是在通信联系、信息传达和现场指挥等方面共同完成某项联合行动，保证船舶航行安全，提高交通效率及保护水域环境免受污染等。支持联合行动在船舶遭受危险或发生故障时显得尤为重要。

9.2.2 水路交通出行信息服务系统

水路交通出行信息服务系统的任务是充分利用已有资源，建设覆盖省（自治区、直辖市）级水路交通运输管理机构所辖地域，进行扩展乃至形成全国的水路交通行业统一的水路交通出行信息服务系统。采用网站、呼叫中心、广播、短信平台的方式，为不同出行人群提供水路交通行业基础设施静态信息、水路路况动态信息、水路交通旅游信息、水路交通气象信息等实用的综合信息服务，全面提升本省（自治区、直辖市）水路交通行业面向社会公众的综合信息服务能力。

1. 水路交通出行信息服务系统信息需求

(1) 输入信息需求

水路交通出行信息服务系统所需采集的数据信息包括：水路基础静态信息、水路交通状况动态信息、公告信息、执法信息、气象信息、旅游信息、政务公开信息、其他便民信息等，具体需求见表 9-1。

表 9-1 水路交通出行信息服务系统输入数据需求

数据源			数据项名称	输入数据内容	提供（获取）方式
所属部门	水路管理部门	航道管理系统	航道、险滩信息	航道段基本信息、航道枢纽基本信息、临时航线、设施基本信息、瓶颈区段基本信息、桥孔基本信息、桥梁基本信息、枢纽船闸基本信息、枢纽升船机基本信息、滩险信息、主要浅滩基本信息	数据导出、转换
			航道动态生产信息	航道客货运量及港口吞吐量	数据导出、转换
			水位、水情信息	记录日期、水位站编号、水位、记录事件、涨落情况及趋势、与设计水位相差、所选水尺、水尺读数等	数据导出、转换
			航道公告信息	通告日期、河流名称、所属航道处、航道编号、公告信息（如碍航、断航）等	数据导出、转换
			行政执法信息	水路运输黑名单信息、执法档案基本信息、行政执法文书内容	数据导出、转换

续表

数据源			数据项名称	输入数据内容	提供（获取）方式
所属部门	呼叫中心	港口管理信息系统	出行基本信息	港口、码头、泊位、航线、班次、票价、船票公司及船舶等信息	数据导出、转换
		呼叫中心子系统	故障救援信息	登记单编号、主叫号码、联系电话、联系人、地市名称、路段代码、救援类型、救援内容、救援时间、受理人、满意度等	呼叫中心直接采集
			事故报警信息	工单编号、工单类型、派工人员、派单日期、地市名称、路段代码、联系人、联系电话、报警类型、报警内容、用户报警日期、完工状态、施工人员、完成时间、备注等	呼叫中心直接采集
			信息查询信息	登记单编号、主叫号码、联系电话、联系人、地市名称、路段代码、咨询内容、咨询时间、受理人、满意度等	呼叫中心直接采集
			线路查询	工单编号、工单类型、派单日期、地市名称、路段代码、联系人、联系电话、查询线路内容、咨询时间、处理结果、受理人、备注等	呼叫中心直接采集
			投诉受理信息	登记单编号、主叫号码、联系电话、联系人、地市名称、路段代码、投诉内容、投诉时间、受理人、满意度等	呼叫中心直接采集
			换乘信息	公路、铁路、民航等多种运输方式的客运服务信息查询，以及多种运输方式之间衔接换乘等参考信息	人工采集
			旅游景点信息	景点名称、位置、简介、电话、旅行社及电话、水路交通线路、票价、旅游贴士等	人工采集或与相关部门合作
			酒店及宾馆信息	名称、地址、水路交通线路、价格、星级、规模、电话等	人工采集或与相关部门合作
			紧急事件信息	非水路部门管辖，但可能会对水路出行造成影响的事件	人工采集
	呼叫中心	呼叫中心子系统	水路交通出行常识信息	水运的相关规范、行李包裹携带和托运知识、出行方式基本介绍和对比、出行信息获取途径等	人工采集
			其他常识性信息	常用应急对策、便民信息、法律法规等	人工采集
			国际水路交通政策及动态信息	口岸介绍、政策法规、口岸新闻、边境风情、口岸建设等	人工采集
			新闻动态	时间、类别、事件内容	人工采集

（2）输出信息需求

水路交通出行信息服务系统的输出信息、内容与其主要服务内容密切相关，其主要服务内容如表 9-2 所示。

表 9-2 水路交通出行信息服务系统输出数据需求

数据项分类	数据项名称	输出数据内容
水路基础设施静态信息	基础设施状况信息	水路、航道航线、港口、航道、险滩等信息
水路路况动态信息	临时船次变更信息	
	水路突发事件信息	影响范围、事件进展、预计处置完成时间等信息
	航道动态路况信息	船闸通过量信息，航道水位水情信息，航道碍航、断航信息
	航道通航阻断信息	
	船闸通行信息	

续表

数据项分类	数据项名称	输出数据内容
水路出行服务信息	水路交通气象信息	城市气象和主要道路沿线、水路的气象状况及预报
	多种运输方式服务信息	公路、铁路、民航、水运等多种运输方式的客运服务信息（场站、港口、客运线路、航线、班次、票务等），多种运输方式之间的衔接换乘信息
	出行方式选择信息	传统出行方式（汽车、火车、飞机、航运等）的车船票费、所需时间、路程长度、班次、水路交通工具类型信息等
	路径规划信息	最优路径分析，基于出行起讫点、公路及水路交通状况、行驶时间、里程、收费情况等多方面因素，提供出行最佳路径建议方案，路径类型包括：时间最短路线、路程最短路线、收费最少路线、路面最好路线等
	水上安全出行信息	水上安全法规知识、季节性安全工作要求、危险天气、水位信息、水上违法行为或事故通报、出行温馨提示
	救援机构信息	位置、联系方式
水路出行服务信息	口岸相关政策信息	口岸出入境的流程、口岸物流园区及口岸相关的政策信息
	水路交通出行常识信息	客运的相关规范、行李包裹携带和托运知识、出行方式基本介绍和对比等信息
	其他常识信息	常用应急对策、便民信息、水路交通相关法律法规等信息
旅游信息	旅游景点信息	景点名称、具体地址、实景图、景点级别、景区介绍、服务热线、票价、水路交通线路、周边配套设施介绍等信息
	热点旅游专题信息	著名旅游景点及线路信息，以及热点旅游景区及相关线路
	酒店及特色小吃	酒店名称、星级、实景图、地理方位示意图、地址、电话及水路交通线路等信息，以及当地特色小吃的相关内容
	旅游常识	旅行中的着装、各类（如登山、漂流）防护措施、防骗技巧、急救知识和旅游文明规约等

2．系统组成

水路交通出行信息服务系统一般包括以下几个部分。

1）出行内容管理子系统

出行内容管理子系统是构建水路交通出行信息服务系统的基础，是提供公众出行水路交通信息服务的前提条件。

如图 9-7 所示，出行内容管理子系统包括数据采集、数据处理与分析挖掘、内容管理、信息查询分析管理、地理信息管理、系统管理、信息发布等功能模块。

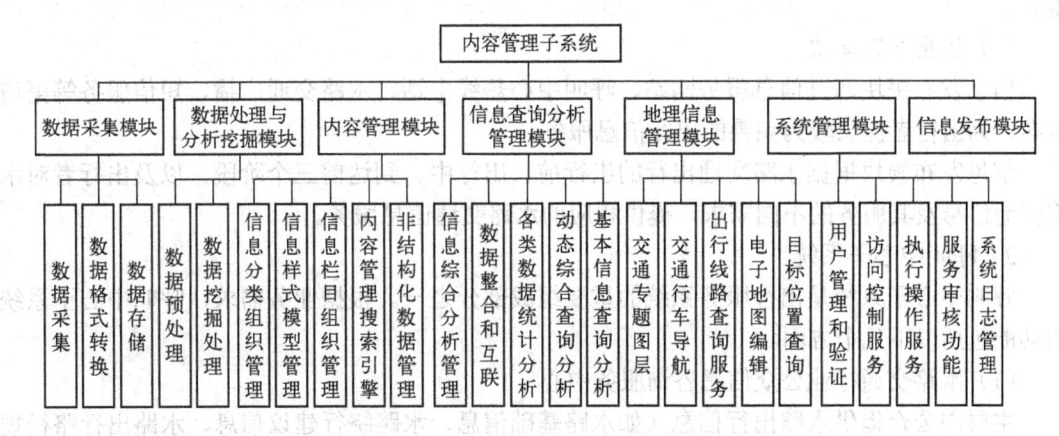

图 9-7　出行内容管理子系统功能模块划分

(1) 数据采集模块

数据采集模块由数据采集、数据格式转换及数据存储等功能子模块组成。数据内容涵盖水路静态和动态数据。

(2) 数据处理与分析挖掘模块

数据处理与分析挖掘模块负责对系统采集的多源异构数据进行清洗、合并、转换、剔除无效数据、数据装载等；完成对水路交通信息的优化、分析、加工、挖掘等工作。

(3) 内容管理模块

内容管理模块负责对整个系统的水路交通信息资源进行综合管理，实现与其他模块之间功能协调，经过信息发布平台，发布给出行者。

(4) 信息查询分析管理模块

信息查询分析管理模块主要提供数据的查询、统计和综合分析，包括基础数据和水路交通业务数据查询、各类数据统计、数据整合和关联及数据的综合分析，并结合地理信息系统，直观有效地展现查询和分析结果，以实现对各类水路交通信息资源的综合查询和分析。

(5) 地理信息管理模块

地理信息管理模块提供一个地理信息服务的基础平台，它能够在网上支持包括水路、行政区、旅游景点在内的水路交通或水路交通相关地图的显示、放大、缩小、旋转、空间查询等出行者要求的基本功能，也能够实现系统管理员要求的一些功能，如数据的编辑和创建、要素的更新和创建等，以实现对地理数据库中地理数据的管理。

地理信息管理模块能够将查询分析模块生成的数据，通过各种数据展示方法显示，如柱状图、饼状图等，并结合地图进行显示发布。

(6) 系统管理模块

与系统交互的用户有两类，一类是为获取水路交通信息服务的信息需求者，另一类是系统维护人员。系统管理模块将对信息需求者进行权限管理、身份认证等管理，使出行者只能获取指定的服务，看到指定的内容。该模块也对不同的系统维护人员进行管理，同时赋予不同的维护人员创建服务信息、修改服务信息、删除服务信息等不同的权限，并对操作进行统计。

(7) 信息发布模块

信息发布模块通过信息服务网站、呼叫中心热线电话、水路交通广播、短信服务等渠道发布，为出行者提供较为完善的出行信息服务。

信息发布模块根据水路交通出行的出行前、出行中、到达前三个阶段，以及出行者对水路交通信息及其服务的不同需求，提供相应的水路交通信息服务。

2) 呼叫中心子系统

呼叫中心子系统是出行服务系统的重要组成部分之一。根据业务需求，呼叫中心子系统的功能包括以下几个方面。

(1) 水路交通行业公众信息咨询服务中心

主要向公众提供水路出行信息（如水路基础信息、水路绕行建议信息、水路出行路径规划信息、通航信息、航道基本信息、过河建筑物基本信息、枢纽及通航建筑物基本信息、航道维护信息、港口基本信息以及港政、航政等信息）及航班、航运等出行的咨询服务。

(2) 水路交通应急处置支持

负责接听公众水路、运输管理事故、故障事件，进行记录，并实时转发至水路交通运输管理机构及相关各业务局，由相关单位或部门进行处置。

(3) 水路交通事件信息获取来源

负责接听公众水路、运输管理各类事件报告，进行记录，并实时转发至水路交通运输管理机构及相关各业务局，使之成为管理部门获取动态信息的有效手段之一，可作为路政巡查、路况巡视、水路巡视检测、外场设备检测的有效补充。

3）出行网站子系统

出行网站子系统架构于 Internet 上，提供简单直观的信息交互方式，使用户能全面了解全区水路交通情况。网站提供信息服务的方式主要是文字、图片、视频和基于 WebGIS 的电子地图。功能主要包括新闻公告、水路交通出行、电子地图服务、水路交通快讯、水路交通信息查询服务、特色旅游、出行常识、综合服务等。

4）短信平台

手机短信是一种传统的信息传递方式，由于移动电话的普及，它在人们生活中承担着大量信息传递的任务，结合移动手机平台的特点，设计适合出行者的信息服务系统，出行者使用手机通过无线网络就可以得到水路交通信息服务。

9.3 面向运营的水运智能运输系统

9.3.1 船舶自动识别系统

1. 船舶自动识别系统概述

船舶自动识别系统是一个在甚高频上工作的广播转发器系统。安装了船舶自动识别系统的船舶能够在不需要驾驶员介入的条件下，通过甚高频段周期性地自动广播船舶的类型、船名、航行状态（包括船舶位置、航行速度）等信息，若是在沿岸水域航行，海事交管系统也可以借助船舶自动识别系统基站与船舶进行信息交互，进而加强交管能力，避免船舶碰撞等事故的发生。表面上看，船舶自动识别系统仅仅实现了船舶的自动识别功能，但实质上它集导航、监管、通信等多项功能于一体，在海事信息化技术方面具有不可替代的作用。

开发船舶自动识别系统的目的包括：自动识别船舶，跟踪船舶目标，简化和促进船舶之间与船岸之间的信息交换，为避免船舶碰撞提供辅助信息，减少口头的强制船舶报告。建设船舶自动识别系统，可以有效避免船舶碰撞事故，减少生命和财产损失，同时解决船岸信息传输问题，实现船岸信息联网及船舶信息共享，推动交通运输的信息化工程。船舶自动识别系统能够同时检测船舶的静态信息与动态信息，数据种类更加丰富，数据精度更加可靠，而且其所占用的海事频道可以免费使用，无需通信费用。当然，船舶自动识别系统要求在监管区域内建设基站系统，同时在船舶上也必须配备船台终端设备，这就增加了船舶的运营维护负担。

在船舶自动识别系统的基础上引入船舶导航及信息管理系统，可以构建出一种新型的助导航系统，即 E-ATS Navigation。这种系统可以显示矢量化的电子航海图，所有组成航海图的物标，包括海岸线、水深、能见度等参数都可以被现场查询。船舶自动识别系统导航及信息管理系统不仅仅是一种电子化的海图，而且还提供了诸如船舶轨迹线回放、船舶定位、航速及航向查询等功能，其作用远远优于传统的助航系统。

目前，船舶自动识别系统设备已进入实质性的强制安装阶段。作为一种新型的船用助航设备，船舶自动识别系统的迅速普及与应用必将在船舶导航、船舶避碰、船舶通信、船岸通信中发挥出重要作用，极大地提高船舶航行安全水平。

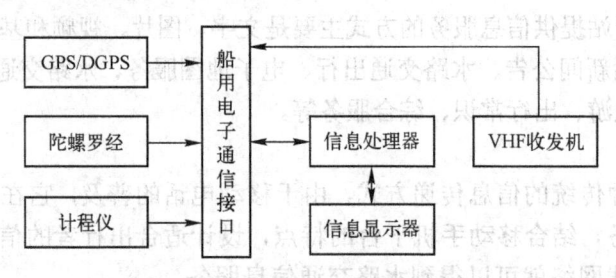

2. 船舶自动识别系统构成

船舶自动识别系统构成框图如图 9-8 所示。

图 9-8 船舶自动识别系统构成框图

① 接口。接收来自 GPS/DGPS 或 GNSS 接收机的本船船位，同步协调世界时间（coordinated universal time，UTC）及来自陀螺罗经的本船航向，接收来自计程仪的本船对地航速等信号数字化后加到信息处理器。

② 信息处理器。这是船舶自动识别系统的核心部分，用来存储本船识别码、船型、船名、呼号等静态信息及船舶吃水、危险货物种类、航线等航行相关信息；存储和处理本船动态信息（航速、航向等）；将存储的本船最新航线数据必需的静态数据和与航行相关的其他信息，进行编码后送至 VHF 频段进行发射；解码接收来自周围船舶航行的数据进行并储存；将本船和其他船舶航行数据等信息在显示器显示。

③ 信息显示器。显示各种数据，如状态信息、监视系统信息等。在实际应用的过程中，信息显示器可实现与雷达 ARPA、GPS 等组成一个集成系统，将导航设备提供的信息及一些机舱的数据经处理后显示在几个综合显示器上，从而便于驾驶员观测、决策与操作。

④ VHF 收发机。由系统信息处理器控制，使用 CH87B、CH88B 两个国际专用频段自动发射和接收已调信号，频带宽度为 25 kHz。已调信号格式按协议通信方案规定，其中含有本船和他船的航行信息，信息处理器完成发送信息的编码和接收信息的解码工作。

3. 系统功能

① 船舶自动识别系统可在无须人工介入的情况下，主动、连续地向符合国际标准 ITU M.1371 协议的主管部门岸台、其他船舶及机载 AIS 接收设备提供信息，这些信息包括船舶识别码、船位、船型、航速、航向、转向率、航行状态代码和其他 SOLAS 公约规定的安全相关数据。

② 系统能自动接收和处理来自配备了船舶自动识别系统的船舶、管理部门及其他来源的船位、航速、航向等传感信息。

③ 系统能与船舶自动识别系统岸台交换数据，由主管部门使用广播式或受控应答式来指配工作模式，控制数据传输的时间和间隙。

④ 以适当的更新频率提供船位和操纵信息，使主管部门和其他船舶能够精确跟踪和监视船舶动态。

9.3.2 综合船桥系统

1. 综合船桥系统概述

综合船桥系统（integrated bridge system，IBS）是在综合导航系统（integrated navigation system，INS）基础上发展起来的一种新型、功能更强的海上自动航行系统。在提高船舶航行自动化程度、保障船舶航行安全、提高船舶的营运效益等方面，综合船桥系统发挥了重要作用。

（1）船舶综合导航系统

船舶综合导航系统根据组合的传感器设备和操舵控制设备的不同分为以下几类。

① INS（A）：能提供有效、正确、统一的参考系统，这个系统至少可提供船舶的位置、速度、航向、时间、深度，并且在传感器出现错误时发出警报信号。

② INS（B）：除了包括 INS（A）的功能外，还要提供有助于船舶避开危险的相关信息，在雷达或 ECDIS 上自动连续地标绘出船舶的位置、速度、航向、水深和预测危险情况。

③ INS（C）：除了包括 INS（B）的功能外，还要自动控制船舶保持航向、航迹和速度，监视控制船舶的状态和性能。

（2）综合船桥系统和综合导航系统的相互关系

综合船桥系统利用 INS 信息对船舶集中控制，包括航路执行、通信、装卸载和货运管理、机械控制、航行安全和船舶保安及系统管理。

INS 和综合船桥系统最重要的概念是各种驾驶台设备通过电气组合有机地连接起来，对传感器信息进行综合处理，最终给驾驶员提供完整的、准确的信息和操作控制命令。综合船桥系统在配置和功能上完全覆盖了综合导航系统，如果在 INS（C）的基础上增加通信、机械控制、装卸载监控和货运管理、航行安全和船舶保安及系统管理中的任意一个功能或多个功能，就可形成综合船桥系统，如图 9-9 所示。

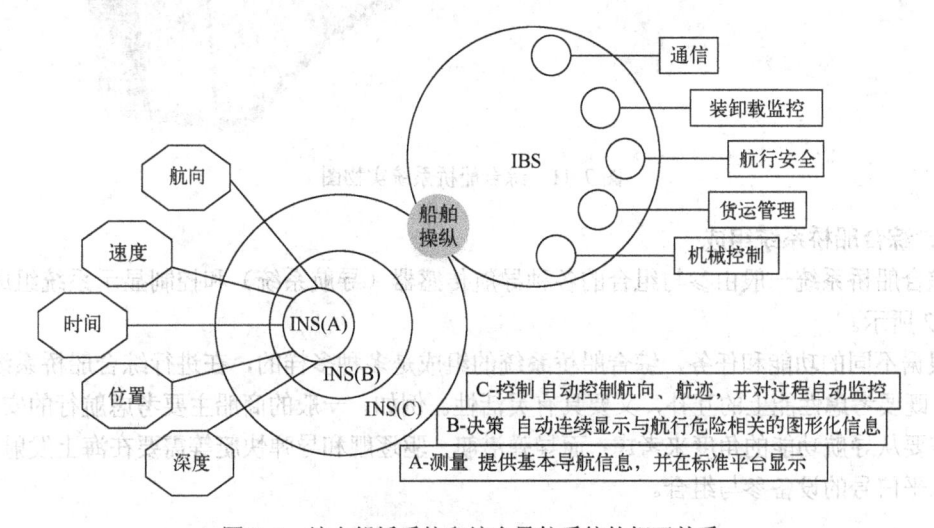

图 9-9 综合船桥系统和综合导航系统的相互关系

综合船桥系统是综合导航系统完成监测和控制船舶的信息来源,某一典型综合船桥系统结构图如图 9-10 所示,综合船桥系统实物图如图 9-11 所示。

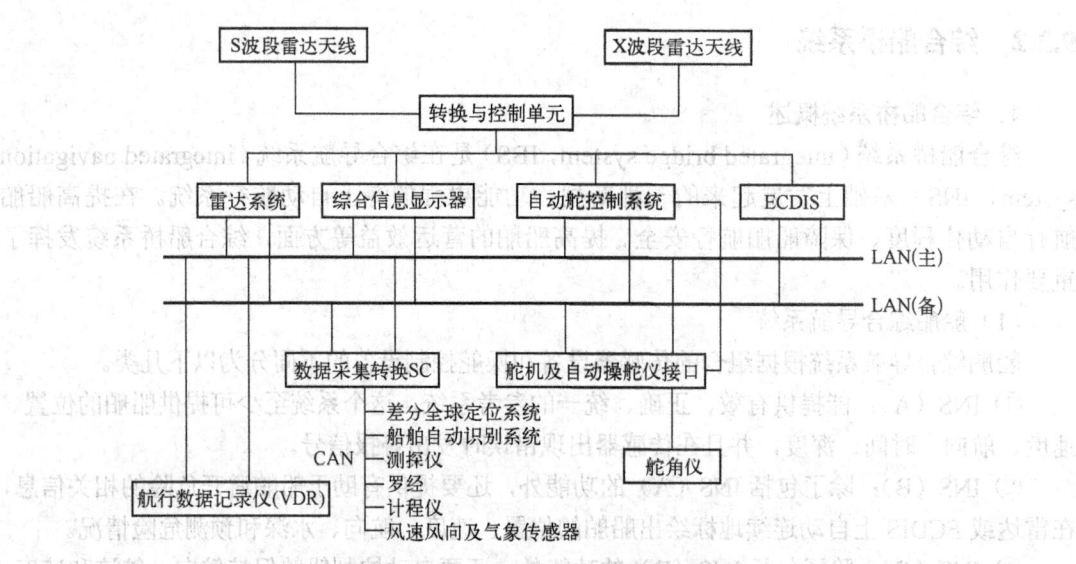

图 9-10 某一典型综合船桥系统结构图

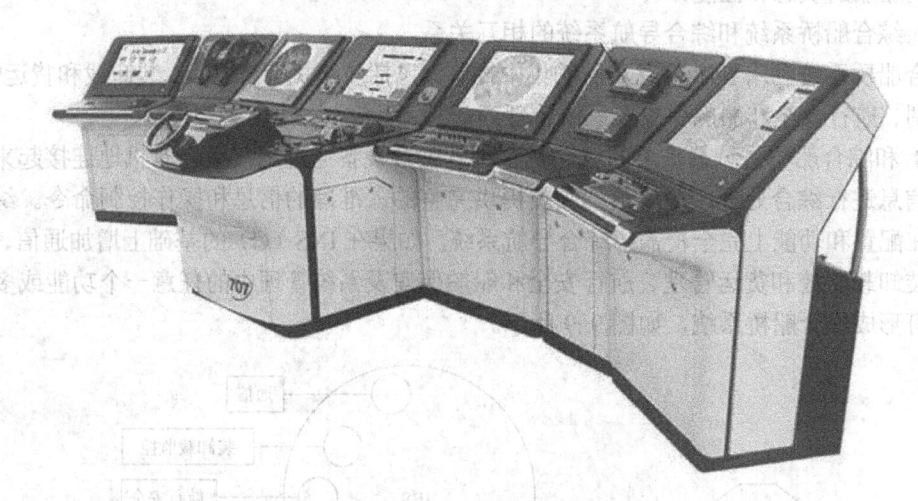

图 9-11 综合船桥系统实物图

2. 综合船桥系统组成

综合船桥系统一般由参与组合的各种导航传感器(导航系统)和控制显示系统组成,如图 9-12 所示。

根据不同的功能和任务,综合船桥系统的组成是多种多样的,在进行综合船桥系统的设计时,既要考虑性能上的互补,又要具有灵活性。例如,一般的商船主要考虑航行的安全性,因而需要从导航功能的角度来考虑;而导弹潜艇、驱逐舰和导弹快艇等需要在海上发射导弹,要有水平信号的设备参与组合。

第9章 水运智能运输系统设计与集成

综合船桥系统是应用多学科技术、进行大规模集成的高度信息化、自动化的全船统一操控管理系统，它在大规模集成基础上实现了高度信息化和高度自功化，集中组织航行信息以向驾驶员提供容易理解和评价的信息。综合船桥系统还可以优化利用每种航行辅助装置或系统的长处，来减少另一个系统的缺点。

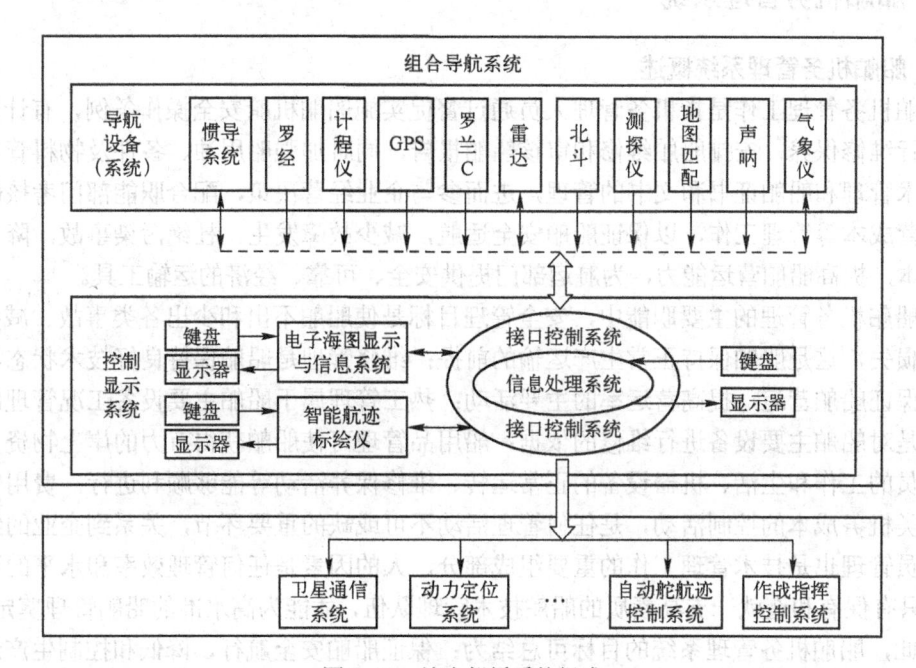

图 9-12 综合船桥系统组成

3. 综合船桥系统功能特点

综合船桥系统的功能特点如下。

① 制订航行计划。可以实现船舶全球数字航行计划的制订，包括存储和处理航线的转变点、曲率半径和航线的轮廓、计划航线及雷达地图，可以自动地传送计划到雷达单元和航迹控制系统。

② 自动航迹控制。集成航迹控制系统可以根据预先设定的罗经航向、航迹（包括偏航角）及航法（包括曲率半径）实现船舶计划航线的直接控制。

③ 航海信息显示。船舶操纵所需的数据（如：位置、航向、速度、偏航角、水深、气候、舵角、主机、转速、相对设定航向、航线、航行计划的偏差，以及主机全部主要数据）均能在中央控制台上以航行信息的形式显示。

④ 船舶避碰。高分辨率光栅扫描雷达、卓越的 ARPA 标准雷达可以有效地保证船舶避碰。而且借助于航迹控制系统和雷达图像的地理坐标，使船舶操纵十分方便。

⑤ 具有带电子海图的雷达。由于采用 ECDIS 和 ARPA 雷达图像叠加产生了新的航海单元——多功能导航仪，该设备能将雷达数据与显示中的航迹信息直接进行比较，从而提高导航上的安全性和实现避碰。

⑥ 具有多传感器。由于使用了三轴多普勒计程仪、差分 GPS 定位传感器，以及其他高精度测量设备，从而保证了速度、航向和位置信息数据的可靠性。

9.4 面向维护的水运智能运输系统

9.4.1 船舶机务管理系统

1. 船舶机务管理系统概述

船舶机务管理工作是指机务管理人员通过督促实施船舶机舱安全操作条例，有计划地对船舶进行维修保养，安排船舶维修和审核船舶报告，同时加强船用油、备件及物料管理等日常的技术管理和船舶证书和文书的管理，进而参与企业经营决策，配合职能部门考核船员，核算运营成本等管理工作，以保证船舶安全适航，减少故障发生，杜绝污染事故，降低生产管理成本，提高船舶营运能力，为航运部门提供安全、可靠、经济的运输工具。

在船舶机务管理的主要职能中，安全管理目标是使船舶不出和少出各类事故、减少停航和经济损失，这是船舶保持正常生产运输的前提；维修管理是船舶保持良好技术状态、维持船级、保证船舶营运、提高营运率的主要活动；热工管理属于船舶主要设备工况管理的组成部分，是对船舶主要设备进行维修的依据；船用品管理可使船舶获得有力的岸上物资支持、确保船员的工作和生活、机器设备的正常运转、维修保养活动等能够顺利进行；费用管理是降低各类机务成本的控制活动，是任何管理活动不可或缺的重要环节，关系到企业的经济效益；人员管理也是技术管理工作的重要组成部分，人的因素是任何管理效率和水平的决定性因素，只有保有和造就一支高素质的船舶技术管理队伍，才能为高水准的船舶管理奠定基础。

因此，船舶机务管理系统的目标可总结为：保证船舶安全航行，降低和控制生产运营成本，预防和杜绝水上污染事故的发生，保障船舶生产效率，提高船舶的适航能力，加强船舶设备工作的可靠性。

2. 船舶机务管理系统信息网络结构

现代航运企业构建的机务管理系统信息网主要由船载系统、移动通信网和岸基系统构成，如图9-13所示，企业内部的业务通信通过企业现有局域网实现流动共享，企业与企业间的业务交流由网络传输，而企业对船队管理则通过卫星通信来实现。

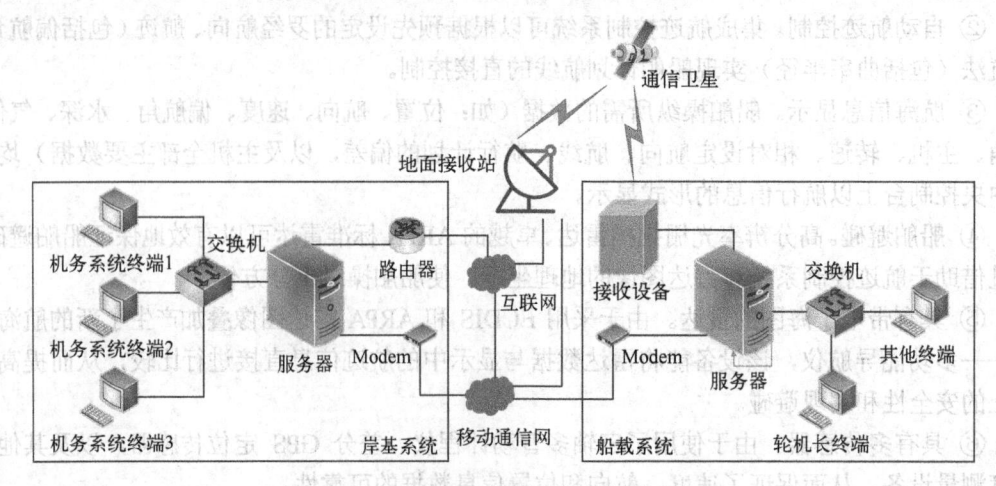

图9-13 机务管理系统信息网络结构示意图

从图 9-13 可以看出，整个系统分成两个工作平台：岸基系统和船载系统。两个系统都有自己的机务系统客户端和数据库服务器，它们之间的数据和信息共享可通过两个平台的数据库备份、附加来实现，及时的信息数据则需通过通信卫星实现通信。对于船舶机务管理系统而言，其实就是基于两个平台的系统软件，不同的管理人员具有不同的权限级别。

3. 船舶机务管理系统构成

船舶机务管理系统可分为：计划保养、备件管理、物料管理、修船管理、费用统计、油品管理、船员管理、航次管理、航海日志及安全体系等模块。各个模块基本功能如下。

(1) 计划保养

计划保养模块的设计要严格遵循船舶维修保养体系（CWBT）的标准，并满足《PMS 检验项目表》和中国船级社（China Classification Society，CCS）检验程序的要求。在该模块下既可浏览全部工作计划，也可按部门、按负责人、按时间段、按工作性质等各种条件筛选查看工作计划，主要内容包括计划执行时间、工作完成时间、执行情况报告、工作要求、保养内容等。另外，负责人可以填写每月的常规的工作报告、临时工作的工作报告及计划执行的工作报告。

(2) 备件管理

备件管理模块负责管理与设备部件相关的信息，主要由备件库存信息和备件贸易管理两大块组成，其主要功能包括备件信息查询、备件申请、备件订购、备件的入库出库，还能提供备件的价格、生产厂家、生产日期等采购信息。

(3) 物料管理

物料管理模块根据 ISSA（International Shipsuppliers and Services Association，国际船舶供应服务商协会）、IMPA（International Marine Purchasing Association，国际海事采购协会）物料分类标准，完成物料信息管理的标准化流程，主要包括物料信息查询、物料申请、物料订购、物料的入库出库及物料预警功能。

(4) 修船管理

修船管理模块的功能主要是对船舶维修进行合理的安排，包括修船计划、修船安排及对备件、物料使用的掌控，最终实现修船功能一体化管理，以达到提高维修效率和降低维修成本的目标。相关部门负责人（一般是轮机长）首先填写修船工程单的基本信息和详细信息，然后船长对工程单进行提交，等待机务主管的审批，等到工程单上的要求全部完成后船长才确认完工。

(5) 费用统计

费用统计模块是对公司每条船的备件采购费用及物料采购费用进行详细管理，通过实际支出、账单和结算功能，可以实现自动化费用结算，以达到对剩余预算、公司现有资源的快速统计。该模块主要功能是预算信息和账单信息管理。预算信息包括单船预算、预算审批，账单信息管理包括账单审批、账单支付、账单校对、费用结算。

(6) 油品管理

油品管理模块主要包括燃油和润滑油的管理，主要由油品信息管理、油品申购、油品库存与消耗及节能信息构成。

(7) 船员管理

船员管理模块的功能就是对船员信息进行管理。船员的工作比较特殊，由于船员更替比较快，因此必须要有细化的管理，不然很难全面了解船员的能力和技术水平。系统通过简单明确的操作对船员的详细信息、合同、证件、申请审批、薪资、福利等实现有效管理。

(8) 航次管理

航次管理就是对实际航次计划过程的模拟，也就是对船舶从一个港口航行到另外一个港口的过程制定保证航行安全的措施。该模块主要包括航次计划、航次事项管理、航线管理及预警等。

(9) 航海日志

航海日志是船舶必备的非常重要的法定文件，也是各个港口的海事局对进出港口的船舶进行检查的一项很重要的内容。航海日志模块主要用于记录船舶在航行及停泊的过程中所发生的情况。由相关人员按时录入，记载的事项主要包括航向、航位、航速、潮流、气象、航道和海面情况、燃料的消耗和货物的装卸，以及船舶在航行和停泊的时候所发生的重大事件等。

(10) 安全体系

安全体系模块主要用于对证书信息的管理，主要包括证书信息、证书检验、检验预警及超期预警等。

9.4.2 航道维护管理系统

航道是以组织水路运输为目的而规定或设置的船舶航行通道。随着运输生产与科学技术的发展、船舶尺寸的增大、船舶运行密度的增加和纵横水运网的逐步形成，现代水上航道已不仅是天然航道，而是包括人工运河、进出港航道及保证航行安全的航行标志系统和现代通信导航设备系统在内的工程综合体。

航道维护管理系统是航道信息化建设的重要组成部分，主要包括航道生产维护管理系统和航道动态监控系统。

1. 航道生产维护管理系统

航道生产维护管理系统是将航道日常维护工作数字化，利用信息化手段，按照业务管理的要求，对数据信息进行集中和规范管理。航道日常维护管理主要工作内容包括：航道基础信息管理、航道生产计划及日常维护管理、航标管理、疏浚工程管理、测量管理、行政管理、航道档案资料管理、生产报表等。航道生产维护管理系统业务流程如图9-14所示。

(1) 航道基础信息管理

航道基础信息维护是管理辖区内河道航道、各类航标助航设施的基本信息，包括河道的划分、河道地形、水文、气象、地质等资料信息。

(2) 航道生产计划管理

航道生产计划管理是对航道尺度、航标维护、航道疏浚、航道测绘等航道业务工作的计划管理，各业务模块主要功能见表9-3。

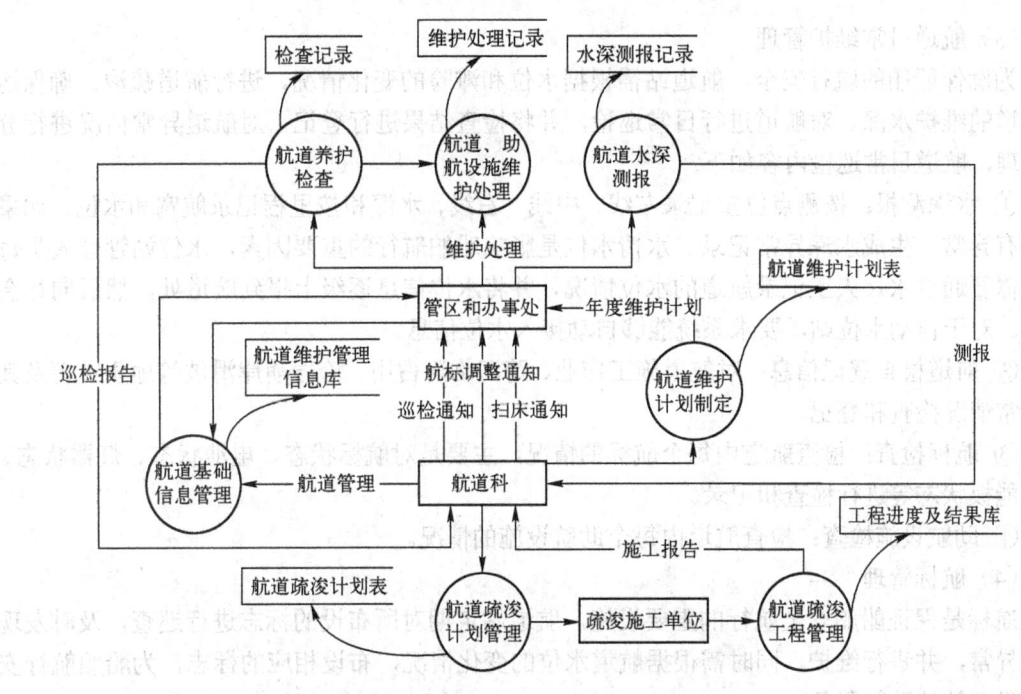

第9章 水运智能运输系统设计与集成

图 9-14 航道生产维护管理系统业务流程

表 9-3 各业务模块主要功能

业务模块	功能描述	主要内容
航道尺度计划	分年度、季度编制各个河段内维护尺度	河段、起讫点、航道长度、维护标准尺度（深×宽×弯曲半径）、维护尺度保证率（%）
航标维护计划	分年度、季度、月编制各个河段内航标配布数量	维护单位、起讫地点、航标配布类别、维护里程（km）、航道维护设标座数、设标座天数（座天）、航标维护正常率（‰），其中设标座天数按照信号标、岸标、浮标是否发光与不发光分类统计
航道疏浚计划	实现航道科按年度编制航道疏浚的总体计划，明确疏浚单位、疏浚项目、疏浚工作量、施工时间等计划。或按照每个具体的疏浚项目和时间，制定更详细的疏浚计划	单位、工程项目、工程量、施工船舶、施工时间安排
航道测绘计划	实现航道科按年度编制航道测绘的总体计划，明确测绘内容、测绘比例、施测时间、工作量等计划。或按照每个具体的测绘项目和时间，制定更详细的测绘计划	测绘单位、测绘项目及内容、测绘比例、施测时间、工作量等
维护里程计划	实现航道科按年度编制航道里程的总体计划，明确起讫地点、航道维护里程、航道等级、航道维护类别等计划	单位、起讫地点、航道维护里程、航道等级、航道维护类别等
建筑物观测计划	实现航道科按年度编制建筑物观测的总体计划，明确实施单位、技术指导单位、观测工作量（换算 km^2）、检查时间等计划	项目、实施单位、技术指导单位、观测工作量、检查时间等
建筑物检查计划	实现航道科按年度编制建筑物检查的总体计划，明确实施单位、工作量（船舶艘班）、检查时间等计划	项目、实施单位、工作量（船舶艘班）、检查时间、备注等
建筑物维护计划	实现航道科按年度编制建筑物维护的总体计划，明确实施单位、维护内容、工作量、维护时间等计划	项目、实施单位、维护内容、工作量、维护时间等
年生产计划	实现航道科按年度编制年生产的总体计划，明确航标、测绘、航道维护疏浚、整治建筑物检查、整治建筑物观测等计划	单位、航标、测绘、航道维护疏浚、整治建筑物检查、整治建筑物观测

（3）航道日常维护管理

为确保船舶的航行安全，航道站需根据水位和滩险的变化情况，进行航道疏浚，确保达到航道的维护水深。对航道进行日常巡检，并将检查结果进行登记，对航道异常情况进行分级处理，航道日常巡检内容如下：

① 水深测报：按测点位置记录左线、中线、右线、水深和按里程记录航宽和水位，如果水深有异常，生成水深异常记录。水情水位是影响船舶航行的重要因素，水位站管理人员每天都需要通过水尺人工记录航道的水位情况，并将水位信息逐级上报到航道处，然后向社会发布。对于自动水位站，要求系统能够自动接入水位信息。

② 航道检查登记信息：对航道施工作业、跨河临河占用、垮岩崩岸滑坡等地质灾害及其他异常情况检查和登记。

③ 航标检查：检查航道内每个航标的情况，主要是对航标状态、电池状态、灯器状态、太阳能板状态等进行检查和记录。

④ 助航设施检查：检查航道内每个助航设施的情况。

（4）航标管理

航标是保证船舶安全航行的重要设施，航道站定期对所布设的标志进行巡查，及时发现航标异常，并进行维护，同时需根据航道水位的变化情况，布设相应的标志，为船舶航行安全提供有效的助航服务。

为便于对航标的有效管理，需建立航标的档案库，记录每座航标的名称、形状、外形尺寸、技术参数和图片等信息，并建立起航标维护的数据库，对航标失常记录、航标设置、航标日常养护、换标或撤标等进行记录。对于安装了遥测终端的航标，还需要方便地获取该航标的工作状态，如航标位置、电流、电压等动态监控信息。

（5）航道疏浚工程管理

实现对航道疏浚工程作业的全过程管理，提高对工程控制管理能力，同时对工程施工的数据信息实现电子资料集中管理。航道疏浚工程的资料信息主要包括：疏浚合同、疏浚工程过程资料、疏浚工程成果、疏浚报表。

（6）航道测量管理

实现航道测量过程流程化管理及测量结果数据的集中存储，为其他系统或业务快速提供原始的资料信息。航道测量过程的资料主要包括：测绘合同、测绘任务书、测绘初步成果资料、测绘反馈意见、测绘成果资料、测绘月报表。

（7）航道行政管理

航道行政管理包括行政审批和行政执法管理两部分。

① 行政审批。航道管理部门负责审核、审批与通航有关的拦河、跨河、临河建筑物的通航标准和技术要求，以及现场施工作业和通航标志的设置。为规范行政审批，提升服务能力，需要按照行政审批的流程，对各类行政审批的申请材料和相关技术资料进行电子化存储，按照各级航道管理部门的审批权限，开展网上行政审批，以减少行政审批的流转时间，提高工作效率，同时将审批结果向社会公众进行公开发布。

② 行政执法。工作人员不定期巡航并对管辖范围的现场施工作业、采挖砂船舶、运输船舶等进行检查，在现场执法过程中需对施工作业、行政处罚等情况进行如实记录，对破坏航道设施、不按规定施工等进行行政处罚，并将执法结果在网上公开发布。

(8) 船道生产报表

为便于航道管理部门掌握航道历年的水深变化和滩险演变过程,需要系统能够记录历次航道整治、疏浚等有关资料,并进行统计分析,自动生成航道维护管理工作中需要的各种常用统计报表,为制订航道维护计划和航道疏浚方案提供数据支撑。其中包括:测绘月报表、尺度月报表、疏浚月报表、航标维护月报表、航标失常与器材损失情况季(年)报表、航标维护情况月报表、航标器材使用情况月报表、航标状况统计年报表、航道分标维护记录、航道维护工作记事簿、航道整治建筑物维护月报表等。

2. 航道动态监测系统

在以电子航道图为基础的综合显示平台上,建设航道动态监控平台,为紧急事件的决策处理和科学论证提供基础数据支持和可视化的交流,加强航道管理的快速反应能力、联动应对能力将是航道业务发展的必然之路。

(1) 系统功能

系统主要功能包括完成信息汇集、动态监控、现实模拟和辅助决策。

① 信息汇集。根据需要,航道管理信息系统能够对各类航道基础数据、动态变化数据、电子航道图及虚拟现实数据等进行汇集,并综合处理,以辅助管理人员进行决策。需汇集的基础数据有:电子航道图、航标遥测遥控、现场监控、航道维护管理数据、水文水位数据、气象数据、船舶静态数据、船舶位置数据、历史档案资料、统计分析数据等。

② 动态监控。在信息汇集的基础上,通过电子航道图进行综合展示航标、水位、气象及船舶等动态信息,并通过网络将中心与现场有机地结合起来,将指令实时下达到现场,从而加强对航道的监控手段和能力,提高指挥和处理的实时性和准确性。

③ 现实模拟。现实模拟是对现实进行可视化的过程,它通过电子航道图、文字、图片、图形、动画、音视频及三维仿真技术对现场情况进行虚拟再现,给人以直观、身临其境的感觉,使管理人员能及时、准确地掌握实际情况,做出正确判断,形成决策,并对决策实施的情况进行全过程的监控。

④ 辅助决策。通过 MIS、GIS 等技术,把航道的实时情况及它们的相关属性有机结合起来,进行数据收集、整理和分析,总结经验,并集中展示出来,为上级科学决策提供全方位、多层次的决策支持和知识服务,从而提高管理决策水平。

(2) 系统构成

航道动态监测系统利用二维和三维 GIS 展现平台,综合展现航道维护信息,并通过实时采集航道、航标等数据,及时掌握运行状态,达到对航道数据直观、动态监测的目的。其主要包括以下几个子系统。

① 电子航道图系统。

电子航道图系统是航道动态监测的基础,航道利用二维 GIS 平台,为航道动态监控提供精确的可视化图形定位效果。其建设目标是:利用先进的计算机网络技术、数据通信技术、数据库管理技术和地理信息处理技术,实现测量数据采集管理、电子航道图生成、数据保护及发布全过程的自动化、一体化,建设覆盖航道全线、统一标准的电子航道图数据,为各类用户及时提供最新的电子航道图信息。

测量数据采集管理负责完成电子航道图所需的陆域和水域相关数据的采集、预处理和传输。

电子航道图生成：将预处理后的数据转换为电子航道图生产数据，通过编辑生成电子航道图产品数据，审核维护和存储后输出生成符合标准的电子航道图数据文件及其改正文件。

电子航道图发布：根据功能要求和权限，可对内、对外发布经过审核并安全认证的电子航道图。

电子航道图系统的运行流程可以概括为：数据采集、数据处理及航道图编辑、航道图审核、航道图发布、航道图应用，如图9-15所示。

数据采集 → 数据处理及航道图编辑 → 航道图审核 → 航道图发布 → 航道图应用

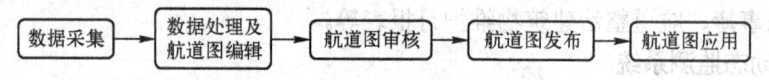

图9-15 电子航道图系统的运行流程

数据采集：收集并整理电子航道图所需描述的制图要素，通过预处理使之满足电子航道图编辑所需的数据格式。

数据处理及航道图编辑：遵循相关国际标准的原则和国内有关技术标准规范，以友好的界面、人际化的操作方式对数据要素进行处理，使之符合物标分类及其属性定义后加入到电子航道图源数据库，通过电子航道图编辑直接从电子航道图源数据库中根据图廓自动选取制图物标数据，再进行人机交互编辑。

航道图审核：遵循相关航道图检验标准要求，检验编辑完成的电子航道图的规范性、逻辑性、完整性、准确性，确保电子航道图数据质量。

航道图发布：保护电子航道图对外服务的知识产权和安全，定义、规定电子航道图对外服务形式和管理规范，确保数据安全。

航道图应用：用户根据自身管理和服务的需求，采用相应的电子航道图显示与控制平台实现对电子航道图数据的应用。支持的应用系统包括"航标遥测遥控系统""自动水位站系统""航道管理信息系统"等，它们通过内部网络或港航信息综合管理平台，随时获取最新的电子航道图及改正信息。

② 航标遥测遥控系统。

航标遥测遥控系统的建设目标是：采用计算机网络技术、通信技术、3S技术（即遥感、GPS和GIS）等，实现航标灯信息的实时采集和动态监控，实施对航标的信息化管理和维护，提高航标管理的效率和质量。航标遥测遥控系统主要包括以下内容。

航标配布：在航道图上显示航标配布情况，提供航标的属性信息查询、根据位置检索定位。

航标异常报警：在航道图上应该实时对异常的航标提醒和报警。方式有两种：一是根据航标的实际位置用报警闪烁灯显示，通过鼠标单击查看该航标的异常详细信息；二是通过实时显示表格输出异常航标列标，将行标的正常和异常信息对比输出，通过选择信息记录实现异常详细信息查看和航标的定位显示。

③ 水文气象实时监控系统。

水文气象信息来源于单位已建的水文、气象系统中按水文气象观测点测报的数据。在航道维护图上，实时反映观测点所在江段的水流流速、流量、水深及江段附近温度、湿度、气压、大气压力、风向、风力、平均风向、平均风力、降雨量、日降雨量、能见度等。

所有航道水文气象信息将作为历史信息保存，以便用于航道水文气象历史信息综合统计查询。

④ 船舶实时监控系统。

船舶实时监控系统包括船舶实时位置显示、船舶基本属性查看及船行轨迹回放3个主要功能。

复习思考题

1. 电子巡航系统的工作流程是什么？
2. 船舶交通管理系统可分为几大类，各类别中分别包括哪些系统？
3. 船舶自动识别系统主要由哪几部分构成？
4. 结合自身认知，简述水运智能运输系统的发展现状及未来发展趋势。

第 10 章 航空智能运输系统设计与集成

航空运输是现代旅客运输（尤其是远程旅客运输）的重要方式，也是国际贸易中贵重物品、鲜活货物和精密仪器运输的主要方式。

航空运输体系包括飞机、机场、空中交通管理系统和飞行航线4个基本部分。其中飞机是航空运输的主要运载工具；机场是供飞机起飞、着陆、停驻、维护、补充给养及组织飞行保障活动的场所，也是旅客和货物运输的起点、终点或中转点；空中交通管理系统是为了保证航空器飞行安全，提高空域和机场飞行区的利用效率而设置的各种助航设备和空中交通管制机构及规则；飞行航线是指航空运输的线路，是由空管部门设定飞机从一个机场飞抵另一个机场的通道。

这4个部分有机地结合，在空中交通管理系统的控制和管理下，完成航空运输的各项业务活动。

航空智能运输系统结构示意图如图10-1所示。

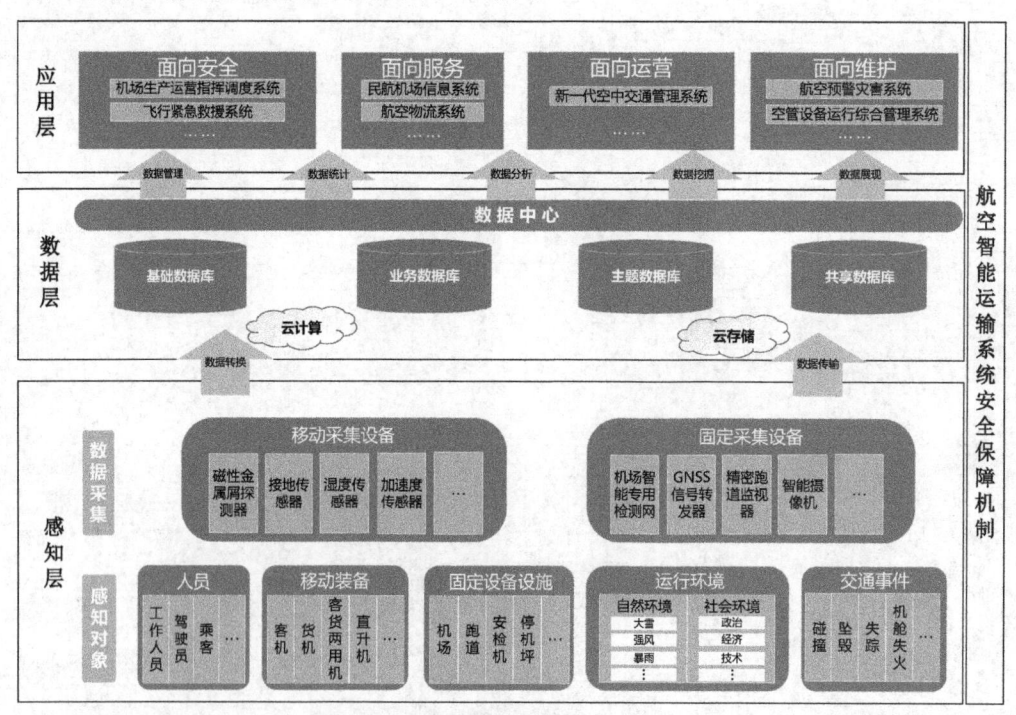

图 10-1 航空智能运输系统结构示意图

10.1 面向安全的航空智能运输系统

10.1.1 机场生产运营指挥调度系统

1. 机场生产运营指挥调度系统结构

机场生产运营指挥调度系统是一个包括数据采集、存储、交换、统计、分析等多种处理的信息系统，它涉及机场生产营运的各个方面，包括现场指挥、生产调度、航班保障、旅客服务等所有环节，对保障机场安全生产和服务起着至关重要的作用。指挥调度的过程就是对这些动态信息的接收、处理发送过程，同时也是生产动态的监控和组织协调指挥过程。具体的应用系统如下。

① 一级调度系统：指挥中心调度系统。
② 二级调度系统：运输调度、机坪调度、机务调度、食品调度、油料调度、货运调度。
③ 三级调度系统：运输配载、运输值机、运输行李、运输服务、机坪搬运、客舱清洁、机坪车队、机务生产科、机务特种车、机务维修。

2. 机场生产运营指挥调度系统功能

（1）指挥中心调度系统

机场指挥中心调度系统集基础数据维护、航班生产调度、系统审计于一体，是机场指挥中心调度员的有力助手，它帮助指挥员负责生产流程管理，根据航班生产计划组织生产流程，协调生产计划的执行；负责与航管部门、航空公司及航班生产其他外部单位之间的信息交流与工作协调；协助指挥员完成紧急情况下的救援组织工作；负责机位分配；进行航班生产作业的统计；航班结束处理工作。

（2）运输调度系统

运输调度系统主要负责日常生产的协调工作，传递各类生产信息，与指挥中心协调，接收航班飞行计划、航班动态、生成运输调度表及其他表格，对生产动态进行详细查询，监控运输服务部内各部门的运转情况并协调其工作，负责发送各类航班生产催促消息，并接收返回的状态信息。负责运输三级调度部门生产计划的制订，部门内基础数据的维护（人员信息、运输资源信息等）和各类航班、生产信息的查询。运输调度系统应具备运输配载、登录值机管理、运输服务和行李查询系统的权限，但不能对其数据作修改。

（3）机坪调度系统

机坪调度系统是大型机场计算机管理系统的重要组成部分之一，它充分运用计算机高速的运算能力和巨大的存储容量对机坪调度进行自动处理，传达或转发指挥调度和其他系统的信息。协调组织下属部门进行生产运作，向指挥中心报告完成情况，进行生产统计，提高机坪调度的准确性和效率。还可实现机坪调度的历史查询、统计、遗失物品登记和查询等多种功能。

（4）机务调度系统

机务调度是现代化民航机场指挥调度中不可缺少的重要组成部分。机务调度系统集航班查询、机务生产调度、保障记录等工作于一体，具有实时获取航班动态、计划和生产重要信息功能，极大地提高了机务调度的日常工作效率。并有助于协调与之相关各部门的工作，减少工作中的失误。

（5）食品调度系统

食品调度系统实时获得航班动态、计划和生产重要信息；向指挥中心报告食品生产动态进展情况；通过消息机制，与其他调度部门保持联系，并可记录、查询消息收发的时间序列，从而有助于理清各部门间的责任关系；提供紧急救援信息查询功能。

（6）油料调度系统

油料调度系统实时获得航班动态、计划和生产重要信息；向指挥中心报告油料生产动态进展情况；通过消息机制，与其他调度部门保持联系，并可记录、查询消息收发的时间序列，从而有助于理清各部门间的责任关系；提供紧急救援信息查询功能。

（7）货运调度系统

货运调度系统实时获得航班动态、计划和生产重要信息；向指挥中心报告货运生产动态进展情况；通过消息机制，与其他调度部门保持联系，并可记录、查询消息收发的时间序列，从而有助于理清各部门间的责任关系；提供紧急救援信息查询功能。

（8）用户管理系统

用户管理系统为用户提供安装、运行程序的接口；为系统管理员提供用户、角色、程序的管理功能；为子系统管理员提供用户的角色授权；为前台角色中的不同具体用户提供用户授权。

（9）操作审计系统

操作审计系统获取操作系统日志文件；获取数据库日志文件；分析、处理、统计操作系统用户操作记录；分析、处理、统计数据库系统用户操作记录。

10.1.2 飞行紧急救援系统

1. 飞行紧急救援系统结构

飞行紧急救援系统是基于 GIS、GPS 等技术的综合系统。GPS 技术用来将救护车的确切位置信息传送给控制中心 GIS 使用。每一辆救援车辆都装备 GPS 接收机，通过卫星信号确定准确的位置信息。同时，它还经由 GSM 调制解调器传送它的位置信息至控制中心，这是通过 GSM 网络来完成的。通过 GSM 网络，其他有用的数据，如语音信号，也能够被传送。每辆救援车辆装备着一台计算机或移动数据终端，在控制中心显示由 GIS 系统计算的路径。

飞行紧急救援系统可分为数据管理子系统、控制中心 GIS 子系统、救援车辆车载子系统、数据通信子系统 4 个部分。

（1）数据管理子系统

数据管理子系统主要包括各种数据库的建立、维护、查询、生成报表等功能。

① 建立数据库。地理信息数据库：相关的地理信息数据和属性数据。资源数据库：相关救援部门信息和历史救援信息。其中，历史救援信息包括时间、地点、天气、飞机型号、乘客数、事故类型、伤亡人数、救援车辆信息等。

② 数据库维护。高级用户可以对各类数据库进行更新、恢复。当储存的信息发生变化时，数据库需及时更新。比如由于某些原因（道路施工等）使道路网络信息发生变化，必须及时更新地理信息数据库；一些救援单位的情况发生变化，须及时更新资源数据库；每次救援完成后，在紧急情况救援数据库中，必须记录本次救援情况（可自动生成）。

③ 数据库查询。可以通过多种方法查询所需资料。各部门根据自己的职能范围查询所需信息，如某一部门可以针对事故类型查询该部门的处理流程。高级用户可查询数据库所有内容。

④ 数据库生成报表。可根据要求，生成各类报表。

（2）控制中心 GIS 子系统

GIS 子系统是本系统的核心。具体功能包括以下几个部分。

① 图层控制：将 GIS 地图分成几个图层，以便于控制。道路网络根据道路属性（如主干道、次干道等）分为 3 个图层；救援单位位置、各种地界标志可以形成多个图层；GPS 接收机收到的救援车辆位置形成单独的图层，以不同的符号表示不同的救援车辆。

② 信息采集：塔台管制室、区域管制室、交通服务报告室、情报室等部门根据规定收集各种情报，及时向指挥中心和相关部门通报。

③ 确定地点：根据得到的位置信息，GIS 能够使用位置地理编码功能在地图上找到对应位置。

④ 最优路径分析：这是 GIS 子系统的核心，包括救援车辆到救援地点的路径优化，还包括为救护车选择适当的医院及运送伤员到适当医院的最优路径选择。

⑤ 资源分析：根据收集到的信息，结合以往救援经验，确定救援车辆和人员数量；分析各方面数据（包括救援地点、道路情况、救援单位位置、各种资源信息等数据），确定实施救援的单位、救援车辆和人员，并能够自动通知救援单位；也可以只为指挥中心提供各方面信息，由指挥中心确定救援资源。

⑥ 查询：可以通过各种方式查询各种资源信息。如单击地图上的某一符号，则显示该符号表示的相关信息，包括救援车辆信息、救援单位信息、地理信息等；也可通过关键字查询各种信息。

⑦ 电子地图基本功能：实现电子地图的放大、缩小、漫游、测量、索引等一些基本功能。

(3) 救援车辆车载子系统

救援车辆车载子系统包括 GPS 接收机、无线电通信装置和计算机或移动数据终端。GPS 接收机接收位置和速度信息，经过处理，产生较精确位置信息。通过 GSM 网络，定时将位置信息、速度矢量和标识发送给控制中心，同时接收控制中心传递来的指令和规划的最优路径。救援车辆上装备的计算机或移动数据终端，对定位数据进行处理，利用 GIS 技术将车辆的实时位置和规划的最优路径显示在以道路网络电子地图为背景的显示器上。车辆驾驶员可以通过显示器清楚地知道自己的位置和运行轨迹、规划的路径及救援现场的位置，并能够同指挥中心进行语音和数字通信。

(4) 数据通信子系统

数据通信包括指挥中心与救援车辆的通信和指挥中心内部的通信。指挥中心与救援车辆的通信通过 GSM 网络来完成，可以进行数字和语音通信。控制中心内部的通信包括 GIS 系统与数据库管理系统之间的数字通信，进行数据的读取和存储；控制中心内部各部门与指挥中心及相关部门之间通过通信，进行信息的传递。

2. 飞行紧急救援系统功能

飞行紧急救援系统具备以下功能。

① 监控功能。在整个救援过程中，指挥中心能够清楚地看到各救援车辆的准确位置和它们的运行轨迹，定位精度在 10 m 以内。

② 自主导航功能。包括确定车辆位置；调用电子地图；在车载显示器上，标注车辆的位置、目的地位置、周围一些设施与它们的位置；能够确定如何自动地沿最佳路径到达目的地等功能。

③ 辅助决策的功能。搜集信息，进行损失评估，确定调动救援资源的规模；救援资源的优化调度；救援资源的动态分配。

④ 通信功能。无线通信，通过 GSM 网络实现。指挥中心通过 GSM 网络将指令传递给救援现场和各救援车辆，各救援现场和救援车辆也将必要的信息传递给指挥中心，包括语音

信息和 GPS 接收的位置信息。

⑤ 日志记录功能。系统能够记录被救援飞机的航班情况，如当时的天气状况、机组要求等信息；记录救援方案；记录救援车辆的运行轨迹；记录救援的结果。这些数据必须长时间保存，不仅可以在事故分析时使用，还可以为下次救援提供经验数据。

3. 事故处理流程

事故处理流程包括事故发生与通报、赶赴现场、实施救援、事故调查 4 个阶段。首先，在事故发生与通报阶段，航务管理部门的相关职能部门按照要求收集信息，传递给指挥中心，指挥中心根据收集的信息，决定救援方案；其次，在赶赴现场阶段，各救援车辆接到救援指令后，赶赴现场；再次，各救援车辆到达现场后实施救援，此时，救护车送伤员去医院；最后是事故调查，负责事故调查的部门进行事故调查，提出事故调查报告，并生成记录。事故处理流程如图 10-2 所示。

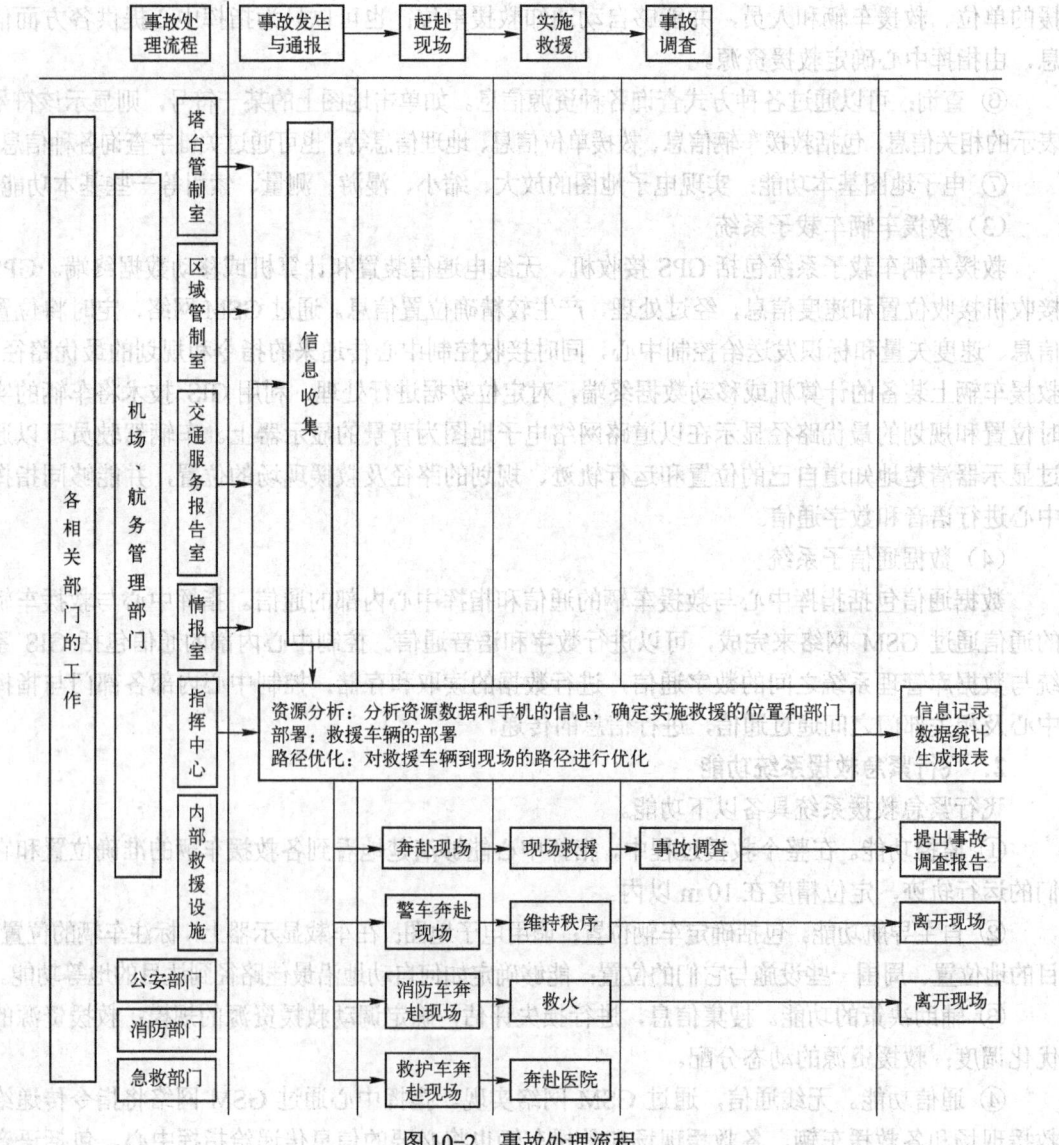

图 10-2 事故处理流程

10.2 面向服务的航空智能运输系统

10.2.1 民航机场信息系统

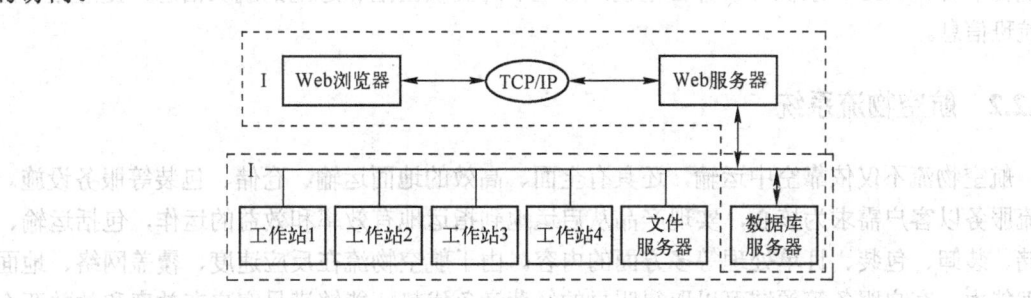

1. 民航机场信息系统结构

机场信息系统结构一般采取 C/S 与 B/S 相结合的形式，如图 10-3 所示。由于机场信息系统与 Internet 相连接，因此信息系统安全将是一个不可忽视的重要问题。为了改善和加强 MIS 的安全，通常采用防火墙技术，以保护信息系统不受来自外部的非授权用户的访问。

图 10-3 机场信息系统结构

2. 民航机场信息系统功能

根据机场的实际情况和具体需求，民航机场信息系统一般应具有营运核心系统和旅客服务系统两部分。

（1）营运核心系统功能

① 航班信息管理与显示系统。完成系统中航班信息的录入、修改、查询、显示、存储等工作，是整个系统的主要信息源之一。为了提高系统中数据的安全性，要对系统的数据进行定时或实时备份。

② 停机位分配系统。根据航班信息、机型信息等为班机提供相应的停机位信息。

③ 值机柜台分配系统。根据机场实际情况，在一定时间段内，为每个航班分配所需的办理登机手续的柜台并进行实时显示。

④ 地面服务信息系统。根据航班计划，由地面服务人员为航班提供相应服务。

⑤ 站坪管理与应急指挥系统。完成站坪的管理，在发生紧急情况时，及时采取相应措施进行处理。

（2）旅客服务系统功能

① 行李处理系统。完成航站楼内进港行李的传输和出港行李的传输与分拣，为进出港旅客提供便利。

② 航班动态显示系统。通过各类显示设备为旅客提供实时的航班信息。

③ 离港系统。为在机场登机的旅客办理乘机手续；进行登机口管理；对旅客行李进行检索和查询；对货主的货物进行自动化管理；对航班进行控制；对飞机平衡进行自动操作、配置和修改等工作。

④ 多媒体播音系统。完成声音资源的录入与编辑，以及航班信息、机场信息等的播放。

⑤ 综合查询系统。从网上获取实时航班信息，通过触摸屏、电话等为旅客提供有关航班信息。

⑥ 旅客引导。为旅客提供及时、准确的航班信息，如航班号、到达站、柜台号、办理登机手续的时间段、登机口信息等，引导旅客顺利登机。

⑦ 气象信息处理及显示。读取各通航城市所需的最新气象数据，对这些专用数据进行分析、计算等处理后，翻译成非专业人员能看懂的气象信息，包括地点、天气、温度、预报等，并进行显示。

⑧ 娱乐及广告。为了给候机的广大旅客提供丰富的娱乐节目，通过机场有线电视网播放电视台节目、VCD、录像等。并在电视屏幕上及时提供出港和进港的航班信息，提醒旅客注意航班信息。

10.2.2 航空物流系统

航空物流不仅依靠空中运输，还具有全面、高效的地面运输、仓储、包装等服务设施。物流服务以客户需求为核心，实现产品从启运地到指运地有效率和效益的运作，包括运输、存储、装卸、包装、订单处理等多方面的内容。由于航空物流在反应速度、覆盖网络、地面处理能力、客户服务等领域可以取得明显的经营竞争优势，能够满足客户在效率和效益两个方面要求，所以航空物流的快速发展有其必然性。

基本航空物流服务主要包括运输、仓储、包装、装卸、搬运、配送及与之相关的信息流服务，其中运输服务是物流的核心。

1. 航空物流系统的构成要素

从航空物流的作业内容分析，航空物流系统是由集货、地面运输、订舱、包装、空中运输和配送等作业环节共同构成，为客户提供门到门物流服务的综合体；航空物流系统的服务职能建立在服务网络系统上，包括航线网络、航班计划、市场管理、配送服务等多方面的职能；从管理层次认识航空物流系统，主要包括对航空物流系统的规划、组织、控制等内容。因此，航空物流系统是由作业系统、网络系统和管理系统3个部分组成。

作业系统即航空物流生产服务系统，由具体的航空物流业务构成，主要包括运输、仓储、配送和包装等作业项目。它是航空物流业发展的核心。在作业系统中，空中运输由航空公司实现，地面运输、配送和包装等项目一般由货运代理公司完成，仓储服务和货物装载服务主要由机场完成。

网络系统是航空物流系统的基础，以枢纽机场为核心，由区域内运输网络及众多物流节点构成，承担区域内物流服务的物流辐射系统网络。它包括三方面：一是中枢辐射式的航线网络；二是航空物流通道设施、地面运输设施、信息系统设施等的基础设施网络；三是航空货运企业为了完善自身的服务而设立的遍布其服务范围的业务经营机构。

航空物流网络系统可以分为航线网络和地面运输网络。航线网络是航空公司生产经营的基础条件，地面运输网络则是通过建立强大的运输车辆实现服务职能。航线网络能够实现货物在更大范围内的快速移动，地面网络主要是实现货物在小范围内的准时送达。两个部分都对航空物流服务的成本和效率产生重要的影响，如何将两个网络进行有效衔接，实现一体化运作是发展航空物流网络的关键。

管理系统即航空物流组织管理和协调系统，主要职能是对航空物流系统进行规划、指导、控制和协调，是航空物流业发展的关键。

2. 航空物流系统结构

航空物流系统由不同的主体和服务设施构成，在时间、空间上具有不同的结构特点。从时间上看，航空物流系统的构成要素是按照特定的操作顺序有机地结合在一起；从空间上看，构成要素是按照特定的空间分布规律，以不同的数量和关联方式组合在一起。因此可以从质态、量态、空间和时间4个方面分析航空物流系统的结构。

（1）质态结构

航空物流系统的实体要素包括航空公司、枢纽机场、货运代理、海关、物流服务外包企业等，它们以技术和功能上的相互适应性而发生联系，其目标是能够全面发挥各要素的潜能，实现系统功效最大化。其质态结构如图10-4所示，各主体在航空物流系统中分别承担不同的职责，枢纽机场、航空公司和货运代理三位一体，利用航班运输、地面运输配送系统和仓储系统实现货物从起始地到目的地的物流服务。当然，还有外围的物流服务外包企业和相关管理部门，也在系统中发挥重要的作用。

（2）量态结构

在航空物流系统中，各主体资源要以相互协调的数量关系相互关联，如果不同环节的数量比例不协调，那么有可能导致某些设施拥堵，而某些设施闲置，对系统整体效能的实现会产生干扰。航空物流系统资源数量主要包括：航空公司的航线、航班数和货运运力；机场货运处理能力、仓储能力；航空货代地面配送能力、仓储能力；海关的通关速度等。航空物流系统各资源数量应该以航空货运需求为基础，机场的货物处理能力决定了航空公司的运力投放数量和航班数量，货运代理也是围绕机场和航空公司开展地面业务。其量态结构如图10-5所示。

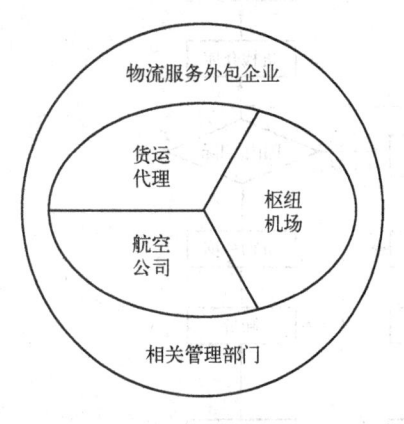

图10-4 航空物流系统的质态结构 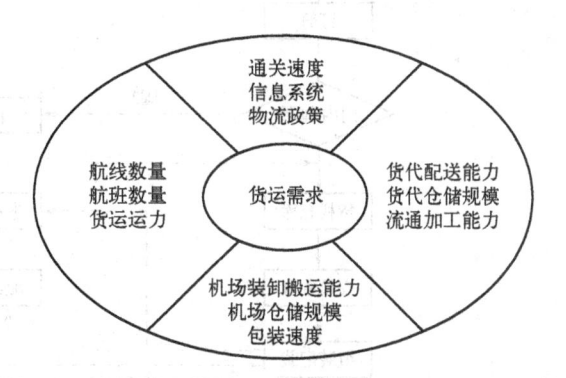　　图10-5 航空物流系统的量态结构

（3）空间结构

系统要素在空间、地域上的分布结构就是系统的空间结构。空间结构的合理性是影响物流系统效能的重要因素之一。航空物流系统的空间结构主要体现在货物的OD流、航线网络、物流节点布局等方面。以枢纽机场为基础的航空物流系统的空间结构核心是

枢纽机场的航线网络,其表现是枢纽机场与非枢纽机场、配送中心、发货地与收货地的地理分布,如图10-6所示。

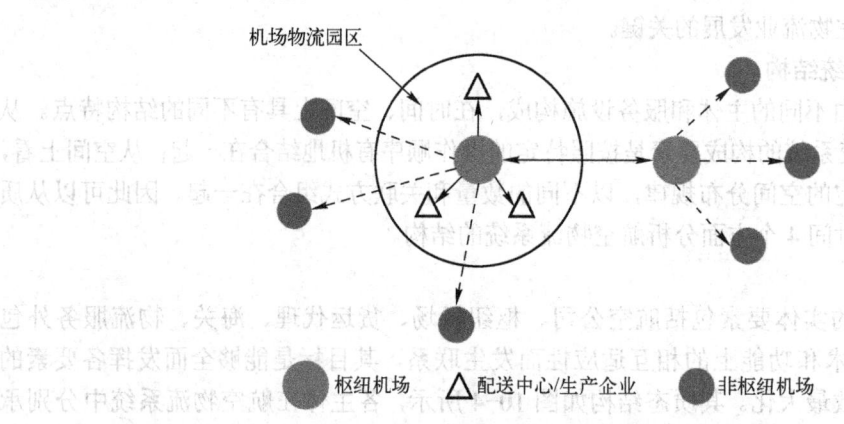

图10-6 航空物流系统的空间结构

（4）时间结构

航空物流系统的时间结构是指各个服务环节按照先后次序连接的状态。货物从起始地到目的地,主要包括货代收货、订舱,由航空公司空运到达目的地机场,然后分拣配送等不同的服务环节,如图10-7所示。航空物流系统的时间结构复杂,并且每个环节都是由不同的主体完成的。在强调航空物流服务时效性的情况下,利用科学方法对每个流程进行分析和优化是非常重要的。

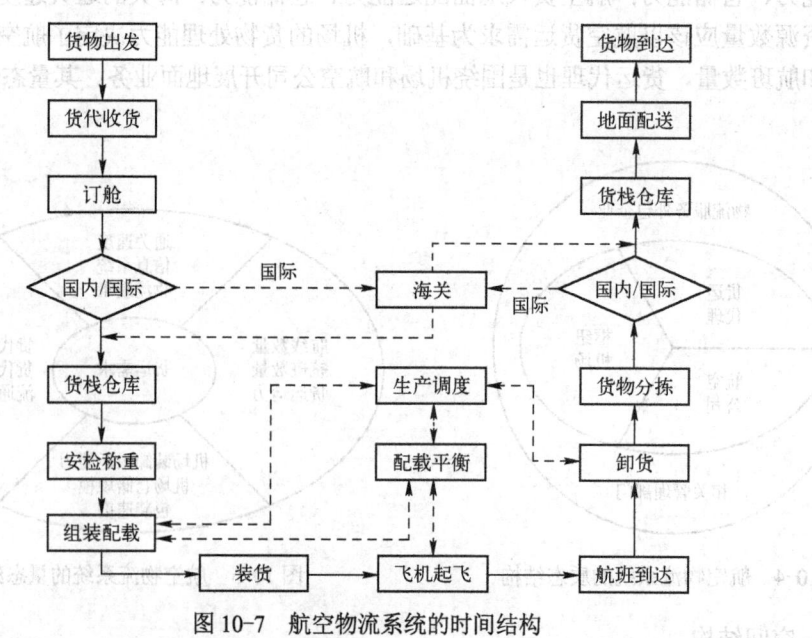

图10-7 航空物流系统的时间结构

10.3 面向运营的航空智能运输系统

空中交通管理是航空运输系统的中枢,在建设民航强国中担当着举足轻重的角色。以新一代信息技术融合应用为主要特征的航空智能运输系统正全方位重塑民航业的形态、模式和格局，空中交通管理现代化（新一代航空运输系统）正是其中的重要内容之一。本节以新一代空中交通管理系统（air traffic management system，ATMS）为例，对面向服务的航空智能运输系统进行介绍。

1. 新一代空中交通管理系统组成

空中交通管理系统具有空域组织与管理、机场运营、需求与容量平衡、交通同步、空域用户运营、冲突管理和空中交通管理服务的交付管理 7 项功能。

（1）空域组织与管理

空域组织的任务是确定空域结构和布局，以满足各类飞行活动、交通容量和提供不同等级的服务。空域管理是通过调整和应用空域选择权满足空管界需求的方法。

（2）机场运营

机场作为空中交通管理系统的有机组成部分，须提供必要的地面基础设施，以保障全天候条件下的机场安全和最大限度地提高跑道容量。

（3）需求与容量平衡

需求与容量平衡从战略高度对全系统交通流量和机场容量进行评估，以便空域用户确定何时、何处如何运行，同时减少空域与机场容量和需求的冲突。空中交通流量的协调过程是通过对全系统的空中交通流量、气象及资产信息的掌握来有效地进行的。

（4）交通同步

交通同步旨在战术性地建立和保持安全、有序、高效的空中交通流。

（5）空域用户运营

空域用户运营是指飞行运营中与空中交通管理有关的方面。

（6）冲突管理

冲突管理包括以下 3 个层面。

战略冲突管理是冲突管理的第 1 个层面，它是通过空域组织与管理、需求与容量平衡和交通同步实现的。战略冲突管理通常在航空器离港前进行，但同时也涉及长时间的持续飞行。改变航迹（来自用户申请或服务者的需求）是冲突管理可选择的最佳方式。

间隔提供是冲突管理的第 2 个层面，是保持航空器与危险源之间至少有适当的最小间隔的战术过程。当战略冲突不能有效使用时，才使用间隔提供。间隔提供包括冲突探测、制定解决方案、修改航迹和监控实施的 4 个环节。

防相撞是冲突管理的第 3 个管理层面，只有当间隔模式受损时才激活该功能。它与使用的间隔模式是独立的，但又必须是兼容的。

冲突管理应把航空器与危险源之间相撞、相遇风险限制到一个可接受的程度。这些危险源包括：其他航空器、地形、天气、尾流和有冲突的空域活动。航空器在地面时的危险物有停机坪和机动区内的地面车辆及其他障碍物。

（7）空中交通管理服务的交付管理

空中交通管理服务的交付管理应贯穿于门到门的整个飞行阶段和所有服务提供者之间，同时还应考虑各种其他程序/服务决策的平衡和统一，以及作出决策的时间和条件。飞行航迹、剖面、意图和协议是交付一个平衡决策的重要内容。

空中交通管理系统是一个有机的整体，需要分解以便讨论、理解其作用及组成部分之间可能出现的复杂的相互关系，其组成如图10-8所示。

复杂的相互交联

| 空域组织与管理（AOM） | 需求与容量的平衡（DCB） | 机场运营（AO） | 交通同步（TS） | 冲突管理（CM） | 空域用户运营（AUO） | 空中交通管理服务的交付管理（ATM SDM） |

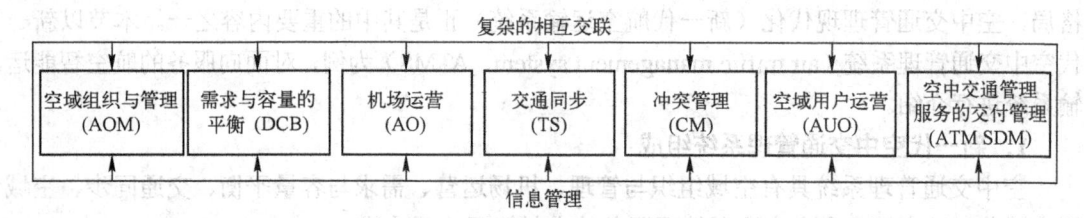

信息管理

图 10-8 空中交通管理系统的组成

空中交通管理系统的所有组成部分缺一不可，而且所有组成部分都必须集成为一个有机整体。

2. 智慧空中交通管理系统结构

（1）感知层

感知层由三部分构成，分别为机场场面、航路传感器与管制中心。其中，航路传感器主要包括一次雷达、二次雷达和自动监视系统等。一次雷达的主要作用是监视机场附近及航路上的飞行情况；二次雷达的主要作用是监视高密度空域及终端区上的飞行情况；自动监视系统主要作用是监视山区、丛林、沙漠及大洋空域上的飞行情况。

（2）网络层

网络层是对复杂空管信息进行融合的重要基础，采用空中交通管理局域网、Internet网与航空固定通信网等相关网络技术。正是对此类网络技术的充分应用，可为全新的空中交通管理系统提供良好的互联互通支撑。

（3）平台层

平台层是指对监视数据进行应用，建立直接面向管理的应用型平台。根据不同的应用服务类型，可分为交通服务、计划管理、流量管理和空域管理等。

（4）专业应用及决策支持层

该层的主要作用为向交通管理活动提供必要的决策支持，为流量管理、告警、设备监视与空域管理等新服务的实现提供基础条件，是使空中交通管理真正走上协同一体化道路的重要举措，有利于提升空域资源实际利用率。

3. 新一代空中交通管理系统功能

（1）场面运行管理

在航空运输系统中，机场是十分重要的组成部分，其场面管理的效能会对整个系统管理水平带来直接的影响。场面运行管理指的是借助现阶段新型科技对各类资源实施协同决策及动态监控，将确保运行效率与安全作为根本目标，同时尽可能降低人员工作强度。

（2）空域运行管理

在新一代空中交通管理系统中，可对不同类型的监视方式进行融合，以此完成协同和动态化的空域运行监视，同时配以专业应用平台，根据环境及使用要求，为管制员提供相应的管理决策。

（3）协同流量管理

协同流量管理指的是以各方协同的方式对流量实施管理的模式，即对由使用者与管理者提供的各类信息实施整合，再经过协同处理提出有效管理措施。在新一代空中交通管理系统中，可将传感单元设置于不同部分之间，借助物联网提供的强大支持，共享空中交通态势信息，同时配以专业应用平台，开展协同流量管理活动。

（4）跑道运行安全管理

在飞行区的运行管理中，跑道是一项十分重要的资源，其运行安全涉及以下内容：避免跑道遭受侵入、防止飞机冲出或偏离跑道、跑道上异物检测。在新一代空中交通管理系统中，充分利用传感器技术动态监视跑道实际使用状况，确保管制部门可在第一时间获取相关信息，提升机场跑道对于不安全因素的预控能力。

（5）设备状态管理

在新一代空中交通管理系统中，为了实现设备状态管理，可将传感器设置于各种空中管理设备中，同时借助物联网传输信息，以便及时开展保养和维修。

10.4 面向维护的航空智能运输系统

10.4.1 航空预警灾害系统

机场是最容易受到自然灾害影响的地点，机场安全管理属于航空安全管理的重点内容。

1. 航空预警灾害系统功能

对于机场安全管理而言，既属于航空安全管理的重点内容，同时又是最容易受到自然灾害影响的地点，为此，灾害预警管理系统的运用就显得尤为关键，只有对其工作内容进行系统化的、科学化的分配和管理，才能使灾害预警管理系统在机场安全防护中发挥出更大的作用与效能。

（1）预警分析

在灾害预警管理系统中，预警分析是指对机场灾害现象进行识别、分析与评价并做出警示的管理活动或是管理过程。

机场灾害预警分析包括 4 个阶段：监测、识别、诊断与评价。监测是预警系统正常运转的前提，识别是关键环节，诊断和评价是技术性的分析过程。

监测主要依靠的是监测信息，通过对监测信息实施一系列处理，进而建立起相应的信息档案系统，最终实现对机场信息的安全管理。在实际监测过程中，监测对象分为两个方面：一是整个安全管理环节。二是影响机场安全的潜在因素，一般有机场行为人因素、机务因素、机场环境这三种情况。机场行为因素通常属于不确定因素，因此通常监测类型会相对较多，比如监护人员行为、地面指挥及机场环境与飞机状态之间的关系等都属于基本的监测内容。而对机务因素的监测则具有一定的针对性，所以这一环节的监测范围也比较狭窄，主要包括三方面的监测内容，分别是设备维护管理活动、飞机的技术障碍及机械故障。机场环境的监测，顾名思义，所监测的内容与环境因素相关，但是唯一需要注意的是，环境因素一定是与机场设施有着紧密联系，或者是对机场设施构成安全威胁的环境条件，比如人为破坏、气象、通信等。

识别是预警分析环节的核心思想，是运用机场灾害预警指标体系对监测信息进行分析，以识别机场安全生产活动中各类灾害征兆和事故诱因的过程，有关机场安全生产活动中的一切可能出现的事故诱因和灾害征兆都是识别的主要目标。预警指标体系是识别环节的理论依据，通过指标体系可以对监测信息进行综合性的分析，进而实现对机场安全构成威胁因素的识别与判断。另外，警级标准制定也是作为识别效果发挥的关键性因素之一，只有适当的警级标准，才能在机场遇到危险的情况下，对危险进行准确的分析和判断，在必要时实施报警行为。

诊断是对处于警戒和危机状态的评价指标进行诊断，分析已被识别的各种致灾因素的成因、过程及发展趋势，指明危险性和危害性最大的致灾因素。例如，对机场环境的诊断，可以明确机场交通活动及飞机可能面临的不良环境变化；对机场管理过程的诊断，可确定安全管理活动的可靠状态和运行趋势，以便有针对性地改进现有的机场安全管理体系。

评价是对机场灾害征兆的不良后果进行危害性评价，一是分析对机场组织的危害，二是分析评价社会危害，其评价结论是预控对策的基础。

（2）预控对策

所谓预控对策，就是指在对机场内部安全进行管理时，矫正或者控制所发生重大危机的早期征兆的管理活动。组织准备、日常监控和危机管理是机场灾害预控对策的三个基本阶段，一般情况下，组织准备是预控对策实施的前提，而所有预测对策工作的开展都要围绕日常监控来进行，只有在特殊条件下，危机管理才会得以运用。

组织准备包括制订预警管理活动实施的制度、标准和规章。它是预控对策有序开展的前期条件，同时也为安全管理提供的一份保障，其主要服务内容包括两方面，一方面是对机场内的预警系统基本情况进行了解和掌握，包括系统运行方式、管理职能分配等，另一方面，遇到突发状况时，能够及时、积极地对危机状态提供帮助及相应的组织环境。

日常监控主要负责的是对易引发灾害的各种因素进行实时管理和监控，其实施内容包括两点：第一，日常灾害发生时的对策；第二，针对危机情况下，所做的模拟性对策演练。日常对策是预控机场灾害征兆的不良趋势，使之向良性趋势扩展。危机模拟是在日常对策活动中发现难以控制某些不良管理波动时，模拟可能发生的危机状态，提出对策方案，防患于未然。无论是日常对策还是危机模式，二者的作用都是在灾害来临前，起到对灾害进行预控和防范于未然的效果。

危机管理指当日常监控已无法扭转机场灾害征兆向劣性趋势发展而陷入灾难性危机时，采取一种"例外"性质的管理。它以危机应对计划、特别领导小组、紧急救援体系和社会救助方案等介入机场领导管理过程，一旦机场局势恢复正常，危机管理就完成了使命。

2. 机场灾害预警管理系统指标体系

在机场灾害预警管理系统运行过程中，系统指标体系是必不可少的参考依据，对于整个运行系统来说，系统指标体系既是衡量系统管理情况的标准，同时也是其他工作开展的首要前提。因此，对于机场灾害预警管理系统指标体系范围及内容的确定就显得尤为重要。

（1）行为人因素预警指标

根据现阶段对行为人因素的划分，主要包括6项基本形式：行为人因素不安全事件发生率、操作违规率、班组配合默契程度、机场安检失误次数、技术考核不合格率、紧急处理适当次数。

（2）机务因素预警指标

在实际生活中，机务因素预警指标范围的确定主要是针对机场内部管理而言的，大致分为6项基本内容：机务原因误飞千次率、机务维修失误率、机务原因不安全事件发生率、飞机及设备维护质量未达标率、技术标准失察率和机场设备故障率。

（3）环境因素预警指标

环境因素预警指标包括的基本内容依次为：空中交通管理指挥失误次数、飞行期间天气恶劣程度、非法行为发生次数、飞行期间天气突变次数、机场鸟害程度、航空公司危险指数、非法行为发生次数等。尽管在环境因素指标体系中存在着很多不确定性指标，而且这些指标也不能直接反映出有关机场的自身问题，但是通过对环境因素预警指标内容的监测与分析，可以有利于促进机场预警指标体系的建设，进而对航空公司和空中交通管理预警系统的准确性、有效性提供更加有力的支持。

（4）组织管理因素指标

组织管理因素预警指标包括关键人才流失率、不公平感、信息沟通失真率、部门冲突频度和强度、组织结构合理性、群体凝聚力、管理标准失察率、领导集权程度、员工违纪率、人事变动率、工作满意感、指令失效率、机场管理失误次数、机场原因航班延误或取消次数14项。

10.4.2 空中交通管理设备运行综合管理系统

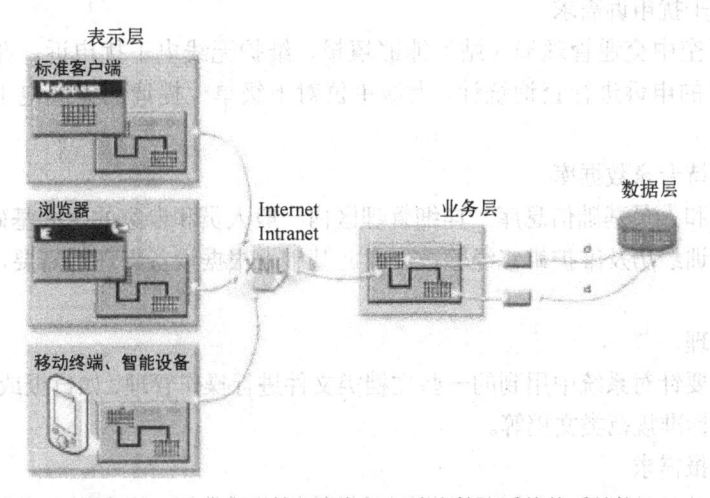

1．空中交通管理设备运行综合管理系统设计目标

通过空中交通管理设备运行综合理系统的实施，实现空中交通管理运行体化；提高空中交通管理设备运行信息通报效率；实现空中交通管理设备统一管理；实现信息通报电子化；掌握空中交通管理设备运行实时信息；对空中交通管理设备运行质量评估。

2．空中交通管理设备运行综合管理系统设计原则

空中交通管理设备运行综合管理系统以应用为核心、充分考虑用户的实际需要、使用习惯和投资能力，全面兼顾应用、技术与产业发展的和谐统一。系统按照以下原则进行设计：实用性原则、易用性原则、先进性原则、稳定性原则、安全性原则。

3．空中交通管理设备运行综合管理系统体系结构

空中交通管理设备运行综合管理系统在体系结构上采用多层架构模式，如图10-9所示。其中，数据层完成数据存储；业务层完成各种业务逻辑的处理，如审批流程管理、数据合法性校验、触发短信提醒等；表示层则以各种丰富的形式为不同类型的用户提供服务，用户可以直接通过浏览器访问系统各项功能，管理者也可通过标准客户端对新设备对象进行定义等；现场工程技术人员在检修设备中也可直接通过移动终端设备（如智能手机）直接填报或查询设备相关信息。

图10-9 空中交通管理设备运行综合管理系统体系结构

上述结构的特点是：数据集中、业务逻辑集中。数据集中使得企业每个人都能基于相同数据进行各种业务操作，确保数据的一致性；业务逻辑集中则确保所有的数据处理逻辑、业务流程的统一，并且使得当业务逻辑发生变化时节省系统升级成本。多种客户端形式则使得不同的业务人员或领导能够根据不同的工作环境、不同的业务管理特点选择最适合的终端类型。

4. 空中交通管理设备运行综合管理系统功能

（1）管理设备信息

建立设备信息库，能够对空中交通管理周围各种类型的设备，如通信设备、导航设备、供电设备、监视设备、传输设备等进行管理；能够自动由现有系统直接获取设备基础信息；对于现有系统不存在的设备支持人工添加；并提供新设备的入库审批管理。

（2）设备运行故障管理

当设备发生运行故障时，各空中交通管理分局（站）和运行保障单位业务人员能够通过空中交通管理设备运行综合管理系统填写设备运行故障信息；能够查询该设备的基本信息；历史维护业务人员向系统中填写设备运行故障信息后，系统能够自动发送短信通知相关人员。

（3）设备运行故障恢复管理

对设备运行故障进行排除的过程中及设备故障排除后，业务人员能够将故障排除、系统恢复运行结果上传至空中交通管理设备运行综合管理系统，并对故障排除过程进行描述。业务人员能够通过系统查询同类设备发生同类故障时的既往解决方案。业务人员登记完成设备故障恢复求后，系统能够自动发送短信通知相关人员。

（4）计划停机审批管理

业务人员能够通过空中交通管理设备向运行综合管理系统申报设备计划停机表。当上级主管部门登录系统后能够对申报情况进行审批。系统能够对计划停机情况进行汇总统计。

（5）系统运行状态统计

设备运行状态统计是对各地区空中交通管理局上报每日简报中故障和停机情况的直观展示，主要是以通信、导航、监视、气象、情报及其他为分类，以故障或停机的次数为依据，以时间段为范围，进行柱状图和饼状的生动展现。

（6）无线电干扰申诉需求

下级各地区空中交通管理局（站）能够填报、维护无线电干扰申诉，并能够对本单位及下属单位提交的申诉进行查询统计。上级单位对下级单位提请的无线电干扰申诉给予处理意见。

（7）技术支持专家数据库

建立专家库和人员基础信息库，详细管理区内一般人员和专家的个人基础信息、通信执照拥有信息、培训经历及维护维修经验，并在此基础上根据设备管理的需要，合理调配、利用专家资源。

（8）文件管理

文档管理主要针对系统中用到的一些文档类文件进行操作管理，如日报或月报归档文档、值班相关文档、标准规范类文档等。

（9）报表上报需求

系统能够自动统计各级单位日报简报、月报简报所需数据，各级单位能够对系统生成的报表数据进行调整，并发送给上级单位进行汇总。

（10）短信平台信息管理

当系统接收到新的设备故障信息登记、排除和恢复时，能够按照预先设定的条件发送短信通知相关业务人员。

复习思考题

1. 简述航空运输的内涵和主要特征。
2. 航空运输体系主要包括哪几部分？
3. 新一代空中交通管理系统主要有哪几部分组成？
4. 结合自身认知，简述航空智能运输系统的发展现状及未来发展趋势。

参 考 文 献

[1] 陆化普. 智能交通系统概论[M]. 北京：中国铁道出版社，2004.
[2] 杨兆升，于德新. 智能运输系统概论[M]. 3 版. 北京：人民交通出版社，2015.
[3] 贾利民，王艳辉，徐杰. 智能运输系统概论[M]. 北京：北京交通大学出版社，2019.
[4] 张俊友，王树凤，谭德荣. 智能交通系统及应用[M]. 哈尔滨：哈尔滨工业大学出版社，2017.
[5] 徐建闽. 智能交通系统[M]. 北京：人民交通出版社，2014.
[6] 曲大义，陈秀锋. 智能交通系统及其技术应用[M]. 2 版. 北京：机械工业出版社，2017.
[7] 赵光辉，朱谷生. 互联网+交通：智能交通新革命时代来临[M]. 北京：人民邮电出版社，2016.
[8] 屈毅. 浅析我国智能交通系统发展现状及前景展望[J]. 科技视界，2015(14)：100.
[9] 深圳交通中心. 技术全周期、服务全人群、产业全生态：美国 ITS 战略 2020—2025 解读及未来发展思考 [EB/OL]. http://www.sutpc.com/news/gongsixinwen/544.html.
[10] 李凤华，殷丽华，吴巍，等. 天地一体化信息网络安全保障技术研究进展及发展趋势[J]. 通信学报，2016，37(011)：156-168.
[11] 马石，王欣，李雪松. 信息网络安全与保障技术[J]. 通信工程，2003，000(002)：1-4.
[12] 邓苏，张维明，黄宏斌. 信息系统集成技术[M]. 北京：电子工业出版社，2004.
[13] 钟珞，袁胜琼，袁景凌，等. 软件工程[M]. 北京：人民邮电出版社，2017.
[14] 王振武. 软件工程理论与实践[M]. 北京：清华大学出版社，2014.
[15] 宋晓宇，王永会. 数据集成与应用集成[M]. 北京：中国水利水电出版社，2008.
[16] 梁昌勇，陆文星. 信息系统分析与开发技术[M]. 北京：电子工业出版社，2015.
[17] 邝孔武，王晓敏. 信息系统分析与设计[M]. 北京：清华大学出版社，2006.
[18] 邓劲生，郑倩冰. 信息系统集成技术[M]. 北京：清华大学出版社，2012.
[19] 罗强. 交通大数据应用与实践[M]. 北京：人民交通出版社，2015.
[20] 钟南，姚育章. 交通运输数据中心构建研究[M]. 北京：人民交通出版社，2018.
[21] 陆化普. 交通大数据分析与应用教程[M]. 北京：人民交通出版社，2020.
[22] 王学慧，丁立波，于世军. 交通信息技术基础[M]. 北京：国防工业出版社，2015.
[23] 张鸿涛. 物联网关键技术及系统应用[M]. 北京：机械工业出版社，2012.
[24] 邹力. 物联网与智能交通[M]. 北京：电子工业出版社，2012.
[25] 赵惟，张文瀛. 智慧物流与感知技术[M]. 北京：电子工业出版社，2016.
[26] 何承，朱扬勇. 城市交通大数据[M]. 上海：上海科学技术出版社，2015.
[27] 张亚平，徐玲玲，杨大恒. 交通运输物联网[M]. 北京：中国物资出版社，2011.
[28] 周海涛，王晓曼. 基于物联网的公路网运行状态监测与效率提升[M]. 北京：人民交通出版社，2016.
[29] 张丽，闵晓玲. 城市智能交通感知系统的探讨[J]. 民营科技，2014(11)：41.
[30] 胡方来. 基于 RFID 的智能交通信息感知系统的研究及实现[D]. 扬州：扬州大学，2013.

[31] OBERLI C, TORRES-TORRITI M, LANDAUD. Performance evaluation of UHF RFID technologies for real-time passenger recognition in intelligent public transportation systems[J]. IEEE Transactions on Intelligent Transportation Systems, 2010, 11(3): 748-753.

[32] CHO H, KIM J, BACK Y. Large-scale active RFID system utilizing ZigBee networks[J]. IEEE Transactions on Consumer Electronics, 2011, 57(2): 379-385.

[33] CHEN S C, SHYU M L, PEETA S, et al. Learning-based spatio-temporal vehicle tracking and indexing for transportation multimedia database systems[J]. IEEE Transactions on Intelligent Transportation Systems, 2003, 4(3): 154-167.

[34] 苏相琴. 北斗卫星导航系统的现状及发展前景分析[J]. 广西广播电视大学学报, 2019, v. 30; No. 123(03): 91-94.

[35] 李晶, 蒋玉龙, 王洵. 北斗, 让交通更智能[J]. 卫星应用, 2019, No. 94(10): 49-51.

[36] 刘建, 李晶, 刘法龙. 北斗卫星导航系统在交通运输行业的应用及展望[J]. 卫星应用, 2019, 87(03): 28-34.

[37] 童冰. 计算机视觉技术在智能交通系统中的应用[J]. 科技资讯, 2020, v. 18;No. 595(22): 36-37, 40.

[38] 刘畅, 周宣屹. 基于计算机视觉技术在智能交通系统中应用的研究[J]. 环球人文地理, 2015, 000(016): 31.

[39] 郭斌, 翟书颖, 於志文, 等. 群智大数据: 感知、优选与理解[J]. 大数据, 2017, 3(05): 57-69.

[40] 谢树云, 冉婕, 杨雪松. 基于群智感知的智慧城市交通系统研究[J]. 电子设计工程, 2014, 22(020): 49-51.

[41] 张易丰. 基于群智感知的智能交通系统的研究与实现[D]. 成都: 电子科技大学, 2018.

[42] 田寅. 城市交通智能感知与传感器网络技术研究[D]. 北京: 北京交通大学, 2015.

[43] WANG R, ZHANG L, SUN R, et al. EasiTia: A pervasive traffic information acquisition system based on wireless sensor networks[J]. IEEE Transactions on Intelligent Transportation Systems, 2011, 12(2): 615-621.

[44] 郑丽娜, 吴同强. Ad Hoc 网络技术浅析[J]. 邮电设计技术, 2004, 000(004): 43-46.

[45] 金帅. 基于 ZigBee 的无线自组网研究[D]. 南昌: 南昌航空大学, 2011.

[46] 毕雁冰, 贺小凤. 车载智能感知及主动安全系统的研制与开发[J]. 深圳信息职业技术学院学报, 2017(01): 49-53.

[47] 俞晓帆, 邓运川, 季锦章, 等. 船联网智能感知平台设计研究[J]. 中国交通信息化, 2013, 000(005): 138-140.

[48] 陈旭梅. 城市智能交通系统[M]. 北京: 北京交通大学出版社, 2013.

[49] 汪晓霞. 城市智能交通系统技术及案例[M]. 北京: 北京交通大学出版社, 2014.

[50] 谢侃, 谢振东. 城市智能交通集成系统[M]. 北京: 人民交通出版社, 2019.

[51] 刘伟杰. 智能交通在身边[M]. 上海: 上海人民出版社, 2013.

[52] 严新平, 吴超仲. 智能运输系统: 原理. 方法及应用[M]. 2 版. 武汉: 武汉理工大出版社, 2014.

[53] 张毅, 姚丹亚. 基于车路协同的智能交通系统体系框架[M]. 北京: 电子工业出版社, 2015.

[54] 孙彪彪, 张光, 吴雪梅, 等. 新时代背景下 TOCC 建设方向探讨[J]. 中国交通信息化, 2020(6): 94-96.

[55] 张可, 李静, 杨子帆, 等. 北京市综合交通运行监测数据体系与应用[J]. 交通与港航, 2018, 5(05): 22-26.

[56] 李静, 么亚菲, 毛力增. 信息技术编织的交通 "绿" 网: 面向多模式交通协同运行的综合监测和主动服务成套技术科研纪实[J]. 中国公路, 2014(07): 102-103.

[57] 张帆. 试论我国交通指挥中心的建设现状与发展趋势[J]. 决策探索（中），2019, 603(01): 89-90.
[58] 何晓亮, 刘明, 胡杰, 等. 基于移动互联网终端的"交管12123"App 服务系统研究与应用[J]. 道路交通科学技术, 2017, 000(006): 16-21.
[59] 江海龙, 刘明, 何晓亮. 12123 交通安全语音服务云平台应用研究[J]. 中国公共安全（学术版），2017(01): 78-83.
[60] 江海龙. 多功能互联网交通安全综合服务平台的设计与应用[D]. 南京：东南大学, 2016.
[61] 范云天. 互联网交通安全综合服务平台简介[J]. 道路交通科学技术, 2017(6): 12-15.
[62] 徐武, 涂宇胜, 喻瑗. 路径导航系统综述[J]. 景德镇高专学报, 2008(04): 50-51.
[63] 封胜, 王世彬, 曾琨, 等. 重庆市"互联网+"交通诱导系统构建与应用[J]. 道路交通科学技术, 2016.
[64] 王凡睿. 基于物联网的道路停车服务应用系统的设计与实现[D]. 南京：南京邮电大学, 2015.
[65] 范秋秋. 基于物联网技术的城市停车诱导系统研究[D]. 合肥：安徽理工大学, 2017.
[66] 韩印, 马万达, 张楠, 等. 先进的城市智能停车诱导系统设计与实现[C]// 2007 第三届中国智能交通年会论文集. 2007.
[67] 傅盈. 城市停车诱导系统设计与管理研究[D]. 武汉：华中科技大学, 2007.
[68] 张志平. 全国道路货运公共平台大数据构建与应用研究[J]. 道路交通科学技术, 2015(4): 25-29.
[69] 李超. 智能交通监控系统信息管理平台的设计与实现. 山东大学, 2013.
[70] 蔡文国. 城市道路路面养护管理系统研究[D]. 福州：福建农林大学, 2010.
[71] 于泉, 李美涛, 梁锐. 高速公路智能交通系统[M]. 北京：人民交通出版社, 2018.
[72] 于德新. 高速公路智能交通信息平台顶层设计与关键技术[M]. 北京：化学工业出版社, 2016.
[73] 冉斌, 陈祥辉, 张健. 智慧高速公路理论与实践总论[M]. 北京：人民交通出版社, 2015.
[74] 翁小雄. 高速公路机电系统[J]. 交通运输研究, 2009(22): 89.
[75] 林毓铭. 高速公路应急管理和辅助决策[M]. 北京：知识产权出版社, 2014.
[76] 董军, 王磊, 张彦, 等."两客一危"动态监测和智能预警管理系统[J]. 中国交通信息化, 2020, No. 243(05): 106-107.
[77] 潘志暄, 王晨, 刘鹏. 高速公路绿色通道信息管理系统开发与实践[J]. 中国交通信息化, 2018(3): 103-105.
[78] 张为民, 翁剑成, 邹文杰. 北京市高速公路智能交通系统规划[J]. 公路, 2009, 000(012): 109-114.
[79] 陈尧. 高速公路智能化养护决策支持系统研究[J]. 交通世界, 2020(16): 148-149.
[80] 胡娟. 基于大数据的高速公路智能养护系统研究[J]. 辽宁省交通高等专科学校学报, 2020, v. 22(05): 28-32.
[81] 穆德恩. 高速公路路政管理系统的设计与实现[D]. 成都：电子科技大学, 2014.
[82] 刘昌新. 高速公路养护监控管理系统的设计与实现[D]. 兰州：兰州大学, 2020.
[83] 张挺. 基于物联网技术的高速公路一体化智能管控平台初探[J]. 河北企业, 2015, 000(009): 30.
[84] 彭亚荣. 高速公路服务区智能化分析与设计[J]. 四川水泥, 2020(05): 77, 152.
[85] 唐耀祥. 高速公路智慧服务区安全管控智能化建设研究[J]. 山西交通科技, 2020, No. 266(05): 99-100, 104.
[86] 刘松峰, 董彩萍. 高速公路智能交通系统建设与应用浅谈[J]. 中国交通信息化, 2019(S1).
[87] 王小军, 王少飞, 涂耘. 智慧高速公路总体设计[J]. 公路, 2016(4): 137-142.
[88] 吕红霞, 曹可, 颜研. 基于 RITS 架构的客运服务系统研究[J]. 铁道运输与经济, 2013, 35(004): 56-60.
[89] 倪少权, 杨毅凡, QUAN N S, 等. 基于铁路智能运输系统架构的货运服务系统逻辑框架建设[J]. 交通运输工程与信息学报, 2014(2): 1-6.

[90] 邢国军, 王明哲, 朱建生, 等. 铁路 12306 手机售票系统的研究与实现[C]// 2014 第九届中国智能交通年会大会论文集. 2014.
[91] 王明哲, 张振利, 徐彦, 等. 铁路互联网售票系统的研究与实现[J]. 铁路计算机应用, 2012(04): 23-25.
[92] 杨立鹏, 梅巧玲, 陈爱华, 等. 铁路互联网售票系统的研究与实现[J]. 铁路技术创新, 2012(04): 32-34.
[93] 李平, 张莉艳, 贾利民, 等. 铁路智能运输系统的研究[J]. 中国铁道科学, 2004, 025(001): 62-66.
[94] 贾利民, 李平, 张莉艳, 等. 中国铁路智能运输系统的服务框架[J]. 中国铁路, 2003(12): 41-45.
[95] 贾利民, 李平, 聂阿新. 铁路智能运输系统[J]. 中国铁路, 2003(6): 35-39.
[96] 马建军, 许红, 杨浩. 铁路信息化发展战略规划研究[J]. 交通与计算机, 2006(03): 77-81.
[97] 贾松. 智能铁路旅客服务信息系统研究[D]. 成都: 西南交通大学, 2014.
[98] 刘春煌, 桑苑秋, 蒋荟. 铁路行车安全监控网络信息系统总体方案研究[A]. 铁道科学研究院. 铁道科学技术新进展: 铁道科学研究院五十五周年论文集[C].: 中国铁道学会, 2005: 11.
[99] 张志荣. 铁路货运物联网技术与应用研究[M]. 北京: 科学出版社, 2016.
[100] 赵成光. 城市轨道智能交通系统框架研究[J]. 都市快轨交通, 2004(06): 16-20.
[101] 马玲. 城轨交通 PSCADA 电力监控系统技术浅析[J]. 微型电脑应用, 2020, v. 36;No. 326(06): 63-65.
[102] 戴成岩. 北京市轨道交通指挥中心（TCC）调度指挥系统框架设计[A]. 全国智能运输系统协调指导小组, 山东省人民政府. 2008 第四届中国智能交通年会论文集[C]. 全国智能运输系统协调指导小组, 山东省人民政府: 科学技术部全国智能运输系统协调指导小组办公室, 2008: 6.
[103] 周虎, 杨建国, 赵时旻. 城市轨道交通车站设备监控系统网络化应用研究[J]. 城市轨道交通研究, 2008(7): 14-16.
[104] 姚永高. 城市轨道交通电力监控系统研究[J]. 中国新技术新产品, 409(03): 17-18.
[105] 牛卫星. 城市轨道交通应急管理系统的研究[J]. 现代城市轨道交通(6): 9-12.
[106] 耿杰, 马一博. 城市轨道交通运营应急管理指挥系统[J]. 中国铁路, 2016(01): 91-94.
[107] 刘继龙. 城市轨道交通应急管理信息系统研究[D]. 南京: 南京理工大学, 2011.
[108] 吴金洪, 宛岩, 韦强. 城市轨道交通运营管理[M]. 北京: 国防工业出版社, 2012.
[109] 吴兆麟. 海上交通工程[M]. 大连: 大连海运学院出版社, 1993.
[110] 严新平, 柳晨光. 智能航运系统的发展现状与趋势[J]. 智能系统学报, 2016(6).
[111] ZHENG H R, NEGENBORN, et al. Predictive path following with arrival time awareness for waterborne AGVs[J]. Transportation Research Part C. Emerging technologies, 2016, 70: 214-237.
[112] LI L, NEGENBORN R R, SCHUTTER B D. Intermodal freight transport planning-A receding horizon control approach[J]. Transportation Research Part C, 2015, 60: 77-95.
[113] TIERNEY K', VOR S, STAHLBOCK R. A mathematical model of inter-terminal transportation[J]. European Journal of Operational Research, 2014, 235(2): 448-460.
[114] 张铁军, 王玉林, 朱勇强. e-航海概论: An outline of e-navigation[M]. 北京: 人民交通出版社, 2015.
[115] 杜敬民, 庞雪松. 数字港航建设与发展[M]. 北京: 科学出版社, 2015.
[116] 沈志云, 邓学钧. 交通运输工程学[M]. 2 版. 北京: 人民交通出版社, 2003.
[117] 吴建华. 交通信息及其应用[M]. 武汉: 武汉理工大学出版社, 2017.
[118] 邵哲平, 薛晗. 海上信息采集与处理[M]. 大连: 大连海事大学出版社, 2017.
[119] 陈伟. 内河电子江图与信息系统研究与实践[M]. 武汉: 武汉理工大学出版社, 2001.
[120] 周锋. 船舶驾驶自动化[M]. 上海: 上海交通大学出版社, 2016.

[121] 杜汉启. 船舶机务管理系统的设计与实现[D]. 大连：大连海事大学，2014.
[122] 郑茜文，王庆. 基于船联网的船舶维修保养平台[J]. 中国水运（下半月），2019，19(008)：70-71.
[123] 郭武. 基于SSI的船舶机务管理信息系统的设计与实现[D]. 大连：大连海事大学，2012.
[124] 卢恒荣. 现代机务管理系统设计与实现[D]. 大连：大连海事大学，2007.
[125] 刘福乾，李磊，刘昌海. 港口设备精细化绩效管理系统[J]. 港口科技，2018，000(005)：38-45.
[126] 周树高，祁明良，钱诗友，等. 航道维护保障系统[J]. 港口科技，2017(1).
[127] 董政，曹春，孟东海. 数字航道综合监控系统在航道维护管理中的应用研究[J]. 中国水运，2020，000(003)：83-85.
[128] 陈燕. 面向机场的航空安全信息系统研究[J]. 计算机应用与软件，2012，29(07)：46-49.
[129] 齐鸣，董朝晖. 民航空管生产运行管理信息系统[J]. 空中交通管理，2004，000(001)：19-22.
[130] 宋丹平. 先进的机场周界防入侵报警系统[J]. 科协论坛（下半月），2011(07)：51-52.
[131] 王瑞. 智慧空中交通管理系统及其运用[J]. 科技创新与应用，2017(18).
[132] 罗晓，邓青春. 指挥调度系统在民航机场的应用[J]. 民航科技，2002(1)：1-3.
[133] 纪荣. 飞行紧急救援系统的研究与开发[D]. 南京：南京航空航天大学，2005.
[134] 罗宇睿. 航空货运管理系统的设计与实现[D]. 成都：电子科技大学，2014.
[135] 白杨. 航空物流系统分析及优化[D]. 南京航空航天大学，2010.
[136] 王威. 空管设备运行综合管理系统的设计与实现[D]. 大连：大连理工大学，2012.
[137] 尹金. 空中交通管理设备集中监控系统设计与实现[D]. 大连：大连理工大学，2012.
[138] 陈浩. 民航空中交通管理信息系统设计与实现[D]. 大连：大连理工大学，2014.
[139] 李洋. 我国民航安全管理系统研究[D]. 大连：中国海洋大学，2013.
[140] 李春锦，文泾. 空中交通管理[M]. 北京：北京航空航天大学出版社，2017.